Martin List

Internationale Politik studieren

Grundwissen Politik
Band 39

Begründet von Ulrich von Alemann

Herausgegeben von
Arthur Benz
Susanne Lütz
Georg Simonis

Martin List

Internationale Politik studieren

Eine Einführung

VS VERLAG FÜR SOZIALWISSENSCHAFTEN

Bibliografische Information Der Deutschen Bibliothek
Die Deutsche Bibliothek verzeichnet diese Publikation in der Deutschen Nationalbibliografie;
detaillierte bibliografische Daten sind im Internet über <http://dnb.ddb.de> abrufbar.

1. Auflage Februar 2006

Alle Rechte vorbehalten
© VS Verlag für Sozialwissenschaften/GWV Fachverlage GmbH, Wiesbaden 2006

Lektorat: Frank Schindler

Der VS Verlag für Sozialwissenschaften ist ein Unternehmen von Springer Science+Business Media.
www.vs-verlag.de

Umschlaggestaltung: KünkelLopka Medienentwicklung, Heidelberg
Satz: ITS Text und Satz Anne Fuchs, Pfofeld-Langlau
Druck und buchbinderische Verarbeitung: MercedesDruck, Berlin
Gedruckt auf säurefreiem und chlorfrei gebleichtem Papier
Printed in Germany

ISBN 3-531-14738-2

Für

R – pater exemplaris

und

B – mater semper comprehens

Inhalt

Vorwort der Herausgeber

Nach über einem Jahrzehnt erscheint im Rahmen der Reihe *Grundwissen Politik* nun eine neue Einführung in die Analyse der internationalen Politik. Wie bereitssein Vorläufer, „Internationale Politik: Probleme und Grundbegriffe" (Opladen 1995), ist auch der vorliegende Band zunächst als Fernstudienkurs für die Fern- Universität Hagen entstanden, allerdings in verändertem Umfeld. Das neue grundständige Studienangebot besteht nun aus einem Bachelor-Studiengang „Politik und Organisation", und in diesem Rahmen war es geboten, die Einführung in die Analyse der internationalen Politik gleichermaßen zu aktualisieren und zu straffen, dabei jedoch den Anspruch der Hinführung zur wissenschaftlichen Analyse internationaler Politik zu wahren.

Martin List hat diese verdienstvolle Aufgabe übernommen und dafür sind wir ihm sehr dankbar. Gestützt auf seine Forschungs- und Lehrerfahrung in diesem Bereich ist es ihm gelungen, in bewusst knappen Einzelkapiteln theorieorientierte Erklärung zum Leitfaden einer inhaltlich breiten Einführung zu machen. Dem dienen insbesondere die beiden didaktisch innovativen ‚Streitgespräche‘, die in Kapitel 2 und 13 mit vier der gegenwärtig die politikwissenschaftliche Teildisziplin prägenden Forschungsprogrammen: dem Realismus, Idealismus/Institutionalismus, dem Konstruktivismus und den gesellschaftskritischen Ansätzen vertraut machen. Ihr – einander durchaus sinnvoll ergänzender, so eine zentrale These des Buches – Erklärungsbeitrag wird in den einzelnen substanziellen Kapiteln immer wieder verdeutlicht. Dadurch wird, mehr als durch eine flächendeckende Präsentation reiner Fakten, an die Fähigkeit zur theorieorientierten Analyse herangeführt. Ausgewählte Literaturhinweise laden zur eigenständigen Vertiefung ein.

Es würde uns freuen, wenn das Buch für möglichst viele Leserinnen und Leser diese intendierte Funktion erfüllen würde und der Band ebenso freundliche fachliche Aufnahme fände, wie sein Vorgänger, der lange Zeit nicht nur im Lehreinsatz der FernUniversität eine zentrale Rolle spielte, sondern auch als Lehrbuch vielfach Zustimmung und Einsatz fand.

Hagen, im Oktober 2005

Arthur Benz   *Susanne Lütz*   *Georg Simonis*

9

Vorwort des Autors

Entstehungszusammenhang und zentrales Anliegen des vorliegenden Buches sind im Vorwort der Herausgeber benannt. Mir liegt an einer knappen und doch inhaltlich breiten Hinführung zu politikwissenschaftlicher Analysefähigkeit internationaler Politik. Das klingt wie die Quadratur des Kreises – und in der Tat hat es mich als Autor Mühe gekostet, die Kunst des Weglassens (Betonung auf Kunst) zu üben. Freilich: das ist wissenschaftlicher Alltag, ja die Wissenschaft lässt sich geradezu so definieren. Um gekonnt wegzulassen, zu abstrahieren, bedarf es der Auswahl, und dazu wiederum theoriegeleiteter Kriterien. Deshalb ist mir die Vorstellung der großen Forschungsprogramme, die gleichsam unterschiedliche Strategien für die Erarbeitung theoriegestützter Erklärungen sind, so wichtig. Sie nicht als ‚lange Liste von Ismen‘ zu präsentieren, sondern als sinnvoll miteinander kombinierbare Strategien, die dennoch ihren je markanten Blickwinkel behalten – das sollen vor allem die fiktiven Streitgespräche in Kap. 2 und 13 leisten. Die bewusst einfach gehaltene Sprache sollte hier nicht über den didaktischen Stellenwert hinwegtäuschen. In weiteren Kapiteln wird die Anwendung der Erklärungsstrategien der Forschungsprogramme immer wieder beispielhaft vorgeführt.

Auch die Kürze des Textes sollte nicht täuschen. Zu ihr wurde ich veranlasst durch meine Lehrerfahrung wie die Studienbedingungen in den neuen Bachelor-Studiengängen. Ermutigt wurde ich durch eine Reihe neuerer einführender Überblicke, die zeigen, dass Kürze sehr wohl mit anspruchsvollem Gehalt zu verbinden ist (um drei Beispiele, auch für einschlägige Buchreihen, zu nennen, sei verwiesen auf Wehler 2001, Horn 2003 und Fulcher 2004). Freilich verlangt dies vom studierenden Leser (und der Leserin, die natürlich immer mitgemeint ist) Aufmerksamkeit – und die Ergänzung des Textes um selbständig einzuholende empirische Information. In der Tat bin ich der Meinung, dass im Rahmen einer knappen wissenschaftlichen Einführung nicht ‚Fakten, Fakten, Fakten‘ im Vordergrund stehen sollten (sondern die Fähigkeit, sie selbst zu erarbeiten und einschätzen zu können; gerade letzteres wird im Zeitalter der – vermeintlichen – Information wichtiger denn je). Doch heißt das natürlich nicht, dass ohne Fakten auszukommen wäre. Soweit es jedoch um reine Daten bzw. aktuelle Ereignisse geht, sollte ergänzend zum Text jeweils auf dreierlei zurückgegriffen werden:

– das Internet als Quelle (z.B. sind praktisch alle internationalen Organisationen mit Homepages präsent; sie bieten Grundinformation über Geschichte

und Struktur sowie oft umfangreiches Textmaterial; zu finden sind diese Seiten durch Eingabe der Organisationsbezeichnung in jede Suchmaschine);
- jahrbuchartige Periodika zum hier behandelten Themenkreis, etwa der „Fischer Weltalmanach" (jährlich Frankfurt a.M.) oder die „Globalen Trends" (herausgegeben von der Stiftung Entwicklung und Frieden, zwei-jährlich, Frankfurt a.M.);
- gehobene überegionale bzw. globale Presse; über Themen der internationalen Politik informieren etwa gut der britische Economist, die International Herald Tribune und, als ‚Gegenmittel' zum dadurch implizierten angelsächsischen ‚bias', Le monde diplomatique (inzwischen auch auf Deutsch).

Schließlich ist natürlich die politikwissenschaftliche Fachliteratur im eigentlichen Sinne anzusprechen, also Beiträge in Fachzeitschriften wie Fachbücher. Auf Sie wird, in Auswahl, jeweils am Ende der Kapitel verwiesen, geordnet nach Stichwörtern zum Kapitelinhalt. Dabei habe ich nach Möglichkeit Einführendes (auf Deutsch und Englisch), Nachschlagewerke und vertiefende Literatur bzw. solche für Fortgeschrittene (diese oft auf Englisch) angeführt. Fortlaufend kommentierte aktuelle Literatur-Tipps des Verfassers sind kostenlos im Internet abonnierbar unter: http://www.fernuni-hagen.de/mailman/listinfo/lit-tipps

Wenn Sie als LeserIn auf der Grundlage solcher Quellen anfangen, nach Mustern in der berichteten Ereignisflut zu suchen, nach (an Forschungsprogramme anknüpfenden) Erklärungsmöglichkeiten, kurzum: wenn sie zu analysieren beginnen – und dies als intellektuelle Herausforderung begreifen, die neben Mühe auch Spaß macht –, dann hat das vorliegende Buch seinen Hauptzweck erfüllt. Es sollte Ihnen als Einführung wie als steter Begleiter auf dem Weg von Nutzen sein.

Hagen, im August 2005

Martin List

1 Einführung:
Internationale Politik – Phänomen und Begriff

Politik ist die Regelung öffentlicher Angelegenheiten mit dem Anspruch auf Verbindlichkeit. So kann man den Begriff im Anschluss an das Vorständnis des gemeinen Alltagsverstandes (common sense), aber auch an politikwissenschaftlich-fachliche Überlegungen, die darauf aufbauen, definieren. Aus fachlicher Perspektive ist es sinnvoll, drei Merkmale dieser Definition näher zu erläutern. Zunächst zu den öffentlichen Angelegenheiten. Öffentlich steht hier im Gegensatz zu privat, nicht geheim. Was öffentlich ist und was privat, und vor allem: was öffentlich – oder privat – sein *sollte*, liegt nicht ein für alle Mal fest. Vielmehr ist die Entscheidung darüber selbst eine politische, ein Politikum. Öffentlich meint jedenfalls, dass eine Gesamtheit von Menschen, ein politisches Gemeinwesen, um einen etwas antiquierten Ausdruck zu gebrauchen, betroffen ist. Oft ist dies heute ein Staat bzw. seine Bevölkerung. Es kann jedoch auch eine Stadt sein (Kommunalpolitik) oder ein politischer Raum zwischen und jenseits von Staaten (internationale Politik – zu der wir sogleich kommen). Vorsichtig ist in der Definition auch nur vom Anspruch auf Verbindlichkeit die Rede. Ob nämlich eine politische Entscheidung als verbindlich hingenommen wird, und warum, aus welchen Gründen, das sind offene, nur durch Erfahrung bzw. erfahrungswissenschaftliche Methoden, also empirisch, zu klärende Fragen. Und warum, unter welchen Bedingungen, sie hingenommen werden sollte, ist eine klassische Frage der politischen Philosophie. Von einer Regelung ohne jeglichen Anspruch auf Verbindlichkeit ist entweder fraglich, ob es sich überhaupt um eine Regelung handelt (denn was *ist* geregelt, wenn niemand einer Entscheidung Verbindlichkeit beimisst?). Oder es handelt sich um den Grenzfall schieren, möglicherweise physischen Zwangs. Da er keinen Widerstand mehr zulässt, ist auch sein Anspruch auf Verbindlichkeit sehr problematisch – und seine Einlösung jedenfalls schwer zu ermitteln, da Widerspruch – also auch echte Zustimmung – sich ja nicht artikulieren kann. Schließlich ist auf die Formulierung von der Regelung einzugehen. Hier ist es vor allem wichtig, ob des Gleichklangs nicht sofort und ausschließlich an geregelte Verfahren zu denken. In wohlgeordneten politischen Systemen dominieren geregelte Formen der politischen Entscheidungsfindung, etwa durch Wahlen und Gesetzgebung. Doch sind nicht alle nationalen politischen Systeme wohl geordnet, und das internationale System ist noch dabei, Regeln für die Regelung internationaler Fragen aufzubauen und einzuspielen. Die obige Politik-Definition ist somit weit genug, auch sehr ungeregelte Formen der Regelung öffentlicher Angelegenheiten noch als politische Phänomene erfassen zu können, enthält aber mit dem Verweis auf den Anspruch

Politik –
Definition ...

und drei
Erläuterungen:

öffentlich,

verbindlich und

Regelung

auf Verbindlichkeit einen Bezug zu normativen Vorstellungen von guter, gerechter Politik – und damit ein gewisses Quantum auch an kritischem Potenzial.

Bevor wir auf der Basis dieser Politik-Definition weitere Grund-Begriffe dieses Buches einführen und dann seinen Gegenstand definieren, ist es sinnvoll, noch eine Bemerkung über den damit illustrierten Umgang mit Begriffen voranzustellen. Über Begriffe wird in den Sozialwissenschaften oft und gerne gestritten. Das hat insofern seine Berechtigung, als ohne wohl-bestimmte Begriffe einerseits aneinander vorbei geredet wird (was leider dennoch oft vorkommt) und andererseits die präzise Untersuchung empirischer Fragen (die in Sprache erfolgt) nicht möglich ist. Für die empirische Analyse ist die Klärung begrifflicher Fragen also eine sinnvolle Voraussetzung. Begriffliche Fragen, genauer: die Festlegung von Begriffsbedeutungen (Definitionen) sind aber selbst keine empirischen Fragen und daher auch weder wahr noch falsch. Maßstab ihrer Beurteilung ist vielmehr die Angemessenheit für den jeweiligen (Erkenntnis-)Zweck. So war uns an einer Politik-Definition gelegen, die 1. nicht in gänzlich fremder Sprache daherkommt, sondern an Alltagssprache anknüpft. Das ist in einem Lehr-Text didaktisch günstig, es verweist aber darüber hinaus darauf, dass Sozialwissenschaften wie die Politikwissenschaft abwägen müssen (sollten), wie weit der Gewinn an begrifflicher Präzision, den die Einführung von Fremdwörtern oder einer künstlichen Fach-Sprache bringen kann, den Verlust an Mitteilbarkeit aufwiegt. 2. war uns an einer Politik-Definition gelegen, die weit ist und es ermöglicht, internationale Politik als Teil so verstandener Politik zu definieren. Und 3. schließlich entsprach der leichte normative Bezug der Definition unserer Einstellung, dass Hauptzweck der Forschung über internationale Politik zwar zunächst ist, zu verstehen, wie sie abläuft; dass dies aber auch darum wichtig ist, um gegebenenfalls Hinweise zu erhalten oder geben zu können, wie sie besser ablaufen könnte. Und zwar nicht nur ‚technisch‘ besser, effektiver oder effizienter. Sondern auch in einem normatien Sinne besser, mit stärker *berechtigtem* Anspruch auf Verbindlichkeit.

Damit sind wir nun in der Lage, den Begriff internationale Politik und damit den Gegenstand dieses Buches zu definieren. Internationale Politik sei hier definiert als *die Politik zwischen Gesellschaften, die in staatlicher Form organisiert sind*. Auch zu dieser Definition wieder einige Erläuterungen:

Oft wird internationale Politik definiert als die Politik zwischen Staaten. Die Politik jedes einzelnen Staates, seiner staatlichen Vertreter, ‚nach außen‘ wird als seine Außenpolitik bezeichnet. Internationale Politik resultiert dann gleichsam aus der Überlagerung aller Außenpolitiken, etwa so wie ein Konzert aus der Überlagerung der Klänge aller Instrumente. Das ist im Prinzip ein angemessenes Bild, zumal es sich weiter ausmalen lässt: Ob ein Wohl- oder Missklang entsteht, ist ähnlich entscheidend wie die Frage, ob internationale Politik ge- oder misslingt. Dennoch haben wir eine etwas umständlichere Formulierung gewählt, mit der Zweierlei zum Ausdruck gebracht werden soll.

Wie Politik im allgemeinen ist auch internationale Politik nicht nur eine Aktivität zwischen Staatsmännern (und -frauen), die Resultante staatlicher Außenpolitiken. Auch nichtstaatliche Akteure, etwa so genannte Nicht-Regierungsorganisationen (NRO oder, nach der englischen Bezeichnung non-governmental organizations, NGOs), haben Anteil an der internationalen Politik. Und dort, wo

Begriffe – geistige Instrumente, durch sinnvolle (nicht: wahre) Definitionen festgelegt

internationale Politik – Definition

Politik zwischen Staaten = Überlagerung von Außen-Politiken ...

jedoch: auch der Politik nichtstaatlicher Akteure; gesellschaftlicher Kontext von Außenpolitik

internationaler Politik staatliches, außenpolitisches Handeln zugrunde liegt, sind die staatlichen Akteure selbst Teil der Gesellschaft, stehen nicht über ihr oder außerhalb von ihr. So sinnvoll es in vielen Zusammenhängen ist, Staat und nicht-staatliche (wie man neuerdings gerne sagt: Zivil-)Gesellschaft zu unterscheiden, so wenig sinnvoll ist es, die Einbettung des Staates und der staatlichen Akteure in die Gesellschaft zu übersehen.[1] Für die Analyse internationaler Politik ist dies an zwei Stellen von grundlegendem Belang: Zum einen dort, wo es um die (inner-)gesellschaftlichen Bedingungen von Außenpolitik geht. Hier ist der nach außen handelnde Staat vollständig nur bei Berücksichtigung seines binnengesellschaftlichen Kontextes zu verstehen. Und zum andern dort, wo das System der Staaten als eingebettet in einen weiteren welt-gesellschaftlichen Kontext betrachtet werden soll. Wir kommen darauf sogleich zurück bei den Erläuterungen zum internationalen System.

Schließlich ist aber die Existenz von Staaten doch geradezu konstitutiv für internationale Politik, macht ihr Spezifikum aus. Gäbe es nur *einen* Staat, den Welt-Staat, wäre alle Politik seine Innenpolitik. So aber, wie zumindest das neuzeitliche Staatensystem organisiert ist, als das Zusammenspiel zwischen – den einzelnen Staaten obliegenden – territorial begrenzten Zuständigkeiten für die Regelung öffentlicher Angelegenheiten, bedeutet internationale Politik eben immer: Politik jenseits von staatlichen Grenzen oder über diese hinaus. Internationale Politik ist also rein begrifflich an die Existenz von Grenzen und damit einer Pluralität (Mehrzahl) von politischen Gemeinwesen (Staaten) geknüpft. In vorstaatlicher Zeit waren das die politischen Beziehungen zwischen Gruppen etwa von Sammlern und Jägern.[2] In klassischer Zeit die zwischen Imperien (etwa Persien und Rom) oder Imperien und Stämmen (etwa Rom und den germanischen Stämmen). Und seit der Neuzeit, auf die wir uns im vorliegenden Buch konzentrieren wollen, also seit der Entwicklung des neuzeitlichen Staatensystems zunächst in Europa, heute weltweit, sind es die Beziehungen zwischen Gesellschaften, die in Form des modernen Staates[3] organisiert sind, also insbesondere mit klarer territorialer Abgrenzung. Hinzuzufügen ist noch, dass in unserer Definition auch die Beziehungen zwischen solchen modernen Staaten und noch nicht oder nicht mehr in staatlicher Form organisierten Kollektiven, soweit sie über Grenzen hinweggehen, mitgemeint sind, also etwa die Beziehungen Deutschlands zur PLO oder zu den slowenischen Kräften, die nach Unabhängig-

Politik jenseits von Grenzen bzw. über diese hinaus

---

1 Die Vorstellung vom Staat als ‚über der Gesellschaft stehende‘, hehre Instanz jenseits des Gezänks der Gesellschaft entspricht einer überholten Auffassung der kontinentalen politischen Philosophie des 19. Jahrhunderts, die zudem die Neigung hatte, zu einer Überhöhung des Staates beizutragen und seinen Charakter als Herrschaftseinrichtung, seinen Zwangscharakter selbst dort, wo er demokratisch und rechtsstaatliche Form hat, zu verdrängen.

2 Für eine so langfristige, 40.000 Jahre umfassende Betrachtung der Strukturen des – jeweiligen – internationalen Systems, das dann eigentlich nur anachronistisch, unzeitgemäß, so genannt werden kann, vgl. Buzan/Little 2000. Es ist nahezu das einzige Werk, das die Geschichte internationaler Systeme umfassend in den Kontext der Welt-Geschichte einordnet.

3 Das Eigenschaftswort „modern" wird hier also nicht als schmückendes Beiwort gebraucht, so wie in Wahlkämpfen die jeweils eigene Politik gerne als „modern" bezeichnet wird. Sondern als Epochenbezeichnung: es geht um den Staat in der Form, die er seit der frühen Neuzeit angenommen hat. Auf diese Form und ihre Folgen für die internationale Politik kommen wir unten (Kap. 3) zurück.

keit im ehemaligen Jugoslawien strebten. Auch der gesamte historische Kolonialismus beinhaltete Beziehungen zwischen Staaten und oft – nicht immer – vorstaatlichen Gesellschaften; gerade diese Asymmetrie auch der politischen Form hatte Folgen, und die internen Beziehungen innerhalb kolonialer Reiche sind zumindest internationale Beziehungen einer speziellen Form, wenn denn nicht Kolonial-Reiche als eigene Form der Herrschaftsorganisation zu analysieren sind. Am anderen Ende der politischen Entwicklung, dem der freiwilligen Integration von Staaten, wie sie die EU darstellt, sind ebenfalls noch Elemente internationaler Politik zu erkennen, jedoch auch Elemente supranationaler Herrschaft, die über internationale Politik hinausweisen.

Nachdem wir die Begriffe „Politik" und daran anknüpfend „internationale Politik" und „Außenpolitik" für unsere Zwecke hinreichend bestimmt haben, sind noch ein paar ergänzende grundbegriffliche Festlegungen einzuführen. Sie dienen der weiteren Ausdifferenzierung der Begrifflichkeit und werden in einer knappen Begriffsübersicht abschließend zusammengestellt.

transnationale Politik und intergouvernement ale Politik

Es war schon die Rede davon, dass internationale Politik nicht nur von Staatenvertretern betrieben wird, sondern auch von nicht-staatlichen Akteuren. Um diesen Unterschied begrifflich zum Ausdruck bringen zu können, spricht man im Hinblick auf die politischen Beziehungen zwischen nicht-staatlichen Akteuren (oder diesen und auswärtigen staatlichen Akteuren) oft von transnationaler Politik. Dazu gehört etwa die entwicklungspolitische Kooperation innerhalb des Weltkirchenrates oder die Kritik Amnesty Internationals an der Herrschaftspraxis von Staaten. Will man dagegen speziell die politischen Beziehungen zwischen Regierungsvertretern hervorheben, was neben Staats- und Regierungschefs auch deren ministerielle Vertreter meint, so spricht man von intergouvernementaler Politik, also der zwischen Regierungen.[4]

internationale Beziehungen und internationales System

Es wurde soeben jedesmal absichtlich von den *politischen* Beziehungen gesprochen (im Hinblick auf die zwischen Regierungen vielleicht etwas redundant), denn natürlich gibt es jede Menge anderer grenzüberschreitender Beziehungen, die als solche nicht politischer Natur sind (aber zuweilen politisch bedeutsame Folgewirkungen haben). Man kann sie unter dem Begriff der internationalen Beziehungen zusammenfassen oder auch dem der transnationalen Beziehungen, von denen dann die politischen Beziehungen nur einen Teil ausmachen. Nicht-politische Beziehungen über Grenzen hinweg ergeben sich im Zuge des Tourismus, der Zusammenarbeit im Freizeitbereich, aber, schon bedeutsamer, auch der Wissenschaft und vor allem der Wirtschaft. Multinationale Konzerne, oder, halb-ernst: BINGOs (business international non-governmental organizations) sind von besonderer Bedeutung. Auch wenn sie nicht im engeren Sinne politisch tätig sind (sie sind es aber oft, etwa als Lobbyisten oder Einflussnehmer auf Regierungen), sind ihre Entscheidungen (etwa über Investitionsstandorte) doch oft von hoher politischer Bedeutung. Auch dies ist ein Verweis darauf, ungeachtet der Bemühung um trennscharfe Begrifflichkeit nicht

---

4 Nur erwähnt sei, dass mit der Zunahme der grenzüberschreitenden Kontakte nicht nur der Außen-, sondern auch diverser Fach-Ministerien (für Umwelt, Gesundheit, Finanzen, ja selbst Justiz und innere Sicherheit) sowie darüber hinaus von Fach-Behörden (Umweltämter, Seefahrtsämter u. dgl., aber auch Zentralbanken) speziell dafür zuweilen der Begriff „transgouvernementale Politik" benutzt wird; vgl. jüngst Slaughter 2000a und b.

den letztlich (heute welt-)gesellschaftlichen Kontext aller internationalen Politik zu übersehen. Auf der rein begrifflichen Ebene ist schließlich – leider – zu vermerken, dass oft „internationale Beziehungen" wie ein Synonym zu „internationale Politik" gebraucht wird, so insbesondere auch im angelsächsischen Bereich, wo die politikwissenschaftliche Teil-Disziplin tatsächlich anfangs des 20. Jahrhunderts als „international relations" (so die Bezeichnung des ersten Lehrstuhls) begründet wurde.[5] Aus dem immer wieder ‚Durchspielen' solcher internationalen Beziehungen erwächst schließlich das System der internationalen Beziehungen oder kurz: das internationale System, das sich in seiner neuzeitlichen Gestalt aus territorial begrenzten, in staatlicher Form organisierten Gesellschaften zusammensetzt oder, eine vielleicht bessere, genauere Formulierung, das aus deren grenzüberschreitenden Beziehungen resultiert, aus ihnen besteht.

Von diesem internationalen System wird noch viel die Rede sein. An dieser Stelle soll es genügen, auf drei seiner Grundstrukturen hinzuweisen. Das internationale System weist sowohl eine Machtverteilung auf als auch, in seiner neuzeitlichen Gestalt, eine normative Grundstruktur. Ergänzend lässt sich von einer polit-ökonomischen Grundstruktur zumindest des neuzeitlichen internationalen Systems sprechen.

drei Grundstrukturen des internationalen Systems:

– Die Machtverteilung wird aus unterschiedlicher theoretischer Sicht[6] verschieden dargestellt. Aus sog. realistischer Sicht geht es bei der internationalen Machtverteilung um die Unterscheidung zwischen mächtigen Staaten (Groß- oder Supermächten) und weniger mächtigen Staaten (mittlere Mächte und Kleinstaaten), wobei erstere eine größere Chance haben, sich gegen letztere durchzusetzen. Die gesellschaftskritische oder klassen-theoretische Sicht unterscheidet zwischen (welt-)gesellschaftlichen Gruppen (Klassen bzw. Klassenfraktionen), die im *materialen*, inhaltlichen Sinne herrschen, d.h. strukturell begünstigt sind, und solchen Gruppen, die unterdrückt oder ausgebeutet, d.h. strukturell benachteiligt sind. Eine dritte Sicht kombiniert Elemente beider Sichtweisen und spricht von materialer Herrschaft zwischen Staaten in dem Sinne, dass einige Staaten die Rahmenbedingungen bestimmen, unter denen alle übrigen operieren müssen. Diese Sicht teilt mit der realistischen Sicht die Betrachtung von ganzen Staaten (und nicht z.B. Klassen) als Macht-Zentren; ähnlich den klassen-theoretischen Ansätzen betont sie jedoch die strukturelle Natur des Machtverhältnisses, hebt nicht auf die Durchsetzungschancen in – auch vielen – Einzelfällen ab, sondern auf die andauernde Vorherrschaft durch Prägung der Verhältnisse.

– faktische Machtverteilung: unterschiedliche Lesarten

– Die normative Grundstruktur wird in den meisten Darstellungen nicht so deutlich wie hier herausgearbeitet. Es ist oft, vor allem im Realismus, davon die Rede, das internationale System sei ein an-archisches, ein *formal* herrschaftsfreies.[7] Und dies wird oft als rein faktischer Befund angesehen. Demgegenüber sei hier betont, dass Herrschaft im formalen Sinne immer

– normative Grundstruktur: An-Archie und Anerkennung als formal Gleiche

---

5 Auch das führende deutschsprachige Fachjournal erscheint unter dem Titel „Zeitschrift für Internationale Beziehungen" (ZIB).

6 Vgl. zu diesen theoretischen Perspektiven Kap. 2.

7 Zweierlei ist zu beachten: 1. „Anarchisch" ist hier ein terminus technicus, der formale Herrschaftsfreiheit meint; es gibt also keine formal anerkannte Unterordnung der Staaten unter eine höhere Instanz. 2. Von dieser – im internationalen System nicht anzutreffenden – Herrschaft im

ein Element von Anerkennung enthält, und zwar eines Unterordnungsverhältnisses. Staaten stellen insofern nach innen, wenn sie mehr sind als reine Gewaltherrschaften, im formalen Sinne Herrschaftssysteme dar, die von ihren Bürgern als solche anerkannt werden. Die Staaten im modernen Staatensystem haben nun aber gerade nicht eine höhere Instanz als übergeordnet anerkannt[8]; sondern einander als *formal Gleiche* anerkannt. Die minimale normative Ordnung des modernen internationalen Systems ist also keine der Subordination (der Unter-Ordnung), sondern der Koordination. Diese normative Ordnung des internationalen Systems erweist sich, so werden wir später sehen (Kap. 14), unter bestimmten Bedingungen als ausbaufähig.

Die polit-ökonomische Grundstruktur resultiert, die Bezeichnung bringt es bereits zum Ausdruck, aus dem Zusammenspiel politischer und ökonomischer Faktoren. Letztere beziehen sich darauf, dass etwa seit 1500 zunächst in Westeuropa und von dort ausgehend der Prozess der wirtschaftlichen Modernisierung in Gestalt der Herausbildung des kapitalistischen Wirtschaftssystems einsetzte. Dieses führt nicht nur innerhalb von Staaten zu regional ungleichmäßiger Entwicklung (Wachstumsregionen stehen eher randständige, periphere Gebiete gegenüber). Da die kapitalistische Wirtschaftsweise dem Grunde nach grenzüberschreitend angelegt ist (was nicht heißt, dass sie nicht auch von der Gebundenheit an konkrete Standorte profitiert, z.B. aufgrund regionaler Konzentration von Produktionsfaktoren, natürlicher, etwa Kohle, oder menschlicher, etwa Arbeiterschaft mit besonderem Kenntnisstand, Humankapital, wie man heute sagt), führt sie auch grenzüberschreitend zu ungleichmäßiger Entwicklung. Und dies hat wiederum polit-ökonomische Wechselwirkungen mit dem Staaten-System zur Folge: Staaten mit gedeihender Wirtschaft profitieren davon z.B. auch militärisch (Rüstungswirtschaft); sie werden zu Zentren der internationalen ökonomisch-technischen Entwicklung, zu Vorreitern, die Maßstäbe für andere setzen; schließlich kommt es auch zu einer internationalen Arbeitsteilung durch nationale Spezialisierung. Diese erfolgt zum Teil auch zwischen Industrieländern, ist jedoch besonders ausgeprägt zwischen den Industrie- und den sog. Entwicklungsländern. In diesem Verhältnis resultiert die internationale Arbeitsteilung zunächst aus dem gewaltsam durchgesetzten Kolonialismus, besteht jedoch auch nach dessen formalen Ende zwischen den nunmehr formal gleichberechtigten Industrie- und Entwicklungsländern fort. Gerade in Bezug auf deren Verhältnis wird oft nicht nur von ungleichmäßiger, sondern un*gleicher* Entwicklung gesprochen. Was allerdings einen normativen Unterton hat und auch bereits auf ein bestimmtes Verständnis der Ursachen der (anhaltenden) Ungleichheit verweist. Wir werden im 10. Kapitel darauf zurückkommen. An dieser Stelle genügt der Hinweis auf die

---

formalen Sinne ist Herrschaft im material-inhaltlichen Sinne zu unterscheiden als Machtposition innerhalb der (Welt-)Gesellschaft, die aufgrund deren Strukturen immer wieder reproduziert wird, so dass die Begünstigten auf Dauer die Begünstigten bleiben und die Benachteiligten die Benachteiligten.

8 Auf möglicherweise anführbare Ausnahmen, etwa die herausgehobene Stellung des Sicherheitsrates der Vereinten Nationen und insbesondere seiner fünf ständigen Mitglieder mit Veto-Recht, gehen wir unten (Kap. 6) ein.

Zentrum-Peripherie-Struktur, wie man die polit-ökonomische Grundstruktur des internationalen Systems auch bezeichnen könnte, die aus ungleichmäßiger Entwicklung und ihren politischen Folgen resultiert.

– Hieran lässt sich gleich eine weitere Frage sinnvoll anschließen: die nach einer gender-Struktur des internationalen Systems. Unter gender (engl. = Geschlecht) versteht man – im Unterschied zu sex als biologischem Geschlecht – die Verschiedenheit von Geschlechter-Rollen, also zumindest zwischen Frauen- und Männer-Rollen. In vielen Fächern hat sich die Einführung einer gender-Perspektive im Verlauf der vergangenen 20-30 Jahre als fruchtbar, erhellend und zu neuen Erkenntnissen führend erwiesen. Das gilt auch für die Analyse internationaler Politik. So fällt etwa die markante Differenz beider Geschlechter bei der Ausübung auch internationaler physischer Gewalt auf – sie geht in allen Kulturen fast ausschließlich von Männern aus. Auf der Opferseite sind Frauen spezifisch von Kriegsgeschehen wie Vergewaltigung betroffen, im Rahmen der polit-ökonomischen Struktur durch überproportionalen Anteil an Niedriglohn-Jobs. Freilich wird gerade bei der wirtschaftlichen Entwicklung von Ländern neuerdings auch die aktive Rolle von Frauen im Entwicklungsprozess betont – und durch gezielte Maßnahmen der Entwicklungspolitik gestützt, die somit zum Teil genderspezifisch, und zwar zugunsten von Frauen, in oft patriarchale Gesellschaftsstrukturen eingreift. Die gender-Perspektive spielt also in der konkreten internationalen Politik wie bei ihrer Analyse durchaus eine Rolle. Eine gender-Grundstruktur des internationalen Systems wollen wir gleichwohl nicht ausweisen. Dazu erscheint der Zusammenhang zwischen Verschiedenheit und auch Ungleichheit der Geschlechterrollen und dem Ablauf internationaler Politik uns nicht *systematisch* genug zu sein. Man (frau) kann insofern freilich anderer Ansicht sein und müsste dann, ähnlich der polit-ökonomischen Grundstruktur als Zentrum-Peripherie-Struktur, eine gender-Grundstruktur etwa im Sinne eines transnationalen Patriarchats ausweisen und argumentativ vertreten. Was wir hier jedoch nicht tun wollen.

eine *gender*-Struktur des internationalen Systems?

Es bleibt aus unserer Sicht also zunächst bei drei Grundstrukturen des modernen internationalen Systems, die wir abschließend mit den vorausgegangenen begrifflichen Festlegungen, die wir für das vorliegende Buch getroffen haben, in einer Übersicht zusammenfassen.

Übersicht 1.1: Einige Grundbegriffe

---

internationale Beziehungen =
1. oft Synonym für internationale Politik
2. in unserer Terminologie und i.w.S. die Summe aller politischen und nicht-politischen grenzüberschreitenden Beziehungen, egal ob von staatlichen oder nicht-staatlichen Akteuren unterhalten

internationale Politik =
1. oft Synonym für internationale Beziehungen
2. in unserer Terminologie: grenzüberschreitende *politische* Beziehungen, was die politischen Beziehungen staatlicher *und* nicht-staatlicher Akteure umfasst, also intergouvernementale Politik ebenso wie transnationale Politik; deshalb definieren wir auch: i.P. = die Politik zwischen Gesellschaften, die in staatlicher Form organisiert sind (bzw. zwischen diesen und vor-, noch nicht oder nicht mehr staatlichen Akteuren und Kollektiven)

Außenpolitik =
die grenzüberschreitenden politische Aktivität staatlicher Akteure; sie ist im Kontext der heimischen Gesellschaft zu analysieren; die Überlagerung der staatlichen Außenpolitiken und auch der nichtstaatlichen transnationalen politischen Aktivität ergibt die internationale Politik

transnationale Politik =
die grenzüberschreitenden politischen Beziehungen nicht-staatlicher Akteure, die ein Teil aller grenzüberschreitenden nicht-staatlichen Kontakte, der transnationalen Beziehungen, sind

internationales System =
das durch die Gesamtheit aller internationalen Beziehungen immer wieder reproduzierte System der Beziehungen zwischen in staatlicher Form organisierten Gesellschaften; es weist sowohl eine grundlegende Macht(verteilungs)struktur auf als auch eine zumindest minimale (aber ausbaufähige) normative Grundstruktur (Regeln für wechselseitige Anerkennung, Grenzziehung, diplomatischen Verkehr); desweiteren resultiert aus polit-ökonomischen Wechselwirkungen eine Zentrum-Peripherie-Struktur ungleichmäßiger Entwicklung der nationalen Gesellschaften und internationaler Arbeitsteilung

---

Gegenstand des Buches

Unter Verwendung der somit eingeführten Begrifflichkeit lässt sich der Gegenstand des vorliegenden Buches wie folgt angeben: Unter gebührender Berücksichtigung der Einbettung sowohl in den jeweiligen binnengesellschaftlichen Kontext als auch den heute tendenziell welt-gesellschaftlichen transnationalen Kontext des internationalen Systems sollen Grund-Muster und -strukturen der internationaler Politik vorgestellt und in ihre politikwissenschaftliche Analyse eingeführt werden. Dabei wird insbesondere auf die organisatorische Dimension internationaler Politik eingegangen, was abschließend kurz zu erläutern ist.

Politik und Organisation in der internationalen Politik: kein Weltstaat, aber ein zunehmend institutionalisiertes Staatensystem mit internationalen Organisationen und Regimen

Die Akzentsetzung auf die organisatorische Dimension ist durchaus nicht selbstverständlich. Es war schon davon die Rede, dass An-Archie, zwar nicht im Sinne von Chaos, aber von formaler Herrschafts-Freiheit, ein wesentliches Merkmal des modernen Staatensystems ist. Es stellt als Ganzes also keine (Mega-)Organisation, keinen Weltstaat, dar. Anderseits war von einer ausbau-

20

fähigen normativen Grundstruktur des modernen internationalen Systems die Rede, und seit dem 19. Jahrhundert begründen Staaten zunehmend konkrete internationale Organisationen, als internationale Körperschaften, zum Teil mit eigenem Personal. Daneben und zum Teil im Zusammenhang damit werden zwischenstaatliche Beziehungen vielfach ‚organisiert‘, im Rahmen von Regeln auf Dauer gestellt. Man spricht insofern von der Institutionalisierung internationaler Politik, durch Begründung internationaler Organisationen und durch Einrichtung sachbereichs-spezifischer Regelwerke, internationaler Regime, wie der Fachbegriff lautet. Dieser Trend hat vor allem im ausgehenden 20. und zu Beginn des 21. Jahrhunderts stark zugenommen, sowohl global als auch regional. In der Welt-Region Europa etwa ist nicht nur die Dichte der Organisationen (Europarat, Organisation für Sicherheit und Zusammenarbeit in Europa, OSZE) und Regime (zu Zwecken des grenzüberschreitenden Flußverkehrs ebenso wie des Umweltschutzes, aber auch zum Schutz der Menschenrechte) besonders hoch. In Gestalt der Europäischen Union hat die Organisation der zwischenstaatlichen Beziehungen auch eine weltweit einmalig weit gehende Form angenommen, die im Kern ein Projekt der über-staatlichen (supranationalen) Integration umfasst. Doch darf über solchen weitgehenden Institutionalisierungs-Schritten der internationalen Politik auch nicht vergessen werden, dass andere Bereiche und Regionen der Weltpolitik noch wesentlich weniger geregelten Mustern der Politik folgen. Die Drohung mit und Anwendung von Gewalt ist hier noch immer an der Tagesordnung, sei es zwischen Staaten oder, auch grenzüberschreitend, zwischen nichtstaatlichen Akteuren und Staaten, etwa im Falle des Terrorismus. Er, ebenso wie das transnational-organisierte Verbrechen, zeigt auch, dass die Bedeutung von nichtstaatlichen Akteuren im internationalen System nicht auf die oft positiv gesehene Rolle von Nicht-Regierungsorganisationen wie Greenpeace und Amnesty International beschränkt ist. Was im Ansatz als internationale Politik im Rahmen einer Weltgesellschaft verstanden werden kann, erfolgt also immer mehr, aber nicht ausschließlich in institutionalisierten Bahnen.

Letztlich gilt auch im Bereich der internationalen Politik, was für Politik ganz allgemein gilt: Sie ist ein Prozess des Organisierens von Interessen und ihres organisierten Vertretens. Freilich erfolgt sie gleichsam auf zwei Ebenen: Auf der nationalen Ebene geht es um die Organisation des außenpolitischen ‚Apparates‘ des Staates und die Organisation von Einfluss-Chancen nicht-staatlicher Akteure auf die Außenpolitik des ‚eigenen‘ Staates. Darüber hinaus jedoch geht es, für staatliche und nicht-staatliche Akteure, auf inter- bzw. transnationaler Ebene um die Organisation und Vertretung von Interessen über staatliche und oft auch kulturelle Grenzen hinweg – was seine Spezifika mit sich bringt und die Sache nicht vereinfacht. Das gilt schließlich auch für die Umsetzung der Beschlüsse internationaler Politik. Auch sie nimmt meist ihren Weg über das Zusammenspiel mindestens zweier Ebenen: der Umsetzung auf meist nationaler, zuweilen, sub-nationaler Ebene und der internationalen, oft weichen, gelegentlich sanktionierten Kontrolle, ob und wie die Beschlüsse umgesetzt werden. Diese Besonderheiten bei der Organisation internationaler Politik gilt es im folgenden ebenso zu beachten wie die Tatsache, dass in vielen Bereichen geregelte Verfahren und Institutionen der internationalen Politik erst im Aufbau sind.

Besonderheit: Politik auf zwei Ebenen und über staatliche und kulturelle Grenzen hinweg

Zum **Politikbegriff** allgemein einführend Meyer 2002; zum **Nachschlagen** Nohlen 2001 bzw., für die internationale Politik, Woyke 2000 (Taschenbuch), Evans/Newnham 1998 (TB) und jüngst Griffiths 2005. Zur **methodischen Bedeutung von Begriffen** Gerring 2001, Teil I. Zum Konzept der **Zivilgesellschaft** Cohen/Arato 1992, Hall 1995 und z.B. dieses Stichwort bei Nohlen 2001. Zum **Weltstaat** hobbesianisch dafür: Mohrs 1995; knapp unterhalb die Vorstellungen zur Weltrepublik bei Höffe 1999. Zu **Imperien** Cox/Dunne/Booth 2001 und Münkler 2005 und zum **Kolonialismus** Osterhammel 1995 und Ferro 1997. Zur **EU** List 1997 und Kohler-Koch 2002. Zum Begriff der **transnationalen Politik** vgl. den frühen Beitrag von Kaiser 1969. Zur **Rolle der NGOs** Altvater u.a. 2000, Cutler/Haufler/Porter 1999, Risse-Kappen 1995, als Beitrag mit gender-Perspektive Joachim 2001; für deutsche Verhältnisse May 2004. Zur **transgouvernementalen Verflechtung von Regierungen** Wessels 2000. Für die **Gender-Perspektive** einführend Peterson/Sisson 1993 sowie die Beiträge in Klingebiel/Randeira 1998; eher theoretisch Tickner 1992, 2001 und als Überblick 2002; zur Frage von internationaler Gewalt und Geschlecht Goldstein 2001.

2 Forschungsprogramme der Internationalen Politik und das Verhältnis von Theorie und Praxis

Bei den Ausführungen zu den Grundstrukturen des internationalen Systems (Kap.1) ist wohl schon deutlich geworden, dass es durchaus unterschiedliche Grundauffassungen davon gibt, was internatioale Politik ,eigentlich' ist. Wir haben auch schon gesagt, dass, soweit es dabei nur um die Festlegung von Wortbedeutungen geht, dies Fragen der für jeweilige Zwecke angemessenen Konvention, nicht von wahr oder falsch sind. Deshalb auch die Anführungszeichen um das ,eigentlich'. Bei den in diesem Kapitel darzustellenden unterschiedlichen Grundauffassungen geht es jedoch um mehr als nur unterschiedliche Begriffsbestimmungen. Es geht um unterschiedliche fachliche Vor-Verständnisse, sowohl von internationaler Politik (als Untersuchungsgegenstand) als auch davon, wie Internationale Politik (als politikwissenschaftliche Teildisziplin) zu betreiben sei.[1] Dafür hat sich in der Disziplin der Internationalen Politik in Deutschland die Bezeichnung Groß-Theorien eingebürgert. Dabei ist dann aber die Betonung auf „Groß" zu legen, denn anders als bei ,normalen' Theorien, die auf die abstrahierende Erklärung konkreter Phänomene zielen (etwa Theorien des Wettrüstens: warum erfolgt es?), geht es bei den Groß-Theorien um die Herangehensweise ,ans Ganze' der internationalen Politik, darum wie sie verstanden, erfasst, erklärt werden soll – und auch zu welchem Zweck dies geschehen soll. Auffassungen zum Sachbereich der internationalen Politik gehen in das Vorverständnis der Groß-Theorien also ebenso ein wie Auffassungen über die Rolle von (Sozial-)Wissenschaft im allgemeinen.

> unterschiedliche fachliche Vor-Verständnisse von Wissenschaft im allgemeinen und Internationaler Politik im besonderen: Groß-Theorien

Über letzteres nachzudenken ist heute professionelle Aufgabe der Wissenschaftstheorie, auch wenn sie oft eher von Natur- als von Sozialwissenschaften handelt. Sie hier auch nur en passant mitzubehandeln, ist weder sinnvoll noch möglich.[2] Aus ihr stammen jedoch zwei weitere inzwischen gängige Bezeichnungen für das Phänomen Groß-Theorien, die wir hier – unter Verzicht auf wissenschaftstheoretische Feinheiten – synonym gebrauchen wollen, mit einer

> auch als Paradigmen oder Forschungsprogramme bezeichnet

---

1 Wir folgen der Konvention, die Disziplin (Internationale Politik oder Internationale Beziehungen) durch Groß-, ihren Gegenstand (internationale Politik bzw. Beziehungen) durch Kleinschreibung des „i" zu markieren.

2 Wir sind hier an einer Schnittstelle zur Philosophie, zu der die Wissenschaftstheorie zu rechnen ist. Verwiesen sei nur auf ein kleines, brillantes Einführungs-Buch, das allen Studierenden auch der Sozialwissenschaften einen guten Einstieg in dieses Thema auf der Höhe der gegen-wärtigen Diskussion ermöglicht: Poser 2001. Interessanterweise ist es aus Vorlesungen des Autors für Studierende in der VR China entstanden, ist also selbst Beispiel und Resultat transnationaler Kontakte im kulturellen Bereich!

gewissen Präferenz für die zweite. Von dem US-amerikanischen Wissenschafts-theoretiker Thomas S. Kuhn stammt der Begriff „Paradigma" (von gr. para-deigma = Muster, Beispiel). Er bringt besonders gut zum Ausdruck, dass inner-halb der jeweiligen Groß-Theorien bestimmte Arten, internationale Politik zu analysieren, als mustergültig, beispiel-gebend gelten. Anders als in Kuhns Über-legungen zur Wissenschaftsgeschichte haben wir es freilich in der Disziplin der Internationalen Politik nicht mit einer (von Kuhn als revolutionär gedachten) Ablösung des einen Paradigmas durch ein anderes zu tun. Vielmehr herrscht eine mehr oder minder ‚friedliche Koexistenz' zumindest der vier im Folgenden vorgestellten Paradigmen. Von einem weiteren Wissenschaftstheoretiker, Imre Lakatos, stammt der Begriff des „Forschungsprogramms". Mit ihm lässt sich gut ausdrücken, dass die verschiedenen Paradigmen nicht nur unterschiedliche Vorstellungen von mustergültiger Forschung haben, sondern im Grunde oft ver-schiedene Fragestellungen an den Gegenstand, hier: die internationale Politik, herantragen. Forschungsprogramme kann man also als Bündel von dreierlei ver-stehen:

— typische Fragestellungen;
— mustergültige Beispiele auch für die Methode ihrer Untersuchung;
— zumindest im Bereich der Sozialwissenschaften auch unterschiedliche Auf-fassungen zum Verhältnis von Theorie und Wirklichkeit bzw. Theorie und Praxis.

... und Lob des
Pluralismus:
fruchtbare
Konkurrenz und
Kombinierbarkeit
der Paradigmen

Vor allem der letztere Punkt, bei dem im Hintergrund philosophische und noch tiefer sogar weltanschauliche Differenzen zwischen verschiedenen Forscherin-nen und Forschern stehen, macht auch verständlich, warum es nicht leichter-hand zur Konvergenz oder Ablösung der Paradigmen kommt. Mit noch so sorg-fältiger empirischer Forschung sind diese Differenzen nicht leichterhand zu schließen.[3] Andererseits, und deshalb ziehen wir den Begriff des Forschungs-programms vor, erscheint es uns auch nicht so, wie von Paradigmen-Theoreti-kern gelegentlich dargestellt, dass die Anhänger verschiedener Paradigmen gar nicht miteinander reden könnten, weil ihre Vorstellungen und Herangehenswei-sen kein ‚gemeinsames Maß' hätten, inkommensurabel seien, wie der Fachbe-griff lautet, oder gar, weil sie sich nicht auf eine gemeinsame soziale Realität bezögen, sondern tatsächlich jeweils verschiedene Welten erforschten. Insbe-sondere letztere, im philosophischen Sinne ontologische (die Lehre vom Sein – hier der sozialen Welt) oder epistemologische (erkenntnistheoretische) Position teilen wir nicht, gehen vielmehr von *einer* weltgesellschaftlichen Realität aus, die allerdings aus unterschiedlichen Forschungsprogrammen heraus unter-

---

3 Schneider (2002, 9) hat dies zu Beginn seiner Doktorarbeit in Form von Selbst-Anfragen an die Disziplin schön und deutlich zum Ausdruck gebracht: „Gibt es eine ‚linke' oder ‚rechte' Theorie der internationalen Politik? Oder eine konservative und eine progressive? Anders gefragt: Führen uns unsere Argumente, unsere Überlegungen und logischen Schlüsse immer zu dem politischen Ergebnis, das wir uns wünschen – was nichts anderes bedeuten würde, als daß sie zu dem führen, was sich mit unserer politischen ‚Meinung' deckt? Sollte es so sein? Darf es auf keinen Fall so sein? Was tun, wenn man sich bei Ergebnissen ertappt, die einem im Grunde politisch unsympa-thisch sind, die man aus politischen Überzeugungen heraus ablehnt? Hat man sich dann einfach geirrt? Oder hat man die ‚falsche' Theorie verfolgt?"

24

schiedlich analysiert werden kann. Dieser Pluralismus der Herangehensweisen erscheint uns dabei nicht nachteilig: nicht nur belebt auch hier Konkurrenz das Geschäft. Bei der Bemühung um die Erklärung konkreter Erscheinungen der internationalen Politik ist es auch möglich – und oft sinnvoll –, Elemente verschiedener Paradigmen bzw. die Perspektiven verschiedener Forschungsprogramme zu kombinieren. Allerdings sollte dies bewusst erfolgen und auch nicht im Stil einer nur für den Einzelfall (ad hoc = lat. [nur] für diesen [Zweck]) ‚gebastelten‘ Erklärung, sondern unter genauer Klärung, inwiefern, wie der konkrete Fall zeigt, Elemente und Perspektiven verschiedener Paradigmen einander über den Einzelfall hinaus ergänzen. Und schließlich ist die Pluralität der Herangehensweisen und Fragerichtungen deshalb positiv, weil sie die Chance erhöht, dass wirklich Wichtiges nicht *systematisch* ausgeblendet wird. Denn in allen Paradigmen besteht die Gefahr von ‚blinden Flecken‘.

Bei der Darstellung der Paradigmen ergibt sich nun meist eine mehr oder weniger plausible Liste von „Ismen". Wir halten diese Darstellungsform für sehr unfruchtbar. Forschungsprogramme sind nicht dröge Ismen, die es auswendig zu lernen gilt. Sondern Gedankengebäude, die es zu durchwandern und durchstöbern gilt. Dabei ist niemand verpflichtet, ein (Forscher-)Leben lang nur ein Haus zu bewohnen. Vielmehr lohnt es, alle Häuser aufzusuchen – denn jedes bietet beachtenswerte Ausblicke! Genug der Methaphern. Wir haben uns überlegt, dass die These, die Paradigmen hätten sich durchaus etwas zu sagen, am besten auch in Gesprächsform darstellbar ist. Nun konnte leider kein tatsächliches Gespräch zwischen Vertreterinnen und Vertretern der Paradigmen mitgeschnitten werden. Vielmehr haben wir ein solches Gespräch fiktiv ablaufen lassen, und die ‚Mitschrift‘ folgt. Diese Darstellungsform ist unkonventionell,[4] aber ganz ernst gemeint. Lassen Sie sich bei der Lektüre nicht durch die lockere Form der Unterhaltung täuschen: fast jeder Satz ist bedeutsam. Und achten Sie im Verlauf des Gesprächs auch besonders auf die Randspalte, deren Marginalien eine stichwortartige Zusammenstellung der Hauptpunkte und -argumente ergeben. Genug der Vorrede, hinein ins Wechselgespräch der Paradigmen zwischen Realismus (**R**), Idealismus/Institutionalismus (**I**), Kognitivismus/Konstruktivismus (**K**) sowie dem hier so genannten gesellschaftskritischen Ansatz (**G**), sonst auch als klassentheoretischer oder historisch-materialistischer Ansatz bekannt. Es wird vom Moderator (**M**) eröffnet.

(Randspalte: Forschungsprogramme im Wettstreit – ein fiktives Gespräch)

Paradigmen der Internationalen Politik – ein Streitgespräch

M: Da der Realismus oft als das dominante Paradigma der Disziplin bezeichnet wird und die übrigen Ansätze stark von der Kritik an ihm leben, vielleicht beginnen wir mit einem Statement zum Realismus?

R: Gerne, obwohl eigentlich ein Doppel-Statement nötig ist, zum klassischen Realismus einerseits, zum Neorealismus andererseits. Der klassische Realismus

(Randspalte: klassischer Realismus:)

---

4 Sie wurde angeregt von einem weiteren sehr empfehlenswerten Werk zur Einführung in die Wissenschaftstheorie, das sich genau dieser didaktischen Methode bediente: Laudan 1990.

ist es, der seine Ahnenreihe bis auf Thukydides zurückführt. In der Zeit nach dem Zweiten Weltkrieg war es der Deutsch-Amerikaner Hans J. Morgenthau, der mit seinem zuerst 1948 erschienenen Buch „Politics Among Nations" so etwas wie das Grund-Buch des zeitgenössischen klassischen Realismus vorgelegt hat. Essentielles Merkmal der Politik zwischen Staaten, oder politischen Gemeinschaften, ist für den klassischen Realismus, dass es dabei – wie übrigens bei Politik im allgemeinen – um Macht geht. Zwischen Staaten kann sich dies im Extremfall zum ‚Ringen um Leben und Tod' in Gestalt des Krieges steigern. Internationale Politik ist gleichsam von diesem Grenzfall aus zu verstehen: Selbst dann, wenn die Staaten nicht Krieg führen, müssen sie doch damit rechnen, dass er ausbrechen könnte. Für die politische Praxis, der der Realismus zur Real-Politik rät, heißt dies, auf das Schlimmste vorbereitet zu sein. Dies geht so weit, dass als friedenspolitische Maxime der realpolitische Slogan ausgegeben wird: Si vis pacem, para bellum. – Wenn Du den Frieden willst, bereite den Krieg vor. Analytisch gesehen erwartet der Realismus also, das ist seine Verhaltensannahme, ein nach Macht strebendes Verhalten der Staaten, und sei es nur, um vor dem Machtstreben der übrigen gewappnet zu sein. Dass mit solchem Machtstreben, zumindest einzelner, immer zu rechnen ist, wird letztlich anthropologisch begründet. Der Mensch, zumindest einige Menschen, sind schlecht, macht-gierig, und daraus folgt, dass alle darauf vorbereitet sein müssen – sonst werden sie Opfer der Skrupellosen.

M: Ein ziemlich düsteres Menschenbild. Thomas Hobbes, der englische politische Philosoph (1588-1679), der den modernen Staat begründet hat mittels des Gedankenexperiments der Überwindung des gewaltsamen Naturzustandes zwischen den Menschen durch Abschluß eines Gesellschaftsvertrages zugunsten eines starken, Ordnung gewährleistenden Staates, hat dies auf die berühmte Formel gebracht, der Mensch sei dem Menschen ein Wolf (homo homini lupus). Für ihn befanden sich die Staaten untereinander gleichsam immer noch im Naturzustand.

R: In der Tat, das Menschenbild erscheint düster. Oder eben realistisch. Denn wie gesagt: Die Behauptung der klassischen Realisten ist ja nicht, dass alle Menschen, immer, ohne Ausnahme, gleichsam Machttrieb-Täter seien. Aber einige sind es, und das reicht, um die anderen zu zwingen, darauf zu reagieren. Aber dieses Denken in Kategorien der Anthropologie, über den Menschen ‚als solchen', ist etwas außer Mode gekommen. Analytisch übrigens auch deshalb, weil man aus Aussagen über einzelne Individuen nicht ohne weiteres auf das Verhalten von – organisierten – Kollektiven wie Staaten schließen kann oder gar auf Eigenschaften des internationalen Systems.

M: Sie spielen damit an auf die von Kenneth Waltz (1959) eingeführte Unterscheidung von drei Analyse-Ebenen bei der Erklärung internationaler Politik: der individuellen Ebene, der der einzelnen Staaten und schließlich der des internationalen Systems. Danach kann man Ereignisse der internationalen Politik z.B. entweder durch Eigenschaften von Individuen erklären, etwa ihre Aggressivität, oder durch Eigenschaften der Staaten, etwa ihre demokratische oder diktatorische Verfasstheit, oder schließlich durch Eigenschaften des internationalen Systems, etwa seine Polarität. Das Verhalten der Staaten ist ein anderes, wenn es

internationale Politik als Machtpolitik
– zwischen Staaten als Hauptakteuren,
– die mit Krieg rechnen müssen,
– letztlich aufgrund der menschlichen Natur
→ Realpolitik als Empfehlung

nur eine Supermacht gibt, als wenn es zwei oder fünf gibt. Je nach Konstellation kommt es zu unterschiedlichen Formen der Gegenmachtbildung, oder auch zu Unterwerfung oder zumindest Anpassung.

R: Richtig. Die Macht-*Verteilung* ist für den Realismus eine ganz wichtige, vielleicht die wichtigste, strukturelle Eigenschaft des internationalen Systems, eben seine Macht-Struktur. Daneben gibt es jedoch eine zweite Eigenschaft, die dem Realismus wichtig ist, vor allem dem Neo-Realismus, der wie gesagt nicht mehr anthropologisch argumentiert, sondern strukturell. Diese Eigenschaft ist die an-archische Natur des internationalen Systems, ich betone: die an-archische, also die Tatsache, dass es in ihm keine formale Herrschaftsordnung gibt, wie etwa innerhalb des Staates.

die zwei Hauptstruktur-merkmale des internationalen Systems aus realistischer Sicht:
– Anarchie und
– Machtverteilung

M: Anarchie meint hier, als terminus technicus, also nicht eine bestimmte politische Philosophie oder Strömung und auch nicht die Praxis des Bombenwerfens. Es meint im Grunde: die Abwesenheit eines Welt-Staates, der à la Hobbes Ordnung stiftet, z.B. weil er ein durchsetzungsfähiges Monopol physischer Gewaltsamkeit hat.

Anarchie als terminus technicus

R: Richtig. Und diese Abwesenheit einer formalen Hierarchie, einer Zwangsgewalt, hat nun erhebliche Folgen aus neo-realistischer Sicht, die übrigens Kenneth Waltz am deutlichsten ...

I: ... um nicht zu sagen: am extremsten ...

R: ... vertreten hat, den wir ja schon kennen. In seiner „Theory of International Politics" von 1979 verwirft er jegliche Erklärung internationaler Politik durch Faktoren auf den beiden ersten Analyse-Ebenen. Er erklärt dies für „reduktionistisch" und lehnt das ab. Zwar sind für ihn, wie für alle Realisten, klassische wie Neorealisten, Staaten nach wie vor die wesentlichen Akteure der internationalen Politik. Aber ihr innerer Aufbau interessiert nicht. Alles Wesentliche für die internationale Politik folge vielmehr aus der Tatsache der Anarchie allein, lasse sich mit ihr am sparsamsten erklären. Mit der Anarchie wird jetzt das Misstrauen begründet, das sich im klassischen Realismus aus der skeptischen Anthropologie ergab. Der jetzt als anarchisch gekennzeichnete ‚Naturzustand' zwischen den Staaten zwingt sie zu Macht-Politik und verhindert oder unterminiert ihre Zusammenarbeit, ihre Kooperation. Letzteres, wie vor allem Joseph Grieco herausgearbeitet hat[5], weil die Staaten im anarchischen System immer darauf bedacht sind, dass sie im Vergleich zu anderen nicht schlechter abschneiden. Sie sind an relativen Gewinnen (relative gains) orientiert, nicht an absoluten Gewinnen (absolute gains). Selbst wenn es also sein kann, dass alle Staaten sich durch Kooperation besser stünden als ohne sie, kommt diese doch nicht zustande, wenn einzelne Staaten fürchten, dass die Verteilung der Kooperationsgewinne ungleich ist in dem Sinne, dass dadurch mittelfristig ihre relative Macht-Stellung gegenüber anderen unterminiert wird, weil diese proportional den größeren Nutzen aus der Kooperation ziehen. Der Neo-Realismus hat damit gleich-

die Wende zum Neo-Realismus à la Waltz:
– internationale Politik ‚sparsam' nur systemisch erklären
– subsystemische Erklärungen werden als ‚Reduktionismus' verworfen
– Verhaltensannahme für die Staaten: Orientierung an relativen Gewinnen

---

5   Grieco 1990, Kap.2.

sam eine strukturelle, aus der Anarchie resultierende, Erklärung für das überwiegend unkooperative Verhalten der Staaten.

M: Das war jetzt eine geballte Dosis an Realismus und Neo-Realismus ...

G: Allerdings.

M: Was sagen andere Positionen dazu?

I- und K-Kritik am Realismus: theoretische und empirische Blindstellen

I: Ja, man weiß gar nicht, wo man anfangen soll. Der scheinbar so sparsame Realismus blendet doch so viel aus, an empirischen Fakten, Dingen, die es einfach in der internationalen Politik gibt ...

K: ... aber auch an impliziten, stillschweigenden, Annahmen, ohne die die expliziten Annahmen weit weniger tragfähig sind, als behauptet.

M: Gut, ich sehe schon, die Kritik ist massiv. Können wir der Reihe nach vorgehen?

idealistische Herausforderung:

I: Ich spreche ja hier für die I-Position. Historisch, nach dem Ende des ersten Weltkrieges, steht das für Idealismus, gleichsam die erste Herausforderung des Realismus, vor allem auch der Real-Politik und ihrer Folgen. Im Grunde ist nämlich die wesentliche Kritik des Idealismus am Realismus und der von ihm erklärten, aber ja auch befürworteten Real-, das heißt Macht-Politik, dass sie gleichsam den Charakter einer sich selbst erfüllenden Prophezeiung hat.

M: Inwiefern, was meinen Sie damit?

Realismus als sich selbst erfüllende Prophezeiung

I: Simpel gesagt: aus dem realistischen Wald der internationalen Politik hallt es immer so heraus, wie die realistische Real-Politik hineinruft. Sie klappert mit Waffen, hört Waffen klappern, und beschafft sich mehr Waffen. Das ganze scheint wie ein nicht aufbrechbarer Zirkel, und bestätigt doch nur die eigenen Annahmen durch die *Folgen* des eigenen Tuns.

Sicherheits-Dilemma und Selbsthilfe als weitere wichtige realistische Begriffe

R: Aber jetzt beschreiben Sie doch genau das, was John H. Herz erstmals 1950 als „Sicherheitsdilemma" bezeichnet und analysiert hat. In einem anarchischen System sind die Staaten, auch zur Wahrung ihrer Sicherheit, auf Selbsthilfe angewiesen. Noch ein zentraler Begriff des Realismus. In puncto Rüstung bedeutet das: Rüsten für den denkbar schlimmsten Fall. Das Dilemma ist nun, dass dieses Rüsten von außen nicht als defensiv gemeint erkennbar ist, sondern aggressiv, zumindest bedrohlich, wirkt. Also rüstet die andere Seite auch, was wiederum bedrohlich wirkt. Die vielleicht nur defensiv gemeinten Maßnahmen der Selbsthilfe schaukeln sich hoch. Gerade darin, dass Maßnahmen zur Erhöhung der eigenen Sicherheit diese nicht wirklich, jedenfalls nicht auf Dauer, garantieren, besteht doch das Dilemma. Aber unter den Bedingungen von Anarchie ist es unüberwindbar.

kognitivistische Position: die Bedeutung von Wahrnehmung (Perzeption)

K: Behaupten Sie. Denn hier stecken doch wieder zahlreiche verborgene Annahmen drin, die es ans Tageslicht zu holen gilt. Vertreter der K-Position sind zunächst einmal Kognitivisten. Das sind Leute wie Robert Jervis, die darauf

28

hingewiesen haben[6], dass es in der internationalen Politik entscheidend auch auf die *Wahrnehmung*, die Perzeption, wie es mit dem Anglizismus heißt, ankommt, also auf einen Faktor, der das Erkennen von Realität, eben die Kognition, betrifft. Konkret: Sie sagen, Rüstung wirke bedrohlich. Aber doch nicht einfach als solche. Die USA haben viele Waffen, das ist für Kuba und Kanada gleichermaßen erkennbar. Aber offenbar nimmt Kuba sie als wesentlich bedrohlicher wahr als Kanada. Und umgekehrt: Kanada hat sicher mehr Waffen als Kuba, und doch spielt Kuba in der Außen- und Sicherheitspolitik der USA eine riesige Rolle, von Kanada fühlen sich die USA nicht bedroht.

R: Weil hinter ihm, zumindest lange Zeit, eine Supermacht stand, die Sowjetunion. Und natürlich weiß auch ein Realist, dass neben Kapazitäten (capabilities) auch Absichten (intentions) zählen. Die es sorgfältig zu deuten gilt.

I: Genau. Und das eröffnet doch Spielräume für die internationale Politik, die Sie einfach leugnen. Deshalb ja die idealistische Kritik an der self-fulfilling prophecy. Wenn Intentionen wichtig sind, dann ist deren Deutung, die ja schwierig ist, zu verbessern. Dazu zum Beispiel dienen vertrauensbildende Maßnahmen, auf die man sich, zumindest versuchsweise, einmal einlassen muss. Sonst wird der status quo des Misstrauens zementiert, zumal die permanente Fixierung auf den ,worst case‘, den schlimmsten denkbaren Fall, zur Paranoia werden kann, zu einem Wahn des Bedrohtseins.

Rolle von vertrauensbildenden Maßnahmen

G: ... und zwar zu einem, der sich zu ganz bestimmten innergesellschaftlichen Zwecken nutzen lässt, nämlich Rüstung und Militär in ihrer Bedeutung aufzuwerten, also Geld und Einfluss in eine bestimmte gesellschaftliche Richtung zu lenken. Vertreterinnen und Vertreter gesellschaftskritischer Positionen haben das immer wieder betont und z.B. in Termini der Klassenanalyse zu fassen versucht.

gesellschaftliche Funktion von Bedrohungsszenarien

I: Und sind damit über das berechtigte Anliegen, auf die Bedeutung innergesellschaftlicher Faktoren für die Außen- und damit internationale Politik hinzuweisen, gleichsam hinausgeschossen, in den Bereich des Ökonomismus, der Behauptung, Politik werde einseitig von der Wirtschaft, vom Kapital, bestimmt, oder der Geschichtsmetaphysik, die einen *notwendigen* Zusammenhang zwischen Kapitalismus und z.B. Militarismus behauptet – als ob alle kapitalistischen Staaten sich im Hinblick auf ihre Rüstung gleich verhielten. Auch hier wird doch über real vorhandene Unterschiede und über die unabhängige Bedeutung innenpolitischer, eben nicht nur ökonomischer Faktoren hinweggegangen.

liberale Kritik an klassentheoretischen Ansätzen

M: Hoppla, plötzlich werden hier ganz neue Differenzen sichtbar. Vertreter des Idealismus und des gesellschaftskritischen Ansatzes sind sich also einig in der Kritik am Realismus, dass er innergesellschaftliche Faktoren bei der Erklärung internationaler Politik ausblendet, aber uneinig darin, wie diese zu fassen sind?

Gemeinsamkeiten der I- und K-Kritik am Realismus und Differenzen

I: Ja, so könnte man sagen. Vertreter der I-Position treten jüngst, vor allem im US-amerikanischen Diskurs, nämlich auch wieder als Anhänger der L-Position,

I als Variante des Liberalismus:

---

6 Jervis 1976.

inner-
gesellschaftlich
des Liberalismus, auf. Damit ist gemeint, dass gesellschaftliche Kräfte staatliches Handeln beeinflussen, aber es ringen immer viele Gruppen um diesen Einfluss ...

Kritik daran,
Verweis auf sog.
Gramscianische
Ansätze
G: Wobei Sie, die alte Kritik, übersehen, dass nicht alle gesellschaftliche Gruppen über gleiche Einflusschancen verfügen, und dass in einem kapitalistischen System eine grundlegende Voreingenommenheit, ein ‚bias‘, wie Sie mit einem Anglizismus sagen würden, besteht zugunsten kapitalfreundlicher Positionen. Das bedeutet ja nicht, dass man einem simplen Klassenreduktionismus oder Ökonomismus folgen müsste. Gerade neuere G-Positionen, G wie Gramsci, die im Anschluss an Überlegungen des unabhängig denkenden italienischen Kommunisten Antonio Gramsci (1891-1937) eine gewisse Unabhängigkeit der Politik gegenüber der Ökonomie durchaus einräumen, versuchen aber, das Wechselspiel beider auch im Bereich der internationalen Politik zu thematisieren.[7]

M: Gut, aber mir scheint, dass Sie zum Liberalismus der I-Position noch etwas sagen wollten.

I: In der Tat. I-Position steht ja nicht nur für den Idealismus der Zwischenkriegszeit ...

R: Der auf Institutionen wie den Völkerbund setzte und damit sein Waterloo erlitten hat ...

Interdependenz-
theorie:
Interdependenz als
terminus technicus
I: Ja sicher, dafür dürfen Sie ja auch begriffsstrategisch als „Realismus" auftrumpfen, als ob wir anderen alle an der Realität vorbeigehen würden. Außerdem, zum Institutionalismus der I-Position komme ich gleich, ich wollte erst von der Interdependenz-Theorie sprechen. Interdependenz meint wechselseitige Abhängigkeit von Staaten. Als theoretisches Konzept wurde das Anfang der 1970er Jahre ausgearbeitet, übrigens, das ist nicht untypisch für das Wechselverhältnis zwischen Theoriebildung im IB-Bereich und realer Entwicklung in der internationalen Politik[8], parallel also zur ‚Entdeckung‘ der vor allem wirtschaftlichen Verflechtung der westlichen Industriestaaten untereinander, aber auch der Abhängigkeit zwischen ihnen und den Öl-Lieferländern des Nahen Ostens. Als diese den Preishebel anzusetzen begannen, wurde die Abhängigkeit des Westens von diesem Rohstoff deutlich, dann aber auch die Abhängigkeit der Ölstaaten vom wirtschaftlichen Gedeihen der westlichen Industriestaaten, zumal nachdem sie einen Teil ihrer Profite dort investiert hatten. Diese wechselseitige Abhängigkeit hatte also einen mäßigenden Einfluss auf die (Preis-)Politik dieser Länder ...

Interdependenz als
ideologisches
Konzept
G: Gerade deshalb sollte ihnen ja die Interdependenz eingeredet werden, ein in der Tat typisches Beispiel für die zumindest auch ideologische Funktion von Konzepten der IB-Disziplin, zumal wenn sie in der hegemonialen Vormacht der USA geprägt werden.

---

7 Vgl. Cox 1987, Gill 1993 und, als empirische Arbeit, Gill 1990.
8 Ausführlicher, auch anhand anderer Beispiele, geht auf diesen Zusammenhang der Fernstudienkurs von v.d.Pijl 1993 ein.

I: Wie auch immer. Wichtig ist, dass diese Interdependenztheorie die wechselseitige Abhängigkeit ja technisch genauer zu fassen versucht, nämlich als beiderseitige Verwundbarkeit (vulnerability). Das heißt: die Anpassungskosten an eine Störung der Beziehung müssen auf beiden Seiten erheblich sein, sonst liegt keine Interdependenz bzw. asymmetrische Interdependenz vor. Wenn also eine Seite auf den Handelsaustausch leichter Hand verzichten kann, weil es Ersatzprodukte gibt, während die andere Seite völlig auf die Einfuhr angewiesen ist ...

G: ... dann ist das im Grunde eine Lage von Dependenz, von einseitiger Abhängigkeit, wie sie ja von gesellschaftskritischen Positionen für das Verhältnis zwischen sog. Entwicklungsländern und den westlichen Zentren lang und breit erörtert worden ist.

und Dependenz

I: Ja, richtig. Deshalb wurde ja auch von den Interdependenz-Theoretikern betont, dass diese besondere Qualität der Beziehungen vorwiegend zwischen den wirtschaftlich stark verflochtenen westlichen Industrieländern besteht. Und, das ist mir jetzt wichtiger, im Grunde genommen handelt es sich, damit komme ich auf den Liberalismus zurück, um eine abstrakte Verallgemeinerung der klassisch liberalen These, dass Handel Frieden stifte. Indem Staaten zunehmend, nicht nur aufgrund von Handel, sondern zum Beispiel auch sonstigen zwischengesellschaftlichen Austauschs oder auch ökologischer wechselseitiger Abhängigkeit ‚in einem Boot sitzen‘, zur Realisierung ihrer eigenen Ziele also die Anderer zumindest mitberücksichtigen müssen, wandelt sich auch das Umfeld für die internationale Politik bzw. ihr Zustand. Anarchie ist dann nämlich keine hinreichende Kennzeichnung mehr. Zwar besteht nach wie vor keine übergeordnete weltstaatliche Zentralinstanz. Aber Folgendes tritt ein: Neben staatlichen Akteuren treten auch gesellschaftliche in grenzüberschreitenden Kontakt. Wie gesagt, führt dies dazu, dass die Gesellschaften wechselseitig aneinander Anteil nehmen (teilweise wörtlich, durch Investitionen, teilweise im übertragenen Sinne, weil einem die nunmehr durch Kontakte vertrauten Leute dort und ihr Schicksal nicht mehr egal sind). Technisch gesprochen: Die Nutzenfunktionen der Gesellschaften und damit auch der Staaten werden interdependent.

Interdependenz-Theorie als Verallgemeinerung des liberalen Handel-stiftet-Frieden-Argumentes (I als Variante des Liberalismus – zwischengesellschaftlich)

transnationale Beziehungen

Und darauf reagieren die Staaten durch Begründung von Einrichtungen langfristig angelegter Kooperation. Einrichtungen, Institutionen, hier kommt jetzt das dritte ‚I‘. Während der Idealismus vor allem auf formale internationale Organisationen setzte, insbesondere die des Völkerbundes, die ja aber auch als Institution der kollektiven Sicherheit gedacht war, wenn auch, was durchaus mit der Machtpolitik der Staaten zu tun hatte, so nicht funktionierte, setzt der Institutionalismus ganz allgemein auf das „institution building". Interdependenz fördert das, weil sie den Nutzen der Kooperation deutlicher, manchmal überhaupt erst hervortreten lässt. Und Institutionenbildung fördert ihrerseits die Interdependenz. Dabei zeigt ein Beispiel wie das sog. Allgemeine Zoll- und Handelsabkommen (GATT) und seine Umsetzung, das seit 1947 fast fünfzig Jahre lang den normativen Rahmen für die Handelsliberalisierung abgegeben hat, dass dies sogar ohne formale internationale Organisation geht. Diese, die Welthandelsorganisation, wurde ja erst 1994 vertraglich begründet und 1995 eingerichtet. Solche internationalen Einrichtungen, oder, wie der terminus technicus lautet, internationalen Regime sind also Anzeichen dafür, dass der internationalen, auch

und institutionalisierte Kooperation (internationale Regime) → Institutionalismus

der globalen Politik zunehmend Verhältnisse zugrundeliegen, die nicht nur formal an-archisch sind, sondern auch interdependent. Das geht so weit, dass sich sogar Elemente der Unterordnung in den zwischenstaatlichen Verkehr einschleichen, etwa durch Schiedsprüche im Rahmen der WTO, die die Staaten als bindend betrachten.

Konstruktivismus: als allgemeiner sozialwissenschaftlicher Ansatz und insbesondere im IB-Bereich: „Anarchie ist, was Staaten daraus machen."

K: Das ganze ist übrigens Ausdruck dessen, was der fundamentale Punkt der K-Position im Sinne von Konstruktivismus ist. Danach gilt für alle sozialen Phänomene, dass sie ihren Charakter solange wahren, wie Akteure sie durch ihr Verhalten am Leben erhalten. Wenn niemand mehr Sklaven hält, gibt es keine Sklaverei mehr. Und wenn keiner mehr in den Krieg geht ... Doch ernsthaft. In Bezug auf die Anarchie des Staatensystems bedeutet das: Anders, als der Realismus uns glauben machen will, determiniert diese eben nicht eindeutig ein bestimmtes staatliches Verhalten, nämlich Selbsthilfe im Sinne von – und sei es präventivem – Machtstreben. Anarchie ist vielmehr das, was die Staaten daraus machen.[9] Wie sie sich verstehen, ihre Rollen definieren, welche Interessen sie entwickeln, welche Identität sie entwickeln – das alles kann man bei der Analyse der Entwicklung internationaler Politik nicht einfach ausblenden, als exogen (außerhalb des Zuständigkeitsbereichs der Theorie liegend) betrachten. Es muss ‚endogenisiert‘ werden, das heißt, die Theorie muss Raum und Erklärung dafür haben, dass und wie sich die Interessen und sogar Identitäten von Staaten in und durch ihr wechselseitiges Verhalten, also die internationale Politik, wandeln.

I: Durch die internationale Politik, aber noch weiter: durch die transnationalen Beziehungen nichtstaatlicher Akteure ebenfalls.

Berücksichtigung des jeweiligen nationalen und transnationalen gesellschaftlichen Kontextes

G: Genau. Internationale Politik im Zeitalter der kapitalistischen Globalisierung ist nämlich etwas ganz anderes als etwa im 17. Jahrhundert oder gar im antiken Griechenland. Von den jeweils spezifischen binnen- und heutzutage auch transnationalen gesellschaftlichen Bedingungen kann nicht einfach abstrahiert werden.

Problem der theoretischen Verallgemeinerung über Zeit(alter) hinweg

R: Aber, warum denn nicht? Es soll doch das außenpolitische Verhalten, die internationale Politik, im engeren Sinne erklärt werden, nicht die gesamtgesellschaftliche Entwicklung. Und über das Verhalten solcher staatlicher Entscheidungsträger-Eliten im Verkehr miteinander, unter Bedingungen der Anarchie, kann ich doch verallgemeinernde, abstrahierende Aussagen machen, im Prinzip über die Zeitalter hinweg. Weil die menschliche Natur gleich geblieben ist, wie der ältere Realismus gesagt hätte, oder weil die strukturelle Situation nach wie vor dieselbe ist, nämlich eine von An-Archie, von formaler Herrschaftslosigkeit. Das ist doch nicht schlimmer als zu sagen, alle bisherige Geschichte sei die von Klassenkämpfen, auch eine über die Zeiten hinweg erfolgende Verallgemeinerung.

Anarchie keine hinreichende Charakterisierung der Grundstruktur des internationalem Systems

G: Und ein bisschen polemisch. Denn Sie sind jetzt gerade wieder über den Punkt hinweggegangen, den wir anderen, glaube ich, alle anerkennen und für

---

9   So der plastische Titel und Haupt-Argumentationspunkt des wichtigen Beitrags von Wendt 1992, der einen gemäßigt, nicht radikal-konstruktivistischen Standpunkt vertritt.

wichtig halten, dass nämlich Anarchie *allein* keine hinreichende Kennzeichnung der Grundstruktur des internationalen Systems darstellt. Zumindest das gegenwärtige System ist, in den Worten der I-Position, wesentlich auch von Interdependenz, wirtschaftlicher und ökologischer, gekennzeichnet. Aus gesellschaftskritischer Perspektive ist aber weit darüber hinaus das moderne internationale System oder, wie wir vorzugsweise mit Immanuel Wallerstein[10] sagen, das moderne Weltsystem, seit ca. 1500 von einer Doppelnatur gekennzeichnet: es ist, jawohl, ein, wenn Sie so wollen, an-archisches System *mehrerer* Staaten (dies im Unterschied zu einem politisch monopolaren Weltreich). Aber diese Staaten sind von Beginn an eingebettet in das transnationale System der ökonomischen Beziehungen, das der Kapitalismus darstellt und das sich zunehmend globalisiert hat. Und diese transnationale ökonomische Struktur ist nicht einfach nur eine harmonisch-interdependente, sondern ist von sich langfristig selbst-reproduzierenden Strukturen der Ungleichheit geprägt, die wir als Dependenz, als strukturelle Abhängigkeit der jeweils peripheren, „unterentwickelten" (in Anführungszeichen) Länder von den jeweiligen Zentren, den entwickelten, ökonomisch dominanten Ländern zu erfassen versuchen.

auch strukturelle Abhängigkeit im modernen Weltsystem des transnationalen Kapitalismus

M: Auf die damit angesprochenen wichtigen Fragen der sog. Internationalen Politischen Ökonomie, also des Zusammenhangs zwischen internationalem Staatensystem und transnationaler Wirtschaft, sollten wir, glaube ich, in einem zweiten Gespräch nochmal gesondert eingehen.[11] Können wir im Moment nochmal bei der Anarchie-Problematik als solcher bleiben?

Internationale Politische Ökonomie – Gegenstand eines zweiten Gesprächs

K: Ja, dann möchte ich zu meinem analytischen Punkt zurückkommen. Aus der formalen Herrschaftslosigkeit folgt präventives Selbsthilfe-Verhalten doch nur dann, wenn mit ‚gefährlichen Staaten' zu rechnen ist. Je weniger das der Fall ist, desto eher können Staaten sich auf Kooperation einlassen, auch mal Vertrauensvorschuss geben, und dergleichen.

implizite Hilfsannahme des Realismus: es gibt gefährliche Staaten

I: Genau. Und solche Fälle gibt es doch, das sind ja keine hypothetischen Spekulationen, sondern jene Fälle von internationalen, formal nicht-hierarchischen Beziehungen, über die der Realismus so gerne beredt schweigt. Die Beziehungen der skandinavischen Staaten untereinander haben seit über 150 Jahren eine solche Qualität, dass sie weder Krieg gegeneinander geführt haben, noch damit drohen oder es fürchten. Dabei gab es durchaus Konflikte, bis hin zur Auflösung der norwegisch-schwedischen Staatsunion 1905 – aber auch sie wurde friedlich, durch Volksentscheid, geregelt. Ähnliches gilt für die Beziehungen innerhalb der EU, die sogar über internationale Politik hinauszuwachsen begonnen haben durch die supranationale Integration im Rahmen der EG.

Beispiele langfristig-friedlicher Kooperation zwischen Staaten, trotz Konflikten

K: Hier wird offenbar nicht mehr mit Angreifern gerechnet, trotz formaler Anarchie (und übrigens trotz unveränderter Anthropologie). Offenbar besteht jedoch genau zwischen diesen Ebenen, der ewigen Gleichheit der menschlichen Natur und der ewigen Gleichheit der internationalen Anarchie, ein Spielraum,

der Spielraum der internationalen Politik

---

10 Wallerstein 1974, 1980, 1988 und einführend kurz 1982.

11 Auch dieses Gespräch haben wir ‚mitgeschnitten' und präsentieren das Protokoll unten in Kap.13.

der sich auf die Art der politischen Systeme bezieht. Das ergibt die These vom demokratischen Frieden, also der friedlichen Qualität der Beziehungen zwischen Demokratien, gerade weil sie Demokratien sind.

I: Oder der Spielraum bezieht sich auf die internationalen Beziehungen selbst. Sind diese zunehmend interdependent, wandelt sich auch die Qualität der Beziehungen zwischen den Staaten im engeren Sinne, also als Herrschaftseinrichtungen.

die Doppel-Funktion von Entscheidungsträger-Eliten: Wahrung der ‚nationalen‘ Interessen – und der eigenen!

G: Endlich wird es wenigstens angesprochen. Sie mögen ja als Realist recht haben, dass man über, wie Sie sagten, das Verhalten staatlicher Entscheidungsträger-Eliten im Verkehr miteinander, unter Bedingungen der Anarchie, theoretische Aussagen treffen kann. Aber dann ist es doch wichtig zu sehen, dass diese Eliten nicht nur abstrakt das Bestandsinteresse *des Staates* vertreten, das berühmte, sich zum ideologischen Missbrauch geradezu anbietende sog. nationale Interesse, sondern auch ihre Eigeninteressen – die des Staatsapparates, als Apparat, wie die der politischen Elite. Das geht in Demokratien um die Wiederwahl bei der nächsten Wahl, die die Außenpolitik mitbestimmt – was ja nicht schlecht sein muss. Schließlich ist das ein Mechanismus, wie sich breitere Gesellschaftsgruppen auch in der Außenpolitik Gehör verschaffen können. Es geht aber letztlich in allen politischen Systemen, nach den jeweils spezifischen Spielregeln, um den Erhalt der politischen und, im weiteren Sinne, der gesellschaftlichen Macht. Und soweit internationale Politik dazu beitragen kann, ist ihre Analyse ohne die Berücksichtigung dieser Doppelfunktion – Sicherung des Staates i.w.S. und der eigenen gesellschaftlichen Position der Entscheidungsträger-Eliten – nicht vollständig zu verstehen. Und auch der Zusammenhang zwischen den politischen Entscheidungsträger-Eliten und den wirtschaftlich dominanten Kräften, letztlich also das, was wir als herrschende Klasse bezeichnen, kann dabei nicht ausgeblendet werden. Oder jedenfalls dann nicht, wenn man *wirklich* realistisch sein will und nicht nur „realistisch“ im ideologischen Sinne faktische Abhängigkeitsverhältnisse innerhalb wie zwischen den kapitalistischen Gesellschaften verschleiern will.

politische Herrschaftsinteressen und gesellschaftliche – das Konzept der herrschenden Klasse

realistischer Einwand: nur Wichtiges erklären, und das möglichst sparsam

R: Den Beitrag, den diese Berücksichtigung von internen Herrschaftsinteressen zur Erklärung internationaler Politik leistet, möchte ich gerne sehen, empirisch belegt, und nicht nur klassentheoretisch behauptet. Sie werden aber sehen, dass gerade die wichtigen, weil für die gesamte Gesellschaft überlebenswichtigen sicherheitspolitischen Fragen eben doch stark von den Zwängen zum Überleben in einem anarchischen System bestimmt sind. Eine Erklärung mit diesen realistischen Faktoren ist dann einfach sparsamer. Oder anders gesagt: Sie nehmen einfach eine Themenausweitung vor, die von internationaler Politik weg und zur Analyse interner Herrschaftspolitik hinführt. Nichts dagegen, aber das ist was anderes.

Gegeneinwände: 1. Außenpolitik ist nicht nur Außenpolitik 2. Was *ist* wichtig?

G: Etwas anderes, aber doch untrennbar Verbundenes. Sie können das nur nicht sehen, weil Ihre theoretische Brille genau hier eine blinde Stelle aufweist. Außenpolitik ist eben nicht nur Außenpolitik, in Reaktion auf Anforderungen des internationalen Systems. Sie ist zugleich auch Innenpolitik bzw. transnationale Politik im Interesse der jeweils herrschenden Klasse bzw. Klassenfragmente.

Und was für das Überleben der gesamten Gesellschaft wichtig, also wirklich wichtig ist, bemisst sich doch heute nicht mehr nach Fragen der klassischen Sicherheitspolitik allein. Denken sie an den globalen Treibhauseffekt. Betrifft ganze Gesellschaften, ist aber mit klassischer Sicherheitspolitik nicht zu lösen.

I: Erfordert vielmehr die Nutzung des von mir angesprochenen Spielraums zur Schaffung innovativer Mechanismen internationaler Kooperation.

heute auch Probleme, die nur international-kooperativ zu lösen sind

G: Aber bitte, ohne dass dabei reale Konflikte unter den Teppich gekehrt werden, z.B. unterschiedliche Verursachungsbeiträge und Betroffenheiten – denken Sie an den Energieverbrauch eines US-Bürgers im Vergleich zu einem Bangladeschi, dem aber bald, im wahrsten Sinne des Wortes, das Wasser der globalen Erwärmung bis zum Hals stehen wird, nicht dem US-Bürger ...

Aber: Konflikte nicht übergehen

I: Der vielleicht manche Dürre und Überschwemmung im eigenen Land als menschengemachte, anthropogene, ‚Natur'katastrophe erkennen muss, bevor er globale ökologische Interdependenz als Handlungsimperativ akzeptiert. Ich sage ja nicht, dass es leicht ist, die Spielräume der internationalen Politik zu nutzen, nur, dass es sich – mehr denn je – lohnt.

R: Gut, darin kann ich ihnen zustimmen. Ich muss aber realistisch davor warnen, diese Spielräume zu überschätzen. Denn es ist doch mit der relativen Gewinnorientierung der Staaten zu rechnen ...

Aber: Wie groß sind die Spielräume?

G: ... und mit der relativen Gewinnorientierung der transnationalen Klassenfragmente, die von der Globalisierung selbst dann profitieren, wenn Bangladesch untergeht.

K: Dennoch, es kann bei solchen, durchaus konfliktträchtigen, Prozessen der globalen Politik durchaus auch zu Lernprozessen kommen, die auch das Selbstverständnis der Beteiligten, Staaten wie nicht-staatlicher Akteure, ändern. Jedenfalls besteht kein Grund, dies von vorne herein auszuschließen, und also sollte auch die Theorie in der Lage sein, diese Möglichkeit selbst zu thematisieren.

Das gilt es auszuprobieren!

M: Meine Dame, meine Herren, unsere vorgesehene Zeit ist leider schon leicht überschritten, wir nehmen also Ihr – konstruktives – Wort auch als Schlusswort für dieses Gespräch. Ich danke Ihnen für die hoffentlich fruchtbare Auseinandersetzung.

Nach Lektüre dieses Wechselgesprächs zwischen Vertretern der vier Forschungsprogramme: des Realismus mit den Varianten klassischer und Neo-Realismus, des Idealismus/Institutionalismus, der Konstruktivismus als jüngstem Paradigma und des gesellschaftskritischen Ansatzes sollten Sie (mit Hilfe der Marginalien insbesondere!) nun in der Lage sein, Grundannahmen und -anliegen der Paradigmen kurz zu umreißen (versuchen Sie es einmal auf einer Seite, ähnlich der Übersicht zu den Grundbegriffen in Kap.1). Sie werden auch gesehen haben, dass die Forschngsprogramme recht unterschiedliche Vorstellungen davon haben, was den Gegenstand der Disziplin Internationale Politik ausmacht.

Ertrag des Gesprächs

Die nachfolgende Übersicht (2.1) gibt hierzu noch eine Zusammenfassung. Schließlich werden Sie ein Gespür für die hinter den Forschungsprogrammen liegenden Unterschiede in den Auffassungen zur Rolle von (Sozial-)Wissenschaft im Kontext der von ihr unter-suchten sozialen Welt erhalten haben. Dies betrifft das sog. Theorie-Praxis-Verhältnis, und wir halten es für wichtig genug, dazu abschließend einige kurze Ausführungen zu machen.

Übersicht 2.1:   Der Gegenstandsbereich der Internationalen Politik aus Sicht der vier Paradigmen

---

Der Gegenstandsbereich der Disziplin Internationale Beziehungen wird aus Sicht der verschiedenen Paradigmen/Forschungsprogramme unterschiedlich bestimmt, und zwar aus Sicht des ... als ...

REALISMUS
internationales System von Staaten (staatlichen Herrschaftszentren), die sich durch Selbsthilfe unter Bedingungen der An-Archie (der Freiheit von Herrschaft im formalen Sinne) selbst behaupten müssen, also nach Macht streben

IDEALISMUS/INSTITUTIONALISMUS
inter- und transnationales System der Beziehungen zwischen Staaten einschließlich ihrer gesellschaftlichen Umfelder, die unter Bedingungen der Interdependenz durch Institutionen-Bildung gemeinsame Probleme kooperativ bearbeiten können

GESELLSCHAFTSKRITISCHEN ANSATZES
transnationales System gesellschaftlicher Herrschaft (im materialen Sinne), in dem national- und/oder transnational herrschende Klassen unter Bedingungen einer (tendenziell) globalen kapitalistischen Ökonomie unter Nutzung der Mehr-Staatlichkeit (kein Weltreich!) ihre polit-ökonomischen Herrschaftsinteressen verfolgen (im Widerstreit mit den Unterdrückten/Ausgebeuteten)

KONSTRUKTIVISMUS
im Prinzip jede der obigen Sichtweisen, jedoch: als komplexes soziales System, dessen Strukturen gleichermaßen durch das Handeln der (kollektiven) Akteure geprägt werden wie diese durch die Strukturen geprägt werden (Ko-Konstitution von Akteur und Struktur), wobei insbesondere die Fremd- (z.B. Feindbilder) und Selbst-Wahrnehmung (Rolle, Identität) der Akteure (z.B. Staaten) wesentlich ist, so dass das System nicht ,objektiv-äußerlich', sondern ein soziales Konstrukt ist.

Auch dieses Thema ist, wie man so sagt, ein weites Feld. Wir können es nicht vollständig abschreiten, wollen vielmehr, um im Bilde zu bleiben, vier Pflöcke einschlagen, oder Pole, die zu Ihrer eigenständigen Verortung dienen können, während Sie sich zu einer Sozialwissenschaftlerin bzw. einem Sozialwissenschaftler bilden.

soziale Bedingtheit allen (sozial-) wissenschaftlichen Wissens impliziert nicht Relativismus

Ein *erster*, grundlegender Punkt verweist noch einmal auf die Philosophie, näherhin die Erkenntnistheorie der Sozialwissenschaften. Die neuere wissenschaftstheoretische Diskussion hat ergeben, dass – wie könnte es anders sein? – die wissenschaftliche, also auch sozialwissenschaftliche Produktion von Erkenntnis sozial bedingt ist. Schließlich erfolgt sie durch Menschen, und zwar nicht isolierte Individuen, sondern von Wissenschaftler(innen), die Teil wissenschaftlicher Diskussions-Netzwerke sind, zu, wie man sagt, einer scientific community gehören. Und auch diese community als Ganze steht nicht außerhalb der (Welt-)Gesellschaft, sondern ist Teil von ihr. Soviel ist unstrittig und unbestreitbar. Daraus wird gelegentlich der Schluss gezogen, dass auch alle Ergebnisse der Wissenschaft sozial-relativ und in diesem Sinne nicht objektiv, sondern ‚standortgebunden‘ sei. Das ist richtig in dem – schwachen – Sinne, dass es keine anderen wissenschaftlichen Ergebnisse gibt als die von konkreten Menschen mit konkreter historischer und sozialer Lage erarbeiteten. Abzulehnen ist dies jedoch in dem starken Sinne, dass alle (sozialwissenschaftliche) Erkenntnis deshalb standort-*gebunden* oder gar parteiisch sei. Dies unterschätzt die Möglichkeit der Verständigung wenn schon nicht auf objektiver, so doch auf intersubjektiv-nachvollziehbarer Basis. Wissenschaft ist genau ein solcher, heute globaler, Verständigungsprozess. Einzuräumen ist allerdings, dass wohl ein Unterschied zwischen Natur- und Sozialwissenschaften besteht in dem Sinne, dass die Realität, der sich Forschung zu nähern versucht, im Falle der letzteren selbst sozial konstruiert ist, aus sozialem Handeln resultiert, was für die Naturwissenschaften so nicht gilt. Um es simpel zu sagen: Steine gibt es auch ohne Menschen, Gesellschaften nicht.[12] Insofern gilt, dass sozialwissenschaftliche Erkenntnis gleichsam doppelt sozial bedingt ist: was ihren Erzeugungsprozess anbelangt und was die Konstitution ihres Gegenstandes anbelangt. Auch daraus folgt jedoch *nicht* zwangsläfig, dass objektive sozialwissenschaftliche Erkenntnis im Sinne intersubjektiv nachprüfbarer über einen realen externen ‚Gegenstand‘, eben die Gesellschaft, unmöglich wäre.

Es ist auch nicht sinnvoll, wenn SozialwissenschaftlerInnen sich wechselseitig mit plumpen Ideologie-Vorwürfen traktieren. Der Vorteil zum Beispiel der neueren gramscianischen Ansätze besteht darin, dass sie dieses Problem klassisch-marxistischer Herangehensweise überwinden, da sie den Erzeugnissen der Kultur, hier: der Wissenschaft, ein höheres Maß an Unabhängigkeit zubilligen (gegenüber der sog. Basis), dabei jedoch die gesellschaftliche Produktion und Wirkung von Ideen explizit zum Thema machen.[13] Sog. think tanks, Denkfabriken, kommt dabei eine bedeutende Rolle zu. Sie sind *einer* der Arbeitsplätze vieler SozialwissenschaftlerInnen[14] – und zugleich ein lohnender Gegenstand der Forschung auch im Bereich internationaler Politik.

nicht die Keule des Ideologie-Verdachtes schwingen, sondern Produktion und Wirkung von Ideen untersuchen

---

12 Zwei kleine Einschränkungen: Es gibt tierische Gesellschaften, die jedoch nicht auf symbolischer Sprachlichkeit aufbauen und insofern (in anderen Hinsichten vielleicht nicht; vgl. de Waal 1983 und 1989) ganz anders sind als Humangesellschaften. Und über extraterrestrische Gesellschaften wissen wir bisher nichts – oder doch nur aus zum Teil anregenden Fiktionen (vgl. Weber 1997 und die Beiträge in Hellmann/Klein 1997).

13 Vgl. etwa die Arbeiten von Scherrer 1999 oder von Gill 1990; auch aus dem I- und K-Forschungsprogramm heraus ist jüngst vermehrt über die Rolle von Ideen in der internationalen Politik geforscht worden, vgl. z.B. die Beiträge in Goldstein/Keohane 1993.

14 Hierzu sind in den USA solche Einrichtungen wie die RAND-Corporation oder der Council on Foreign Relations zu rechnen (vgl. zu den think tanks in den USA: Ricci 1993); in Deutschland sind neben privaten Stiftungen wie der Bertelsmann-Stiftung vor allem die Parteien-Stiftungen (Konrad-Adenauer-, Hans-Seidel-, Friedrich-Ebert-, Friedrich-Naumann-, Heinrich-Böll- und Rosa-Luxemburg-Stiftung) zu nennen, die auch im Bereich internationaler Politik Forschung finanzieren, sowie mehr oder weniger regierungsnahe think tanks wie die Stiftung Wissenschaft und Politik (Berlin), die dem Auswärtigen Amt zuarbeitet, die Deutsche Gesellschaft für Aus-

Wir kommen damit zu einem verwandten *zweiten* Punkt. Man kann ihn in Gestalt einer Frage formulieren: Wer sind die Adressaten sozialwissenschaftlicher Erkenntnis, in unserem Falle also von Erkenntnissen der Internationalen Politik? Zur wissenschaftlichen Forschung gehört wesentlich die Öffentlichkeit ihrer Ergebnisse. An wen aber sind sie adressiert? Hier gibt es deutliche Nuancen zwischen den Paradigmen. Der traditionelle Realismus pflegte (und pflegt bis heute) nicht nur engen Umgang mit außenpolitischen Entscheidungsträgern (ja vereint, so im Falle H. Kissingers, oft beide Rollen in einer Person); er macht sich oft auch deren Perspektive zu eigen. Was wiederum Entscheidungsträgern ein ‚vertrautes Gefühl' bei der Lektüre klassisch-realistischer Werke gibt.[15] Umgekehrt suchte der klassische Marxismus bewusst die parteiische Nähe wenn nicht *der* Partei, so doch des sog. ‚revolutionären Subjektes', in klassischer Vorstellung der Arbeiterschaft, später etwa der Dritte Welt-Bewegung. Heute geht für gesellschaftskritische Ansätze die Adressaten-Orientierung in Richtung dessen, was man die emanzipatorischen, im materialen Sinne herrschaftskritischen sozialen Bewegungen nennen könnte (etwa Friedens- und Frauen-Bewegung sowie entwicklungspolitische Gruppen), kurzum an solchen Akteuren, die man neuerdings unter dem Fachbegriff „transnationale Zivilgesellschaft" zusammenfasst.[16] Unterschiedliche Paradigmen wenden sich also mit ihren Forschungsergebnissen an verschiedene Adressaten, und wohl auch deshalb verfolgen die verschiedenen Forschungsprogramme oft unterschiedliche Forschungsfragen. Auch mit diesen Unterschieden und gelegentlich daraus resultierenden Spannung sollte man zu leben lernen. Es handelt sich um die Spannung zwischen dem Verdacht der Befangenheit aufgrund zu großer Nähe zur Macht und den gegenwärtigen ‚Realitäten' hie und dem Verdacht des naiven Utopismus da. Solche Spannungen gilt es nicht nur auszuhalten; man kann sie zu schätzen lernen, machen sie doch die Analyse internationaler Politik selbst vor allem: spannend.

Mit unterschiedlichen Adressaten und Fragestellungen verbinden sich, *drittens*, oft, wenn auch nicht zwangsläufig, divergierende Zeithorizonte. Entscheidungsträger-orientierte realistische Fragestellungen haben oft einen kurzen Zeithorizont, im Falle von Krisen-Politik beratender Forschung einen sehr kurzen. Freilich sollte auch realistische, um nicht zu sagen: Real-Politik auch längerfristig denken, und ‚Großmeister' der Realpolitik wie Kissinger halten sich ja gerade darauf etwas zugute, in den Kategorien der grand strategy zu denken.[17] Und

---

wärtige Politik und das Deutsches Institut für Entwicklungspolitik, DIE, Bonn. Schließlich gibt es stiftungsfinanzierte Forschungseinrichtungen, etwa im Bereich der Friedensforschung (Hessische Stiftung Friedens- und Konfliktforschung, HSFK, Frankfurt a.M.; Forschungsgemeinschaft der Evangelischen Studiengemeinschaft, FeSt, Heidelberg) und der Entwicklungspolitik (Stiftung Entwicklung und Frieden, Bonn, die u.a. 2-jährlich das vorzügliche Taschenbuch „Globale Trends" [erscheint in Frankfurt a.M.] herausgibt) sowie universitäre ‚An'-Institute (etwa das Institut für Friedensforschung und Sicherheitspolitik, IFSH, Hamburg oder das Institut für Demokratie und Frieden an der FernUniversität Hagen). Vgl. zu den deutschen think tanks Gellner 1995.

15 Man vgl. etwa, um einen Pendler zwischen den Welten der Wissenschaft und der Politik vom anderen Ende des politischen Spektrums zu nehmen und einen deutschen Fall, die Ausführungen von Bahr 1998.

16 Vgl. zu dieser die vorzügliche kleine Arbeit von Kößler und Melber 1993.

17 Vgl. auch das äußerst lesenswerte, als preiswertes Taschenbuch verfügbare Buch von Brzezinski (1999), in dem er eine langfristige euro-asiatische Strategie für die einzige Supermacht USA ent-

doch besteht ein Unterschied etwa zu makrotheoretischen Betrachtungen zum Wandel des internationalen Systems realistischer Provenienz[18] oder auch zu der eher gesellschaftskritischen Theorie des modernen Weltsystems von Imanuel Wallerstein[19], die nicht unmittelbar entscheidungsorientierte Fragen verfolgen, sondern langfristige Grundlagenforschung betreiben.[20] So legitim und inhaltlich spannend solche Grundlagenforschung ist und so wichtig sie, auch bei kürzerem Zeithorizont, für die Professionalisierung einer Disziplin ist – gesellschaftliche Abnehmer haben damit oft keine Geduld. Auch hier tut sich ein Spannungsverhältnis auf, zwischen im Prinzip brechtigten Erwartungen nach relevanter und auch verständlich dargebotener Forschung[21] und dem ebenfalls berechtigten Beharren darauf, dass Grundlagenforschung über den Tag hinaus angelegt sein muss (in ihrer Forschungspraxis *und* Fragerichtung) und gleichwohl bzw. gerade deshalb relevant sein kann. Dies öfter in klarer Sprache zu demonstrieren obliegt allerdings den Vertreterinnen und Vertretern der Disziplin – in ihrem eigenen Interesse wie dem der sie finanzierenden Gesellschaft.

Wir sind damit beim *vierten* und letzten Punkt des Themas angelangt. Nicht zufällig gibt es eine Korrelation, ja, um einen von Max Weber gebrauchten Begriff zu verwenden, eine Wahlverwandtschaft zwischen demokratischer Herrschaftsform und politikwissenschaftlicher Forschung, auch im Bereich der internationalen und der Außen-Politik. Politikwissenschaft ist nicht nur auf Öffentlichkeit bei der Publikation ihrer Ergebnisse angewiesen, sondern davor, um zu diesen Ergebnissen zu gelangen, natürlich auch auf breiten Zugang zu öffentlichen Quellen (denn nur solche, und darin liegt durchaus eine Einschränkung, sind nutzbar; die Nutzung geheimer Quellen bleibt Geheimdiensten vorbehalten, mit dem bekannten Folgeproblem, dass mangels internem Pluralismus die Quellen-Kritik oft leidet; von den zuweilen zweifelhaften Methoden der Informations-Beschaffung ganz zu schweigen). Und diese Freiheit wird nicht nur in Diktaturen, sondern auch in Demokratien, wenngleich weniger einschneidend und zwischen westlichen Demokratien durchaus variierend, beschränkt, und auch nicht nur durch staatliche Instanzen, sondern auch durch private Akteure.[22]

Freiheitsgrade des Denkens

---

wickelt. Brzezinski war Nationaler Sicherheitsberater unter US-Präsident Carter und steht ebenfalls für den Typ des zwischen Entscheidungsträger- und akademischen Rollen pendelnden Intellektuellen, den es in den USA wesentlich häufiger gibt als in Deutschland (und der, nebenbei gesagt, im Zentrum gramscianischer Analyse der Rolle sog. ‚organischer Intellektueller' steht).

18 Etwa Gilpin 1981 oder, um das Beispiel eines Historikers mit großem Einfluss auf die Debatte internationaler Politik der 1980er Jahre zu benennen, Paul Kennedy 1987.

19 Zu dieser vgl. unten Kap.3.

20 Von so anregenden Arbeiten wie der bereits zitierten von Buzan/Little 2000 ganz zu schweigen.

21 In seinem Bestreben, Ergebnisse einschlägiger, auch Grundlagen-Forschung in praxisnahe, die demokratische Öffentlichkeit in Fragen internationaler Politik aufklärende Darstellungen umzusetzen, ist E. O. Czempiel als exemplarischer Autor zu benennen (vgl. etwa Czempiel 1999); man vergleiche dies auch mit den konzeptionellen Überlegungen des späteren Außenministers Fischer (1994) – und natürlich mit seiner Amtspraxis ...

22 Beides kann aus eigener Forschungserfahrung bestätigt werden: während mir bei den eigenen Forschungen zur Meeresumweltschutzpolitik (im Ergebnis: List 1991) seinerzeit in Bonn unter Verweis auf die Gemeinsame Geschäftsordnung der Bundesministerien und die dort enthaltene Sperrfrist von 30 Jahren Akteneinsicht verwehrt blieb, wurde sie mir in Schweden, wo seit den 1770er Jahren das Prinzip der sog. trykfrihet, der Öffentlichkeit aller nicht explizit geheimen Akten, besteht, selbst als Ausländer angeboten; bei der Forschung zur Politik der internationalen Kooperation in Sachen Sicherheit osteuropäischer Kernkraftwerke (List 1993, Connolly/List

Über diese Freiheit des Forschens und ihre Grenzen hinaus ist aber oft die Freiheit des Denkens das Entscheidende. Einschränkungen kommen hier nicht nur von außen, sondern resultieren zum Beispiel auch aus den Scheuklappen, welche zu eingefahrene Paradigmen darstellen können. Und das gilt auch im übertragenen Sinne: für die Paradigmen der realen Politik. Es ist nicht die geringste Funktion, die politikwissenschaftliche Forschung, die von unmittelbaren Handlungszwängen ja entlastet ist, zu erfüllen hat, *kreativ* über den Tag hinauszudenken und Ideen und Konzepte für eine weiterführende Politik zu entwickeln, für alle an ihr beteiligten Akteure. Freilich bedarf es dazu nicht nur der Phantasie und des Mutes, sondern auch der Bereitschaft, vermeintliche Gewissheiten in Frage zu stellen, egal ob es sich dabei um das sichere Ende der Geschichte (Fukuyama 1992) oder das des Kapitalismus (Wallerstein 1982) handelt. Und natürlich bedarf es dazu des methodisch und analytisch geschulten Verstandes. Hierin liegt das didaktische Ziel dieses Buches, und darin liegt der spezifische Beitrag der Politikwissenschaft zur gesellschaftlichen Debatte um die Politik der Weltgesellschaft: nicht so sehr, für mehr Hitze zu sorgen – wohl aber für mehr Licht!

Ausgewählte Literaturhinweise zu Kapitel 2

An **substanziellen Einführungen in die internationale Politik** seien ergänzend drei ängelsächsische Textbooks empfohlen: Baylis/Smith 2004, Clemens 2004 und, stärker theorie-orientiert, Jackson/Soerensen 2003. Als **Einführungen in Theorien** auf Deutsch empfehlenswert Krell 2004, Schieder/Spindler 2003, stärker theorie-geschichtlich Menzel 2001. Ausgezeichnet auch die **Vorstellung führender Denker und ihrer Werke** von Griffiths 1999. Einen – wenn auch selektiven – **Leistungsvergleich von Theorien** in Kategorien der Wissenschaftstheorie von Lakatos bieten die Beiträge in Elman/Elman 2003. Den **deutschen Forschungsstand** reflektieren die Beiträge in Hellmann/Wolf/Zürn 2003, den **internationalen Forschungsstand** die in Carlsnaes/Risse/Simmons 2002. Zu den Paradigmen im einzelnen vgl. zum **Realismus** die beste Einführung von Donnelly 2000, ergänzend Guzzini 1998 und, stärker ideengeschichtlich, Smith 1986. Zum **Institutionalismus und** zur **Interdependenz-Theorie** Keohane/Nye 1977, einführend deutsch Müller 1993; Baldwin 1993, Hasenclever/Mayer/Rittberger 1997 und Sprinz 2003. Zum **Kognitivismus/Konstruktivismus** Jervis 1976, Vertzberger 1990 und McDermott 2004 bzw. Wendt 1992, 1999 und Pettmann 2000. Zum **gesellschaftskritischen Ansatz** Hummel 2000, Kap.2, Cox 1987 und Jones 2000; als Muster-Beispiel einer historisch-klassentheoretischen Analyse die brillante Studie von Halperin 2004. Zur **Kombinierbarkeit von Paradigmen/Forschungsprogrammen** Sterling-Folker 2002 (Realismus und Konstruktivismus) und Narizny 2003 (Realismus und nicht-marxistische Klassentheorie). Zu **Methoden-Fragen** im Anschluss an Theoriefragen Sprinz/Wolinsky-Nahmias 2004 und Chernoff 2005.

1996) waren es Firmeninterna einschlägiger Energietechnik-Konzerne, die – anders als Hochglanzbroschüren – nicht zugänglich waren. US-Forscher, auch im Bereich der Forschung über internationale Politik, profitieren oft vom dortigen Freedom of Information Act sowie davon, dass Washington, sprichwörtlich, ‚leckt wie ein Sieb'.

3 Staat und Staatensystem – Ko-Evolution und Ambivalenz

In der Geschichte der Menschheit hat es ganz unterschiedliche Formen der politischen Organisation von Gesellschaften gegeben. Horden, also Kleingruppen, und Stämme, oft bereits größer und zum Teil mit schon komplexer politischer Organisation, gehören zu den frühesten Formen politischer Organisation, die sich zum Teil ja bis heute erhalten haben. Oft jedoch wurden sie von vormodernen Staaten verdrängt oder in diese einverleibt. Diese vormodernen Staaten, sei es in Gestalt von Stadtstaaten wie in der klassischen Antike Griechenlands, sei es in Gestalt von Reichen wie dem Römischen, haben in vieler Hinsicht auch die moderne politische Welt gedanklich und institutionell geprägt. Dies rechtfertigt es, einen abstrakten Begriff „Staat" für alle diese politischen Formen zu verwenden. Natürlich unterhielten die vormodernen Staaten auch Beziehungen zueinander, also – in ebenso abstraktem Sinne – internationale Beziehungen. Aus der wiederum ganz andersartigen Organisation der Gesellschaft im europäischen Mittelalter entwickelte sich die spezifisch moderne Form von Gesellschaft und politischer Organisation. Soziologen sprechen von der Herausbildung einer unter anderem in die Bereiche privater Wirtschaft und öffentlicher Politik ausdifferenzierten Gesellschaft. Die Form der politischen Organisation dieser differenzierten Gesellschaft wurde, zunächst durchaus in Konkurrenz zu anderen Formen politischer Organisation wie Stadtstaaten (wie Florenz und Venedig) oder Städtebünden (wie der Hanse)[1], der moderne Staat. Seine Entwicklung war nicht nur mit der der privaten, kapitalistischen Wirtschaft verbunden. ‚Der moderne Staat' entstand auch nicht in der Einzahl, sondern im Plural, als moderne Staaten, die zueinander in Beziehung standen. Moderner Staat und modernes Staatssystem sind somit gleich alt. Die Entwicklung des modernen Staates erfolgte in Wechselwirkung sowohl der Staaten untereinander, also im Staatensystem, als auch in Wechselwirkung mit dem grundsätzlich grenzüberschreitenden, transnationalen kapitalistischen Wirtschaftssystem. Ohne die polit-ökonomische Wechselwirkung, um die es auch in späteren Kapiteln (10 und 13) noch gehen wird, ganz aus dem Blick zu verlieren, soll es in diesem Kapitel um die Ko-Evolution von modernem Staat und Staatensystem gehen, also um die wechselwirkende Entwicklung beider.

[Randnotiz: von vor-staatlichen und vor-modern staatlichen Formen der politischen Organisation zum modernen Staat und Staatensystem]

Im Vergleich zu vor-modernen Staaten, insbesondere jedoch zu seinem unmittelbaren Vorgänger im europäischen Mittelalter, der politisch-gesellschaftlichen Organisation des Feudalismus, deren Bezeichnung als mittelalterlicher

[Randnotiz: einige Besonderheiten des modernen Staates]

---

1 Vgl. Spruyt 1994 zur Erklärung des Ausgangs dieser Konkurrenz.

Staat kaum adäquat ist, weist der moderne Staat, der historisch in West- und Zentraleuropa entstanden ist, heute jedoch über 190-fach als Modell politischer Organisation global verbreitet ist, eine Reihe von Besonderheiten auf, die auch für die Staatenbeziehungen im modernen internationalen System wichtig sind:

Territorialität als Merkmal – und Konfliktursache

– Der moderne Staat ist ein Territorial-Staat, was bedeutet, dass er ein bestimmtes, begrenztes, Gebiet als sein Staatsgebiet beansprucht und dort – wenn er sich voll entwickelt – auch tatsächlich, wie man sagt, die staatliche Gewalt ausübt, also die öffentlichen Angelegenheiten verbindlich und wirksam regelt. Dem entspricht, dass Streit um Territorium und Grenzverlauf eine der Hauptkonfliktursachen im modernen Staatensystem ist, sei es aufgrund seiner Ressourcen (Rohstoffe), sei es wegen der militärisch-strategischen oder seiner symbolischen Bedeutung. Viele dieser Territorialkonflikte wurden und einige werden noch heute gewaltsam ausgetragen. Doch haben sich einerseits auch friedliche Mechanismen der Regelung solcher Konflikte entwickelt (etwa durch Volksentscheid, wie 1955 im Falle des zwischen Frankreich und Deutschland umstrittenen Saarlandes), andererseits völkerrechtliche Regeln über die prinzipielle Grenzziehung (etwa seewärts, wo es ausgehend von 12-Meilen-Zonen – was einmal der Reichweite von Schiffskanonen entsprach – ein differenziertes Regelwerk über die Grenzziehung von Küsten-, Hoheitsgewässern, ausschließliche Wirtschaftszonen und den Festlandsockel gibt; in die Tiefe ist der Erdmittelpunkt die – theoretische – Grenze der Staatsterritorien, nach ,oben' ist eine definitive Festlegung der Grenze zwischen nationalem Luft- und internationalisiertem Welt-Raum bisher nicht erfolgt).

Entwicklung friedlicher Konfliktregelungs-Mechanismen und völkerrechtliche Regeln zur prinzipiellen Grenzziehung

rechtliche Form, innere und äußere Souveränität, Frage ihrer faktischen Wirkung

– Der moderne Staat ist ein in verfassungs-, verwaltungs- und völker-rechtlicher Form organisierter Staat, was bedeutet, dass er im innern oberste Regelungskompetenz beansprucht (innere Souveränität) und nach außen deren Unverletzlichkeit (äußere Souveränität; Zurückweisung der Einmischung in innere Angelegenheiten). Ob und in wie weit ein Staat innere Souveränität gegenüber gesellschaftlichen Machtgruppen (etwa Kirche, Adel, Großgrundbesitz) durchsetzen und äußere Souveränität faktisch (gegenüber anderen Staaten oder auch internationalen Organisationen) behaupten kann, ist eine empirische Frage. Für die Analyse internationaler Politik wichtig ist auch, zwischen der Frage der Wahrung des (völker-)rechtlichen Status äußerer Souveränität und der davon zu trennenden Frage der faktischen Unabhängigkeit (Autonomie) zu unterscheiden. Kein Staat, auch der rechtlich voll souveräne, ist heute mehr faktisch völlig unabhängig, wie selbst die einzige Supermacht USA erkennen muss. Und vermutlich hat faktische Unabhängigkeit immer nur in unterschiedlichen Graden bestanden. Rechtliche Souveränität ist also nicht dasselbe wie faktische Autonomie. Den Status der (formellen) Souveränität zu haben ist jedoch *ein* Baustein auch zu faktischer Unabhängigkeit – was auch erklärt, warum ehemals koloniale Völker und manche separatistischen Bewegungen ihn anstreben.

und – separate – Frage der faktischen Unabhängigkeit

Anstaltsstaat mit Staatsapparat – mit variabler politisch-infrastruktureller Handlungsfähigkeit

– Ein ähnlich juristisch-sozialwissenschaftliches Doppelbild lässt sich von der Handlungsfähigkeit des modernen Staates zeichnen. Der moderne Staat ist, im starken Kontrast zum mittelalterlichen Personenverbands-,Staat', ein Anstaltsstaat, ein Staat mit eigenen Institutionen und Organisationen und einem Stab eigener Mitarbeiter (Beamte), also einem Staats-Apparat. Durch diesen wird aus einer juristischen Kategorie ein sozial handlungsfähiger Akteur. Moderne Staaten können, zum guten (Sozialstaatlichkeit) wie schlechten (Krieg und Völkermord), sehr handlungsfähig sein. Wiederum ist es eine empirische Frage, nach seiner politischen und infrastrukturellen Macht, wie weit ein Staat tatsächlich handlungsfähig ist. Oben rangieren insofern organisatorisch weit entwickelte Staaten, ganz unten Staaten, deren Organisationsgrad kaum die eigene Finanzierung (Steuer-Einsammeln!) erlaubt oder gar solche Staaten, die als gescheitert (failed states) bezeichnet werden, weil sie nicht einmal mehr minimale Ordnung gewährleisten können.

Spätestens an dieser Stelle muss auf eine Unterscheidung eingegangen werden, die soeben implizit eingeführt wurde und für die sozialwissenschaftliche Analyse von Staatlichkeit, wie sie hier vorgeschlagen wird, von großer Bedeutung ist. Es ist die Unterscheidung von Staat im engeren und im weiteren Sinne. Im engeren Sinne meint Staat die staatliche Organisation oder die Summe aller staatlichen Einrichtungen, was wir soeben unter Verwendung einer gängigen, wenn auch begrifflich etwas unschönen, dafür aber plastischen Bezeichnung Staats-Apparat genannt haben. Im weiteren Sinne meint Staat das, was wir oben (Kap.1) als in Form eines Staates organisierte Gesellschaft bezeichnet haben. Staat im weiteren Sinne umfasst also den Staat im engeren Sinne und die in seiner staatlichen Form organisierte Gesellschaft. In diesem – weiten – Sinne spricht man etwa von Industriestaaten oder Staaten mit einer überalterten Bevölkerung. Staaten im engeren Sinne kann man zum Beispiel nach der Art ihrer Haupt-Einnahmequelle als Steuerstaaten (heute die Regel) oder Rentier-Staaten (die sich aus dem Erlös des Verkaufs in staatlichem Besitz befindlicher Rohstoffe finanzieren, eine wichtige Ausnahme) klassifizieren. Atlanten zeigen oft nur bunt eingefärbt das Territorium und die Grenzen von Staaten und rufen dabei unter Verwendung eines wichtigen Merkmals des modernen Staates im engeren Sinne, seiner territorial begrenzten Zuständigkeit zur Regelung öffentlicher Angelegenheiten, zugleich das Bild einer in diesen Grenzen lebenden Gesellschaft hervor. Für die weiteren Überlegungen ist die analytische Unterscheidung zwischen Staat i.e.S. und i.w.S. jedoch wichtig.

Staat im engeren Sinne und Staat im weiteren Sinne

– Als potenziell handlungsmächtige Organisationen (bzw. Bündel von Organisationen) sind Staats-Apparate nämlich ein Machtinstrument, im innern, gegenüber ihrem heimischen gesellschaftlichen Umfeld, wie nach außen im internationalen Umfeld. Sie sind Herrschaftszentren, und als solche sind sie immer umstritten. Es wird sowohl darum gerungen, wer sich dieses Apparates bedienen darf (wer die Regierung stellt), als auch, wie diese Herrschaft ausgeübt werden soll (demokratisch und unter Wahrung von Minderheitenrechten oder absolutistisch, diktatorisch oder gar totalitär?). Schlimmstenfalls ist der Staat kaum mehr als eine lohnende Beute in Händen der herrschenden Klicke, und für das Gros der Bevölkerung ist er dann kaum mehr als eine Räuberbande, wie der Kirchenvater Augustinus bereits ahnte, ja für verfolgte Minderheiten kann er eine mörderische Kreatur, ein schrecklicher Leviathan (Ungeheuer) sein, wie einer seiner neuzeitlichen Vor-Denker, der

Herrschaftszentrum mit potenziell gefährlicher Handlungs-Macht

Philoph Thomas Hobbes, ihn genannt hat.[2] An solchen Phänomenen wird die Ambivalenz moderner Staatlichkeit deutlich.

interne und externe Finanzierungs- quellen, polit- ökonomische Rückwirkungen und extern-interne Wechselwirkungen

– Staats-Apparate können unterschiedlich finanziert werden. Aufgrund der komplexen Entwicklung der modernen Ökonomie wie des zwischenstaatlichen Systems haben moderne Staaten – heute – insofern sogar mehr Möglichkeiten als früher – wenngleich ihr Finanz-Bedarf nach wie vor schwer zu stillen ist ... Es können einerseits heimische Ressourcen mobilisiert werden. Primäre Quelle ist hier die Besteuerung wirtschaftlicher Tätigkeit, was allerdings nicht nur eine funktionierende Wirtschaft, sondern auch einen steuerstaatlichen Apparat voraussetzt – für etliche Staaten in Entwicklungsländern bis heute keine Selbstverständlichkeit. Jedenfalls resultiert aus diesem fiskalischen Motiv das staatliche Interesse an florierender Wirtschaft. Und dies wiederum bringt die Staaten international in wirtschaftspolitische Konkurrenz: die Förderung der eigenen Wirtschaft wird andernorts oft als unfair, als politische Verzerrung des Marktes empfunden. Eine andere heimische Finanzquelle hat unmittelbaren auswärtigen Bezug: der Verkauf heimischer staatlicher Ressourcen (z.B. Bodenschätze) ins Ausland. Hieraus resultiert oft starke Abhängigkeit von Exportmärkten. Gelingt es dem Staat jedoch, als Rentier-Staat von solchen Exporterlösen gut zu leben, taucht ein anderes, internes Problem der politischen Entwicklung auf: der heilsame Zwang, demokratische Mitsprache (nämlich: bei der Steuerbewilligung) zuzulassen, entfällt für den Staats-Apparat und die ihn lenkende Staats-Klasse. Eine wesentliche Verbindung zwischen Staat und Gesellschaft – No taxation without respresentation! – wird unterbrochen. Schließlich kann sich der Staat verschulden, im In- oder Ausland. Das heutige internationale System bietet für letzteres im Prinzip komplexe Möglichkeiten, über private transnationale Finanzorganisationen ebenso wie über öffentliche, also internationale Finanzorganisationen (einige von diesen und gelegentlich auch wohlhabendere Staaten gewähren ärmeren Staaten sogar reine Finanzzuschüsse). Beides kann zunächst Staats-Apparate und Staats-Klassen von internen Finanzquellen und damit gesellschaftlichen Rückbindungen unabhängig(er) machen, mit wiederum nicht immer heilsamen, demokratische Mitsprache unterminierenden Folgen. Auf Dauer handelt sich ein extern kreditfinanzierter Staat jedoch vor allem externe Abhängigkeit ein, und zur Schuldentilgung wird dann doch die gesamte heimische Gesellschaft in Haftung genommen, wobei die Betroffenheit durch etwaige Kürzungen der Staatsausgaben dann sozial oft ungleich verteilt ist. Gegenüber diesen komplexen externen Finanzierungsmöglichkeiten, deren polit-ökonomische Auswirkungen nicht leicht überschaubar und doch oft drastischen sind, ist

---

2 Hobbes dachte freilich noch nicht an den ihm unbekannten völkermordenden Staat des 20. Jahrhunderts; er hatte vielmehr das ausgangs des 20. Jahrhunderts leider immer noch aktuelle Problem des Bürgerkriegs-Chaos vor Augen und sah dem modernen Staat, den Leviathan, der für Ruhe und Ordnung sorgt, als einzige Rettung – und als legitim, solange er diese Funktion erfüllt. Hierin liegt zugleich eine der ersten ausdrücklich weltlich-modernen Rechtfertigungen von Staatsgewalt, als fiktiv-vertraglicher Tausch zwischen Bürgern (die sich der Staatsgewalt unterwerfen) und Staat, der legitim ist, solange er ‚funktioniert', für Ordnung sorgt. John Locke vor allem wies später darauf hin, dass diese Ordnung jedoch nicht beliebig hergestellt werden darf, sondern unter Wahrung der Rechte des Einzelnen.

die nicht minder drastische ‚klassische' Methode der externen Staatsfinanzierung durch Raub und Plünderung in Kolonialismus und Eroberungskriegen zum Glück praktisch ausgestorben. Dagegen spielt die Besteuerung des Außenhandels durch Zölle oft noch eine größere Rolle, zumal in Staaten, die kein gut entwickeltes Steuersystem in der Fläche, dafür aber leichten Zoll-Zugriff auf wenige Ex- und Import-Häfen haben. Für solche Staaten wird die im Wege internationaler Verhandlungen angepeilte Zoll-Senkung oft zu einem zweischneidigen Schwert.

Bereits aus dieser Liste zentraler Merkmale des modernen Staates wird dreierlei deutlich: 1. Der moderne Staat ist eine durchaus komplexe und voraussetzungsvolle Groß-Institution. Diese Voraussetzungen sind, 2., solche der juristischen Form, aber wichtiger noch solche herrschafts- und organisations-soziologisch-politischer Art. Und 3. spielen internationale Beziehungen bei der Konstituierung und Aufrechterhaltung ‚des Staates' eine erhebliche Rolle, während zugleich die Staaten durch ihr Außenverhalten wesentliches zu den internationalen Beziehungen beitragen. Man kann dies auch noch anders formulieren: 1. sind Staat und Staaten-System gleich alt. ‚Der Staat' entsteht nicht als Abstraktum in einem Vakuum, sondern im Plural, als Staaten, die als Herrschaftszentren zueinander in Bezug stehen. 2. ist offenbar die Wechselwirkung von staatlicher Organisation im innern und dem internationalen Kontext des Staates von größter Bedeutung – für die Entwicklung des Staates (einzelner Staaten) wie eben des internationalen Systems als ganzes. Es ist von einer Ko-Evolution des Staates (der Staaten) als moderne Groß-Organisation(en) und des modernen internationalen Systems auszugehen. Einige der polit-ökonomischen Aspekte dieser Ko-Evolution, die wesentlich mit der fiskalischen Abhängigkeit des Staates von der Wirtschaft zu tun haben, wurden bereits angesprochen. Sie wurden auch deshalb hervorgehoben, weil sie gegenüber den vom Realismus gerne betonten militärisch-strategischen relativ unvertraut sind. Doch sind diese natürlich nicht unwichtig.

Ko-Evolution von Staat und internationalem System:

polit-ökonomische Zusammenhänge

Ganz zu Recht sieht der Realismus, dass die Selbstbehauptung von Herrschaftszentren in einem formal anarchischen System keine automatisch friedliche Lösung kennt. Wenn der kooperative Umgang mit dem Sicherheitsproblem nicht gelingt und aggressive Staaten auftreten, kann eine politisch-militär-strategische Dynamik ausgelöst werden, in der individuelle oder kollektive Selbstbehauptung der einzig gangbare Weg ist und äußerste Vernichtung in Kriegen oft das Resultat. Der Realismus, vor allem der platte, irrt, wenn er dies für einen zwangsläufigen, unabwendbaren Zustand hält. Der Idealismus, vor allem der platte, irrt, wenn er die Möglichkeit vorschnell ausschließt, auch die des Rückfalls in eine solche Dynamik. Der Konstruktivismus hat insofern zu Recht betont, dass es darauf ankommt, was Staaten aus der Anarchie machen. Die historische Antwort aus der Erfahrung des frühneuzeitlichen politischen Systems Europas, der Großmächte-Politik der ersten Hälfte des 20. Jahrhunderts und leider noch etlicher Regionen der heutigen Dritten Welt legen die Antwort nahe, dass gewaltsamer Konfliktaustrag eben doch das ist, was Staaten oft, wenn auch nicht zwangsläufig, daraus machen. Gesellschaftskritische Ansätze verweisen auf zusätzliche, inner- wie zwischengesellschaftliche Antriebskräfte, die das über die vom Realismus gesehenen Gründe hinaus wahrscheinlich machen: die

politisch-militärische Zusammenhänge

innergesellschaftliche Rolle von Militär und Rüstung und der außenpolitische Einsatz militärischer Gewalt zur Ablenkung von inneren Konflikten oder zur gewaltsamen Verteidigung von Herrschaftsstrukturen auch über Grenzen hinweg. Dem wäre als neuere Entwicklung der internationalen Politik des 21. Jahrhunderts ein humanitär motivierter, notfalls auch gewaltsam vorgehender Interventionismus hinzuzufügen. Der – oft bis zur Unkenntlichkeit gemischten – Motive für Gewalt in der internationalen Politik gibt es also viele, und die Vorbereitung auf den Eventualfall, in defensiver oder aggressiver Absicht, hat auch die Staatsentwicklung stark geprägt. Nicht nur waren die Staatsausgaben der Neuzeit anfangs ganz wesentlich Militärausgaben (erst im 20. Jahrhundert wurden in einigen entwickelten Staaten die sozialstaatlichen Ausgaben dominant). Die schiere Existenz von Staaten konnte in Kriegsfolge bedroht sein: Polen wurde dreimal geteilt – und ist doch heute ein unabhängiger Staat. Andere Staaten wie die baltischen Republiken waren jahrzehntelang der Sowjetunion einverleibt – und sind heute doch unabhängige Staaten. Andere Staaten waren einst Kolonien, wurden unabhängig, einige scheiterten jedoch als unabhängige Staaten – und werden doch nicht erneut kolonialisiert. Vielmehr entstehen zu Beginn des 21. Jahrhunderts Protektorate der sog. internationalen Gemeinschaft – in Kambodscha, im Kosovo und andernorts. Zwei andere Faktoren scheinen hier neben der reinen politisch-strategischen Logik des Realismus am Werke: der Nationalismus einerseits, die Entwicklung eines internationalen Normen- und Institutionengefüges zum andern.

politisch-kulturelle Zusammenhänge: Nationalismus

Nationalismus, eine gefühlsmäßige Einstellung der Verbundenheit (aufgrund – oft nur fingierter – gemeinsamer Geschichte, Sprache, Kultur) großer, weit über tatsächliche Verwandtschaft hinausgehender Kollektive, ist ein modernes Phänomen und seit der Französischen Revolution eine enge Verbindung mit dem modernen Staat eingegangen. Zwar ist der moderne Staat älter als der Nationalismus, und nicht jeder Staat war oder ist ein Nationalstaat. Heute freilich gilt das für das Gros der Staaten, und die Errichtung oder Erringung eines – eigenen – Staates war und ist zu einem Kernanliegen nationalistischer politischer Bewegungen geworden. Seine kaum zu überschätzende Bedeutung erlangte der Nationalismus dabei wiederum durch das Wechselspiel zwischen interner Staatsentwicklung und zwischenstaatlichen Beziehungen. Konservative Staatseliten erkannten das Mobilisierungs- und (Schein-)Legitimierungspotenzial, das der von ihnen oft propagierte Nationalismus bot: durch Identifikation weiter Kreise mit dem von Eliten geführten Staat konnte dessen Handlungsfähigkeit nach innen, vor allem aber nach außen deutlich gesteigert werden. Chauvinistischer, die eigene Überlegenheit propagierender Nationalismus wurde so auch zur Ideologie von Eroberungskriegen, wie nicht zuletzt die deutsche Geschichte der ersten Hälfte des 20. Jahrhunderts zeigt. Andere Länder jedoch haben andere Erfahrungen mit dem Nationalismus gemacht: Wie auch in der Phase des deutschen Vormärz, also in der ersten Hälfte des 19. Jahrhunderts, konnte sich Nationalismus auch mit demokratischen und nach Unabhängigkeit strebenden Motiven verbinden, so oft im Dekolonialisierungsprozess Mitte des 20. Jahrhunderts. Dass gerade in diesem nach Erringung der Unabhängigkeit Nationalismus auch wieder zur konservativen, neue repressive Regime stabilisierenden Ideologie umfunktioniert wurde, sollte doch nicht die Ambivalenz des Phänomens Nationalismus verdecken, ja belegt sie: einerseits eine positive, Menschen verbindende und politisch ‚beheimatende', ihnen politische Identität gebende Kraft, die auch Basis weiträumiger Solidarität (nationale Sozialsysteme) sein kann; andererseits, in seiner chauvinistischen Form, Motor der Ausgrenzung und Überheblichkeit bis hin zur physischen Vernichtung der jeweils ‚Anderen'. Zu Recht hat die neuere Nationalismus-Forschung, ganz im Sinne des Konstruktivismus, auf den Konstrukt-Charakter des Nationalismus hingewiesen, also darauf, dass diese Einstellung bewusst, oft manipulativ, erzeugt wird, von politischen ‚Unternehmern', wobei vermeintlich uralte National-Geschichten auch, oft von nationalistischen Intellektuellen, recht frei erfunden werden. In diesem Sinne handelt es sich beim Nationalismus, in der viel beachteten Formulierung des Nationalismus-Forschers B. Anderson (2002), um eine „imagined community", eine aus der Einbildungskraft der Beteiligten entstehende Gemeinschaft. Warum freilich ein solcher Bedarf an Identifikation mit ganzen Kollektiven besteht, warum gerade der Nationalismus ihn so erfolgreich zu füllen vermag, ist damit noch nicht geklärt. Vermutlich kommt hier eine stammesgeschichtlich sehr alte, prinzipielle Identifikations-Bereitschaft mit dem durch die modernen Bedingungen verursachten Bedarf zusammen, und diese Bedingungen lauten: hoch-differenzierte, vielfach aufgegliederte Gesellschaft, die sich gleichwohl im politisch-ökonomischen Raum des internationalen Systems behaupten muss. Orientierung am Staat als organisatorischem Ausdruck und Mechanismus solcher Bewahrung ‚des Eigenen', als eigen Empfundenen, liegt da nahe. Das erklärt das Wiederaufleben von Staaten, die ihrer Unabhängigkeit verlustig gegangen waren, und nur aufgrund einer anhaltend nationalistischen Einstellung wieder auflebten – Polen und die baltischen Republiken wurden bereits erwähnt. Doch auch Staaten mit einer im Vergleich dazu – und auch zu Deutschland – bruchloseren National-Geschichte können die identitäts-stiftende Bedeutung des Nationalismus verdeutlichen, etwa die weit friedlichere Geschichte Schwedens – oder auch die der USA, wenngleich der Nationalismus hier, in einer multi-ethnischen Einwanderergesellschaft, die besondere Form eines Verfassungspatriotismus gekoppelt mit der zivil-religiösen Einstellung des „American creed" angenommen hat.

Die Virulenz des chauvinistischen Nationalismus haben ausgangs des 20. Jahrhunderts noch einmal die Ereignisse im Zusammenhang mit dem Zerfall des ehemaligen Jugoslawien gezeigt, wo Nationalismus gezielt als Ersatzideologie für den absterbenden Realsozialismus eingesetzt wurde. Von großer Bedeutung auch für die internationale Politik wird künftig sein, wie insofern die Entwicklung in der Volksrepublik China verläuft: Wird hier die politische Integration eines Fünftels der Menschheit weiterhin gelingen, wenn das kommunistische Regime seinen Griff auf die Gesellschaft im Zuge der wirtschaftlichen und gesellschaftlichen Modernisierung lockert, ohne dass es zur auch außenpolitisch höchst riskanten Propagierung von chauvinistischem Nationalismus als ‚Ersatz-Kitt' kommt? Für die internationale Politik des 21. Jahrhunderts wird sehr viel davon abhängen, ob und wie weit es möglich sein wird, die Ausschließlichkeit des Nationalismus zu überwinden, im doppelten Sinne des Wortes: als alle anderen dominierende, tendenziell ausschließende Form politischer Identifikation, aber auch im Sinne der aus-schließenden, aus-grenzenden Wirkung. Für die Möglichkeit der Überwindung von Aus-Grenzung scheinen die

Aufhebung seiner
Ausschließlichkeit

47

Erfahrungen multi-ethnischer Einwanderungs-Staaten von besonderem Interesse, etwa der USA, aber auch Kanadas; im Hinblick auf die Möglichkeit pluraler politischer Identität ist der Ausgang des ‚Experimentes‘ der Europäischen Integration von hohem Interesse, in deren Rahmen nationale Identitäten nicht beseitigt, sondern in einem geradezu hegelschen Sinne aufgehoben, bewahrt und auf eine neue Stufe gehoben werden müssen.

Entwicklung des internationalen Normen- und Institutionen-Gefüges: von der international society zu einer transnationalen Kultur staatlicher Herrschaft

Ein zweiter, kulturell-‚weicher‘ Faktor, dessen Wirkungs- und Beharrungskraft im Vergleich zum Nationalismus geringer erscheint, jedoch möglicherweise an Bedeutung gewinnt, ist das, was im ersten Kapitel als die normative Grundstruktur des modernen internationalen Systems bezeichnet wurde. Es ist die zunächst fast ganz auf die Regelung des zwischen-staatlichen Umgangs bezogene institutionelle Struktur des Völkerrechts. Sein freilich erst in der UNO-Charta explizit festgeschriebenes Grund-Prinzip, das der souveränen Gleichheit der Staaten, hat sich als ebenfalls sehr wirkmächtig erwiesen, zwar nicht in dem Sinne, das es immer und allenthalben respektiert worden wäre. Sehr wohl aber in dem allenthalben erhobenen Anspruch darauf, dass es beachtet werden *soll*. Auch wenn das Prinzip also nicht einfach Realität ist, ist die allenthalben erfolgende Berufung darauf ein starkes Faktum. Nun erscheint dieses Grundprinzip zunächst als ein eher ‚egoistisches‘, das jeder Staat gerne für sich reklamiert und das die ganz Mächtigen notfalls missachten. Dass letzteres der Fall ist, ist nicht zu leugnen. Interessant ist jedoch die Reaktion der übrigen Staaten darauf. Sie haben alle (mit Ausnahme des jeweiligen Aggressors, und selbst für den mag sich das Blatt wenden) ein Interesse daran, dass das Prinzip hochgehalten und respektiert wird. Konkrete Gegenmaßnahmen gegen einen Verletzer des Prinzips richten sich freilich immer nach den gegebenen Möglichkeiten. Sie machten es, beispielsweise, gerade demokratisch legitimierten Staaten eher schwer, gegen den Souveränitäts-Missächter Hitler vorzugehen. Die vergleichbare Eindeutigkeit und Leichtigkeit, mit der es 1991 zur Verurteilung der irakischen Invasion Kuwaits durch eine Mehrheit der UNO-Mitgliedstaaten kam, zeigt diese faktischen Unterschiede an. In beiden Fällen wurde letztlich auch das Souveränitätsprinzip bestätigt. Wie weit heute diese über den Kreis der staatlichen Akteure hinausgehende, weltgesellschaftliche Verankerung dieses Prinzips geht, zeigen auch die jüngsten Reaktionen auf das Phänomen des staatlichen Zusammenbruchs. Während klassisch-realistische Vorstellungen erwarten ließen, dass ‚leer‘ werdende politische Räume durch Okkupation der starken Nachbarn besetzt werden, erfolgt statt dessen entweder ein Ignorieren, weil niemand mehr bereit ist, die Bürde des Aufbaus staatlicher Instanzen zu tragen, oder aber die zeitweise Übernahme faktischer Staatsfunktionen durch ‚die internationale Gemeinschaft‘, in Kambodscha ebenso wie im ehemaligen Jugoslawien. Der UNO als zentraler Organisation der internationalen Politik kommt hier eine entscheidende Bedeutung zu, ebenso wie, ergänzend, regionalen internationalen Organisationen. Beides ist Ausdruck des mittlerweile erreichten Organisationsgrades internationaler Politik. Es ist nicht so, dass Macht-Erwägungen bei den konkreten Formen, die solche internationalen Protektorate annehmen, keine Rolle spielten. Aber die Selbstverständlichkeit, mit der annexionistische oder koloniale ‚Lösungen‘ ausgeschlossen, gar nicht erwogen werden, sagt auch etwas über einen erreichten, transnationalen Einstellungswandel, der sich formal in völkerrechtlichen Bestimmungen niederschlägt, seine faktische Basis neben dem Eigeninteresse der Staats-Apparate jedoch in einer global artikulationsfähigen öffentlichen Meinung findet, die eine andere Politik, wie sie im 19. Jahrhundert gang und gäbe war, nicht mehr hinzunehmen bereit ist. Was, durchaus an realistische Überlegungen anknüpfend, über diese jedoch durch Berücksichtigung der zunächst zwischen Staaten entstandenen ‚Kultur des diplomatisch-völkerrechtlichen Umgangs' hinausgehend, von der sog. Englischen Schule der Internationalen Beziehungen als „international society" bezeichnet und untersucht worden ist, also die auch norm-gebundene ‚Gesellschaft der Staaten', die im 17. Jahrhundert in Europa ihren Ausgang genommen hat, hat sich heute nicht nur durch Ausweitung des Staaten-Kreises auf über 190 Staaten globalisiert. Eine aufgrund Demokratisierung, erreichten Bildungsstandes, Medienzugang und anderer günstiger Umstände zunehmend artikulationsfähige weltweite Öffentlichkeit wird darüber hinaus zum Wächter jener Prizipien, die im ‚Spiel der Staaten' noch immer unter die Räder zu geraten drohen. Eine transnationale Kultur im Umgang mit Herrschaft ist im Entstehen begriffen. Wir kommen darauf im 14. und 15. Kapitel zurück.

Moderne Staatlichkeit, so sollte nun klar geworden sein, hat sich im Plural mehrerer Staaten, die miteinander in Wechselwirkung standen und stehen, entwickelt, und das System der zwischenstaatlichen Beziehungen hat sich dabei selbst weiter entwickelt. Es ist heute nicht nur welt-umfassend; es ist auch zunehmend institutionalisiert, weist Regeln für Sachbereiche und zwischenstaatliche Organisationen ebenso auf wie eine transnational-gesellschaftliche Einbettung in ein globales ökonomisches System und eine sich globalisierende Kultur im Umgang mit Herrschaft. Und doch ist Staatlichkeit, als sich im Staatensystem behauptende Einzelstaaten wie als institutionalisiertes Staaten-System, durch und durch ein ambivalentes Phänomen. Der moderne Staat ist fast im selben Maße Problem, wie er Lösung von Problemen darstellt – ein abschließender Gedanke, der vielleicht etwas über das Tragische an Politik im allgemeinen sagt, jedenfalls die Leitperspektive für einige der folgenden Kapitel abgibt. Mit Thomas Hobbes kann man sagen, dass funktionierende Staaten Ordnungsfunktion erbringen, und dass das nicht wenig ist, zeigt sich auch heute noch, wenn und wo diese Funktion ausfällt. Auf Dauer lässt sich die Regelung der öffentlichen Angelegenheiten nicht externalisieren, nach außen verlagern, nicht einmal auf eine noch so wohlmeinende ‚Staatengemeinschaft' – und sei es nur, weil sie diese Last nicht zu tragen bereit ist. In wohlgeordneten politischen Systemen dagegen kann moderne Staatlichkeit noch weit mehr und Positiveres erreichen als bare Ordnung, an Lebenschancen für die jeweilige Bevölkerung. Doch andererseits haben die Neuzeit und das 20. Jahrhundert mehr als alle anderen auch gezeigt, welches Zerstörungspotenzial vom unkoordinierten, anarchischen System der Herrschaftszentren der modernen Staaten ausgeht. Sowohl der Krieg als auch der Völkermord, als die extremsten Formen des Ge- und Missbrauchs von Staatsgewalt, haben ungeheure Opfer gefordert. Und die kalte Kreatur des Leviathan war immer dann am grausamsten, wenn sie sich mit dem heißen Gefühl des Nationalismus verbunden hat. Das lässt den Grundgedanken des politisch-philosophischen Anarchismus, dass staatliche Organisation und Herrschaft ein abzulehnendes Grundübel seien, mehr als eines Gedanken wert sein. Was zur

Ambivalenz moderner Staatlichkeit

Verwerfung dieses Gedanken führt, ist die Einsicht darein, dass ein Weg zurück in die kleinteilig-herrschaftsfreie Welt vorstaatlicher, aber keineswegs konflikt- und nicht einmal gewalt-freier Gesellschaften in einer globalisierten Welt von heute über sechs Milliarden Menschen kein gangbarer Weg mehr ist. Was bleibt ist, mit der Ambivalenz von Staatlichkeit möglichst konstruktiv umzugehen. Das heißt auch, zu erkennen, welche spezifischen Probleme die Organisation der Regelung öffentlicher Angelegenheiten hat, wenn sie in einem dezentralen Staatensystem erfolgen soll. Zu diesen abstrakt benennbaren Folgeproblemen von Staatlichkeit, die primär zunächst je eine einzelstaatliche Zuständigkeit zur Problemlösung impliziert, dabei aber oft nur im Wege internationaler Kooperation Erfolgsaussichten hat, gehören etwa folgende:

und Folgeprobleme der Organisation des globalen politischen Raums als Staaten-System

– den begrenzten Staaten steht eine tendenziell grenz-überschreitende Wirtschaft gegenüber, deren Voraussetzungen zum Teil erst durch staatliche Kooperation geschaffen werden, aus deren Aktivität jedoch auch eventuell nur kooperativ zu bewältigender Anpassungsdruck auf die Staaten resultiert – Probleme der internationalen politischen Ökonomie, die uns in Kapitel 10 und 13 beschäftigen werden;

– die begrenzten Staaten sind zuständig auch für den Erhalt der natürlichen Lebensgrundlagen der Menschheit, und diese bauen zum Teil auf grenzüberschreitenden ökologischen Wirkungsgefügen auf, werden zum Teil durch grenzüberschreitende Effekte menschlicher Aktivität bedroht – Probleme der internationalen Umweltpolitik, die uns in Kapitel 12 beschäftigen werden;

– der Zuständigkeit der Staaten für ihre inneren Angelegenheiten steht die grenzüberschreitende reale (etwa durch Flüchtlingsströme) oder symbolische (durch Anteilnahme) Betroffenheit von schlechten Formen staatlicher Herrschaftsausübung im Innern gegenüber – was uns in Kapitel 14 beschäftigen wird;

– schließlich das Problem, wie im dezentral organisierten Staatensystem Sicherheit der Staaten nicht nur *vor* einander und vor nicht-staatlich-gewaltsamen Bedrohungen etwa durch Terrorismus erreicht werden kann, sondern Sicherheit *mit*-einander, was Gegenstand der beiden folgenden Kapitel sein wird.

von abstrakten Problemen zu konkreten Konflikten – und Forschungsfragen

Dabei wird jeweils herauszuarbeiten sein, wie die hier abstrakt-allgemein formulierten Probleme sich je konkret stellen bzw. politikwissenschaftlich genauer gefragt: Aufgrund welchen Verhaltens welcher Akteure kommt es zu welchen Konflikten, mit denen die Akteure der inter- und transnationalen Politik auf jeweils welche Weise, unter Einsatz welcher Mittel und motiviert durch welche Werte und Interessen umgehen? Dies sind die Standardfragen der Analyse internationaler Politik, in die das vorliegende Buch einführen will.

Ausgewählte Literaturhinweise zu Kapitel 3

Die in diesem Kapitel eingenommene, über die Analyse internationaler Politik i.e.S. hinausgehende **historisch-soziologische Perspektive** wird anhand repräsentativer Autoren vorgestellt in Griffiths 1999, 233-257, sowie in Vester 1995. Zur historischen **Entwicklung der Formen politischer Organisation** vgl. Wimmer 1996 und Finer 1997, zu den **jeweiligen internationalen Systemen** Buzan/Little 2000. Zur **Ko-Evolution von Staat und internationalem System** Siegelberg/Schlichte 2000. Zum **Staat in der internationalen Politik aus Sicht der Paradigmen** der Internationalen Politik Hobson 2000. Zur **Territorialität als Konfliktursache** Holsti 1991, 307 ff.; vgl. auch Toft 2003; zur **Möglichkeiten der friedlichen Regelung** Schwarzer 1994. Zur **staatlichen Makro-Kriminalität** in Gestalt von **Krieg und Völkermord** Heinsohn 1998, Rummel 2003 und Shaw 2003. Zur **Wechselwirkung zwischen Staatsentwicklung und Finanzbasis** Hobson 1997, Ferguson 2001 und, insbesondere zum internationalen ‚Am-Leben-Erhalten' schwacher Staaten, Bates 2001; zur **Wechselwirkung militärisch-politische Situation und Verfassungsentwicklung** Downing 1992. Zum **Nationalismus**: knappe dt. Überblicke bei Alter 1985 und Wehler 2001; als Reader zur Theorie-Entwicklung Hutchinson/Smith 1994; als ‚moderner Klassiker' in preiswerter dt. Übersetzung Anderson 2002; zu den (möglichen) stammesgeschichtlichen Grundlagen Shaw/Wong 1989. Zum **Multikulturalismus** Mintzel 1997, zur **europäischen** (EU-)**Identität** Immerfall/Sobisch 1997 und Cederman 2001. Zur **Englischen Schule** und ihrem Konzept der **international society**: Bull 1977, Watson 1992 und – theoretisch weiterführend – Buzan 2004.

4 Konfliktkonstellationen des internationalen Systems I: Der Ost-West-Konflikt

Konflikt ist in der sozialen Welt und zumal im Bereich der Politik ein allenthalben anzutreffendes Phänomen und daher auch ein Grund-Konzept der Sozialwissenschaften (vergleichbar den Konzepten Macht, Interesse u.a.). Dabei ist jedoch wichtig, dass Konflikt in der sozialwissenschaftlichen Konflikanalyse nicht gleichzusetzen ist mit Gewalt. Dies muss insbesondere für den Bereich der internationalen Politik betont werden, denn alltagssprachlich wird hier Konflikt oft synonym zur gewaltsamen Form des *Konfliktaustrags*, etwa Krieg, gebraucht. Demgegenüber ist in der sozialwissenschaftlichen Konfliktanalyse die Unterscheidung von Konflikt einerseits, Formen des Konfliktaustrags, insbesondere friedlichen und gewaltsamen, andererseits von zentraler Bedeutung. Was aber ist dann Konflikt? Ganz abstrakt gesehen: eine unvereinbare Positionsdifferenz zwischen sozialen Akteuren. Wäre die Differenz nicht unvereinbar (oder erschiene sie nicht mindestens so), wäre die Differenz eine, zu der die Akteure sich in-different verhielten, also kein Konflikt. Etwa so, wie der eine blaue Pullover mag und der andere grüne Strickjacken. Über Geschmäcker ist, sprichwörtlich, nicht zu streiten. Inhaltlich bezieht sich die unvereinbare Positionsdifferenz auf einen Konflikt-Gegenstand. Das kann der sprichwörtliche Zankapfel sein, den zwei Kinder jedes für sich beanspruchen. Oder ein Gegenstand im übertragenen Sinne: Wie, etwa, soll Abtreibung geregelt werden: durch völlige Freigabe, durch gänzliches Verbot – oder durch welche vermittelnde Position? Die beiden Beispiele deuten bereits auf Konflikt-Lösungen hin: der Apfel kann (hälftig – eine Frage der Gerechtigkeit!) geteilt werden. In Sachen Abtreibung bleibt angesichts heftigen gesellschaftlichen Konflikts in der Frage nur ein Kompromiss – der, nicht untypisch, von etlichen Beteiligten als unbefriedigend empfunden wird. Oft ist, zumindest kurzfristig, jedoch eine Konflikt-Lösung gar nicht erreichbar. Dann kommt es umso mehr darauf an, wie das Verhalten der Akteure beim Austragen des Konfliktes ist, vor allem, wie gesagt, ob es friedlich – was oft heißt: geregelt, bestimmten Regeln unterworfen – oder gewaltsam ist. Neben dem Konfliktverhalten der Akteure, durch das ein möglicherweise zuvor bereits verborgener (latenter) Konflikt manifest (offenbar) wird und aus dem der Konfliktaustrag resultiert, ist die Einstellung der Akteure zum Konfliktgegenstand wie zu einander (etwa: Entwicklung von Feind-Bildern) entscheidend. In Interessenskonflikten ist die Einstellung eben die des – materiellen – Interesses, wie im Fall des Zankapfels der Kinder. Im Fall des Zankapfels der griechischen Mythologie dagegen ging es um mehr: der Schönsten gebührte der Apfel, mithin ging es auch um Werte. Wertekonflikte sind oft, insbesondere wegen der symbo-

lischen Aufladung des Konfliktgegenstandes (etwa: Jerusalem als ‚heilige Stadt'
dreier Weltreligionen) besonders schwer geregelt zu bearbeiten. Der norwegi-
sche Friedensforscher Johan Galtung hat diese Trias der Komponenten von
Konflikt i.w.S.: Positionsdifferenz über den Konfliktgegenstand (= Konflikt
i.e.S.; „c"), Konflikt-Verhalten der Akteure (englisch: behaviour, „b") und ihre
Einstellungen (attitudes, „a") in das folgende, mnemotechnisch (erinnerungs-
technisch) unschlagbare und nach ihm benannte Galtungsche Konflikt-Dreieck
graphisch umgesetzt. Prägen Sie es sich ein und spielen Sie es in Gedanken für
einige Konflikte Ihrer Wahl durch: Wie sehen jeweils A, B und C aus?

Abbildung 4.1: Galtung'sches Konfliktdreieck

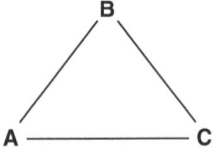

<table>
<tr><td>erkenntnisleitendes
Interesse der
Konfliktforschung</td><td>Die möglichst geregelte Bearbeitung von Konflikten, ihr friedlicher Austrag,
oder gar ihre Lösung: dies ist das praxeologische (auf die politische Praxis zie-
lende) Erkenntnis-Interesse der sozialwissenschaftlichen Konfliktanalyse. Daran</td></tr>
</table>

ist Konflikt-Management, wie es auch genannt wird, normativ orientiert.[1] Nicht
dagegen an der Vermeidung von Konflikten per se, als solche, und schon gar
nicht um jeden Preis. Denn dies könnte Unterdrückung heilsamer Gegensätze
oder Friedhofsruhe bedeuten. Dagegen erkennt die sozialwissenschaftliche Konfliktanalyse durchaus die Funktion von Konflikten, zu sozialem Wandel beizutragen. Sie sind, bildlich gesprochen, das Salz in der Suppe sozialen Lebens.
Weder versalzene Suppen – gewaltsam ausgetragene Konflikte – noch salz-lose
Suppen – völlig konfliktfreie Welten – sind wünschenswert. Was nicht heißt,
dass *einzelne* Konflikte nicht besser ganz vermieden würden bzw. hätten vermieden werden sollen – was freilich im Hinblick auf den Gegenstand dieses Kapitels: den Ost-West-Konflikt fast eine geschichts-philosophische Feststellung
wäre.[2]

Ost-West-Konflikt:
System-Konflikt im
doppelten Sinne

Unter Anwendung der somit eingeführten konfliktanalytischen Grundkate-
gorien soll nun also der Ost-West-Konflikt (OWK) politikwissenschaftlich analysiert werden bzw. sollen analytische Perspektiven auf ihn eröffnet werden. Der
analytische Konflikt, also der unter den Beobachtern des Konfliktes, der jedoch,
das zeigt sich sogleich, nicht gänzlich vom Konfliktaustrag der eigentlichen Ak-

---

1   Dies im Unterschied zur Strategie, die einzelnen Akteuren Handlungsempfehlungen zur Durch-
    setzung ihrer Ziele zu geben versucht; vgl. Dixit/Nalebuff 1991 und Luttwak 2003.
2   Anders als die Frage seiner Vermeidbarkeit. Sie ist keine normative, sondern im Prinzip eine em-
    pirische Frage – wenn auch keine leicht zu beantwortende.

teure getrennt werden kann, da deren Konflikt-Verständnis (ganz im Sinne des Konstruktivismus!) mit dem sozialwissenschaftlichen in Wechselwirkung steht, beginnt hier schon bei der Bezeichnung. Dabei geht es nicht um die ja nur als façon de parler, als abkürzende Redeweise gemeinte und auch akzeptable Verwendung der geographischen Kürzel „Ost" und „West", sondern um den Singular. Für einige Beobachter, motiviert durch die – von uns geteilte[3] – Ablehnung eines erkenntnistheoretischen Essentialismus im Sinne einer ‚Wesensschau‘ („Was war der OWK *eigentlich*?"), aber mehr noch durch das praxeologische Erkenntnisinteresse, festgefahrene Global-Wahrnehmungen des OWK aufzubrechen und diesen in Teilen einer geregelten Bearbeitung zugänglich zu machen, war fraglich, ob es überhaupt sinnvoll ist, von *dem*, einen, OWK zu sprechen. Statt dessen sollte von Konflik*ten* (Plural!) in den Ost-West-Beziehungen ausgegangen werden.[4] Freilich verschiebt das nur die Frage: Was, außer vagen geographischen Orientierungen, macht denn Ost und West jeweils aus? Nur die Beantwortung dieser Frage lässt die Spezifik des OWK erkennen: dass er ein Systemkonflikt in dem Sinne war, dass hier zwei wirtschaftlich-politische, zwei Gesellschaftssysteme miteinander im Konflikt lagen, deren Unvereinbarkeit einer der beteiligten Akteure (E. Honecker) kurz vor dem Ende des OWK noch einmal als die von „Feuer und Wasser" plastisch umrissen hat.

Die Besonderheit des OWK lag also darin, zwei politisch-ökonomische Systeme miteinander zu konfrontieren. Was die Frage nach deren näherer Bestimmung aufwirft. Dies freilich ist primär eine Frage der vergleichenden Politikwissenschaft, des politischen (und ökonomischen) Systemvergleichs. Sie kann und braucht hier nicht um ihrer selbst Willen behandelt werden. Doch ist eine ganz knappe Erläuterung geboten. Zur Charakterisierung des westlichen Systems taugt die Selbstbezeichnung als liberal-demokratisch kapitalistisches System. Liberal-demokratisch verweist auf die (liberale) Eingrenzung der demokratischen Mehrheitsherrschaft durch grund- und menschenrechtliche Bestimmungen und Verfahren. Da auch in der Selbstbezeichnung als demokratisch noch etwas an unkritischer Selbstgefälligkeit, gemessen an idealen Maßstäben von Demokratie, mitschwingt, haben Politikwissenschaftler statt dessen auch von Polyarchie (der Herrschaft der Vielen) gesprochen. Mit etwas Ironie und im Hinblick darauf, dass jegliche westliche Realität im Verhältnis zu Idealvorstellungen von Demokratie zweifellos zurückbleibt, könnte man auch von „Real-Demokratie" sprechen. Kapitalistisch – nicht immer als Selbstbezeichnung goutiert, ja in manchen Kreisen tabu; dagegen in anderen gerne als Schmäh-Bezeichnung gebraucht; hier im Sinne einer sozialwissenschaftlich-analytischen Kategorie gerne dem mittlerweile doch etwas abgeebbten Streit der Ideologien entwunden und vor ihm gerettet – bezeichnet die Organisationsweise der Wirtschaft. Demgegenüber war das östliche System ein kommunistisches oder, der später von internen System-Kritikern ins Ironische gewendeten Selbstbezeichnung folgend, ein real-sozialistisches. Westliche Akteure und Analytiker, wie erwähnt in politisch brisanter Wechselwirkung, haben das östliche politische System in Gänze oder zumindest phasenweise auch als totalitär bezeichnet – so die

Konflikt von Gesellschaftssystemen

---

3 Vgl. oben Kap.1, Marginalie „Begriffe – geistige Instrumente" und zugehörigen Text.
4 Vgl. Rittberger/Zürn 1991 für diese Position.

Totalitarismus-Theorie, die in ihren haltbaren Versionen damit zu Recht auf den zeitweilig extrem weitgehenden Herrschaftsanspruch und die extrem opfer-reiche Herrschaftspraxis der kommunistischen Führungen hinwies und noch heute hinweist – , zumindest jedoch als diktatorisch. Ökonomisch war von Zentralverwaltungswirtschaft die Rede. Wichtig ist, dass die dem westlichen System zugrundeliegende Trennung von Staat (Politik) und Wirtschaft im östlichen System nicht mitgemacht, dem Selbstanspruch nach ‚aufgehoben‘ wurde – mit erheblichen Konsequenzen für die interne Herrschaft wie die Außenbeziehungen. Für die Soziologie der tatsächlichen Herrschaftsausübung ist etwa wichtig, dass mit der Aufhebung der ökonomischen Privatsphäre auch ein potenzielles Refugium für Systemkritiker beseitigt war: Während im Westen zwar in Phasen verschärften OWK-Austrags für bestimmte Gruppen (etwa kommunistische Lehrer und Briefträger in der Bundesrepublik) ein Berufsverbot im Sinne des Ausschlusses vom öffentlichen (staatlichen!) Dienst erfolgte, blieb diesen doch der Weg in das private Wirtschaftsleben (und der – nach 20 Jahren sogar erfolgreichen – Klage vor einem übernationalen Gericht: dem Europäischen Gerichtshof für Menschenrechte in Straßburg, der die westdeutsche Praxis der Extremistenbeschlüsse der 1970er nachträglich als nicht mit der Europäischen Menschenrechtskonvention vereinbar verurteilte). Eine vergleichbare ‚Flucht in die private Sphäre‘ war in östlichen Systemen nicht oder nur sehr eingeschränkt möglich: Jobs außerhalb der verstaatlichten Ökonomie gab es kaum, Ruhe für Systemgegner ließen Geheimdienste oft nicht zu – und eine Klagemöglichkeit vor einem übernationalen, unabhängigen Gericht gab es im Zeichen ‚real-sozialistischer Gerechtigkeit‘, die dergleichen als ‚bürgerlichen Formalkram‘ verunglimpfte, auch nicht. Wie generell gilt: die Außenbeziehungen des Ostens waren viel stärker durch staatlich-parteiliche Kontrolle bestimmt, von der herrschenden Elite kontrolliert. Sie glaubte – wohl zu Recht –, dass freier grenzüberschreitender Verkehr gesellschaftlicher Akteure für ihre Herrschaft systemgefährdend sein könnte und glaubte – im Ergebnis zu Unrecht –, dass gesellschaftliche Modernisierung trotz der Kontrolle transnationalen Verkehrs auf Dauer möglich sein würde.

Struktur-Konflikt des internationalen Systems: um seine Strukturen ...

Dies verweist bereits darauf, in welchem zweiten, und in sich wiederum doppelten, Sinne der OWK ein Systemkonflikt war: Er war ein Struktur-Konflikt des internationalen Systems des (‚kurzen‘, also von 1917/47-1991 anzusetzenden) 20. Jahrhunderts, und zwar im doppelten Sinne: um seine Strukturen und diese für lange Zeit weitgehend prägend. Der OWK war ein Konflikt *um* die Strukturen des internationalen Systems, insofern seit der Deklaration des sog. 14 Punkte-Programms für den Weltfrieden (für die Zeit nach Ende des 1. Weltkrieges) durch US-Präsident Wilson 1918, die eine Antwort auf die unter Lenin erfolgte russische Revolution und deren Vorstellungen darstellte, zwei alternative Entwürfe zur Gestaltung des internationalen Systems bestanden: der Wilsonsche einer (z.B. im Völkerbund, den Wilson angeregt hatte, jedoch im eigenen US-Senat nicht durchsetzen konnte, mit der für den Völkerbund fatalen Folge, dass die USA nicht Mitglied wurden) organisierten Staatengemeinschaft, die (vor allem ökonomisch, durch Handelsliberalisierung) grenzüberschreitenden Verkehr im Prinzip zulassen sollte, und der noch vage Entwurf eines sozialistischen Systems, das der Theorie nach auf grenzüberschreitender Klassensolidarität beruhen sollte, in der Praxis jedoch bald auf Staatskontrolle des Außenverkehrs und transnationale Einflussnahme nur unter Leitung der KPdSU hinauslief. Nach 1947 sollten diese beiden Entwürfe in Gestalt des westlichen Blocks (politisch-militärisch in der Nordatlantischen Allianz, NATO, organisiert, ökonomisch freien oder zumindest zunehmend freieren Handel in Gestalt des Welthandelsabkommens, GATT, bzw. der Europäischen Wirtschaftsgemeinschaft, EWG, heute EG, institutionalisierend) und seines östlichen Widerpartes (Warschauer Pakt als Militärbündnis, sozialistische Arbeitsteilung im Rat für Gegenseitige Wirtschaftshilfe, RGW oder englisch COMECON) organisatorische Form annehmen.

Doch war der OWK auch in einem zweiten Sinne ein Strukturkonflikt des internationalen Systems, indem er dessen Strukturen zeitweilig weitgehend prägte. Dieser Gedanke soll im verbleibenden Rest des Kapitels anhand dreier Beispiele etwas näher aus- und damit an seine konkrete politikwissenschaftliche Analyse herangeführt werden. Wir wählen als Beispiele folgende Aspekte des OWK: das Wettrüsten, das Phänomen der sog. ‚Stellvertreterkriege‘ und die Entspannungspolitik als den Versuch, den Konfliktaustrag zu verregeln.[5]

Aus realistischer Sicht war der OWK primär ein weiterer Fall dessen, was unter den Bedingungen eines anarchischen Systems immer wieder zu erwarten ist: die Herauskristallisation einer bipolaren Machtstruktur im Ringen der ‚großen‘, nunmehr eben Super-Mächte um die Dominz im System, ausgetragen und verstärkt durch das Phänomen des Wettrüstens und der Allianzbildung. Ähnlich wie im Falle Athen gegen Sparta oder Rom gegen Karthago erwächst für den Realismus der OWK als zwischenstaatlicher Macht-Konflikt allein aus der Logik der Anarchie. Die beginnenden Sowjetherrscher sahen sich mit einem mächtigen (und in den sowjetischen Bürgerkrieg intervenierenden) Westen konfrontiert, mussten sich also durch Aufbau von Stärke behaupten (so die zwar nicht offiziell als realistisch bezeichnete, aber doch ganz spiegelbildlich realistisch argumentierende Sicht von der Notwendigkeit des „Aufbaus des Sozialismus in einem Lande"). Aus der vor allem nach Ende des 2. Weltkriegs, nach der antagonistisch-kooperativen Niederringung des gemeinsamen dritten System-Konkurrenten, des faschistischen deutschen Regimes des Nationalsozialismus und seiner Kriegsmaschinerie[6], auf westlicher Seite zunehmend dominanten Sichtweise, die von realistischen Akteuren, etwa dem US-Botschafter George Kennan in seinem berühmten ‚langen Telegramm‘ aus Moskau (1946) und einem ebenfalls berühmten, unter dem Pseudonym „X" im ‚Zentralorgan‘ der US-amerikanischen außenpolitischen Elite *Foreign Affairs* (Nr.4, 1947) publizierten Artikel, aber auch von Analytikern wie dem ‚Vater‘ des Realismus, Hans Morgenthau, propagiert wurde, erforderte dies einen defensiv oder gar offensiv gemeinten Machtaufbau auch des Westens. Der Übergang zwischen Defensive und Offensive war dabei durchaus fließend, wie bereits Kennans X-Artikel erkennen lässt, in dem er davon spricht, dass „the United States has it in its power to increase enormously the strains under which Soviet policy must operate". Da-

... und seine Strukturen zeitweilig weitgehend prägend

Wettrüsten: Ausdruck, nicht Ursache des OWK

---

5 Ein vierter Aspekt, der die strukturprägende Wirkung des OWK verdeutlicht, seine Auswirkung auf das System kollektiver Sicherheit im Sicherheitsrat der Vereinten Nationen, wird unten (Kap.5 und 6) angesprochen.

6 Zur Analyse dieser tripolaren Konstellation vgl. Schweller 1998.

rin klingt schon an, was harte realistische Praktiker wie US-Präsident Reagan und einige Analytiker in den 1980er Jahren als aus ihrer Sicht letztlich erfolgreiches Rezept zur Beendigung des OWK ansahen: das Kaputt-Rüsten der Sowjetunion. In dieser Wahrnehmung, erneut eine interessante Spiegelbildlichkeit, treffen sie sich übrigens mit der letzten Lebens-(Sterbens-)Lüge der östlichen Systemanhänger, die ebenfalls keine anderen, durch die Art ihres System bedingten Ursachen der ,Niederlage' der Sowjetunion im OWK erkennen will als das ,Tot-gerüstet-Werden' durch den Westen. *Ein* wahrer Kern, wenn auch nicht die ganze Wahrheit, dürfte darin sogar zu finden sein: die – komparativ gesehen – geringere Leistungsfähigkeit der sowjetischen Wirtschaft beim Übergang zur intensiven, informations-basierten und also auf freien Informationsfluss angewiesenen Wirtschaft des ausgehenden 20. und beginnenden 21. Jahrhunderts.[7] Übersehen wird in diesen rein militärischen oder militärisch-ökonomischen Erklärungen jedoch zweierlei: die innergesellschaftlichen Ursachen des Wettrüstens und die des östlichen System-Zusammenbruchs. Auf letztere werden wir unten beim Thema Entspannungspolitik zurückkommen, erstere seien hier kurz angesprochen.

innergesellschaft-
liche Ursachen des
Wettrüstens

Zum einen ist bereits der Ursprung des OWK als Macht-Konflikt kaum ohne Berücksichtigung der Wahrnehmungsprozesse, also auch der Konstruktion von Wahrnehmungen, zu verstehen. Beides zusammen, Positions-Differenzen der Gesellschaftssysteme und ihre Wahrnehmung, nahmen die Gestalt eines Ringens um (Vor-)Macht an. Darin steckt der um herrschaftssoziologische und konstruktivistische Elemente ergänzte realistische Kern der hier vorgeschlagenen OWK-Analyse. Rüstung und Wettrüsten sind, darin können Vertreter letztlich aller Paradigmen übereinstimmen, dabei allenfalls Ausdruck, nicht primäre Ursache des OWK. Trotz der jahrelangen Dominanz des Rüstungsthemas in den Ost-West-Beziehungen, den zahlreichen Rüstungs-Schritten bis hin zum atomaren Overkill mit der Drohung nicht nur der wechselseitig gesicherten Zerstörung (mutually asured destruction, MAD, wie diese Nuklearstrategie des gewährleisteten Zweitschlags westlicherseits offiziell und mit unfreiwillig treffender Ironie bezeichnet wurde), sondern mit der Zerstörung der ganzen Menschheit; und trotz der ebenfalls zahlreichen und zähen Verhandlungsrunden zur Rüstungssteuerung, wenn schon nicht Abrüstung (mündend in Abkommen wie SALT und START – Strategic Arms Limitation bzw. Reduction Talks zwischen den USA und der Sowjetunion) lag hier nicht die Ursache des Konfliktes, allenfalls die für eine Verschärfung seines Austrags, bis hin zum Schritt an den Rand der nuklearen Vernichtung in der Kuba-Krise 1962.[8] Was eine rein realistische Analyse dabei zu wenig berücksichtigt, sind einerseits die in der klassischen Studie zur Kuba-Krise von Graham Allison (Allison/Zelikow 1999) herausgearbeiteten inner-bürokratischen Mechanismen, die Rüstung und auch

---

7 Ein Problem, das sich auch für die letzte verbliebene große kommunistische Führung in der VR China stellt im Hinblick auf die Rückwirkungen von Marktöffnung und Internet-Zugang.

8 Sie ist bis heute die paradigmatische Krise des OWK, in der die Stationierung sowjetischer Mittelstreckenraketen auf Kuba die Welt an den Rand des Nuklearkrieges führte, der nur durch die von Präsident Kennedy verhängte Seeblockade („Quarantäne" genannt) und eine während dieser hinter den Kulissen ausgehandelten, lange verheimlichten Kompromiss-Lösung (Abzug der sowjetischen Raketen aus Kuba, dafür die von US-Raketen aus der Türkei) vermieden werden konnte.

Krisen-Verhalten im OWK angetrieben haben, die eingeschliffenen Verhaltens-routinen, die die Details des außenpolitisches Agierens auf sowjetischer und US-Seite auch in der Krise bestimmt haben. Und andererseits berücksichtigt die rein realistische Analyse zu wenig die gesellschaftlichen Ursachen des Wettrüstens, die mit ökonomischen Interessen (der rüstungsproduzierenden Firmen – im Westen – bzw. der Rüstungs-Kombinate – im Osten) ebenso zu tun haben wie mit der in dieser Form nur im Westen, mit seinem auf Wahlen beruhenden politischen System, möglichen Wechselwirkung *zwischen* Politik und Ökonomie: der durch Wiederwahl-Interesse der entscheidenden Parlamentarier motivierten Beschaffung von Rüstungsaufträgen im jeweiligen Wahlkreis, gestützt durch Wahlkampfspenden der einschlägigen Industrie und im Verbund mit Mitgliedern der staatlichen Rüstungs-Beschaffungsbürokratie. Dieses sog. eiserne Dreieck (iron triangle) ist die spezifisch westliche Form des abzüglich des Wahlkampf-Elementes durchaus auch im östlichen System anzutreffenden Phänomens des militärisch-industriellen Komplexes (MIK), vor dem am Ende seiner Amtszeit selbst US-Präsident Eisenhower warnte. Solche innergesellschaftlichen Rüstungsursachen, auf die der Realismus typischerweise nicht eingeht, stehen im Zentrum gesellschaftskritischer (und gelegentlich auch soziologisch unterfütterter institutionalistischer oder gar realistischer[9]) Analysen, wobei diese jedoch den Binnen-Antrieb zum Teil überbetonen, so in der von D. Senghaas (1972) propagierten ,Autismus'-These (der völligen Abkopplung des Rüstungsgebarens von äußerer Bedrohung, des alleinigen Binnen-Antriebs dafür – daher, in Vergleich zu einer Krankheit mit strukturähnlicher Symptomatik, als autistisches Verhalten bezeichnet), oder den Zusammenhang zum Kapitalismus überbetonen, im Sinne einer notwendig und ausschließlich kapitalistischen Motivation des Wettrüstens, was das *Zusammen*spiel politischer *und* ökonomischer Faktoren im westlichen MIK ebenso übersieht wie die Existenz eines östlichen MIK.

Die Diskussion des zweiten struktur-prägenden Aspektes des OWK ist mit einer doppelten Warnung zu verbinden. Die eine wird bereits durch die Verwendung der einfachen Anführungszeichen um den Begriff ,Stellvertreter-Kriege' markiert. Hierin kommt eine Distanzierung zum Ausdruck, die auf Folgendem beruht. Zu Recht wurde vielfach gesehen, dass etliche Konflikte in der damals noch Dritte Welt genannten Staatengruppe ursächlich nichts mit dem OWK zu tun hatten, dass jedoch die beiden führenden Akteure im OWK, die Sowjetunion und die USA, oft ,über die Bande' der Einflussnahme vor Ort, in Staaten des Südens, den eigentlichen Gegner zu treffen suchten. Hierher gehört die sowjetische Unterstützung der kommunistischen Seite während des Vietnamkriegs der USA ebenso wie die durchaus als Retour-Kutsche zu begreifende Unterstützung der Mudschaheddin in Afghanistan durch die USA in ihrem Kampf gegen die sowjetischen Besatzer nach deren Einmarsch 1979. Dies ist nur noch zu ergänzen um den Aspekt, dass oft auch lokale Akteure sehr geschickt über die Bande der einen oder anderen Supermacht zu spielen versuchten, sei es, um in regionalen Machtkämpfen durch die ihnen – nicht Konkurrenten – gewährte Super-

,vermeintliche Stellvertreter-Kriege': Handlungsautonomie regionaler Akteure, unintendierte Folgen

---

9   Vgl. Narizny 2003 für eine solche, auf Basis eines soziologisch unterfütterter Realismus vorgehende, in diesem Fall noch dazu international vergleichende Studie.

macht-Unterstützung zu obsiegen, sei es, um die Supermächte gleichsam gegeneinander auszuspielen – alles klassisch machiavellistische Machttechniken. Und sie verweisen bereits auf den ersten analytischen Einwand gegen den und die politische Warnung vor dem Gebrauch des Begriffs ‚Stellvertreter-Krieg‘: Er suggeriert eine Steuerbarkeit der politisch-gesellschaftlichen Verhältnisse vor Ort, die angesichts des autonomen Handlungspotenzials der regionalen und lokalen Akteure, die eben nicht nur Marionetten am Faden externer Mächte sind, wie auch der nicht beabsichtigten Folgewirkungen der externen Einmischung nicht gegeben ist. Ungeachtet der ebenso realen wie bedauerlichen Tatsache, dass etliche Konflikte in der Dritten Welt durch diese Einbeziehung in den OWK über- und verformt worden sind, worin die strukturprägende Wirkung des OWK zum Ausdruck kommt, ist die leichtfertige Rede von ‚Stellvertreter-Kriegen‘ also analytisch unzulänglich und politisch kurzsichtig.

... auch und vor allem langfristig: Beispiel Afghanistan 1979 ff. und Iran 1953 Letzteres zeigt sich vor allem, wenn auch die langfristigen Folgen externer ‚Stellvertreterkrieg-Führung‘, also der Einmischung in regionale Konfliktlagen während des OWK, mitbedacht werden. Dies kann das bereits erwähnte Beispiel der stellvertreterkriegs-mäßigen Unterstützung der Mudschaheddin in Afghanistan durch die USA verdeutlichen, die später in Gestalt des Taliban-Regimes und letztlich des von diesem geduldeten transnationalen Terrorismus eines Osama Bin Laden auf die USA selbst zurückfallen sollte.[10] Und es kann auch an einem weiteren, früheren Fall aufgezeigt werden: dem vom US-Geheimdienst CIA veranlassten Sturz der Regierung Mossadegh im Iran des Jahres 1953. Dieser Fall ist aus zweierlei Hinsicht interessant. Der Konstrukt-Charakter der aus US-Sicht vermeintlich abzuwehrenden kommunistischen Bedrohung wird hier besonders deutlich, aber auch die langfristig unbeabsichtigte Rückwirkung.[11] Der Sturz der demokratisch gewählten Regierung Mossadegh steht im Kontext der beginnenden Unabhängigkeit der Staaten der Dritten Welt, hier von der Dominanz der zur Hälfte dem britischen Staat gehörenden Anglo-Iranian Oil Company, mithin zugleich im Kontext der Ablösung Großbritanniens als ehemaliger Kolonial- und Vormacht im Mittleren Osten durch die USA als neue dominante externe Macht. Während US-Präsident Truman, dem anti-kolonialistischen Affekt der schließlich 1776 selbst von Großbritannien unabhängig gewordenen USA folgend, die britische Regierung dahingehend beriet, sich mit der von Mossadegh vorgenommenen Verstaatlichung der AIOC abzufinden bzw. sich mit Mossadegh über Modalitäten und Entschädigung zu einigen, gelang es dem wirkmächtigen Brüder-Duo John Foster und Allen Dulles als Außenminister bzw. CIA-Chef des Nachfolge-Präsidenten Eisenhower, diesen zur Billigung eines CIA-Coups gegen Mossadegh zu veranlassen. Hauptargument war die von den Dulles-Brüdern beschworene, konstruierte, Gefahr einer Machtübernahme kommunistischer Kräfte im Iran, womöglich mit sowjetischer Unterstützung, falls die Regierung Mossadegh im Amt bleibe. Die realiter geringe Stärke und vor allem geringe Ei-

---

10 Desweiteren ist an der US-Unterstützung der Mudschaheddin interessant, dass sie zunächst nicht primär von der Exekutive, dem Präsidenten, sondern aus dem Kongress heraus, von einem besonders motivierten Abgeordneten, betrieben wurde. Die Rekonstruktion dieser Neben-Außenpolitik durch Crile 2003 liest sich wie ein Thriller!

11 Die kurze Darstellung im Folgenden folgt der ausführlich-anschaulichen von Kinzer 2003, auch im Hinblick auf die langfristige Folgenzuschreibung.

nigkeit der kommunistischen Tudeh-Bewegung im Lande wurde dabei über-schätzt bzw. bewusst übertrieben, ebenso – vermutlich; der Quellenzugang hier-zu macht die genaue Einschätzung bis dato schwierig – die Bereitschaft der Sowjetunion, sich derart im Iran zu engagieren; unterschätzt bzw. herunterge-spielt wurde die Distanz Mossadeghs zu den kommunistischen Kräften. Beides im Wissen darum, dass auch Eisenhower nicht bereit war, für die Briten die Kohlen aus dem Feuer zu holen, wohl aber bewogen werden konnte, dem Kom-munismus entgegenzutreten, zumal, wenn dabei Geschäftsaussichten für US-Öl-konzerne heraussprangen. So annähernd die Motivlage eines gleichsam vorweg-nehmenden Stellvertreter-Krieges, dessen langfristige Auswirkungen darin bestanden, das neutrale bis gute Ansehen der USA im Iran, als zumindest nicht pro-koloniale Macht, zu verspielen und sich statt dessen den Ruf des egoisti-schen, mit der dann beginnenden brutalen Herrschaft des Schah assoziierten Intervenienten einzuhandeln. Hier wird der Beginn eines langfristigen Anse-hensverlustes der USA im Mittleren Osten deutlich, der in Gestalt der Schaden-freude über bzw. gar der Billigung und Unterstützung von Attacken auf die USA zu Beginn des 21. Jahrhunderts – nach 50 Jahren! – nicht nur auf diese zurück-fallen sollte. Hieraus ergibt sich die zweite, politische Warnung für die Gestal-tung nationaler Außenpolitik und internationaler Politik: die langfristigen, oft unintendierten Handlungsfolgen nicht zu vernachlässigen. So schwer es sein mag, sie zu überblicken, so sicher ist, dass sie sich einstellen, sind unintendierte Handlungsfolgen doch nicht nur für die soziale Welt im allgemeinen, sondern in besonderem Maße auch für die internationale Politik kennzeichnend.

Das lässt sich auch bei unserem letzten strukturprägenden Aspekt des OWK aufzeigen: der Entspannungspolitik. Nach den zahlreichen krisenhaften Zuspit-zungen (etwa um die kommunistische Machtübernahme in der Tschechoslowa-kei 1947/48, die Blockade Berlins 1948/49, die Berlin-Krise 1958-62 und die Kuba-Krise 1962) und auch dem (‚stellvertreter‘-)kriegerischen Austrag des Konfliktes (u.a. in Korea 1950-53, Vietnam 1965-73, Angola 1975-88, Afgha-nistan 1979-89), die zusammenfassend als Kalter Krieg bzw. ‚neuer‘ Kalter Krieg (seit den 1980er Jahren) bezeichnet wurden, hatten sich nicht nur ost-westliche Feindbilder herausgebildet und verfestigt (etwa in der Zeit der ‚Kom-munisten-Jagd‘ in den USA unter Senator McCarthy in den frühen 1950er Jah-ren); nicht zuletzt im Zeichen der Kuba-Krise wuchs auch ein in Ost und West geteiltes Interesse an der Vermeidung nuklearer Selbstvernichtung. Damit ein-her ging der Versuch, den OWK nicht mehr als eine einheitliche und globale Konfrontation zweier monolithischer Blöcke zu sehen, sondern in jeder Hinsicht zu differenzieren: gemeinsame Interessen und konfligierende; Bereiche mögli-cher Kooperation und solche, wo sie weniger aussichtsreich schien; Entwicklun-gen im jeweils anderen Lager, die Anknüpfungspunkte für ein Aufeinander-Zu-gehen boten. Dies entsprach also ganz der konfliktanalytischen Überlegung, durch zu einheitliche Wahrnehmung nicht die politische Blockade der anhalten-den Konfrontation auf Dauer zu stellen, sondern gleichsam ‚den‘ OWK kleinzu-arbeiten: peace in parts, wie ein fachlicher Slogan lautete. Der Prozess dieses Auslotens von Kooperationschancen und ihrer mühsamen, vor allem in Europa erfolgreichen Institutionalisierung, begann Ende der 1960er und zu Beginn der 1970er Jahre und wurde als Entspannungspolitik (englisch: Détente) bekannt.

Entspannungspoli-tik: beabsichtigte und unbeabsich-tigte Folgen

Auch die westdeutsche Ost-Politik v.a. unter Kanzler W. Brandt gehört in diesen Kontext. Zu den wichtigsten institutionellen Erträgen gehörten die sog. Ost-Verträge West-Deutschlands mit der UdSSR, Polen, der Tschechoslowakei, denen das Vier-Mächte-Abkommen zur Regelung der Berlin-Problematik vorangegangen war. Schließlich wurde 1975 mit der Schlussakte von Helsinki der über viele Jahre und in verschiedenen Verhandlungsrunden oft zäh, gelegentlich erfolgreich laufende Prozess der Verhandlungen im Rahmen der Konferenz für Sicherheit und Zusammenarbeit in Europa (KSZE) eröffnet. Zwar geriet der KSZE-Prozess angesichts der ‚neuen Eiszeit' der Ost-West-Beziehungen zu Beginn der Amtszeit US-Präsident Reagans (und nach dem sowjetischen Einmarsch in Afghanistan 1979) ins Stocken. Die europäischen Beteiligten, zumal die beiden deutschen Staaten, suchten jedoch das ‚Pflänzchen der Kooperation' zu retten, vor allem unter Führung des deutschen Außenministers Genscher (was diesem den abwertend gemeinten Vorwurf des ‚Genscherismus' seitens einiger US-Politiker einbrachte, für die die Entspannung ‚tot' war). Erreicht wurde 1975 die Unterzeichnung der sog. KSZE-Schlussakte, die eine Art symbolisches Tauschgeschäft beinhaltete: Anerkennung der Unverletzlichkeit der Nachkriegs-Grenzen in Europa, woran v.a. der Sowjetunion gelegen war, gegen die Proklamation von Kooperationsabsichten und vor allem von zu gewährenden Grundrechten, was von westlicher Seite propagiert wurde. Hier begann nun wieder einmal eine zumindest von den östlichen Eliten unintendierte Kette von Handlungsfolgen. Die von Moskau stolz im vollen Wortlaut in der *Prawda* veröffentlichte Schlussakte begann ein Eigenleben, wurde zum Bezugspunkt oppositioneller Gruppen im Osten. Zwar brachte erst die Reformpolitik unter M. Gorbatschow mit ihrem durchaus KSZE-gemäßen Hauptslogan der glasnost (Öffnung, Offenheit) erneute Kooperationserfolge, vor allem erste echte Abrüstungsschritte. Doch wurde aus dem geplanten Umbau des östlichen Systems (perestroika) letztlich Ende der 1980er und zu Beginn der 1990er Jahre seine erstaunlich friedliche Selbstauflösung. Der OWK war damit durch Selbstauflösung der einen Seite beendet – eine durchaus radikale Konflikt-Lösung, die auf westlicher Seite im Zeitpunkt und Ausmaß der Friedlichkeit un-*ver*hofft, wenn auch nicht un-*er*hofft war. Und möglicherweise auch nicht unintendiert. Die von E. Bahr geprägte, später als anbiedernd kritisierte Formel der Entspannungspolitik vom „Wandel durch Annäherung" hat nämlich vielleicht tatsächlich mehr an westlichem Wandel suggeriert, als faktisch erfolgte (obwohl, wie gesagt, eine Lockerung von Feindbildern und Differenzierung der Wahrnehmung erfolgte). Sie hat jedoch richtig auf die langfristige Wirksamkeit ‚weicher' Faktoren gesetzt: das Entstehen einer Zivilgesellschaft im Osten, die von östlichen Machthabern, denen Grenzsicherheit zugestanden worden war (kein großes Zugeständnis, da eine gewaltsame Änderung westlicherseits weder möglich noch beabsichtigt war), mit etwas mehr Gelassenheit betrachtet werden konnte, wenngleich sie nie wirklich geduldet war.

So gerne also politische Akteure im Westen im nachhinein die alleinige Wirksamkeit *eines* Faktors für diesen Ausgang des OWK betonen: den realistisch-realpolitischen der militärischen Wachsamkeit und Abwehrbereitschaft bzw. den institutionalistisch-konstruktivistisch-entspannungspoli tischen von Wahrnehmungswandel und Rolle der Zivilgesellschaft – letztlich war es wohl das Zusammenspiel beider Faktoren, das dieses Ergebnis gezeitigt hat. Und es war nicht zuletzt der im Westen mögliche Pluralismus der Herangehensweisen, der nicht immer leicht und auch nicht immer erfolgreich zu einer westlichen Gesamtstrategie orchestriert werden konnte, der dies, wiederum zum Teil unintendiert, ermöglichte. Der in den westlichen politischen und gesellschaftlichen Systemen angelegte Pluralismus, der von einigen im Westen zeitweilig als Schwäche angesehen wurde, die Vielstimmigkeit auch in außenpolitischen Debatten, war langfristig seine Stärke.

Ausgewählte Literaturhinweise zu Kapitel 4

Zum Galtungschen Konfliktdreieck der Original-Beitrag Galtung 1978; zur **sozialwissenschaftlichen Konflikt-Theorie** allg. Bonacker 1996 und 2002. Zum **Ost-West-Konflikt**, mittlerweile Geschichte, neben den politikwissenschaftlichen Überblicken von Link 1980, Senghaas 1988 (Kap. II-IV) und Efinger/List 1994 zahlreiche zeitgeschichtswissenschaftliche Überblicke, knapp und gut (und einander ergänzend) etwa Stöver 2003 und Steininger 2004. Zum **Wettrüsten** Buzan/Herring 2003. Zur **Entspannungspolitik** Loth 1998; speziell zur **KSZE** v.Bredow 1992 und Schlotter/Ropers/Meyer 1994; zur **westdeutschen Ostpolitik** Bender 1995. Zur **Rüstungskontroll- und Abrüstungspolitik** Croft 1996 und Baylis 2002. Zum **Ende des OWK** Herrmann/Lebow 2004; wichtige Ergänzung der üblichen Erklärungen des Endes des OWK, insbes. für seine friedliche Form, die These von der Selbsttäuschung über die Reformierbarkeit des Realsozialismus von Kotkin 2001.

5 Sicherheitspolitik

Die Schlichtheit der Kapitelüberschrift entspricht nicht der Komplexität seines Gegenstandes, die sich schon bei der begrifflichen Erfassung zeigt. Wir wollen daher zunächst einen Begriffskern definieren, um dann einige fachliche und politische Aspekte der begrifflichen Fassung von „Sicherheit" zu diskutieren, gefolgt von einigen materiellen Aspekten internationaler Sicherheitspolitik. Aus der Perspektive einzelner, zunächst einmal staatlicher Akteure der internationalen Politik bedeutet Sicherheit die Wahrung der eigenen Autonomie (selbstbestimmten Handlungsfähigkeit) gegenüber Bedrohungen, die aus der potenziell unter Einsatz physischer Gewalt erfolgenden strategischen Interaktion mit anderen, auch nichtstaatlichen, Akteuren resultieren. Diese nicht ganz einfache Arbeitsdefinition enthält eine Reihe von Punkten, die es bewusst zu machen gilt. Diese Definition erfolgt aus der sogenannten *Akteursperspektive*. Auch wenn wir später auf Strukturen des internationalen Systems eingehen werden, die so, nämlich akteurs-perspektivisch, verstandene Sicherheit befördern und damit auch eine *systemische Perspektive* einnehmen, im eigentlichen Sinne von *internationaler* Sicherheit handeln werden, so besteht diese doch in dem ‚Gefühl' von Sicherheit und der Abwesenheit von Bedrohungen, die solche Strukturen den *Akteuren im System* vermitteln. Die akteursperspektivische Sicht auf das, was oft *nationale Sicherheit* genannt wird, erscheint definitorisch grundlegend, der system-perspektivische Begriff der internationalen Sicherheit davon abgeleitet. Im Begriff „nationale Sicherheit" kommt zum Ausdruck, dass es um so etwas wie die ‚Gesamt-Sicherheit' von Staaten geht. Jedoch sind, das wurde bereits vermerkt, nicht alle Staaten National-Staaten im strengen Sinne. Und die Rede von der nationalen Sicherheit eignet sich vorzüglich zum ideologischen Missbrauch. Darauf kommen wir zurück. Zuvor müssen jedoch noch weitere Punkte der gegebenen Definition behandelt werden. Es war von Bedrohungen die Rede, die aus sozialer Interaktion resultieren. Die nationale Sicherheit, die hier behandelt wird, ist also nicht die etwa vor Erdbeben oder Flutkatastrophen – zumindest nicht, solange diese nicht ‚anthropogen', von Menschen gemacht sind. Die Interaktion wurde näherhin nicht nur als soziale, sondern als strategische bezeichnet. Strategisches Handeln ist eines, das die Reaktion der Mit- oder Gegenspieler bei der Auswahl der eigenen Handlungsweise mitbedenkt. Schach ist in diesem Sinne ein strategisches Spiel und auch Poker, ungeachtet der Glückskomponente. Roulette (faires!) dagegen nicht, denn die Kugel reagiert nicht auf gemachte Einsätze. Strategisches Handeln findet sich nicht nur im sicherheitspolitischen Bereich. Auch Firmen verhalten sich gegenüber Mitbewerbern strategisch. Freilich im Normalfall nicht unter Einsatz physischer Gewalt. Dessen Möglichkeit (es war vom potenziellen Einsatz physischer Gewalt die Rede, was die Drohung damit einschließt) ist das spezifische Merkmal und das Grundproblem internationaler Sicherheit. Schließlich wurde ausdrücklich von physischer Gewalt gesprochen, in Abgrenzung zu einem vom norwegischen Friedensforscher J. Galtung eingeführten viel weiteren Gewaltbegriff, der neben physischer Gewalt auch strukturelle Gewalt umfasst, womit Galtung soziale Umstände bzw. Missstände bezeichnet, die Menschen an der Entwicklung ihrer physischen und geistigen Möglichkeiten hindern. Durch gesellschaftliche Strukturen bedingter Hunger wäre strukturelle Gewalt in diesem Sinne. Wenn wir den Kern des Sicherheitsbegriffes zunächst auf die Bedrohung durch zumindest potenziell physische Gewalt einschränken, dann aus folgendem Grund. Die Rede von struktureller Gewalt bedeutet zwar, ein feines Sensorium für Missstände zu haben (ein Vorteil!) und einen stark negativ besetzten Begriff (Gewalt), um sie zu bezeichnen, ja anzuprangern. Freilich erfasst er, das hat die Diskussion um den Begriff der strukturellen Gewalt gezeigt, derart vieles (unter anderem auch normative Fragen der Gerechtigkeit), dass er analytisch unscharf zu werden droht. Und ungeachtet der mit ihm verbundenen kritischen Absicht ist auch der Begriff der strukturellen Gewalt, ähnlich wie unten angesprochene erweiterte Fassungen des Sicherheits-Begriffs, vor politischem Missbrauch nicht geschützt.[1]

Die gegebene Bestimmung des Begriffskerns von (nationaler) Sicherheit mag eng erscheinen, insbesondere in ihrer Bindung an Gewalt. Doch ist dazu zweierlei zu sagen: Es war einerseits nur vom potenziellen Einsatz physischer Gewalt die Rede. Dass die Waffen schweigen, heißt also noch nicht, dass kein sicherheitspolitisches Problem (mehr) besteht. Die selbstbestimmte Handlungsfähigkeit kann ja von strategischen Akteuren auch anders beschränkt werden, etwa durch Unterbindung der Zufuhr wichtiger Ressourcen. Diesem Gedanken folgend kommt schon eine rein realistische, real-politische Sicht nationaler Sicherheit dazu, die Versorgung mit strategisch genannten Gütern als Sicherheitsproblem zu betrachten, etwa die Einfuhr von Öl oder militärisch wichtigen Erzen. Und daraus resultiert eine erweiterte realistische Agenda der Sicherheitspolitik: Wahrung der Autonomie entweder durch strategische Diversifikation der Abhängigkeiten (von mehreren, möglichst nicht koordiniert handelnden Öllieferanten, z.B.), oder durch notfalls gewaltsame Aufrechterhaltung der Zufuhr. Das Blickfeld der Sicherheitspolitik wird so zwar auf Ökonomisches (von strategischer Bedeutung) ausgeweitet; die Suche nach Lösungen bleibt aber dem individuell-eigennützigen und auch gewaltbereiten Denken verhaftet. Selbst nach Ende des Ost-West-Konfliktes aufgekommene Diskussionen um einen auf Umweltschutz-Komponenten erweiterten Sicherheitsbegriff, so sie denn mehr waren als eigeninteressierte Arbeitsbeschaffungsprogramme für militär-strategische Analytiker, die im vermeintlich ausbrechenden Zeitalter des Friedens plötzlich arbeitslos zu werden glaubten und deshalb aktuell scheinende Umweltfragen gerne ‚okkupiert' hätten, beinhalten die Gefahr solchen politischen Miss-

---

1 Zu den spezifischen politischen Missbrauchs-Gefahren des Begriffs der strukturellen Gewalt gehört seine Verwendung zur Rechtfertigung physischer Gewalt, die als „Gegen-Gewalt" deklariert wird.

brauchs. Der Schutz der Regenwälder etwa, als genetisches Erbe der Menschheit oder klima-relevanter CO_2-Speicher, wird so plötzlich zur notfalls auch gewaltsam, gegen die Staaten, deren nationales Eigentum die Wälder sind, durchzusetzenden Aufgabe umdefiniert.

Eine andere, eher aus institutionalistischer Perspektive erfolgende Erweiterung erfährt der Sicherheitsbegriff dort, wo nicht die Wahrung der je eigenen Sicherheit vor der Bedrohung durch andere ins Zentrum gerückt wird, sondern die gemeinsame Verstricktheit der Sicherheit suchenden Akteure in eine ungute kollektive Situation. Diese hat der Realismus durchaus zutreffend als Sicherheitsdilemma unter der Bedingung der An-Archie beschrieben, diese Lage jedoch letztlich als ausweglos angesehen. Zwar ist ihm bewusst, dass wegen der mangelnden Unterscheidbarkeit defensiv gemeinter und offensiv gemeinter Rüstungs-Selbsthilfe die Suche nach eigener Sicherheit zur Bedrohungswahrnehmung bei anderen führen kann, dass kollektiv somit Sicherheit nicht wirklich erreichbar ist. Doch sieht der Realismus keinen anderen Weg als (allenfalls kollektive) Selbst-Verteidigung, etwa durch Allianzbildung. Anders der Institutionalismus und auch der Konstruktivismus. Sie sehen, ein Wortspiel, konstruktivere Möglichkeiten des Umgangs mit Bedrohung. Sowohl die Gewaltmittel als auch die wahrgenommene Bedrohung sind nicht statisch, sondern konstruktivem politischen Handeln zugänglich. Und auch unterhalb der realistischen hypothetischen Lösung des Sicherheitsdilemmas durch Erichtung eines hobbesianischen, alle zum Frieden zwingenden Weltstaates sehen Institutionalismus und Konstruktivismus lohnende Handlungsmöglichkeiten: das Arbeiten an einer Situationsdefinition, die das gemeinsame Interesse an der Verhinderung von Selbstvernichtung und Rüstungswettläufen in den Vordergrund rückt und die Institutionalisierung von Mechanismen der Vertrauensbildung einerseits, der kollektiven Sicherheit zum andern. Alles zusammen ergibt die Agenda der gemeinsamen oder kooperativen Sicherheit. Nur wenn für *alle* Akteure im System die Bedrohung(swahrnehmung) gemindert wird, ist Sicherheit erreichbar – offenbar eine systemische Perspektive auf internationale Sicherheit eher als eine Akteusperspektive auf nationale Sicherheit. Das kann durch schrittweisen (!) Aufbau von Vertrauen erreicht werden, durch Rüstungskontrolle und Abrüstung. Der KSZE-Prozess und etliche der Aktivität der heutigen OSZE sind so angelegt. Schließlich kann die gemeinsame Sicherheit auch einem System kollektiver Sicherheit überantwortet werden, das nicht wie kollektive Verteidigung nur den Egoismus der einen Gruppe effektiver gegen den der anderen zu wahren trachtet, sondern die Gruppe aller Akteure gegen einen möglicherweise in physische Gewaltanwendung zurückfallenden oder damit drohenden Akteur ‚ins Feld führt'. Auch diese institutionalistische Lösung ist also keine durchgehend pazifistische, jeglichem Gewalteinsatz abschwörende. Jedoch würde sie den Einsatz an legitime Entscheidungen des Kollektivgremiums binden. Dies ist offenbar das institutionalistische Modell, das im Kern der UNO-Charta angelegt ist, wenngleich deren Arbeitsweise in der Realität davon abweicht.

An die Überlegungen der Gestaltbarkeit von Bedrohungs-Wahrnehmungen anknüpfend wird schließlich von Seiten neuerer konstruktivistischer Ansätze der Forschung über Sicherheitspolitik der Konstrukt-Charakter von Bedrohung und Sicherheits-Problematik generell betont. Während hier eingangs des Kapi-

– institutionalistische

– konstruktivistische

tels zunächst der ‚objektive‘ Kern der Sicherheitsproblematik im Wege einer akteursperspektivischen Arbeitsdefinition eingeführt wurde, verweisen diese konstruktivistischen Ansätze darauf, dass jedliche Definition in diesem Bereich nicht ‚objektiv‘, sondern bestenfalls intersubjektiv (von mehreren Akteuren geteilt), mithin sozial konstruiert ist. Und, das würden gesellschaftskrritische Ansätze ergänzend betonen, in diese Definitionsprozesse gehen gesellschaftliche Interessen mit ein. Dies ist letztlich alles nicht zu leugnen. Machen wir uns das an folgendem Beispiel klar: Während realistische Vertreter einer Industrieländer-Position kein Problem damit haben, die Einschränkung der Ölausfuhr durch Exportstaaten, deren nationales Eigentum diese Ressourcen immerhin sind, als Einschränkung der selbstbestimmten Handlungsmöglichkeit der importierenden Industriestaaten anzusehen, mithin als ‚sicherheitspolitisch relevant‘, fällt es ihnen schwer, selbst drastische Auflagen des Weltwährungsfonds hinsichtlich der Gestaltung öffentlicher Haushalte in einzelnen Ländern als Autonomie-Bedrohung für diese Länder zu sehen (es sei denn, es träfe ausnahmsweise einmal sie selbst!) – und jedenfalls sehen Realisten dies nicht als sicherheitspolitisch relevant an. Das mag, da der IWF nicht mit physischer Gewalt droht, gerade noch angehen. Dennoch bleibt der Eindruck, dass hier mit zweierlei Maß gemessen wird: Einschränkungen der autonomen Handlungsfähigkeit der weltgesellschaftlich Mächtigen werden schnell als sicherheitspolitisch relevant eingestuft, die der weniger Mächtigen gerne ignoriert. Und was in den Glanz der sicherheitspolitischen Aufmerksamkeit – und das heißt auch: der Zuweisung immer knapper gesellschaftlicher Mittel, etwa Gelder für Rüstung – gelangt, ist Ergebnis gesellschaftlicher Konstruktions-Prozesse. Mit einem englischen Kunstwort sprechen Konstruktivisten von securitization, also der Konstruktion von Problemen als sicherheitspolitisch relevant. Die einzige Einschränkung, die analytisch gegenüber dieser richtigen Feststellung zu machen ist, lässt sich, ein Marx-Zitat paraphrasierend, wie folgt formulieren: Es ist zwar richtig, dass soziale Akteure Bedrohungswahrnehmungen und sicherheitspolitische Relevanz konstruieren, durch intersubjektiv geteilte Situationsdefinitionen. Aber sie tun das nicht aus freien Stücken. Sondern in einem Umfeld strategisch, potenziell gewaltsam agierender Akteure, staatlicher und neuerdings zunehmend nicht-staatlicher.

staatliche und nicht-staatliche Akteure

Den zuletzt genannten Punkt wollen wir etwas vertiefen, führt er doch unmittelbar zu ganz aktuellen Fragen der internationalen Sicherheitspolitik. Für diese ist nämlich kennzeichnend, dass als Akteure zunehmend nicht mehr nur Staaten auftreten. Staaten hatten in der frühen Neuzeit nicht-staatliche Akteure wie Piraten und Söldner durch erfolgreiche Bekämpfung bzw. Überführung in stehende, später im Zeichen des Nationalismus auch auf allgemeiner Wehrpflicht aufbauende Heere verdrängt. Seit Ende des 19. Jahrhunderts haben sie darüber hinaus auch ein System völkerrechtlicher Regeln für den gewaltsamen zwischenstaatlichen Konfliktaustrag aufgebaut: das Recht der Kriegsführung (ius ad bellum, das gemäß der UNO-Charta nur noch defensiv gegeben ist; Verbot des Angriffskrieges) bzw. das sogenannte Humanitäre Völkerrecht (ius in bello), das insbesondere die zunehmend das Gros der Opfer bildende Zivilbevölkerung zu schützen sucht, aber auch militärisch Kämpfenden rechtlichen Schutz zubilligt. Diese seit der Neuzeit andauernde Verstaatlichung internationaler Gewalt-Politik, die mit einer Verstaatlichung der Gewalt-Ausübung (und steigenden Opferzahlen) einherging und durch diese mit-motiviert wurde, wird durch zwei neuere Entwicklungen in Frage gestellt, durch die nichtstaatliche Akteure von erneuter, gestiegener sicherheitspolitischer Bedeutung werden: den innergesellschaftlich-gewaltsamen Konfliktaustrag bei Prozessen der Staats-Auflösung und des Staats-Zerfalls und den transnational gewaltsamen Konflikt-austrag durch Terroristen.[2] Die Gesamtagenda internationaler Sicherheitspolitik hat sich dadurch erheblich erweitert (vgl. zusammenfassend Übersicht 5.1).

In den vergangenen 15 Jahren waren die meisten gewaltsam ausgetragenen Konflikte nicht mehr klassisch inter-nationale Kriege zwischen Staaten. Der Angriffskrieg Iraks auf Kuwait 1990 ist die spektakuläre Ausnahme. Vielmehr kam es durch Auflösung (ehemalige Sowjetunion und Jugoslawien) oder Zerfall (Somalia, Ruanda) von Staaten vermehrt zu inner-gesellschaftlich gewaltsamem Konfliktaustrag zwischen bewaffneten rivalisierenden politischen Lagern oder auch gar nicht mehr als politisch Handelnde zu qualifizierenden lokalen Macht-habern (warlords) und marodierenden Banden (oft mit gedungenen Kindersol-daten). Diese Erscheinungen sind nur unzulänglich als Bürgerkriege zu bezeich-nen, was zwar zutreffend auf die innergesellschaftliche Natur der Konflikte verweist, aber mehr an Zivilität und Bürgerlichkeit suggeriert, als die Austrags-form der Konflikte, die oft von äußerster Brutalität ist, und die Zielrichtung zen-traler Akteure, die oft auf die Aufkündigung gemeinsamer Bürgerschaft zielt, angemessen erscheinen lassen. Ohne auf die durchaus im Einzelfall spezifi-schen Konflikt-Ursachen und Austragsformen eingehen zu können, sind politik-wissenschaftlich-analytisch eine Reihe von Punkten wichtig. Auch wenn der oft ‚handwerklich-grausame' Konfliktaustrag den Rückfall in einen Zustand sugge-riert, in dem, nach Hobbes, der Mensch dem Menschen ein Wolf ist (homo ho-mini lupus), sind primordialistisch-archaische Deutungen solcher Konflikte, die darin ein Wiederaufleben einer unwandelbar festliegenden grausamen menschli-chen Natur einerseits sehen oder andererseits das Wiederaufleben vermeintlich ur-alter ethnischer oder Stammeskonflikte, unzulänglich. Der anthropologische Kurzschluss übersieht die, wenn man so will: naturgegeben ambivalente Aus-stattung des Menschen, dessen Verhaltensrepertoir kooperatives ebenso wie kompetitives Handeln umfasst, und er schließt zu schnell von der menschlichen Natur auf konkrete soziale Abläufe wie etwa Bürgerkriege, die doch durch zahl-reiche andere Faktoren (verfügbare Technik, inter- und transnationales Umfeld) mit-bestimmt werden. Die primordialistische Deutung der Konfikursachen im Sinne uralter ethnischer oder Stammes-Konflikte verkennt das eher geringe Al-ter solcher Kategorien wie Nation und Stamm bzw. des Denkens in ihnen, und sie verkennt vor allem, dass es konkrete politische Akteure sind, die Konflikte aus aufzeigbaren politischen (oder auch rein kommerziellen) Interessen in ethni-schen Kategorien konstruieren und in ethno-nationalen Bahnen austragen. S. Milosevic und R. Karadzic sind mittlerweile nicht nur berühmte, sondern be-rüchtigte Beispiele solchen fatalen ‚politischen Unternehmertums', das durch

neue Kriege:
Bürgerkriege

---

2 Ein dritter Trend in diesem Zusammenhang ist die erneute Privatisierung von Gewalt durch in-ternationale Söldner- und Militärberater-Firmen. Er wird sowohl durch Staatszerfall (etwa der Sowjetunion, der etliche Militärexperten unversorgt ließ) als auch von durchaus handlungsfähi-gen Staaten (etwa den USA, z.T. zur Umgehung gesetzlicher Grenzen des offiziellen Einsatzes von Militär) unterstützt. Vgl. dazu Lock 2001 und Singer 2003.

Übersicht 5.1: Grundproblematiken der internationalen Sicherheitspolitik

	Bedrohliche Akteure	Ursachen	Regulierung	Abwehr	Ursachen-Behebung
‚klassische' (zwischenstaatliche) Kriege	Staaten	**makro:** – unter Gewalteinsatz verfolgte staatl. Ziele (Angriff; präventiver/ präemptiver Krieg) – intern. Beziehungsmuster mit Eskalationsgefahr **mikro:** – Motivation für soldatische Beteiligung	– ius ad bellum (z.B. **allg. Gewaltverbot:** Art. 2(4) UN-Charta) – ius in bello Verträge zwischen formal Gleichen (Staaten)	– nationale Verteidigungspolitik – Allianzen (**kollektive Verteidigung**) – **kollektive Sicherheit (Peacekeeping; Sanktionen)**	– vertrauensbildende Maßnahmen – Aussöhnung – Eröffnung ziviler Entwicklungsperspektiven (Bsp.: EG)
‚neue' Kriege	innergesellschaftliche bewaffnete Gruppen Teile **zerfallender Staatsapparate**	**makro:** – **interethnisches Sicherheits-Dilemma** – **kalkulierter Gewalteinsatz für gruppenegoist. Ziele** – **Ökonomie der Bürgerkriege** **mikro:** geschürter Hass	eigentl.: s.o., jedoch: oft missachtet und missbraucht	**K o n f l i k t -** – **humanitäre Intervention** – **state u. nation building**	**p r ä v e n t i o n** – u.a.: Minderheitenrechte, Autonomie, Föderalismus – s.o.
transnationaler Terrorismus	grenzüberschreitend vernetzte Gruppen (polit. u./o. religiös)	**makro:** – asymmetrischer Austrag von Konflikten **mikro:** – Unterdrückungsgefühl; religiös u. politisch motivierte Opferbereitschaft	– Versuch der vertraglichen Ächtung (durch Staaten) – auch des state sponsoring	– präventiver Krieg (?) – Krieg gegen staatl. Sponsoren (‚save havens') – innere Sicherheit (Verfolgung von ‚Schläfern' etc.)	– Förderung polit. Öffnung in islam. Autokratien – islam. Demokratie – Eröffnung von Entwicklungsperspektiven für ‚Heimat'-Gesellschaften – westl. Glaubwürdigkeit

Ausspielen der ethno-nationalen Karte auch ein persönliches politisches Programm der Herrschafts-Gewinnung verfolgt. Während hier jedoch zumindest noch ein politisches Motiv erkennbar ist, ist das im Fall rein kommerziellen Interesses am Kriegs-Fortgang nicht mehr der Fall. Im Zeichen einer transnationalen Ökonomie, die ohne weiteres[3] weder nach der Herkunft von Waren fragt noch nach dem Verwendungszweck von Lieferungen – solange nur ‚die Kasse stimmt' – beginnen nämlich Bürgerkriege zunehmend ‚sich selbst zu ernähren', entwickelt sich eine transnationale Ökonomie von Bürgerkriegen. Sie baut vor Ort auf der Gier lokaler Machthaber und der Alternativlosigkeit einer (vor allem männlichen) Jugend auf, die nichts gelernt hat außer Plündern und Töten. Und, wie gesagt, auf der transnationalen Einbettung in eine wenn nicht un-, so doch a-moralische Ökonomie. Dies ist nur einer der inter- und transnationalen Bezüge, die heute auch für vermeintlich archaische Konflikte ganz moderne Kontextbedingungen ergeben.

Die Existenz und Präsenz in ‚Echtzeit' berichtender internationaler Medien wie auch die transnationale Kommunikation aus Krisengebieten via Internet sind ebenso eine solche neue, (post)moderne Randbedingung von Bürgerkriegen wie die Existenz in einer zunehmenden Zahl von Staaten von moralisch-anrührbaren politischen Öffentlichkeiten, die über demokratische Kanäle der Artikulation ihre Regierungen unter Druck setzen können, zu bürgerkriegsartigen Konflikten andernorts auf der Welt Stellung zu beziehen. Zusammen mit der materiellen Interderdependenz, die aus (allerdings oft regional arme Nachbarstaaten treffenden) transnationalen Flüchtlingsströmen resultiert, liefert diese medial vermittelte moralische Interdependenz starke Motive für ein externes Eingreifen handlungsfähiger Regierungen selbst dann, wenn für diese Regierungen keine unmittelbaren Interessen am Ort des Krisengeschehens berührt sind – wie etwa Zugang zu Rohstoffen aus der Region, oder, zu Zeiten des Ost-West-Konflikts, die Möglichkeit der ‚stellvertretenden' Kriegsführung. In vielen Fällen resultieren freilich Entscheidungen zum Eingreifen von außen, zur humanitären Intervention, wie es dann gerne genannt wird, aus durchaus gemischten, nicht nur rein humanitären Motiven. Das gibt dem ganzen Unterfangen einen unguten Ruch, doch tatsächlich sind die Staaten in ihrer Praxis weit weniger interventions-geneigt, als einige es befürchten (und andere, oder auch dieselben in anderen Fällen, es hoffen). Die staatliche Souveränität kommt den potenziellen Interventions-Staaten dann gerade recht, um damit Forderungen nach Intervention abzuwehren. Und das ist nicht nur taktischer Ge- oder Missbrauch eines Rechtsstatus. Aus Eigeninteresse (nicht auch einmal Opfer externer Intervention zu werden) sind Staaten gering motiviert, eine rechtliche Erlaubnis der (oder gar eine Pflicht zur) humanitären Intervention zu befürworten. Was lokal Unter-

humanitäre
Intervention und
asymmetrische
Kriege

3 Diese Einschränkung verweist auf die Möglichkeit, durch politisches Handeln der Bürgerkriegs-Ökonomie Grenzen zu setzen: der Export von Diamanten, an denen ‚Blut klebt', konnte inzwischen durch transnationale Vereinbarungen der größten Händler über die Herkunfts-Zertifizierung zumindest eingedämmt werden; umgekehrt haben eine Reihe von Staaten und auch die EU sich die Lieferung von „anything but arms", insbesondere der verheerenden Kleinfeuerwaffen und Landminen, zumindest programmatisch vorgenommen, also die Kontrolle des Exportes von Rüstungsgütern insbesondere in sog. Spannungsgebiete. Auch hierbei allerdings ist der praktische Erfolg durchaus begrenzt.

drückte oft schutzlos ihren lokalen, aber gleichwohl transnational eingebundenen Peinigern überlässt. Die Ungleichmäßigkeit der grenzüberschreitenden Entwicklung im ökonomischen und im politischen Bereich wird hier erstmals deutlich – ein Thema, das uns noch öfters beschäftigen wird. Erfolgt aber doch eine externe Intervention, ergeben sich zwei große weitere Probleme. Das eine betrifft die Frage der legitimen Handlungsfähigkeit. Sie hat erkennbar zwei Komponenten: die faktische Fähigkeit, zumal über Entfernungen hinweg, zu intervenieren, ist weltgesellschaftlich ungleich entwickelt und konzentriert sich, zivil-logistisch und insbesondere militärisch-logistisch, auf eine eher kleine Zahl entwickelter Industriestaaten. Dem steht gegenüber, dass die Legitimität einer Intervention in einer doch schon so weit entwickelten transnationalen politischen Kultur heute außerhalb des Rahmens der UNO oder gar bewusst an dieser vorbei nicht mehr glaubhaft zu machen ist. Die Zentren der, insbesondere militärischen, Handlungsfähigkeit und die der legitimen Beschlussfassung sind also nicht am selben politischen Ort. Das ist das eine Problem der externen Intervention unter heutigen Bedingungen. Das andere besteht darin, dass im Falle der auch gewaltsamen Intervention oft gänzlich unterschiedliche Gegner aufeinandertreffen, die high-tech-Soldaten entwickelter Staaten auf die oft weit schlechter ausgerüsteten, dafür aber hoch motivierten Kämpfer vor Ort. Das durch die Entwicklung des Völkerrechts mühsam geschaffene Schutz-Instrumentarium des humanitären Völkerrechts greift in solchen asymmetrischen Kriegen, wie sie genannt werden, oft ebenso wenig wie vormoderne Vorstellungen etwa des ritterlichen, also geregelten Kampfes. Vielmehr droht der – und sei es gut, humanitär, gemeinte – Gewalteinsatz aus dem Ruder zu laufen, mit verheerenden Auswirkungen nicht nur vor Ort, sondern auch Rückwirkungen auf die Gesellschaft der Intervenienten. Soldaten aus relativ befriedeten Gesellschaften werden in Verhältnisse geworfen, die sie – zum Glück! – von zu Hause nicht kennen, und die, ungeachtet der medialen Berichterstattung, zu Hause auch kaum jemand wirklich kennt. Psychischer Zusammenbruch Einzelner unter der Belastung, die solche Einsätze mit sich bringen, droht hier ebenso wie ein schleichender, kollektiver Gewöhnungsprozess der intervenierenden Gesellschaften an die ‚Notwendigkeit‘ von Gewalt, ja deren Banalisierung und ‚Normalisierung‘. Prozesse, die sich im Falle des israelisch-palästinensischen Konfliktes in den letzten zwei Jahrzehnten paradigmatisch beobachten ließen.

transnationaler Terrorismus

    Es war auch dieser Konflikt, in dem proto-nationaler wie transnationaler Terrorismus von jüdischer Seite noch in britischer Mandatszeit und von palästinensischer Seite in den 1970er und erneut den 1990er Jahren gezielt als Instument der Politik eingesetzt wurde. Denn dies gilt es, ungeachtet der politischen Rhetorik, die Terrorismus gerne als (rein) verbrecherisches Phänomen brandmarkt, analytisch zu sehen (ohne damit Terrorismus zu rechtfertigen – es geht hier um eine empirisch-analytische, keine normative Stellungnahme!): die politische Motivation transnationaler Terroristen dort zu übersehen, wo sie gegeben ist (was also nicht immer der Fall sein muss), heißt auch, die Motivlage falsch einzuschätzen und dann bei der Diskussion von Gegenmaßmahmen von falschen Voraussetzungen auszugehen. Gerade politisch-religiös aufgeladene Konfliktpositionen, wie sie in den öffentlichen Äußerungen Osama bin Ladens erkennbar waren, der die Vertreibung westlicher Kräfte aus muslimischen

72

Gebieten forderte, sind etwa, anders als rein kriminelle Motive, nicht durch Geldzahlungen verhandel-, das heißt abkaufbar. Dieser neue Typ der transnational-terroristischen Bedrohung (der in der Tat vom vertrauten nationalen Terrorismus der westdeutschen RAF, im spanischen Baskenland oder in Nordirland zu unterscheiden ist[4]), wie er sich in den Anschlägen des 11. September 2001 in den USA manifestiert hat, ist in der Tat auch als eine Art asymmetrische Kriegsführung zu begreifen, auch wenn dies, mit durchaus gegensätzlicher Motivlage, bestritten wird: von der Regierung Bush, die Terroristen keinen rechtlichen Kombattanden-Status zubilligen will, sondern Verdächtige lieber in einem exterritorialen rechtlichen Niemandsland einsperrt (Guantanamo), aber auch von gesellschaftskritischer Seite, die der Bushschen Rhetorik nicht auf den Leim gehen möchte, die nicht nur den Krieg gegen das Taliban-Regime in Afghanistan, sondern auch gegen das S. Husseins im Irak als Teil des Anti-Terror-Kampfes auszugeben versuchte. Tatsächlich passt das völkerrechtliche begriffliche Instrumentarium zur Regelung von Krieg auf den asymmetrisch-gewaltsamen Konfliktaustrag des transnationalen Terrorismus mit den angegriffenen Staaten kaum. Das bedeutet jedoch nur, dass die internationale Sicherheitspolitik ebenso wie die nationale, die oben mit Bedacht nicht als rein *äußere* Sicherheit definiert wurde, hier vor einer wirklich großen Herausforderung steht. Denn die Tatsache, dass die transnational-terroristische Bedrohung auch aus dem Inneren der angegriffenen Gesellschaften heraus operiert, sollte diese, insbesondere die demokratischen Staaten, doch nicht zu zweierlei verleiten: einer Militarisierung von Fragen der inneren Sicherheit, die zugegebenermaßen von äußerer Sicherheit nicht mehr simpel zu trennen ist, durch Einsatz militärischer statt polizeilich-geheimdienstlicher Kräfte im Innern; und einer Militarisierung ihrer Außenpolitik in dem Sinne, dass die durchaus analytisch begründbaren Hürden, die Demokratie für gewaltsames Außenverhalten darstellt, leichtfertig unterminiert werden. Tatsächlich, dies sei hier abschließend behandelt, liegt in der politikwissenschaftlich viel untersuchten und wohl begründeten These von der friedens-zuträglichen Wirkung entwickelter Demokratie auch einer der wichtigsten Ansätze internationaler Sicherheitspolitik im 21. Jahrhundert.

Zu den in den letzten Jahren politikwissenschaftlich am meisten erforschten empirischen Zusammenhängen der internationalen Politik gehört der zwischen Demokratie als Regierungs- und Gesellschaftsform und Frieden als Prozess nicht-gewaltsamen Konfliktaustrags zwischen Staaten. Einer ursprünglich 1795 von dem Philosophen Immanuel Kant (in seiner Schrift „Zum ewigen Frieden") formulierten Idee folgend wurde vermutet und vielfach untersucht, dass Demokratien, wenn schon nicht gegenüber jeglichen anderen Staaten, so doch untereinander, friedlicher seien als nicht-demokratische Staaten. Mit einer Reihe von Einschränkungen hat diese These vom demokratischen Frieden (im Unterschied zu der von den per se friedlichen Demokratien) sich als relativ ‚robust', durch unterschiedliche Untersuchungs-Verfahren bestätigbar erwiesen. Noch nicht ganz einheitlich klar sind freilich zwei daraus resultierende Fragen: die empirische, wie dieser Befund zu erklären ist, und die eher politikberatend-praxeologi-

Chancen und Probleme des demokratischen Friedens als internationale Sicherheitspolitik für das 21. Jahrhundert: empirische Forschungsfragen

---

4 Auch wenn es hier gewisse transnationale Aspekte geben mag, wie etwa die Nutzung französisch-baskischen Territoriums als Refugium; und natürlich die medial vermittelte transnationale Aufmerksamkeit.

sche, was das für die internationale Sicherheitspolitik heißt bzw. heißen soll (um den immer *auch* normativen Charakter solcher in politik-beratender Absicht gestellter Fragen zu betonen). Die empirische Frage nach den Ursachen des demokratischen Friedens ist in der Forschung weit ausdifferenziert worden. Dies gilt sowohl für die ursprüngliche Kantsche Vermutung, Demokratien (Republiken, wie er sie nannte) seien deshalb friedlicher, weil die Bürger, die doch auch das Leid des Krieges zu tragen hätten, über diesen selbst beschlössen. Dieser Gedanke ist nicht grundsätzlich falsch, aber doch unterkomplex gegenüber den realen Bedingungen medialer Massendemokratien, in denen vielfache Möglichkeiten der Manipluation und damit auch der schein-legitimen Konstruktion von Kriegsbereitschaft bestehen. Andererseits sind, zumindest etablierte, Demokratien selbst institutionalisierte Mechanismen des gewaltfreien Konfliktaustrags, etwa durch Wahlen der Frage, wer ein Land regieren soll. Und sie üben, als Element demokratischer politischer Kultur, solch gewaltfreies Konfliktverhalten ein. Schließlich gewähren Demokratien Handlungsfreiheit, auch grenzüberschreitend, was nicht nur zur Grundlage der erwähnten transnationalen Moral und Solidarität werden kann (durch grenzüberschreitende Netzwerke der Zivilgesellschaft, dessen, was der deutsche Friedensforscher E.O. Cempiel „Gesellschaftswelt" nennt). Sondern auch zu ökonomischer Verflechtung, Interdependenz, führt, führen kann, mit der ebenfalls bereits klassisch als „Frieden-durch-Handel" formulierten Folgewirkung (beides stellt sich wiederum nicht automatisch ein, wie denn ‚der Kapitalismus' als solcher ebenfalls friedenspolitisch ambivalent ist, stiftet er doch nicht nur Interdependenz, sondern auch Dependenz; darauf wird in Kapitel 10 zurückzukommen sein). Auf solchen Interdependenzen können dann, Gegenstand des nächsten Kapitels, Prozesse der Institutionalisierung und Verrechtlichung internationaler Politik aufbauen, was im Kreise der entwickelten Demokratien in der Tat häufiger der Fall ist. Deutlich wird, dass die Zusammenhänge, die demokratischem Frieden zugrundeliegen, komplex sind, und sich die Ergebnisse der Forschung hierüber zu einem eher nicht eignen: dem plakativen politischen Gebrauch.

normativ-
politikberatende
Konsequenzen Und doch ist genau dies eingetreten, in mittlerweile sogar zwei Versionen. Eher liberal wurde die These vom demokratischen Frieden unter US-Präsident Clinton aufgegriffen und zur friedenspolitischen Maxime der Förderung des Friedens durch Förderung der Demokratisierung in immer mehr Ländern gemacht. Dazu wurde eigens eine Unterabteilung im US-Außenministerium eingerichtet, und sowohl die Clintonsche Außenpolitik (und auch Interventionspraxis, etwa in Haiti) war davon geprägt, als auch die Politik anderer wirkmächtiger Akteure der internationaklen Politik: die EU hat sich Demokratieförderung, zumal im östlichen Vorfeld potenzieller Beitrittsstaaten, aber auch in ihrer Entwicklungskooperation mit Staaten des Südens, zum Programm gemacht; in einer Art ‚Rumpfversion' von Demokratie-Förderung haben auch IWF und vor allem Weltbank sich die Forderung nach good governance (ordentlicher, rechtsstaatlicher und auch demokratischer Regierung) als Kondition ihrer Finanzzusagen an Staaten des Südens zu eigen gemacht. Kritiker wiesen jedoch darauf hin, dass oft kaum mehr als ‚Elektoralismus' (Hauptsache Wahlen!) und damit polyarchische Herrschaft der Wenigen gefördert wurde, während eher basisdemokratische Ansätze von Zivilgesellschaft Opfer finanzieller Streichungen wur-

74

den, und dass die Akteure den propagierten Selbstanspruch oft nicht wirklich eingelöst haben. Die zweite, wesentlich herbere (und vielleicht noch mehr nur ideologisch verbrämende) Aufnahme des friedliche Demokratien-Theorems erfolgte dann unter US-Präsident Bush jr., der in der interessant ins idealistisch gewendeten neokonservativen Forderung nach der ‚Demokratisierung im Nahen Osten' eines der besseren Argumene für den von ihm geführten Krieg im Irak zu finden glaubte. Freilich scheint auch nur der zu solch extern-induzierter Demokratisierung nötige ‚lange Atem' des nation-building gerade den heimischen Unterstützern dieser Regierung abzugehen, von anderen gravierenden Mängeln der Operation (wie ihrer mangelnden internationalen Legitimation) ganz abgesehen.

Auch abgesehen vom konkreten Fall und unangebrachter Schadenfreude werden hier zwei prinzipielle Probleme der praxeologischen Umsetzung des Theorems vom demokratischen Frieden deutlich. Sein Charme liegt zweifellos darin, dass er das Sicherheitsproblem, wie jüngst vielfach gefordert, *präventiv* angeht und dabei zugleich eine systemische Herangehensweise verfolgt – es geht ja um die im Hinblick auf die Regierungsform möglichst homogene Zusammensetzung des internationalen Systems: je mehr Demokratien hier unter sich sind, desto friedlicher werde das Netz ihrer Beziehungen – und doch grundlegend auf Akteursebene vorgeht, denn die Demokratisierung beginnt ja bei den einzelnen Mitgliedern des Systems und soll deren Binnenstrukturen tief prägen. Doch liegen hierin zugleich die beiden Hauptprobleme des Ansatzes: Die tiefe institutionell-kulturelle Prägung, welche entwickelter Demokratie zugrundeliegt und in der sie zugleich zum Ausdruck kommt, braucht im Aufbau nicht nur Zeit. Wo Demokratie nur rein als Mehrheitsherrschaft verstanden wird, statt als liberale, auch Minderheiten rechtlich schützende Regierungsform, können Prozesse der *Demokratisierung* geradezu konflikt-verschärfend bis hin zu gewaltfördernd wirken. Das zweite Problem besteht darin, dass gelungene Demokratisierung, die Etablierung konsolidierter Demokratie, wohl nicht von ‚außenoben' erreicht werden kann, sondern nur von ‚unten-innen'. Dies zeigen gerade auch solche international stärker legitimierte Versuche wie die des international geleiteten Systemwandels im Kosovo und in Bosnien-Herzegowina. Sie mögen sich von der Lage im Irak nach Sturz Husseins erfreulich unterscheiden. Wirkliche Erfolgsgeschichten sind sie – noch – nicht.

zwei große Probleme

Letztlich werden am Bespiel der durchaus komplex-ansetzenden Friedensstrategie ‚Frieden durch Demokratisierung' wieder zwei nunmehr bereits vertraute Phänomene internationaler Politik deutlich: die Verformung auch auf solide sozialwissenschaftliche Erkenntnisse gestützter Gedanken im Wege ihrer praktisch-politischen Umsetzung oder gar ihr politischer Missbrauch und die begrenzte Wirkung komplexer Programme angesichts vielfach unintendierter Handlungsfolgen. Dies sollte bedacht werden, wenn wir uns in den folgenden beiden Kapiteln näher mit den institutionellen und organisatorischen Strukturen des ‚Regierens jenseits von Staatlichkeit' befassen, wie die ebenso plakative wie optimistische Formel der fachlichen und politischen Diskussion lautet.

Jährlich **aktuelle Überblicke** zur internationalen Sicherheitspolitik in Reiter 2004. Zum **Sicherheitsbegriff** grundlegend Buzan 1991. Zur **Allianz-Bildung** Walt 1987. Über **Sicherheitsgemeinschaften** die Beiträge in Adler/Barnett 1998. Zur **securitization** Waever 1995 und Williams 2003. Über die **frühneu-zeitliche Ablösung nicht-staatlicher Akteure durch Staaten** Thomson 1994. Zum **Kriegsvölkerrecht** Arend/Beck 1993. Zu **alten und ‚neuen' Kriegen** Holsti 1996 und Ruloff 2004 bzw. Kaldor 1999 und Münkler 2002; zur **Ökono-mie der Bürgerkriege** Jean/Rufin 1999; über **private Kriegführung/Militärs** Singer 2003 und Binder 2004. Zu **ethno-nationalen Konflikten** Brown 1993 und Gurr/Herff 1994; zu Lösungsansätzen Schneckener 2002 und Austin/Fi-scher/Ropers 2003. Generell zur **Konfliktlösung und Friedensstiftung** Hauss 2001 und Kegley/Raymond 1999. Zum **Peacekeeping** Bellamy/Williams/Griffin 2004, zu seiner Realität Shawcross 2000. Zur **humanitären Intervention und ihren Motiven** vgl. Literaturhinweise zu Kap.14. Zum **transnationalen Terro-rismus** Hoffman 2001, Laqueur 2001, Frank/Hirschmann 2002 und Lutz/Lutz 2004; speziell zu Al-Qaida Burke 2004; zur Strategie der Selbstmordanschläge Pape 2005; zur Gefahr des nuklearen Terrorismus Allison 2004; zu Gegenstrate-gien Freedman 2002, Cronin/Ludes 2004 und – exzellent – Ignatieff 2004. Zur **Theorie vom demokratischen Frieden** Schrader 2004, zu Demokratien in asymmetrischen Konflikten Daase 1999 und Merom 2003.

6 Institutionalisierung internationaler Politik und internationale Organisationen

Auch der Begriff „Institution" bzw., als Vorgang, „Institutionalisierung", gehört, wie „Konflikt", „Interesse" u.a., zu den grundlegenden der Sozialwissenschaften. Diese verwenden einen ausgesprochen breiten Institutionen-Begriff und bezeichnen damit Komplexe von handlungsanleitenden Normen oder Regeln, die bestimmte Handlungsweisen ermöglichen, dabei jedoch zugleich auch die Handlungsmöglichkeiten in anderer Hinsicht einschränken. Das klingt – und ist – abstrakt. Deshalb sogleich zwei Beispiele. Eine der ältesten Einrichtungen, so der entsprechende deutsche Begriff, der internationalen Politik ist die Diplomatie. In ihrer neuzeitlichen Form hat sie ihre Ursprünge im auswärtigen Verkehr der italienischen Stadtstaaten des 14. Jahrhunderts. Heute ist ihr Kern-Normenbestand im Wiener Übereinkommen über diplomatische Beziehungen von 1961 völkerrechtlich geregelt. Dort werden bestimmte Vorschriften festgelegt, wie zum Beispiel ein Botschafter zu entsenden ist, welche Aufgaben er hat, welche Rechte ihm im Empfangsstaat zustehen. Durch solche ausdrücklichen Regeln wird Erwartungssicherheit unter den beteiligten Staaten erzeugt und diplomatischer Verkehr dadurch erst möglich. Andererseits werden bestimmte Handlungsweisen ausgeschlossen. Spionage gehört etwa nicht zu den offiziellen Aufgaben von Diplomaten (und dennoch werden immer wieder Mitarbeitern des diplomatischen Korps auch dazu eingesetzt). Und die Geiselnahme in der US-Botschaft 1979 im Iran war auch deshalb ein solcher Skandal, weil damit Grundrechte der Diplomatie, die Immunität des Personals und Exterritorialität des Botschaftsgeländes, verletzt wurden.

Mit dem Wiener Übereinkommen zur Diplomatie wurde bereits ein zweites Beispiel für Institutionen der internationalen Politik gegeben: völkerrechtliche Verträge. Auch deren Recht ist selbst inzwischen in einem (zweiten) Wiener Übereinkommen, der sog. Vertragsrechts-Konvention von 1969, geregelt. Das enorm handlungserweiternde Potenzial von Institutionen wird hieran deutlich: im Wege der Diplomatie lassen sich Abkommen aushandeln, selbst Verträge über Verträge und Diplomatie. Im Rahmen und unter Nutzung beider Institutionen lassen sich dann weitere schaffen, zum Beispiel auch internationale Organisationen. Ihnen liegen meist multilaterale (zwischen vielen Parteien geschlossene, im Unterschied zu bilateralen zwischen nur zwei Parteien) Verträge zugrunde, eben die Gründungsverträge, etwa die Charta der Vereinten Nationen der Organisation der Vereinten Nationen (UNO).

Doch lassen sich auch ohne eigene Organisation und sogar ohne formell-vertragliche Grundlage internationale Kooperationszusammenhänge institutio-

(Marginalien)
Institution – Definition des Begriffs

Bsp. Diplomatie

Bsp. völkerrechtliche Verträge

internationale Regime

nalisieren. Für solche, meist auf einen bestimmten Bereich bezogene Kooperationszusammenhänge, egal ob auf vertraglicher Grundlage oder nicht und egal ob im Rahmen internationaler Organisationen entstanden oder mit der Begründung einer solchen verbunden oder nicht, wurde in der politikwissenschaftlichen Analyse internationaler Politik der Begriff des internationalen Regimes eingeführt. Dieser Regime-Begriff ist also nicht der der vergleichenden Regierungslehre, in der Regime (oft eher abwertend gebraucht) eine bestimmte Herrschaftsform bezeichnet (etwa, wenn von diktatorischen Regimen die Rede ist). Regime in den internationalen Beziehungen sind dagegen Institutionen, die durch regel*mäßige* und regel-*gemäße* Zusammenarbeit staatlicher (und zuweilen auch nicht-staatlicher) Akteure politische Steuerung auch jenseits der Staaten ermöglichen sollen, in bestimmten Bereichen. Diese können (müssen aber nicht) geographische Anknüpfungspunkte haben. So gibt es etwa für die Antarktis, für die staatliche Gebietsansprüche im Antarktis-Vertrag von 1959 ‚eingefroren‘ wurden, womit sie neben der permanent internationalisierten Hohen See und dem Weltraum zu den sog. staatsfreien Räumen zählt, ein umfangreiches Regime (oder Netzwerk von Regimen), das ihren territorialen Status, die wirtschaftliche Nutzung, den Umweltschutz und die Forschungskooperation regelt. Ein anderes Beispiel für ein wichtiges Regime der internationalen Politik nach 1945 ist das internationale Handelsregime, dem lange Zeit und gleichsam provisorisch das Allgemeine Zoll- und Handelsabkommen (General Agreement on Tariffs and Trade, GATT [1949]) zugrunde lag, das erst 1994 erneuert und dann auch um die Welthandelsorganisation (WTO) ergänzt wurde. Gerade das GATT-basierte Handelsregime zeigt auch, dass multilaterale Institutionen auch starke Staaten einbinden können, waren es doch die USA, die nach dem Zweiten Weltkrieg den Aufbau der liberalen Welthandelsordnung wesentlich vorangetrieben haben. Wir werden darauf im 13. Kapitel zurückkommen, auf andere Regime im Umwelt- und Herrschafts-Bereich in den einschlägigen Kapiteln. An dieser Stelle nur noch folgender Hinweis: Während die führende Rolle der USA bei der Begründung des Handelsregimes geradezu zu einer Theorie der sog. hegemonialen Stabilität, des Stehens (und Fallens) internationaler Regime mit der Unterstützung durch die jeweils vorherrschende Macht im internationalen System, geführt hat, zeigen doch etliche regionale Regime (etwa zum Schutz der Meeresumwelt in Nord- oder Ostsee), dass Regime durchaus auch ohne Hegemon ent- und fortbestehen können. Andererseits zeigen Äußerungen des US-Handelsbeauftragten Zoellick im Rahmen der WTO-Verhandlungen des Jahres 2003, die USA könnten sich statt dem multilateralen Handelsregime auch vermehrt auf bilaterale Handelsabkommen stützen, dass starke Staaten die Bindung durch und an Regime gelegentlich als lästig empfinden und sich ‚ein Leben außerhalb‘ (oder zumindest die taktische Drohung damit) durchaus vorstellen können. Dies gilt auch für internationale Organisationen, der zweiten wichtigen Institutionen-Form internationaler Politik, der wir uns nun widmen wollen.

internationale Organisationen als körperschaftliche Institutionen

Internationale Organisationen sind, wie Organisationen im allgemeinen, eine besondere Form von Institutionen. Zu ihren handlungsanleitenden Regeln gehören nämlich solche über die Mitgliedschaft, nicht nur im Sinne der Beteiligung an Kooperation wie im Falle von Regimen, sondern im Sinne der Begründung einer eigenständigen Körperschaft, eben der internationalen Organisation, durch deren Mitgliedstaaten. Diese geben dadurch natürlich nicht ihre Existenz als Staaten auf. Auch die UNO als globale Weltorganisation ist nicht als Weltstaat an Stelle ihrer heute über 190 Mitglieder getreten. Doch zumindest schränken sich die Staaten durch Organisations-Mitgliedschaft, wie im Falle von Regimen auch, insoweit ein, als sie sich auf die Verfolgung des Zwecks dieser Institutionen im Rahmen ihrer Regeln und Verfahren verpflichten. Gerade diese Verfahrens-Komponente ist für die soziale Realität internationaler Institutionen, Regime wie Organisationen, von entscheidender Bedeutung. Ohne sie lägen eventuell nur tote Buchstaben auf Vertragspapier vor. Regime wie Organisationen entstehen durch die Kooperation der Staatenvertreter, typischerweise in (meist jährlichen) Konferenzen der Vertragsstaaten, unterstützt durch häufiger tagende Ausschüsse auf Arbeitsebene. In diesen Foren wird über die Beschlüsse über Normen, Regeln und Handlungen im Rahmen der Regime oder Organisationen verhandelt (dazu sogleich mehr). Im Falle der körperschaftlich verfassten internationalen Organisationen ist jedoch der Institutionalisierungsgrad höher. So weisen sie als Körperschaften Organe auf, wie man sagt. Die jährlichen Treffen etwa der UNO, die Generalversammlung, sind eines ihrer sechs Hauptorgane[1]. Ihr zweites Hauptorgan, der Sicherheitsrat mit seinen fünf ständigen Mitgliedern (mit Veto-Recht bei Beschlüssen) und den 10 nicht-ständigen Mitgliedern (ohne Veto-Recht, auf zwei Jahre gewählt), ist typisches Beispiel für einen Exekutiv-Ausschuss internationaler Organisationen, also das unmittelbar auszuführende Beschlüsse fällende Gremium, in diesem Falle allerdings aufgrund der primären Zuständigkeit des Sicherheitsrates für die Wahrung des Weltfriedens und der internationalen Sicherheit, wie es in der UNO-Charta (Art.24 Abs.1) heißt, mit äußerst weitreichenden Beschluss-Kompetenzen. Und auch das Sekretariat, als Kern der UNO-eigenen Mitarbeiterschaft, ist typischer Bestandteil internationaler Organisationen. Freilich ist auch im Falle des Sekretariats der UNO, mehr als bei anderen Organisationen, diese Bezeichnung zu unscheinbar, um die volle Bedeutung erkennen zu lassen. An seiner Spitze steht nämlich der UNO-Generalsekretär, der zwar bei weitem kein Welt-Regierungschef ist, aufgrund der ihm übertragenen Kompetenzen jedoch gleichsam das Hauptanliegen der UNO, die Sicherung des Weltfriedens, verkörpert. Zudem untersteht ihm das eigentliche UNO-Personal, das also nicht, wie die diplomatischen Staatenvertreter in der Generalversammlung, den jeweiligen Entsendestaaten angehört, sondern eine eigenständige internationale Verwaltung mit eigenem Dienstrecht bildet. Auch wenn dieses Personal internationaler Organisationen, auch im Falle eher technischer Organisationen wie der Weltgesundheitsorganisation (WHO) oder der Internationalen Atomenergiebehörde (IAEA), zum Teil an der Umsetzung von Beschlüssen in Taten durch operative Tätigkeit mitwirkt, erfolgt diese Umsetzung (Implementation) doch, wie auch im Falle der Regime, im Grunde im wesentlichen indirekt, durch das ausführende Handeln (mitglieds-)staatlicher Organe oder auch durch private Akteure. Während Ausführungs-Handeln mithin zweistufig organisiert und im wesentlichen Sache der Staaten ist, werden die Beschlüsse der Organe, die ja auf den Verhandlungen

---

1 Neben den nachfolgend angesprochenen Organen Generalversammlung, Sicherheitsrat und Sekretariat gehören dazu der Internationale Gerichtshof, der Wirtschafts- und Sozialrat und der (inzwischen funktionslose) Treuhandrat.

der Staatenvertreter beruhen, im Falle von Organisationen diesen zugerechnet, etwa als Beschluss ‚der UNO‘, genauer: des Sicherheitsrates oder der Generalversammlung. Was nicht unwichtig ist für die politikwissenschaftlich-analytische Erfassung der Rolle internationaler Organisationen. Sie beginnt mit der Frage der Entstehung internationaler Organisationen.

Entstehung
internationaler
Organisationen
Internationale Organisationen gibt es seit dem frühen 19. Jahrhundert (die 1815 gegründete Rhein-Schifffahrtskommission wird oft als erste genannt). Ihre Zahl hat sich im letzten Drittel dieses Jahrhunderts und dann im Verlauf des 20. stark vermehrt und geht heute in die Hunderte, ergänzt um tausende nicht-staatlicher internationaler Organisationen. Abstrakt lässt sich die Begründung internationaler Organisationen (wie auch internationaler Regime) als Versuch der Lösung politischer Steuerungsprobleme verstehen. Diese Steuerungsprobleme, so die Kernthese von Craig Murphy (1994), ergeben sich aus den grenzüberschreitenden Folgewirkungen des Industrialisierungsprozesses: Er verlangt Regelungen des Verkehrs, erzeugt Umweltprobleme, die vor Staatsgrenzen nicht Halt machen und führt durch die Industrialisierung auch der Kriegführung zu Massenvernichtung, die nach besseren Formen der Wahrung des internationalen Friedens verlangt. Mithin lässt sich, abstrakt, von einem (seit dem 19. Jahrhundert intensivierten) Bedarf an internationalen Organisationen ausgehen. Gleichzeitig ist der Prozess der Verstaatlichung der Welt im 20. Jahrhundert in dem Sinne zu einem Abschluss gekommen, dass außer den staatsfreien Räumen heute die ganze Erde in Zuständigkeitsbereiche für die Regelung der öffentlichen Angelegenheiten, nämlich die Staatsgebiete, aufgeteilt ist. Die Lösung von Steuerungsfragen angesichts grenzüberschreitender Probleme durch Gründung eines Weltstaates wäre daher, folgte sie der Entstehungsgeschichte der meisten heutigen Staaten, auch der (inzwischen) wohlgeordneten, wohl mit extremer Gewalt verbunden. Das ist auch einer der Hauptgründe, die Gegner weltstaatlicher Vorstellungen anführen. Institutionalisierte zwischenstaatliche Kooperation bleibt somit als einzige Alternative. Und dies ist denn auch bereits eine der wichtigsten, weltgeschichtlich überraschenden Feststellungen: Erstmals wird mit dem Prozess der internationalen Institutionalisierung die politische Steuerungskapazität nicht gewaltsam, durch Eroberung und (Welt-)Staatsgründung zu erhöhen versucht, sondern durch freiwillige Kooperation formal Gleicher, ohne Gewalt (wenn auch, da die Erfahrung zweier Weltkriege nicht zuletzt der Gründung der UNO zugrunde liegt, durchaus in ihrem Angesicht). Das erscheint zu selbstverständlich, um betont zu werden, und ist es bei weltgeschichtlich-langfristiger Perspektive eben nicht. Historisch war die Gründung von Reichen durch Eroberung das gängige Muster der großräumigen Ausdehnung von Herrschaft und politischer Steuerung. Was freilich nicht heißt, dass Macht keine Rolle bei internationalen Institutionalisierungsprozessen spielt. Die These der Regime-Begründung durch hegemoniale Stabilität haben wir bereits angesprochen. Doch gibt es auch unter den kleinen, schwachen, Staaten ‚Anbieter‘ oder besser Propagatoren der Problemlösung durch internationale Institutionalisierung. Madeleine Herren (2000) hat in einer der wenigen geschichtswissenschaftlichen Arbeiten zum Thema internationale Orgnisaionen am Beispiel der Schweiz, Belgiens und der USA im Zeitraum 1865-1914 aufgezeigt, wie diese kleinen bzw. noch schwachen Staaten in ihrer Außenpolitik gerade auf die

80

Gründung internationaler Organisationen setzten, um auf dem internationalen Parkett Ansehen und auch Einfluss (und auch den Sitz der einen oder anderen Organisation) zu gewinnen – eine ähnliche Strategie, wie sie Deutschland nach der Vereinigung mit der Propagierung Bonns als Sitz internationaler Einrichtungen vefolgt hat. Es gibt also ein spezifisches Interesse an internationalen Organisationen und Regimen gerade kleiner Staaten – über das von starken Staaten gelegentlich vermutete Interesse daran, sie durch Institutionalisierung ‚fesseln zu wollen‘, hinaus.

Dieser zuletzt genannte, sehr realistische Gedanke, ergibt sich nicht nur aus dem Gewaltverzicht bei Organisations-Gründung (der ja nur für potenziell gewaltsame, also starke und skrupellose Staaten ins Gewicht fällt). Er wird auch durch den Haupt-Modus, die Art und Weise, der Entscheidungs-Findung in internationalen Institutionen nahegelegt: das (internationale) Verhandeln. Verhandlungen sind im gesamten Bereich der Politik ein wichtiger Mechanismus der Entscheidungsfindung, sind es aber insbesondere in nicht-hierarchischen Kontexten, die keine formelle Unterordnung kennen (etwa auch: zwischen deutschen Bundesländern). Internationale Verhandlungen haben jedoch mindestens zwei Spezifika: sie sind Verhandlungen zwischen formal gleichen und unabhängigen (souveränen) Staaten, und sie sind oft (darin wiederum den Verhältnissen in großen transnationalen Firmen ähnlich) Verhandlungen über Kulturgrenzen hinweg. Die allgemeine politikwissenschaftliche Betrachtung des Phänomens Verhandeln lehrt uns, Verhandeln als formalen Vorgang (englisch: negotiating) vom materiellen Prozess des Aushandelns (bargaining) zu unterscheiden. In letzteren gehen auf internationaler Ebene natürlich faktische Machtfaktoren, also solche der Ungleichheit ein, die die formale Gleichheit der negotiating-Partner konterkarieren. Wichtiges Bindeglied, intervenierende Variable, zwischen den formalen und den faktischen Bedingungen sind deshalb oft die formalen Entscheidungsverfahren: Hat jeder Staat eine Stimme (wie in der UNO-Vollversammlung), oder wird gewichtet (und wonach: finanzieller Beitrag wie im Weltwährungsfonds, Bevölkerungsstärke wie gelegentlich im Ministerrat der EU)? Kein Wunder, das das Verhandeln über diese Verhandlungs- und Entscheidungsbedingungen oft selbst strittig und konfliktbeladen ist. Auch entspricht selbst auf der konkreten Arbeitsebene des Verhandelns der formalen Gleichheit der Staaten nicht die faktische Gleichheit der Delegationen. Nicht nur variiert deren Größe (US-Delegationen in den Welthandelsverhandlungen sind oft nicht nur weit größer als die anderer Staaten; sie rekrutieren auch die teuersten Experten). Tatsächlich ist für die ärmeren Staaten oft schon aufgrund der inzwischen erreichten Zahl (und Lage) der internationalen Verhandlungsorte und der begrenzten Größe ihres diplomatischen Dienstes eine gleichzeitige, adäquate Vertretung in allen Verhandlungsforen kaum finanzierbar. Nicht-Regierungsorganisationen wie Greenpeace sind hier etwa im Rahmen der globalen Klimaverhandlungen eingesprungen und haben den Delegationen kleinerer Staaten des Südens ihre Expertise zur Verfügung gestellt. Auch wenn Verhandeln mithin, im Vergleich zu gewaltsamer Auferlegung, den Vorzug der gleichberechtigten Teilnahme beinhaltet, so erfolgt es doch in internationalen Kontexten (und nicht nur dort) im Schatten der Macht.

– problem-
orientiert oder
strategisch?

Darauf, dass Verhandeln also immer noch ein politischer Prozess ist und bleibt, macht auch eine weitere begriffliche Unterscheidung der sozialwissenschaftlichen Verhandlungstheorie aufmerksam. Sie unterscheidet, idealtypisch, eine an Problemlösung orientierte von einer eher strategisch-taktischen Einstellung der Verhandlungsbeteiligten. Die Unterscheidung ist idealtypisch, weil beide Einstellungen in Reinform selten sein dürften. Wer absolut das Gefühl hat, in Verhandlungen nur ‚über den Tisch gezogen zu werden‘, bricht diese wohl eher ab als weiterzuverhandeln, und wer gar nicht strategisch denkt, könnte in der Tat ‚über den Tisch gezogen‘ werden. Wichtig für die Frage eines Ausstiegs aus Verhandlungen ist, wie gut (oder schlecht) die Verhandlungs-Parteien auch ohne Verhandlungsergebnis leben können. Was ist ihre BATNA, ihre best alternative to negotiated agreement (beste Alternative zu einem Verhandlungsergebnis)? Das Kokettieren, Drohen, mit einer guten, leichten BATNA, also mit einem Auszug aus den Verhandlungen mit geringen Kosten (zumindest geringeren als bei den übrigen Beteiligten), ist eine der Taktiken bei strategischer Verhandlungsorientierung. Diese zielt also darauf, ein Maximum für die eigene Seite herauszuholen. Problem(lösungs)-orientiertes Verhandeln sieht mehr den gemeinsamen Schaden, der bei Nicht-Einigung entsteht. Diese Einstellungsdifferenz ist uns im sicherheitspolitischen Bereich bereits begegnet als die zwischen national-egoistischer und gemeinsamer Sicherheit als Orientierung. Geschicktes Verhandlungs-Management, durchaus eine der Qualifikationen für Führungspersonal auf internationaler Ebene, kann durch Beeinflussung der Verhandlungs-Orientierung einen wesentlichen Beitrag zum Gelingen oder Scheitern von Verhandlungen leisten. Absolute politische Gegensätze sind dadurch kaum zu überbrücken.

Beispiel UNO-SR
im Ost-West-
Konflikt und
danach

Das Gesagte lässt sich etwa am Schicksal des UNO-Sicherheitsrates illustrieren. Während des Ost-West-Konfliktes war er oft durch die Blockade der beiden Super-, Führungs- und Veto-Mächte lahm gelegt. Nur das (taktisch geschickte) Nutzen der als Protest gemeinten Abwesenheit des sowjetischen Vertreters ermöglichte 1950 den von den USA erstrebten Beschluss, im Korea-Krieg eine internationale UNO-Truppe unter ihrer Führung eingesetzt zu bekommen. Auch damals also hing die faktisch-militärische Handlungsfähigkeit der Organisation, der die in der Charta (Art. 43) vorgesehenen eigenen Truppen bis heute von keinem Staat zur Verfügung gestellt wurden, weitgehend von den großen und größten Staaten ab. Daran hat sich nichts geändert. Freilich ermöglichte das Ende des Ost-West-Konfliktes im Falle des irakischen Angriffs auf Kuwait erstmals das Funktionieren des Sicherheitsrates wie in der Charta vorgesehen. Ohne Abwesenheit und ohne Veto kam der Beschluss über Resolution 678 mit der ultimativen Forderung nach Rückzug Iraks zustande, der nach erfolglosem Ablauf der Frist der Einsatz der alliierten Streitkräfte folgte. In der Irak-Krise 2002-03 schließlich konnte zwar nach achtwöchigen Verhandlungen Res. 1441 einstimmig vom Sicherheitsrat verabschiedet werden, die S. Hussein mit „ernsthaften Konsequenzen" für den Fall der unzulänglichen Kooperation mit der UNO drohte. Was als solche anzusehen war, wie lange mit der Feststellung zu warten sei und was genau ernsthafte Konsequenzen bedeuten sollte, hierüber war, nunmehr auch im Kreise der westlichen SR-Mitgliedstaaten, jedoch keine Einigkeit erzielbar. US-Präsident Bush drohte angesichts dessen mit der

„Irrelevanz" der UNO und seiner BATNA eines militärischen Alleingangs bzw. Vorgehens der Koalition der Willigen, was im anschließenden Irak-Krieg auch erfolgte. Hierin werden auch die Grenzen einer internationalen Organisation wie der UNO deutlich. Sie hat, gerade als Artikulationsforum der Kriegsgegner, durchaus ihre Eigenständigkeit behauptet, als einziges globales Gremium für legitime Beschlüsse über gewaltsame Sanktionen. Wie schon im Falle des gewaltsamen Vorgehens der NATO im Kosovo-Konflikt ohne UNO-Mandat konnte das faktische Vorgehen der militärisch Mächtigen dadurch jedoch nicht bestimmt werden.

Diese mehr als prekäre Lage wirft in der Tat Fragen auf, wenn schon nicht die nach der (Ir-)Relevanz der UNO im Bushschen Sinne, so doch nach der Rolle der UNO. Allgemein lassen sich zur Rolle internationaler Organisationen analytisch drei Alternativen unterscheiden. Internationale Organisationen könnten, und zu dieser Sicht neigen der Realismus und aus etwas anderen Gründen manche gesellschaftskritischen Ansätze, reines Instrument der stärksten Staaten bzw. der weltgesellschaftlich Herrschenden sein. Zumindest den Versuch der Instrumentalisierung haben in unangenehmer Deutlichkeit die Vorgänge im Zusammenhang mit der Verabschiedung von Res. 1441 verdeutlicht. Befürworter wie Gegner eines gewaltsamen Vorgehens gegen S. Hussein versuchten durch allerlei Verlockungen und Pressionen gegenüber nicht-ständigen Mitgliedstaaten des Sicherheitsrates eine Mehrheit in ihrem Sinne zu erreichen. Von Drohungen mit dem Entzug bzw. Lockungen mit der Gewährung von privilegierten Marktzugang und Entwicklungshilfe war zu hören und zu lesen. Aber auch im ökonomischen Bereich, dort vor allem von gesellschaftskritischen Autoren, wurde die Instrumentalisierung internationaler Organisationen beklagt, etwa wenn Weltwährungsfonds und Weltbank sich zu Propagatoren einer neoliberalen Wirtschaftspolitik machen, die zwar der transnationalen Klasse der Investoren gute Bedingungen bereite, in den betroffenen Staaten jedoch oft herbe Konsequenzen vor allem für ärmere Bevölkerungsschichten hat. Und umgekehrt hat zumindest ein realistischer Autor, St. Krasner (1985) – und haben wohl etliche realpolitische Akteure – in den in UNO-Foren wie der Weltkonferenz für Handel und Entwicklung (UNCTAD) in den 1970er Jahren vorgetragenen Forderungen nach einer Neuen Weltwirtschaftsordnung (NWWO) vor allem die Instrumentalisierung dieser Organisationen durch die Staatseliten der Dritten Welt gesehen. Alle diese Fälle der *versuchten* Instrumentalisierung (durchaus nicht die einzig mögliche Interpretationsweise) zeigen freilich auch die Grenze dieser Versuche: Nicht-ständigen Mitgliedern des Sicherheitsrates war ihre Nicht-Käuflichkeit im kokreten Falle mehr wert als die Lockungen; die NWWO-Forderungen konnten sich nicht durchsetzen bzw. wurden vom Norden abgewehrt (vielleicht am wenigsten überraschend); aber auch, was nach erfolgreicher Durchsetzung der weltgesellschaftlich Herrschenden durch IWF und Weltbank aussieht, sollte nicht dazu führen zu übersehen, das der wirtschaftspolitische Wandel in etlichen Staaten des Südens auch andere Ursachen als die Auflagen internationaler Organisationen hatte und dass diese Organisationen selbst durchaus in unterschiedlichem Ausmaß neoliberale Positionen vertreten (haben).

In vielerlei Hinsicht erscheint das simplistische Bild der internationalen Organisationen als Instrument (in wessen Hand auch immer) als Übertreibung, zu-

Rolle internationaler Organisationen: Instrument

Forum

mal diese Sicht eine zuweilen verschwörungstheoretische Neigung zur Über-schätzung der Steuerungsfähigkeit erst der Organisationen und dann auch noch von Staaten bei der Umsetzung deren Beschlüsse hat. Das Bild des Forums er-scheint ein angemesseneres zu sein. Auch wenn, wie üblich, nicht alle politi-schen Prozesse in internationalen Organisationen öffentlich sind (oder es nur, wie die erwähnten politischen Pressionsversuche im Sicherheitsrat, gegen den Willen zumindest einiger der Beteiligten werden), ist ihre Funktion als öffentli-ches Austragsforum von Konflikten doch wohl eine ihrer wichtigsten. Dass im Sicherheitsrat, auch mit harten Bandagen, um Beschlüsse gerungen wird, oder im Rahmen der Welthandelsorganisation um Marktöffnung für Agrarprodukte und Textilien aus Staaten des Südens (aber auch Zollaubbau durch diese) ist nicht nur beinahe unvermeidlich (wo sonst sollten sich die Konflikte artikulie-ren?). Aufgrund ihrer auf Dauer gestellten, bestimmten Verfahren unterworfe-nen Verhandlungs- und Beschlussprozesse sind sie auch der Ort, wo am ehesten eine problemlösungs-orientierte Herangehensweise zum Tragen kommen kann und aufgrund der Multilateralität der Verhandlungen Kleine und Schwache zu-mindest nicht allein im Schatten der Macht stehen – wie es bei bilateralen Ver-handlungen weit wahrscheinlicher wäre. Aus dieser *beliebige* Machtausübung limitierenden Wirkung resultiert wohl auch die gelegentlich zögernde Haltung von Groß- und Supermächten, auch der einzig (real-)demokratischen Super-macht, gegenüber internationalen Organisationen. Die Vorstellung, diese könn-ten gar zum eigenständigen Akteur, etwa unabhängigen Richter auch über sie, die Supermacht, werden, scheint dieser unerträglich – daher der Widerstand ge-gen den Internationalen Strafgerichtshof seitens der USA (und zwar in diesem Fall nicht nur der Regierung Bush jr., sondern auch konservativer Kräfte im US-Senat).

Akteur   In diesem jüngsten Ergebnis des Prozesses internationaler Institutionalisie-rung kommt, in der für unabhängige Gerichtsbarkeit besonders eindeutigen Weise, der potenzielle Akteurs-Charakter internationaler Organisationen beson-ders deutlich zum Ausdruck. Aber auch der allgemeine Internationale Gerichts-hof, als eigenständiges Hauptorgan der UNO, hat bereits seine Unabhängigkeit, auch von Supermächten, bewiesen, etwa durch Verurteilung der Verminung der Häfen Nicaraguas durch die US-Regierung unter Präsident Reagan (1986). Sol-che tatsächlich überstaatliche Gerichtsbarkeit ist freilich die Ausnahme, auch, dass Staaten sich ihr unterwerfen. In etwas milderer Form finden sich jedoch auch in der Welthandelsorganisation unabhängige überstaatliche Streitschlich-tungsinstanzen, hier in Gestalt der sog. Panels, die zwischenstaatliche Handels-streitigkeiten verbindlich entscheiden. Der UNO-Sicherheitsrat ist, schon von der Anlage her, ein wesentlich politischeres (und definitiv kein Gerichts-)Gre-mium – und kann wohl auch kaum anderes sein, konnte er doch nur unter frei-williger Zustimmung auch der ganz Mächtigen gegründet werden. Dennoch ver-körpert er zumindest das Programm eines einheitlichen Akteurs kollektiver Sicherheitspolitik, auch wenn er in der Realität, wie gezeigt, meist dahinter zu-rückbleibt. Umso wichtiger der Befund, dass hinter seinen *Anspruch*, das Legiti-mations- (wenn schon nicht Einsatz-)Monopol für globale Gewaltmaßnahmen zu haben, zumindest in den Augen der überwiegenden Mehrheit der Weltöffent-lichkeit kein Rückfall möglich scheint. Neben der urteilenden und beschließenden Funktion kommt die Akteursqualität internationaler Organisationen schließlich vor allem im Bereich der Nord-Süd-Beziehungen bzw. allgemeiner bei der Kompensation von Entwicklungsgefällen zum Tragen. Gelder und auch Personal von UNO-Sonderorganisationen wie WHO und Weltentwicklungsprogramm (UNDP), aber auch regionaler Organisationen wie Entwicklungsbanken (etwa der Europäischen Investitionsbank der EU, die sowohl südliche Partner-Staaten als auch östliche Beitritts- und Nachbarstaaten unterstützt), treten vielfach über die Rolle eines Forums hinaus als eigenständige Akteure auf, die in den Zielländern Wesentliches zum Abbau der Folgen ungleichmäßiger Entwicklung beitragen können. Aber selbst entwickelte Staaten sind auf die Interdependenz steuernde Leistung von internationalen Organisationen angewiesen: die transnationale Ausbreitung von Krankheiten wie SARS sind ohne die in der WHO institutionalisierte internationale Kooperation nicht in den Griff zu bekommen, und die Verbreitung gefährlicher Stoffe und Waffen nicht ohne die Aktivität der Atomenergiebehörde oder der OPCW, der Organisation für das Verbot chemischer Waffen, die im Rahmen des einschlägigen Kontrollregimes auf Basis des Chemiewaffenübereinkommens seit 1997 besteht.

Internationale Organisationen sind also angemessen nicht als bloße Instrumente in Händen der Mächtigen zu verstehen. Das verkennt die mit ihnen institutionalisierte Unverfügbarkeit auch für die Mächtigsten. Gerade das ist es, was gehaltvollen Multilateralismus ausmacht, wie insbesondere Verteter des institutionalistischen Forschungsprogramms herausgearbeitet haben (Ruggie 1993). Freilich erklärt das auch, eher der realistischen Sicht entsprechend, die zuweilen zögerliche Haltung von Staaten gegenüber internationaler Institutionalisierung. Und in der Tat, das wurde gleich eingangs betont, bedeutet Institutionalisierung immer Ausbau *und* Einschränkung von Handlungsoptionen. Wie diese in Abwesenheit von Organisationen und Regimen aussehen, wie die jeweils wahrgenommene BATNA zu ihnen aussieht, darum ebenso wie um die Leistung und Legitimität konkreter Institutionalisierungsschritte darf und muss beim Auf- und Ausbau der Strukturen des Regierens jenseits von Staatlichkeit gerungen werden. Dies gilt zumal, wenn wir die globale Ebene betrachten. Nicht nur sind hier die kulturellen Hintergründe und damit wohl auch Vorstellungen über legitime Formen politischer Steuerung maximal inhomogen. Auch das Entwicklungsgefälle ist hier maximal. Während einige Staaten ihre schiere Existenz, und die ihrer Bevölkerung, international institutionalisierter Kooperation verdanken, sei es in Gestalt der in der UNO-Charta institutionalisierten, von der UNO im Dekolonialisierungsprozess oft erst mit herbeigeführten souveränen Gleichheit, sei es in Gestalt der Entwicklungsleistungen ihrer Sonderorganisationen, sehen andere Staaten sie zuweilen als lästige Einschränkung ihrer Handlungsfreiheit – bis sie erkennen, dass auch sie grenzüberschreitende Probleme nur kooperativ lösen können. Dass der Aufbau zwischen- und überstaatlicher Kooperation jedoch auch im kleineren, vergleichsweise homogeneren Kreise nicht unproblematisch ist, zeigt das Beispiel der EU, dem wir uns im nächsten Kapitel zuwenden wollen.

unvermeidliche Konflikte beim Auf- und Ausbau der Strukturen des Regierens jenseits von Staaten

Ausgewählte Literaturhinweise zu Kapitel 6:

Zu **Institutionen** als Gegenstand der Sozialwissenschaften allgemein Furubotn/ Richter 1996 und Erlei/Leschke/Sauerland 1999. Zur Institution der **Diplomatie** Anderson 1993 (historische Entwicklung) und Berridge 2002 (gegenwärtige Praxis); speziell zur multilateralen Konferenz-Diplomatie Walker 2004; zu UNO-Globalkonferenzen Schechter 2005; zum deutschen diplomatischen Dienst Brandt/Buck 2003. Zur **Spionage** Richelson 1995. Zum **Völkerrecht** als beste Einführungen für Nicht-Juristen Hobe/Kimminich 2004 und Herdegen 2000. Zu **völkerrechtlichen Verträgen** als Sammlung zentraler Dokumente (Verträge) Randelzhofer 2002; juristisch Hobe/Kimminich 2004, 207ff. und Herdegen 2000, § 15; umfassend dokumentieren die historische Entwicklung Axelrod/Phillips 2001. Über **internationale Regime** die den Forschungsstrang begründenden Beiträge in Krasner 1983, einführend Müller 1993 und fortgeschritten Hasenclever/Mayer/Rittberger 1997; jüngster Überblick: Sprinz 2003. Zu **staatsfreien Räumen** Hobe/Kimminich 2004, Kap. 16. Über **internationale Organisationen** allgemein Archer 2001, Rittberger/Zangl 2002, Murphy 1994 und Muldoon 2004. Zur **UNO** einführend Gareis/Varwick 2002 und White 2002; zur historischen Entwicklung Volger 1995, zum Nachschlagen Volger 2000. Zum **Generalsekretär:** zum Amt: Gordenker 2005, zu den Inhabern: Göller 1995, Fröhlich 2002, Paepcke 2004 und Bauer 2004. Als Tätigkeitsbericht eines Insiders, hier der **IAEA im Irak-Konflikt**, Blix 2004. Zum **internationalen Verhandeln** populär und alltagstauglich Fisher/Ury 1991; als gut lesbaren ,modernen Klassiker' Raiffa 1982; fachlich einführend Starkey/Boyer/Wilkenfeld 1999; sowie zur Bedeutung des Gerechtigkeits-Aspektes Albin 2001. Zur **zögernden Haltung der USA** gegenüber Multilateralismus Patrick 2002, speziell gegenüber dem Internationalen Strafgerichtshof Biegi 2004.

7 Europäische Integration und Gemeinsame Außen- und Sicherheitspolitik

Das politische Projekt der europäischen Integration, das heute die Gestalt der Dachkonstruktion Europäische Union (EU) annimmt, mit ihren drei Säulen oder Pfeilern: 1. Europäische Gemeinschaften (darunter die Europäische Gemeinschaft, EG, vormals Wirtschaftsgemeinschaft, EWG; die 2002 in die EG überführte Europäische Gemeinschaft für Kohle und Stahl, EGKS; und die Europäische Atom[energie]-Gemeinschaft, Euratom); 2. Gemeinsame Außen- und Sicherheitspolitik (GASP); und 3. polizeiliche und justizielle Zusammenarbeit, eignet sich, mehrere für die internationale Politik und die Theoriebildung im Bereich der Internationalen Politik wichtige Aspekte zu illustrieren. Dies freilich nur, wenn Unterschiede und Gemeinsamkeiten der europäischen Integration im Vergleich zu internationaler Politik im Allgemeinen bedacht werden. Anhand der europäischen Integration lässt sich zeigen, dass

— in der internationalen Politik (und vermutlich nicht nur in ihr, sondern auch in der Politik im Allgemeinen) Problemlösungen oft mit neuen Problemen einhergehen;
— unter realistischer Nutzung von Institutionen dabei jedoch wirklich Erstaunliches, Weiterführendes erreicht werden kann, das über die internationale Politik in den Bereich der supranationalen Integration hinausführt;
— wie die vorangehende Formulierung andeutet, dies wissenschaftlich-theoretisch fruchtbar aus der Perspektive unterschiedlicher Paradigmen erklärt werden kann;
— schließlich zu den Folgeproblemen im Bereich der GASP die Problematik der Konstitution eines eigenständigen Akteurs gehört, was nicht nur ein theoretisch interessanter Aspekt ist, der zu den Folgekapiteln über Außenpolitik überleitet, sondern auch einen real spannenden politischen Prozess darstellt, sowohl für die EU selbst wie für die globale politische Ordnung.

Das vorliegende Kapitel soll dies im Einzelnen aufzeigen.

Auch wenn sich das Pathos der Generation der Gründerväter der europäischen Integration heute – zum Teil gerade aufgrund ihres Befriedungs-Erfolges! – nicht mehr ganz so leicht einstellt und auch wenn politikwissenschaftliche Analyse etwas anderes ist als die Formulierung politischer Sonntagsreden, so gilt es doch zunächst festzuhalten: europäische Integration ist der erfolgreiche Fall der Lösung eines gravierenden politischen Problems. Das Problem bestand in der friedlichen Organisation des europäischen Staatensystems, insbesondere der

europäische Integration als Problemlösung: Erfolg realistischer Nutzung von Institutionen

deutsch-französischen Beziehungen, und seine Virulenz hatte sich unter anderem in zwei Weltkriegen gezeigt. Nur vor deren Hintergrund – leider! – ist zu verstehen, wie aus den bis ins 17. Jahrhundert zurückreichenden Plänen für ein friedliches Europa Mitte des 20. Jahrhunderts eine institutionelle Realität werden konnte. Das Ausmaß der europäischen (Selbst-)Zerstörung vor allem im Zweiten Weltkrieg brachte eine Bereitschaft der politischen Eliten Westeuropas, sich auf unkonventionell-neue Problemlösungsstrategien einzulassen. Unterstützt wurden sie dabei durch die fördernde, zum Teil fordernde Haltung der frühen Nachkriegs-Regierungen der USA, die vor dem Hintergrund des Ost-West-Konfliktes die Integration des westlichen Europas als politisch-strategisch sinnvoll erkannt hatten. Der persönlichen politischen Kreativität von Jean Monnet, der als Mitarbeiter des französischen Außenministers Robert Schuman institutionelle Vorerfahrungen mit Wirtschaftsintegration auf den größeren, westeuropäischen Kontext übertrug, entsprang der von Schuman dann vorgelegte Plan einer überstaatlichen (supranationalen) Integration der beiden kriegswirtschaftlich bedeutsamen Branchen Kohle und Stahl in der 1950 begründeten gleichnamigen europäischen Gemeinschaft. Ihr folgten 1958 die wirtschaftlich ausgerichteten, aber ebenfalls politisch-strategisch bedeutsamen Gemeinschaften EWG und Euratom. Weitergehende Integrationsversuche vor allem im sicherheitspolitischen Bereich (Europäische Verteidigungsgemeinschaft) scheiterten jedoch in den frühen 1950er Jahren. Bereits diese knappen Feststellungen lassen erkennen, dass das Projekt der europäischen Integration nicht aus purem Idealismus erwuchs: jahrhundertelang waren Ideen zu Friedensplänen auf *keinen* fruchtbaren Boden gefallen. Erst der furchtbare Boden der Weltkriegszerstörung wurde zum Grund der erfolgreichen Umsetzung des Projektes. Seine inhaltliche Ausgestaltung ist dabei ebenfalls eine Mischung ideeller Faktoren (Vorerfahrungen, die Monet gedanklich anregten) und realistischer Faktoren (Konzentration auf rüstungswirtschaftlich bedeutsame Branchen; Ost-West-Konflikt als Kontext). Der ökonomische Erfolg dieses Integrationsprojektes, eng verbunden mit der wirtschaftlichen Erholung Westeuropas nach dem Krieg, ließ das Projekt aufgrund der damit entstehenden intensiven wirtschaftlichen Verflechtung und wechselseitigen Abhängigkeit (Interdependenz) der westeuropäischen Volkswirtschaften schließlich im Verbund mit daraus resultierendem Einstellungswandel (im deutsch-französischen Fall: von der wechselseitigen Wahrnehmung als ‚Erbfeind‘ zu dem als gemeinsamer ‚Motor der Integration‘) endgültig zum politischen Erfolg werden: Krieg ist im EU-Binnenverhältnis praktisch undenkbar geworden, die EU stellt nach innen auch eine Sicherheitsgemeinschaft dar.

europäische Integration: alltägliche politische Steuerung und institutioneller Ausbau
Der Fortgang der europäischen Integration war und ist dabei von zweierlei bestimmt: ihrem alltäglichen Wirken als Mechanismus der supranationalen Steuerung in immer mehr Politikbereichen zum einen, ihrem nicht ganz so alltäglichen aber inzwischen auch häufigen Ausbau durch mitgliedschaftliche und institutionelle Erweiterung. Beides macht auch die Unterschiede zu den Verhältnissen der internationalen Politik im Allgemeinen, jenseits der EU, deutlich. Grundlage der Gemeinschaften waren und sind bis heute zwischen den nunmehr 25 zählenden Mitgliedstaaten ausgehandelte völkerrechtliche Verträge. Deren Inhalt war im Falle der Gemeinschaften jedoch ein besonderer, insofern bereits

im Rahmen der EGKS und dann auch der EG (und Euratom) überstaatliche (supranationale) Einrichtungen geschaffen wurden: die Kommission, der Europäische Gerichtshof (EuGH) und das seit 1979 – weltweit einzigartig – direkt gewählte Europäische Parlament. Die Supranationalität der Gemeinschaften zeigt sich weiterhin in der durch EuGH-Richterrecht geschaffenen formal-hierarchischen Struktur der Normgeltung: Gemeinschaftsrecht hat Vorrang vor nationalem Recht der Mitgliedstaaten. Bei der Auslegung des Gemeinschaftsrechtes sind die nationalen Gerichte über das sog. Vorabentscheidungsverfahren mit dem EuGH verzahnt. Schließlich erfolgt die Normsetzung in der Gemeinschaft zwar nach wie vor nur, wenn der Ministerrat als Runde der Mitgliedstaaten-Vertreter sie beschließt. Doch kann er dies inzwischen einerseits mit Mehrheitsentschluss (was bedeutet, dass in diesen Fällen Mitgliedstaaten *kein* Vetorecht mehr haben und dennoch zur Normbefolgung verpflichtet sind); und andererseits ist Normsetzung in weiten Bereichen nur unter Zustimmung auch des Europäischen Parlamentes möglich, das seinerseits dadurch faktisch ein Vetorecht innehat. Aufgrund dieser supranationalen institutionellen Rahmenbedingungen, die auch die Mechanik der Politikproduktion unter Integrationsbedingungen mitbestimmen, sind die alltäglichen Politikprozesse in den Gemeinschaften nur bedingt mit den Verhältnissen internationaler Politik im Allgemeinen vergleichbar. Dies gilt ungeachtet der Tatsache, dass internationales Verhandeln (mit supranationalen Anteilen: die Kommission etwa hat das Initiativmonopol bei der Setzung von Gemeinschaftsnormen) noch immer ein zentraler Modus der Politikproduktion unter Integrationsbedingungen ist und dass die Mitgliedstaaten, ganz im realistischen Sinne, dabei durchaus immer noch (über ihren Einfluss im Ministerrat oder gar im übergeordneten Europäischen Rat der Staats- und Regierungschefs) ihre jeweiligen Interessen zu wahren suchen. Letzteres gilt, anderes ist kaum zu erwarten, auch für die außer-alltäglichen Prozesse des Aushandelns von mitgliedschaftlichem oder institutionellem Ausbau der Gemeinschaft. Sowohl etwa die späte Mitgliedschaft Großbritanniens, die aus französischen Blockaden (durch und unter Präsident de Gaulle) resultierte, als auch die Ausgestaltung der seit 1999 effektiven Wirtschafts- und Währungsunion (mit starker Orientierung am Modell der deutschen Bundesbank – und, zum Leidwesen der nachfolgenden deutschen Regierung, klaren Verschuldungskriterien im Stabilitätspakt) lassen nationale Einflussnahme erkennen. Jedoch wird mit der Aushandlung der Grundrechtecharta und dann des Europäischen Verfassungsvertrages seit dem Jahre 2000 bei diesen Aushandlungsprozessen vom reinen Intergouvernementalismus, dem Verhandeln zwischen Regierungsvertretern, abgegangen zugunsten der sog. Konvents-Methode, bei der ein Kreis von Vertretern aller Mitgliedstaaten (Regierungen, nationale Parlamente; subnationale Einheiten wie etwa deutsche Bundesländer sind über Vertreter des Ausschusses der Regionen beteiligt) und Gemeinschaftsinstitutionen (auch Kommission und Parlament) in einer ersten Runde im Rahmen des sog. Konventes ein Beratungsergebnis erarbeitet, das erst dann ins Beschlussverfahren übergeben wird. Auch wenn die Konventsergebnisse die weiteren Verhandlungen nicht vollständig determinieren, handelt es sich beim Konvent doch um eine im internationalen Vergleich, was die Beteiligung anbelangt, ganz ungewöhnlich offene Form des Verhandelns.

europäische
Integration als
Problem:
Verflechtungsfalle
und Demokratie-
Defizit

Mit diesen neueren Formen des Aushandelns von Schritten der Fortentwicklung der Integration wird nicht zuletzt auf zwei Probleme zu reagieren versucht, die die Integration gerade aufgrund ihres erreichten Standes bietet. Da ist zum einen die Tatsache, dass bei einer Mitgliedschaft von 25 endgültig der Entscheidungsprozess im Rahmen der Gemeinschaften zu schwerfällig zu werden drohte. Ausbau von Mehrheitsentscheidungen wie Abbau der Zahl etwa der Kommissionsmitglieder waren hier gleichermaßen geboten, freilich ebenso umstritten wie die Gewichtung der Stimmen im Ministerrat bei seinen Abstimmungen. Auch hierin zeigt sich das Wechselspiel zwischen institutionell angelegter Eigendynamik im Sinne des ‚Zwangs' zum Ausbau der Integration (bei Strafe drohender Blockade) einerseits, dem realistisch-realpolitischen Beharren der Mitgliedstaaten auf Einflusschancen andererseits. Die Möglichkeit der Blockade in einem System, bei dem wie in der EU die Vertreter mehrerer politischer Ebenen in einem deshalb so genannten Mehrebensystem an der Beschlussfassung beteiligt sind und bei dem die Integration bereits so weit fortgeschritten ist, dass ein einseitig-unabhängiges Handeln einzelner Mitgliedstaaten praktisch nicht mehr möglich ist, wurde von dem deutschen Politik- und Sozialwissenschaftler Fritz W. Scharpf bereits Mitte der 1980er Jahre auf den Begriff der Verflechtungsfalle gebracht. Sie stellt das eine (Folge-)Problem der Integration dar. Und bei dem Versuch, dieses – etwa durch bindende Mehrheitsentscheide – anzugehen, wird oft das andere Folgeproblem der Integration mit verschärft, das sich mit dem Stichwort Demokratie-Defizit verbindet. Mitgliedsstaatliches, also nationalstaatliches Beharren auf Einfluss ist ja nicht nur dem egoistischen Machtstreben von Regierungen geschuldet, die gerne autonom handeln können möchten (und zugleich ‚Brüssel' gerne als Abladeplatz für Schuldzuweisungen unangenehmer Beschlüsse ge- bzw. missbrauchen). Hinter Vorbehalten einzelner Regierungen und mehr noch von Teilen der Bevölkerungen in den Mitgliedstaaten gegen forcierte Integrationsschritte kann auch ein gut demokratisches Bewusstsein für den Verlust an selbstbestimmter Handlungsmöglichkeit stecken. Freilich (und darin steckt eine Problematik des Begriffs Demokratie-Defizit): Es ist immer zu fragen, wie denn der Vergleichsmaßstab und die Alternative aussieht. Auch in den nationalen politischen Systemen sind die tatsächlichen Entscheidungsprozesse oft nur bedingt transparent. Und eine Alternative, die leichterhand Handlungsfreiheit brächte, ist, zumal für kleinere, zunehmend aber auch für größere Staaten, oft nicht gegeben. Also besteht ein gewisser Zwang, sich, auch im Integrationsprozess, ‚zusammenzuraufen'. Gerade diese Formulierungen (Intransparenz auch national; Zwang zum Zusammenraufen; Alternativlosigkeit) machen aber auch deutlich, warum die erfolgte (und durchaus erfolgreiche) Integration in der Wahrnehmung Vieler etwas an Attraktivität verloren hat. Das analytische Beharren darauf und Verständnis dafür, dass in realistischer Nutzung und Gestaltung von Institutionen gerade jener Spielraum liegt, den es auszuschöpfen gilt, ist dagegen (wie auch gegen populistische Verunglimpfungen des Integrationsprojektes) ein sinnvolles Gegenmittel, jedoch kein Allheilmittel. Letztlich *darf* über Integrationsprozesse nicht nur gestritten werden – es *sollte* auch, denn beim erreichten Stand der Integration ist deren Fortführung als reines Elitenprojekt unter Ausschluss der Bevölkerungen selbst dann kein gangbarer Weg mehr, wenn deren Einbeziehung (etwa über nationale Referenden) ihrerseits wiederum Probleme schafft. Auch dies gehört zu einer realistisch-institutionalistischen Sicht der Dinge.

War bisher vor allem von der Entwicklung der europäischen Integration als ganzer bzw. von der alltäglichen Politikproduktion unter den supranational-integrierten Bedingungen der Europäischen Gemeinschaften die Rede, so soll im Rest des Kapitels nicht dieser Gegenstand im Vordergrund stehen. Er ist, auch wegen der engen Verzahnung mit der heimischen politischen Steuerung in den Mitgliedstaaten, in denen bis zu 80 Prozent der nationalen Gesetzgebung inzwischen ausführende Gesetzgebung von Gemeinschaftsvorgaben sind, in der politikwissenschaftlichen Analyse inzwischen Gegenstand einer eigenen, ausdifferenzierten wissenschaftlichen Gemeinschaft, eben der der Integrationsforschung, die, der engen Verbindung zwischen supranationaler und nationaler Politik entsprechend, in ihrer Analyse nicht nur auf Theorien der internationalen Politik, sondern eben auch auf solche über Mehrebenensysteme und solche der Politik-Entwicklung und -Umsetzung (Policy-Analyse und Implementationsforschung) zurückgreift. Vielmehr wollen wir uns mit der zweiten Säule der EU, der GASP, einem Bereich zuwenden, der noch weitestgehend nicht supranational integriert ist, sondern unter dem Dach der EU in intergouvernemental-kooperativer Weise, also auf der Grundlage zwischenstaatlicher Kooperation erfolgt. Die Besonderheit liegt – im Vergleich zur internationalen Politik im Allgemeinen – hier darin, dass die Kooperation nicht nur *im Wege* der Außenpolitik (der EU-Mitgliedstaaten) gesucht wird, sondern *auf dem Felde* ihrer Außenpolitiken, aus denen dem Anspruch nach zumindest *auch* eine einheitliche, gemeinschaftliche (wenn schon nicht im supranationalen Sinne vergemeinschaftete) Außenpolitik werden soll.

von der ersten Säule der EU zur zweiten

Zunächst gilt es festzuhalten, dass die Außenbeziehungen der EU mehr umfassen als nur die GASP. Auch wenn die mitgliedschaftliche Erweiterung der Union demnächst wohl ihre äußerste Grenze erreicht haben wird, gehört traditionell zu ihren Außenbeziehungen neben der GASP eben auch Viererlei:

Außenbeziehungen der EU – interne Koordinationsprobleme

– die Beitrittspolitik (oft jahrelange Verhandlungen nicht nur über den Beitritt, sondern auch Begleitung des Prozesses der Vorbereitung der jeweiligen Beitrittskandidaten auf diesen Schritt; er erfordert umfangreiche Anpassungsmaßnahmen unter anderem der politisch-rechtlich-administrativen Strukturen, damit die künftigen Mitglieder den sog. acquis communautaire, den gemeinschaftlichen Besitzstand an Normen, auch tatsächlich umsetzen können);

– die Assoziierungs-Politik, die vertragliche Ausarbeitung besonderer Beziehungen mit solchen Staaten der geographischen Nachbarschaft, deren Beitritt nicht erwogen wird (etwa gegenüber den südlichen und östlichen Nachbarn am Mittelmeer);

– die Entwicklungszusammenarbeit der EU (vor allem mit ehemaligen Kolonien der Mitgliedstaaten, Staaten Afrikas, der Karibik und des Pazifiks, kurz AKP-Staaten; mit ihnen wurden Abkommen über den begünstigten Handel, neuerdings konditioniert durch Bedingungen der guten Regierungsführung, Demokratie und des Menschenrechtsschutzes, geschlossen, bekannt als Lomé-Abkommen);

– schließlich die Außenwirtschafts-, insbesondere die Außenhandels-Politik der EG; bei letzterer liegt ein echter Fall von Vergemeinschaftung vor, insofern die Gemeinschaft nach außen, z.B. in den internationalen Handels-Verhandlungen im Rahmen des Allgemeinen Zoll und Handelsabkommens (GATT) bzw. der Welthandelsorganisation (WTO) ‚mit einer Stimme spricht', nämlich der der Kommission, welche die Gemeinschaft, ausgestattet mit einem Verhandlungsmandat des Ministerrates (also der Mitgliedstaaten-Regierungen), dort vertritt.

Jeder dieser Bereiche (außer der Assoziierungspolitik) wird in der Kommission von einem eigenen Kommissar vertreten, ebenso wie die Außenpolitik (GASP) im Allgemeinen, so dass die EU insofern vor einem ähnlichen internen Koordinationsproblem steht wie viele Nationalstaaten in ihrer Außenpolitik. Auch in Deutschland sind ja z.B. für die Außenbeziehungen neben dem Auswärtigen Amt auch noch das Ministerium für Wirtschaft, für wirtschaftliche Zusammenarbeit, für Verteidigung (und neuerdings für einzelne Sachbereiche auch noch weitere Fachministerien) zuständig. Da kann es, auch im Falle der EU, schon vorkommen, dass die Maßnahmen der einen Instanz die der anderen konterkarieren, wenn etwa Bemühungen der EU-Entwicklungszusammenarbeit durch den subventionierten Export von Agrarüberschüssen wieder zunichte gemacht werden.

Entwicklung der GASP zu einem internationalen Regime der Außenpolitik-Koordination

Doch damit der Probleme nicht genug. Die GASP selbst soll ja zwar nicht die je eigene Außenpolitik der Mitgliedstaaten ersetzen (übrigens ein Indikator, dass die EU kein Super-Staat ist; in Bundesstaaten wie etwa Deutschland ist die Außenvertretung ja allein Sache des Bundes, Art.32 I GG). Doch haben sich die Mitgliedstaaten im EU-Vertrag von 1993 verpflichtet, in ihrer eigenen Außenpolitik einer gemeinschaftlichen Außen- und Sicherheitspolitik jedenfalls nicht entgegen zu wirken. Aus den informellen Anfängen der damals so genannten Europäischen Politischen Zusammenarbeit (EPZ) der 1970er Jahre ist somit über die Aufnahme dieser in der Einheitlichen Europäischen Akte (1987) durch den Maastrichter Vertrag die zweite Säule der EU geworden. Mit den eingespielten Verfahren der Abstimmung zwischen den beteiligten Außenministerien (von der Einrichtung von Telex- bzw. Intranet-Verbindungen über regelmäßige Treffen auf Arbeits- und Ministerebene) bis hin zur Regelung der Vertretung nach außen durch den jeweiligen (Außenminister-)Ratsvorsitzenden, dem ein Generalsekretär des Rates und Hoher Vertreter für die GASP zur Seite steht, und der Einrichtung von Planungsstäben und einer Eingreiftruppe im sicherheitspolitischen Bereich sind dabei die institutionellen Grundlagen der GASP im Lauf der Jahre stetig ausgebaut worden. Mit einem terminus technicus aus dem institutionalistischen Forschungsprogramm kann man die GASP als ein internationales Regime zur Außenpolitik-Koordination bezeichnen (mit der Besonderheit im Vergleich zu ‚normalen' Regimen, dass Außenpolitik der beteiligten Staaten hier nicht nur das Mittel der Entwicklung des Regimes ist, sondern – koordinierte, gemeinsame! – Außenpolitik auch sein inhaltliches Ziel). Diese Koordination erfolgt über die Festlegung sog. gemeinsamer Strategien (etwa der EU gegenüber Russland), gemeinsamer Aktionen (operative außenpolitische Tätigkeit etwa durch Entsendung von Wahlbeobachtern) und (als eher deklarative außenpolitische Maßnahme) durch die Verabschiedung sog. gemeinsamer

Standpunkte. Freilich ergeben sich auch hier wieder interne Koordinationsprobleme, zwischen dem supranationalen Außen-Kommissar einerseits und dem dem Rat zugeordneten Hohen Vertreter für die GASP andererseits. Doch gehen die realen Probleme der GASP darüber noch weit hinaus. Sie haben damit zu tun, dass, wie man analytisch sagen kann, es hier um die Konstitution oder Konstruktion eines einheitlichen außenpolitischen Akteurs geht. Diese theoretisch und praktisch spannende Frage gilt es etwas näher zu beleuchten.

Politikwissenschaftlich-theoretisch ist der Prozess der Herausbildung einer GASP deshalb interessant, weil hier die Konstruktion eines komplex zusammengesetzten einheitlichen Akteurs gleichsam ‚live‘ mitverfolgt werden kann. Auch die (National-)Staaten, deren außenpolitisches Handeln uns selbstverständlich erscheint und deren Existenz etwa der Realismus gleichsam einfach voraussetzt, sind in Wirklichkeit ja genau dies: komplex zusammengesetzte kollektive Akteure, die jedoch (meist) zu einheitlichem Handeln in der Lage sind bzw. genauer gesagt: denen analytisch (und übrigens auch realweltlich-rechtlich) Handlungen zugeschrieben werden können. Was (zu) leicht übersehen wird ist, dass dies erstens sozialtheoretisch (und praktisch!) sehr voraussetzungsvoll ist und zweitens historisch geworden (also auch möglichem Wandel unterworfen) ist. Auf die Probleme der internen Koordination auch nur auf Ebene einzelner Ministerien, also rein innerhalb der Exekutive, bei den Außenbeziehungen von Staaten wurde bereits hingewiesen. Doch sind dies nicht die einzigen Probleme, die den Akteursstatus auch von Staaten prekär machen können. In den USA etwa (wie in Kapitel 9 noch auszuführen sein wird) ist auch das Parlament (der Kongress, insbesondere der Senat) stark an der Außenpolitik beteiligt. Im Verbund mit der (etwa unter Präsident Bush jr. oft deutlichen) ‚Vielstimmigkeit‘ der Regierung kann dies für außenpolitische Partner (und Gegner) leicht dazu führen, dass zumindest zeitweilig nicht klar ist, was denn nun die außenpolitische Linie eines Staates ist. Es gibt jedoch noch prekärere Lagen für die außenpolitische Akteursqualität. In Phasen des Systemwandels (etwa bei Auflösung der Sowjetunion und Herausbildung der Russischen Föderation) und damit zusammenhängenden unklaren Macht- und Zuständigkeits-Verhältnissen kann diese noch weiter ‚zerbrechen‘. Schließlich markiert der Zerfall eines Staates eine Lage, in der nicht nur die interne Herrschaftsausübung, sondern auch die Akteursqualität nach außen letztlich ganz schwindet. Solche sog. failed states (ein Problem der internationalen Politik des 21. Jahrhunderts, auf das in Kap. 14 zurückzukommen sein wird) markieren den einen Pol des Spektrums der Akteursqualität. Das andere Ende bilden, frühneuzeitlich oder zeitgenössisch, Staaten im Aufbau. Oder eben eine (Europäische) Union im Aufbau, die außenpolitisch handlungsfähig werden will. Offenbar ist nur im mittleren Bereich der politischen Organisiertheit außenpolitische Akteursqualität klar erkennbar, wo Herrschaftsverbände schon etabliert sind – und noch nicht (wieder) zerfallen sind. Theoretisch verweist dies auf die Bedeutung solcher Forschungsprogramme, die den Wandel (in der Akteursqualität) erfassen können, den solche Prozesse der Konstruktion und De-Konstruktion von Herrschaft darstellen. Eine konstruktivistische Perspektive erscheint hier sinnvoll, auch wenn nicht behauptet werden kann, dass Herrschafts(de)konstruktion mit eher vom Realismus thematisierten Faktoren, nämlich: politischer Macht, nichts zu tun hätte. Da aber Herrschaft mehr ist als bloße Machtausübung, sind ‚weiche' Faktoren der Legitimitäts-Bildung, die auch in die Konstitution außenpolitischer Akteursqualität einfließen, ebenfalls zu berücksichtigen.

... und praktische Aspekte Genau darum geht es ja bei der EU. Sie ist (und wird auf absehbare Zeit) kein Staat, und ihr Auf- und Ausbau erfolgt nicht durch imperiale Machtanwendung, sondern durch Verhandlungen. Sie ist jedoch bereits, in ihrer Binnenwirkung, ein politischer Herrschaftsverband (in einem Ausmaß, das, wie gesagt, über alles annähernd Vergleichbare in der internationalen Politik gerade deshalb hinausgeht). Sie versucht nun, auch im Außenverhalten Akteursqualität zu erlangen. Dazu sind, wie erwähnt, folgende praktischen Probleme zu lösen (vorsichtiger: anzugehen):

–   interne Koordination der Kommission;
–   interne Koordination zwischen Rat/Hohem Vertreter für die GASP und Kommission;
–   Einbeziehung des Parlamentes (auch nationale Parlamente gewähren ihren Regierungen in der Außenpolitik vielfach ein Exekutiv-Privileg, ohne jedoch gänzlich ‚abzudanken'; sie behalten Haushaltsrecht und oft ist ihre Zustimmung Voraussetzung zur Entsendung von Truppen);
–   Koordination der nationalen Außenpolitiken (im Rat);
–   internationale Koordination mit bestehenden anderen internationalen Einrichtungen (problematisch etwa das Verhältnis einer stärker eigenständigen Europäischen Sicherheits- und Verteidigungspolitik [ESVP] zum nordatlantischen Bündnis [NATO]);
–   Erwerb einer angenäherten außenpolitischen Perspektive und Einstellung weit über den Kreis der außenpolitischen Eliten hinaus, letztlich in den beteiligten Bevölkerungen.

Auf den zuletzt genannten, ‚weichen' Aspekt der Konstitution eines intergouvernementalen oder gar supranationalen außenpolitischen Akteurs sei noch etwas eingegangen. Das konstruktivistische Forschungsprogramm hat sich damit vor allem beschäftigt. Ein von ihm hervorgehobener wichtiger Aspekt ist etwa das außenpolitische Selbstverständnis von Staaten, die ‚Rolle', in der sie – das heißt auch: nennenswerte Teile der Bevölkerung – sich, den jeweiligen Staat, außenpolitisch sehen. Hier spielen offensichtlich – unterschiedliche! – historische Erfahrungen (in der Außenpolitik bzw. der jeweiligen Nationalgeschichte im Allgemeinen) eine große Rolle. Oben wurde etwa betont, dass erst zwei Weltkriege zu einem Einstellungswandel der europäischen Eliten und auch in den Bevölkerungen geführt haben, die Jahrhunderte alten Ideen einer europäischen Friedensorganisation zum Durchbruch verhalfen. Und doch sind, offensichtlich, die je konkreten Erfahrungen der Geschichte, auch im Hinblick auf den Zweiten Weltkrieg, z.B. von den Mitgliedstaaten der EU auf je eigene Weise verarbeitet worden – mit Auswirkungen auf ihre heutige Einstellung zu Fragen der gemeinsamen Außen- oder gar Sicherheitspolitik. Erfahrungen von Angriff und Niederlage, von Allianz-Mitgliedschaft, Beistand oder eben Neutralität haben die Staaten (und Bevölkerungen) zu deutlich unterschiedlichen Schlussfolgerungen und Selbstbildern veranlasst. Es gehört mit zu den größten Herausforderungen der Konstruktion eines außenpolitischen Akteurs EU, vor diesem Hintergrund die ‚weiche' Basis möglicher Akteursqualität zu schaffen, ohne legitime nationale Einstellungen und ‚geronnene Erfahrungen' zu ‚vergewaltigen'. Die Größe dieser Herausforderung ergibt sich schließlich aus der Bedeutung ihrer erfolgreichen Annahme – oder aber des Scheiterns dabei.

Die Bedeutung einer erfolgreichen GASP hätte nämlich zwei Aspekte: ihre Binnenwirkung wie ihre Außenwirkung. Die Binnenwirkung lässt sich unter Rückgriff auf die Sozialpsychologie verdeutlichen. Sie lehrt, dass die Selbstwahrnehmung auch mit der Wahrnehmung durch andere zu tun hat. Zwar sind Einzelne und Gruppen, wenn sie nicht völlig außengeleitet sind, nicht einfach das, als was andere sie wahrnehmen. Doch ist die Bildung individueller wie politisch-kollektiver Identität ohne die Rückwirkung der Wahrnehmung anderer, ohne den ‚Spiegel', den sie dem Ich (Wir) bieten, auch nicht möglich. Erfolg beim gemeinsamen Auftreten nach außen könnte, im Sinne eines positiven Feedback, die politische Identitätsstiftung (EU-)Europas daher unterstützen (ebenso wie Scheitern und externe Abhängigkeit am kollektiven ‚Ego' zehren). Umgekehrt, damit gehen wir zur externen Bedeutung über, wird vielfach heute schon (ob zu Recht oder nicht) die EU von Staaten etwa des Südens als ein ‚Gegenpol' in der unipolaren Welt mit nur noch einer Supermacht gesehen. Letztere nämlich zeigt sich etwa in der Entwicklungshilfe (außer bei der Militärhilfe) als wenig generös, während die EU zwar das UN-Ziel von 0,7 Prozent des Bruttosozialproduktes für Entwicklungszusammenarbeit auch verfehlt, gleichwohl kollektiv der größte Geber ist (dass sie durch Abbau ihres Agrarprotektionismus und damit Gewährung von Handels-Chancen einen mindestens so großen Beitrag leisten könnte, steht auf einem anderen Blatt). Ob die EU tatsächlich bzw. in welchem Sinne sie einen ‚Gegenpol' in der unipolaren Weltordnung des beginnenden 21. Jahrhunderts darstellen kann – darüber darf (und muss) wiederum gestritten werden. Deutlich sollte bereits jetzt sein, dass die Beantwortung dieser Frage nicht nur für Europa selbst, sondern in der Tat auch für die Ausgestaltung des internationalen Systems als ganzes von eminenter Bedeutung sein wird. Die Chance seiner Mitgestaltung liegt für Europa, das ist bereits klar, einzig und allein in einem gemeinsamen Vorgehen. Darin liegt die Herausforderung der GASP, der Erringung kollektiv-einheitlicher Akteursqualität für die EU im gesammten Spektrum ihrer Außenbeziehungen. Dass dabei und daneben Raum für nationale Außenpolitik bleibt, soll uns in den beiden folgenden, auch vergleichend zu betrachtenden Kapiteln näher beschäftigen.

Bedeutung der GASP – interne und externe

Ausgewählte Literaturhinweise zu Kapitel 7

Zur **europäischen Integration** zeitgeschichtlich Braun 2002 und Knipping 2004; zur gedanklichen Vorgeschichte Niess 2001. Zur **EU** zum Nachschlagen Gruner/Woyke 2004, Teil 3, und, noch immer, Monar/Neuwahl/Noack 1993; zur politikwissenschaftlichen Analyse einführend Kohler-Koch u.a. 2002, fortgeschritten die Beiträge in Jachtenfuchs/Kohler-Koch 2003 und List 1997. Zur **Einbindung des deutschen politischen Systems in die EU** Sturm/Pehle 2001. Zum **Einfluss der USA auf die europäische Integration** Lundestad 1998, 2003 und Neuss 2000. Zur **Osterweiterung** Schimmelfennig 2003a. Zur **Ver-**

flechtungsfalle Scharpf 1985 und List 1997, Kap. 3.3.1. Zur Problematik der **demokratischen Rückbindung der EU bzw. des Regierens jenseits des Staates** im Allgemeinen Newman 1997, Zürn 1996, Erne 1995 und Archigugi/Held 1995. Zur **GASP** einführend die Beiträge in Schubert/Müller-Brandeck-Bocquet 2000; Bretherton/Vogler 1999, White 2001 und Smith 2002; zu den Akteuren der GASP Hill 1996. Zur **Außenpolitik der Mitgliedstaaten und der GASP** Tonra 2001, Müller-Brandeck-Bocquet 2002 und Wagner 2002. Zu **einzelnen inhaltlichen Bereichen der GASP** vgl. einzelne Beiträge in Schubert/Müller-Brandeck-Bocquet 2000 und, mit den USA vergleichend, Fund 2001 sowie die Beiträge in Schlotter 2003; zur **EU-Außenhandelspolitik** Elsig 2003.

8 Außenpolitik I: Deutschland

Gegenüber der bisher verfolgten systemischen Perspektive, die Grundstrukturen und Prozessmuster der internationalen Politik gleichsam ‚aus der Vogelperspektive' in den Blick nimmt, soll im vorliegenden und folgenden Kapitel die sog. Akteursperspektive eingenommen werden. Dabei fällt die Wahl – und eine Auswahl war schon aus Platzgründen geboten – aus naheliegenden Gründen auf Deutschland – weil es den meisten Lesern wohl nahe liegt – und auf die USA. Zwar bedeutet dies eine Einschränkung auf außenpolitische Akteure der ‚nördlichen Welt'. Doch ermöglicht es auch einen sinnvollen Vergleich über beide Kapitel hinweg, die (darin besteht die Gemeinsamkeit) sich mit der Außenpolitik zweier entwickelter Demokratien befassen, die jedoch (daran besteht der Unterschied) eine je ganz eigene Binnenstruktur und weltgesellschaftliche Stellung aufweisen. Diese Formulierung verweist auch bereits auf das zweite Anliegen beider Kapitel: die Außenpolitik nicht primär beschreibend darzustellen, sondern anhand beider Beispiele theoretische Perspektiven der Außenpolitik-Analyse (APA, Foreign Policy Analysis, FPA, wie dieses Teilgebiet der Disziplin der Internationalen Politik genannt wird) zu eröffnen, die auch auf andere als die behandelten Fälle anwendbar sind.

von der systemischen Perspektive zur Akteursperspektive (und wieder zurück)

Deutschland und die USA wurden soeben implizit als Akteure der internationalen Politik bezeichnet. Das ist einerseits eine übliche Redeweise, die in älteren historischen Texten gerne noch stärker metaphorisch ausgebaut wird, wenn davon die Rede ist, dass ‚Berlin' dieses oder jenes ‚tut', während ‚Washington' etwas ‚anders sieht' oder gar ‚gekränkt ist'. Analytisch, das haben wir im vorausgehenden Kapitel gesehen, bedeutet diese Redeweise, dass Kollektivakteuren (Staaten oder deren Regierungen) Handlungen zugeschrieben werden (was analytisch sinnvoll sein kann) – oder gar Gefühle (was analytisch meist nicht sinnvoll ist; wie Gefühle und Emotionen in der APA analytisch sinnvoll berücksichtigt werden können, ist ein eigenes Thema, das unten nur kurz angesprochen werden kann). Vor allem der Neo-Realismus, wie ihn K. Waltz vertreten hat, verfolgt ja die Erklärungsstrategie, mit möglichst sparsamen Annahmen über das internationale System und dessen zentrale Akteure (die ‚großen Mächte', die im wesentlichen durch ihre Machtposition im internationalen System charakterisiert werden) möglichst viel zu erklären, auch (obwohl das umstritten ist, selbst Waltz äußert sich dazu ambivalent) das außenpolitische Verhalten einzelner (großer) Staaten. Von ihnen wird angenommen, dass sie im an-archischen internationalen System bestimmten Handlungszwängen (der Selbstbehauptung) unterliegen, und darauf gestützt lasse sich ihr Verhalten erklären. Eine große

theoretische Perspektiven der APA: vom den sparsamen Annahmen des Neo-Realismus zur bewussten Synthese von Erklärungsstrategien

Macht etwa kann (per definitionem) in andere Staaten intervenieren und, so die neo-realistische Erwartung (und Erklärung), wird es auch tun, wenn dadurch gegenüber Herausforderern die Machtstellung gewahrt werden kann (aus Sicht der als rational-eigennützig handelnd angenommenen Entscheidungsträger). Dieses Verhalten der Großmächte sei etwa so vorherbestimmt wie das von Unternehmen in Märkten mit Konkurrenz: sie, so hatte Karl Marx ganz struktur-analog argumentiert (und Waltz bemüht selbst diese Analogie, wenn auch nicht die Marxsche Formulierung), *müssen* ‚ausbeuten' (Gewinne machen), ‚bei Strafe des Untergangs'. Jedoch zeigt selbst die (wirtschaftswissenschaftliche) Forschung hierzu, dass zwar das Gewinnstreben sinnvollerweise als zentrales Handlungsmotiv von Firmen unterstellt werden kann, dass damit aber weder erklärt werden kann, auf welche Weise dies Firmen jeweils tun (kurz- oder langfristig, ihre Arbeiter ausbeutend oder durch Gewinnbeteiligung und Mitbestimmung motivierend), noch welche Firmen dabei (warum) jeweils erfolgreich sind und welche nicht. Simpel gesagt: der Wille, Gewinne zu machen, bestimmt weder die Art, in der dies geschieht, noch allein den Erfolg. Diese Einwände lassen sich nun auch auf das außenpolitische Verhalten von Staaten übertragen und unterminieren dann, was zunächst als Vorteil des neo-realistischen Ansatzes erscheint: mit wenig (an Information) viel erklären zu können. Außenpolitische Praktiker haben solch schlanken Modell-Annahmen schon immer misstraut und sind daher eher dem klassischen Realismus gefolgt, der gerne ‚aus dem Vollen' der Kenntnis (und Beschreibung) der Lage und Vorgeschichte der jeweiligen Staaten schöpft. Zwar ist für Praktiker der Außenpolitik wie klassische Realisten der Erwerb dieser Kenntnisfülle ein praktisches Problem. Da beide an expliziter (politikwissenschaftlicher) Theoriebildung jedoch eher nicht interessiert sind, kommt es ihnen auf Sparsamkeit der Annahmen auch nicht an. Wir werden hier dafür plädieren, dass beides sinnvoll und erforderlich ist: eine stufenweise Ausweitung der zur Erklärung außenpolitischen Verhaltens herangezogenen Information und ein theoretisch angeleitetes, bewusstes Vorgehen dabei, das nie ganz die Intention von Theoriebildung aus dem Auge verliert. Diese sehen wir darin, an fruchtbaren Erklärungs*strategien* zu arbeiten, wobei jeder Anwendungsfall einer (versuchten) Erklärung einerseits die Tragfähigkeit der theoretischen Annahmen einem Test aussetzt, wobei aber andererseits diese theoretischen Annahmen vorgeben, nach welcher Art von Information denn Ausschau gehalten werden soll. Die Hypothesen, die sich aus Theorien ergeben, geben dann an, wie – argumentativ – die erhobene Information in die versuchte Gesamterklärung eingebaut werden soll. Verdeutlichen wir dies nochmals an der Rolle von Gefühlen und Emotionen in Erklärungen von Außenpolitik: Sie sollten in eine theoretisch sinnvolle Erklärung von Außenpolitik nicht so eingeführt werden, dass sie einfach dem Kollektivakteur Staat (oder Regierung) zugeschrieben werden (weil dies analytisch unplausibel ist: Staaten haben keine Gefühle). Vielmehr können sie z.B. über Mechanismen eingebracht werden, welche die Rückwirkung der Gefühlslagen der Bevölkerung auf die Außenpolitik einer Regierung erklären (etwa: öffentlich artikuliertes Entsetzen über laufenden Völkermord, das eine demokratische Regierung ‚in Zugzwang' bringt). Oder auch über die Wirkung von Emotionen in kleinen Gruppen von Entscheidungsträgern in Krisensituationen. In diesem, Erklärungsstrategien unterschiedlicher Forschungsprogramme bewusst integrierenden Sinne werden wir für eine historisch-soziologische Herangehensweise bei der Konstruktion von Erklärungen außenpolitischen Verhaltens plädieren. Wir hatten, zur Erinnerung, in Kapitel 1 Außenpolitik bestimmt als die grenzüberschreitende politische Aktivität staatlicher Akteure. Um sie zu erklären, ist es, so die hier vertretene Ansicht, wichtig diese staatlichen Akteure selbst als soziale Akteure in einem heimischen wie transnationalen gesellschaftlichen Kontext zu verstehen. Dies analytisch ‚aufzudröseln‘ macht die hier empfohlene Herangehensweise zu einer soziologischen (sozialwissenschftlichen). Und, das macht sie zu einer historischen, die geschichtliche Entwicklung dieser Strukturen wie auch der außenpolitischen Beziehungsmuster ist dabei mit zu berücksichtigen, nicht zuletzt, da Außenpolitik meist im Lichte der gemachten historischen Erfahrungen (bzw. dessen, was jeweils dafür gehalten wird) erfolgt. Dies soll im Ansatz im vorliegenden Kapitel für den deutschen Fall gezeigt werden und im nächsten für den der USA, wobei jedoch jeweils inhaltlich etwas unterschiedliche analytische Akzente gesetzt werden: im deutschen Fall soll die historische Dimension und damit die Gesamtschau der Außenpolitik in den Vordergrund gerückt werden, im US-Fall eher die ‚Mechanik‘ außenpolitischer Entscheidungsprozesse. Dies mindert etwas die Vergleichbarkeit der Darstellungen (nicht der Fälle als solche!), mehrt jedoch die Chance, fruchtbare analytische Ansätze vorzustellen. Über den weltgesellschaftlichen Kontext der US-Außenpolitik werden wir schließlich (in Kap. 10) den Weg zurück zur Analyse aus systemischer Perspektive finden.

Die Geschichte der deutschen Außenpolitik ist besonders geeignet, die Bedeutung der historischen Entwicklungs-Dimension für die inhaltliche Ausgestaltung (und damit auch für die Erklärung) dieser Außenpolitik aufzuzeigen. Freilich ist hier kein Raum für umfangreiche historische Nacherzählungen. Eine telegrammstil-artige Kurz-Geschichte muss genügen. Sie beginnt mit der Bismarckschen Einigungs- und Reichsgründungspolitik ‚in der Mitte Europas‘ unter Einsatz von Krieg (zuletzt gegen Frankreich 1870/71) als Mittel. Hieraus ging das Deutsche Kaiserreich hervor, kleindeutsch (unter Ausschluss Österreichs), aber die bis dato nur lose (unter Strukturen des Heiligen Römischen Reiches bzw. des Deutschen Bundes) verbundenen ‚deutschen Lande‘ zu einem außenpolitisch handlungsfähigen Kollektivakteur bündelnd. Aus der geographischen Mittellage wurde (und wird gelegentlich noch heute) im Sinne eines Geo-Determinismus abzuleiten versucht, warum Deutschland nicht nur (was zutrifft) vergleichsweise viele Nachbarn hat; sondern auch, warum die Gestaltung der Beziehungen zu diesen so schwierig und gewaltträchtig gewesen sei. Die deutsche Frage, die sich seit der frühen Neuzeit in jeweils unterschiedlicher historischer Form gestellt habe: wie die jeweilige Herrschaftsstruktur und politische Organisation ‚der deutschen Lande‘ mit einer friedlichen internationalen Ordnung der europäischen internationalen Beziehungen vereinbar zu machen sei, sei allein aufgrund dieser Mittellage eine besonders schwierige gewesen. Man wird diese – eher geo-‚possibilistische‘, auf politisch-geographische Randbedingungen hinweisende – Formulierung gerade noch akzeptieren können, den Geodeterminismus jedoch gut konstruktivistisch mit der Formulierung zurückweisen müssen: ‚Mittellage‘ ist, was die jeweiligen Akteure daraus machen. Damit

deutsche Außenpolitik: im dritten Anlauf erfolgreich – was wird im vierten?

sind dann zwar nicht die deutschen außenpolitischen Akteure allein gemeint, da die Ergebnisse internationaler Politik ja immer erst aus der Interaktion, der Wechselwirkung, von Außenpolitik*en* (Plural!) entstehen. Gleichwohl lenkt unsere akteursperspektivische Analyse deutscher Außenpolitik das Augenmerk primär auf das Verhalten der deutschen Außenpolitiker. Bismarck ist dabei der Aufbau eines zwar realpolitisch-riskanten, in diesem Sinne jedoch ‚schlauen‘ Systems des gegeneinander Ausbalancierens (und gelegentlich auch Ausspielens) europäischer Nachbarstaaten zuzubilligen. Was diese Politik jedoch gleichsam *zu* schlau machte, war die Tatsache, dass sie nicht gegen Wandel im Personal robust gemacht wurde (und wohl auch nicht werden konnte). Ein strategisch-taktischer Großmeister wie Bismarck mochte in der Lage gewesen sein, das von ihm angelegte System der Beziehungen auszutarieren; seine weniger begnadeten Nachfolger (und mit solchen muss ein kluger Politiker rechnen!), darunter prominent Kaiser Wilhelm II und die umgebende Hof-Kammerilla, waren dazu nicht in der Lage. Sie stimulierten, unterstützt von kolonialistischen und militaristischen Kräften in der Wilhelminischen deutschen Gesellschaft, einen Hurra-Patriotismus und ein deutsches Streben nach dem ‚Platz an der Sonne‘, die letztlich in den Ersten Weltkrieg mündeten. Aus der Niederlage in ihm erwuchsen entscheidende Belastungen für die noch vor Kriegsende ausgerufene Weimarer Republik. Ihr lasteten reaktionäre Kreise mittels der sog. Dolchstoß-Legende die doch von der politischen und militärischen Führung des Kaiserreichs zu verantwortende Niederlage an. Eine letztlich ungeschickte, einseitig-harte Zuschreibung der Kriegsschuld an Deutschland im Versailler Vertrag konnte durch die von den USA mit unterstützte Lockerung der Lasten der von Deutschland geforderten Reparationen nicht aufgewogen werden, die Ansätze einer europäischen, vor allem deutsch-französischen Entspannungspolitik unter den Außenministern Stresemann und Briand erbrachten zu wenig sichtbare Erfolge. Diese konnten, so schien es, nach Machtantritt Hitlers von ihm mit einer gezielt-brutalen Politik der schrittweisen Herausforderungen der westlichen Mächte errungen werden, die aufgrund innerer Erschöpfung und Kriegsmüdigkeit (in Frankreich und England) zu spät ‚halt riefen‘. Die zum Teil klammheimlich in Weimarer Zeiten wieder aufgebauten, von Hitler dann massiv ausgebauten Militärkapazitäten des ‚Dritten Reiches‘ setzte Hitler dann zu einem rücksichtslosen Eroberungskrieg gen Westen und Vernichtungskrieg gen Osten ein, dessen Niederlage nicht zuletzt aufgrund des im Windschatten des Krieges durchgeführten Völkermordes an den Juden 1945 nicht nur eine militärische, sondern auch eine moralische war. Die fast gleichzeitig mit der Nachkriegszeit beginnende Phase des Ost-West-Konfliktes brachte für Deutschland zunächst die Teilung in Ost und West, für letzteren Teil jedoch auch die Chance, durch Selbst- und West-Bindung, die zwar nicht unumstritten war, jedoch auch aufgrund des ökonomischen Erfolges von zunehmend breiteren Kreisen der Bevölkerung mitgetragen wurden, schrittweise wieder Autonomie zu erlangen. Entscheidend wurde, dass im Bereich der ökonomischen Leitbilder sich Gesellschaft und Eliten Westdeutschlands von den kolonialistischen Vorstellungen der Eroberung eines ‚Platzes an der Sonne‘ ebenso wie von den rassistischen eines autarken ‚Lebensraums‘ abwandten und der Einfügung in ein internationales System des liberalen Handelsaustauschs zuwandten, sich mithin auf ökonomische Interdependenz einließen. Dem entsprach im Bereich der politischen Organisation die Herausbildung einer Demokratie nach westlichem Muster. Beide Stränge der Verwestlichung durch West- und Selbstbindung kamen auch im Projekt der europäischen Integration zum Ausdruck. Die Ost- und Entspannungspolitik legte schließlich auf doppelte Weise die Grundlage für die international konsentierte Wiedererlangung deutscher Einheit im Jahre 1990: sie brachte der west- und später gesamtdeutschen Außenpolitik Vertrauenskapital einerseits, leistete andererseits einen Beitrag zur Auflösung des ‚Ostblocks‘ mittels des weichen Faktors der Verbreitung von Gedanken der Freiheit über den Prozess der Konferenz für Sicherheit und Entspannung in Europa (KSZE). Deren berühmte Schlussakte publizierte Moskaus Prawda im vollen, auch ‚bürgerliche‘ Freiheiten propagierenden Wortlaut und machte sie so weiten Kreisen verfügbar – als Maßstab, auf den die beginnende Zivilgesellschaft der 1980er Jahre in den Staaten Osteuropas sich berufen konnte. Rückblickend lässt sich, klammert man das Weimarer Zwischenspiel von der Zählung aus, sagen, dass im dritten Anlauf in Gestalt der Nachkriegs-Außenpolitik Westdeutschlands ein letztlich erfolgreicher Weg für deutsche Außenpolitik gefunden wurde, mit der Mittellage-Problematik konstruktiv(er) umzugehen. Deutschland sah sich, in den Worten seines Verteidigungsministers, nach der Vereinigung ‚nur von Freunden umzingelt‘. Die Lehre von der allein verhängnisvollen Wirkung militärischer Mittel in der Außenpolitik und dem fast ausschließlichen Setzen auf institutionelle Einbindung und ‚weiche Faktoren‘ in der Außenpolitik, die aus dieser Geschichte deutscher Außenpolitik vielfach gezogen wurde, sah sich jedoch noch am Ausgang des 20. und dann zu Beginn des 21. Jahrhunderts mit einer doppelten Herausforderung konfrontiert: der durch (Bürger-)Krieg und Völkermord in Europa und in anderen Weltteilen sowie der einer zum Teil ganz anderen historischen Sicht bzw. ganz anderer vor allem aus dem Ereigniskomplex des Zweiten Weltkriegs gezogener Lehren auf Seiten Deutschlands europäischer und vor allem auch außereuropäischer Partner, konkret der USA, insbesondere unter ihrem Präsidenten G.W. Bush. Wie diese neue Herausforderung anzunehmen ist, darum wird seitdem gerungen – und auch gestritten.

Es ist nicht die *primäre* Aufgabe politikwissenschaftlicher Analyse deutscher Außenpolitik, aus der Rekonstruktion und theorie-geleiteten Erklärung dieser Außenpolitik Handlungsanweisungen für ihre zukünftige Gestaltung abzuleiten. Doch ebensowenig wie die (Zeit-)Geschichtswissenschaft, die insofern oft gerne in Anspruch genommen wird und sich auch gerne selbst ins Spiel bringt, wird sie sich diesem auf die (außenpolitische) Praxis bezogenen Anliegen gänzlich entziehen können (oder auch wollen). Ein Lehrtext zur Einführung in die Analyse ist freilich nicht der Ort, an dem dies in erster Linie erfolgen sollte. Ihm muss es zunächst darum gehen, aus der (zugegebenermaßen bereits perspektivisch aufbereiteten) Kurz-Geschichte deutscher Außenpolitik einige analytische Schlussfolgerungen herauszupräparieren. Sie betreffen die Erklärungsstrategie und -kraft einzelner Außenpolitik-Theorien bzw. Hypothesen, die sich aus den verschiedenen Forschungsprogrammen und eventuell aus ihrer sinnvoll-bewussten Verbindung ergeben. Die Rekonstruktion der (west-)deutschen Außenpolitik hat als erste zentrale (nicht nur, aber auch) außenpolitische Strategie die Westbindung ausgemacht, die analytisch auch als Selbstbindung

analytische Interpretation und Ertrag: Kombinierbarkeit verschiedener analytischer Erklärungsstrategien

bezeichnet wurde. Es fragt sich, ob diese Politik mit einer realistischen Interpretation erfasst werden kann. Offenbar wurde die Niederlage im Zweiten Weltkrieg von den (außen-)politischen Eliten Westdeutschlands ganz anders verarbeitet als die Niederlage im Ersten Weltkrieg vom Gros der Weimarer Eliten. Ein Revisionismus (oder gar Revanchismus) wurde praktisch nicht vertreten, jedenfalls keiner, der den Einsatz militärischer Macht gefordert hätte. Vielmehr erfolgte, beginnend unter Adenauer, eine kluge Politik zunächst gegenüber den westlichen Besatzungsmächten, dann den westlichen Verbündeten. Westdeutsche Einbindung in das westliche System wurde als Chance genutzt, nach und nach Elemente westdeutscher Handlungsfreiheit zurückzugewinnen, gipfelnd in der Wiedererlangung der vollen Souveränität Gesamtdeutschlands 1990. Es wurde also – die Ausgangslage am Ende des Krieges hätte wohl auch kaum anderes hergegeben – keine plumpe Politik des (west-)deutschen Machtstrebens verfolgt, wohl aber eine kluge Politik der Selbstbindung, das heißt: Anerkennung der eigenen Verantwortung für die Vergangenheit und Akzeptanz der Einbindung in internationale Institutionen wie EWG und NATO, solange dies formal gleichberechtigt erfolgte – worin ja bereits eine Überwindung des Status des Besetzten lag. Natürlich könnte dies realistisch auch als ,Anschluss an den Stärkeren' (den Westen, vor allem die USA) vor dem Hintergrund des Ost-West-Konfliktes und der wahrgenommenen Bedrohung aus dem Osten gesehen werden, was wohl eine nicht ganz falsche, aber auch keine hinreichende Interpretation (und damit Erklärung) wäre. Ob man diese Entwicklung auch in einem anderen Sinne als realistisch deutbar hält, hängt offenbar davon ab, welche Hypothese bezüglich des außenpolitischen Verhaltens Westdeutschlands man aus den Grundannahmen des realistischen Paradigmas ableitet. Nur ein plumper, von keinem Analytiker vertretener Machttrieb-Realismus würde in der damaligen Ausgangslage blankes revanchistisches Machtstreben erwartet haben. Kluge Machtpolitik, die Selbstbindung nutzt, um friedliche Absichten zu bekräftigen, trifft als Beschreibung eher zu, was auf eine sinnvolle Kombination realistischer und institutionalistischer Erklärungsstrategien verweist. Es gab ein rational-eigennütziges Element in der westdeutschen Außenpolitik (Wiedererlangung von Autonomie), klugerweise wurde jedoch erkannt, dass der Weg dorthin über institutionelle Ein-, also auch Selbstbindung führte. Dass und wie dies funktionieren konnte, kann mit der institutionalistischen Erklärungsstrategie verständlich gemacht werden (Stichwort: Vertrauensschaffung durch normgeleitetes Verhalten im Rahmen der Institutionen). Dass schließlich Revanchismus keine nennenswerte Anhängerschaft fand und dass West- (und auch Selbst-)Bindung mehr als nur ,kluge Taktik' war und wurde, was sich an der Fortsetzung dieser Politik auch nach Erlangung der vollen Souveränität zeigt, hängt mit einem Einstellungswandel weit über die außenpolitischen Eliten hinaus zusammen, der im Zuge der Entwicklung der westdeutschen Gesellschaft auch erst langsam erfolgte und teilweise auch errungen werden musste. Diese ,Umerziehung der Westdeutschen', nicht durch die re-education der Alliierten, sondern quasi ,durch sich selbst': durch die sich entwickelnden Verhältnisse einer westlichen Demokratie und einer funktionierenden Marktwirtschaft sowie ein jahrelanges vergangenheitspolitisches Ringen um die Annahme der Verantwortung für die eigene Geschichte, mündete auch in neuen außenpolitischen Selbst- und Leitbildern:

als ,mittlere Macht', die, wie Außenminister Genscher anlässlich der deutschen Vereinigung vor der UNO erneut betonte, ,nicht nach Macht strebt', sowie als Handelsstaat, der den eigenen Vorteil in der internationalen Landschaft nicht militärisch, sondern durch lohnende wirtschaftliche Verknüpfung (,Exportweltmeister') sucht. Diesen Wandel der kognitiven und zum Teil auch emotionalen Einstellungen, etwa die Abkehr vom Militarismus der Kaiser- und Hitlerzeit, kann wohl analytisch am besten eine konstruktivistische Analyse erfassen, auch, weil es dazu eines feineren Instrumentariums und eines Mehr an Information bedarf als Zahlen zu Rüstungsausgaben und Exportquoten.

Gerade dieses neue Selbstbild eines auf institutionelle Einbindung setzenden, nicht nach Macht strebenden Handelsstaates hat nun seinerseits die Kritik zumindest eines eher realistischen Analytikers deutscher Nachkriegsaußenpolitik herausgefordert: Hans-Peter Schwarz (1985; vgl. auch jünst ders. 2005), der den (West-)Deutschen schon in den 1980er Jahren Machtvergessenheit vorwarf, als (Über-)Reaktion auf ihre zuvor gehegte Macht-versessenheit. So gelungen das Wortspiel als Beitrag zur Debatte um die Ausrichtung deutscher Außenpolitik ist, so wenig kann sich der Vorwurf seinerseits der kritisch-analytischen Betrachtung entziehen. Dabei erstaunt zweierlei: Gerade Schwarz war es, der in seinen biographischen Arbeiten die Klugheit der Adenauerschen (Außen-)Politik herausgearbeitet hat, die durchaus machtbewusst war, außenpolitisch nach Erweiterung der Handlungsmöglichkeiten für die westdeutsche Regierung strebte (und auch innenpolitisch-taktisch die Westbindung geschickt gegen die – sozialdemokratische – Opposition nutzte, der im Wahlkampf schon einmal vorgeworfen wurde, dass „alle Wege des Marxismus nach Moskau" führten). Und andererseits kann außer dem selbst, gegen leichte Widerstände vor allem im konservativen Lager, gewählten Verzicht West- und Gesamt-Deutschlands auf den (technisch wohl möglichen) Erwerb eigener Massenvernichtungswaffen (MVW) kaum auf eine Maßnahme deutscher Außenpolitik verwiesen werden, die so gedeutet werden kann, dass Deutschland durch stärkeren Machtgebrauch mehr erreichen können hätte. Und selbst für die hypothetischen MVW ist mehr als fraglich, was über das Erreichte hinaus sie denn Deutschland hätten einbringen können. Das Erreichte, um es zu wiederholen, ist ja nichts weniger als die in historischem Maßstab wohl doch als erstaunlich zu bezeichnende internationale Zustimmung zur Wiedervereinigung, weniger als 50 Jahre nach Ende eines Krieges, für den Deutschland eindeutig Verantwortung trägt – und zwar gerade auch, weil es diese Verantwortung erkennbar übernommen und auch damit Vertrauen gewonnen hat.

Machtvergessener Handelsstaat?

Was von dem Vorwurf der Machtvergessenheit bleibt ist der dann freilich nicht mehr als Vorwurf, sondern analytisch als empirische Feststellung zu formulierende Befund, dass die westdeutsche Bevölkerung wohl überwiegend große Skepsis gegenüber dem Einsatz militärischer Mittel in der Außenpolitik, außer zur unmittelbaren Landesverteidigung, hegt, eine Skepsis, der sich nach der Vereinigung eine spezifisch ostdeutsche dazugesellte hinsichtlich der Beteiligung an Aktionen der NATO, insbesondere ,out of area' (außerhalb der Territorien der Mitgliedstaaten dieser Organisation) und unter Dominanz der einzig verbliebenen Weltmacht (und einstigen Vormacht des ,westlichen Lagers') USA. Diese Einstellungen können auch den nach 1990 teilweise innenpolitisch

die neue Rolle des Militärischen in der internationalen Politik – auch der deutschen Außenpolitik?

mühsamen, insgesamt jedoch raschen Weg Deutschlands erklären hin zur Beteiligung an internationalen Eingriffen wie der NATO-Intervention im Kosovo (auf durchaus dünner völkerrechtlicher Grundlage) oder in Afghanistan, also auch mit militärischen Auslandseinsätzen der Bundeswehr (und nicht nur mit finanzieller Unterstützung, was zuvor Deutschland den Vorwurf der Scheckbuchdiplomatie eingebracht hatte). Dass dabei Einstellungen gewandelt wurden, ist kaum zu leugnen. Eine lange gehegte Interpretationen des Grundgesetzes etwa, in der sich diese Einstellung fast institutionalisiert hatte, musste erst vom Bundesverfassungsgericht dahingehend geklärt werden, dass die Verfassung Auslandseinsätze der Bundeswehr out of area nicht verwehrt, sie freilich an die Zustimmung des Parlamentes knüpft (Parlamentsvorbehalt). Und auch an einer weiteren institutionellen Besonderheit deutscher (Außen-)Politik manifestierte sich die Schwierigkeit des Einstellungswandels: in der politischen Mechanik der Koalition, die – wie meist in Nachkriegs-(West-)Deutschland – der Regierung zugrundelag. Gerade eine rot-grünen Koalition, in der es in beiden beteiligten Parteien insofern stark kritische Stimmen gab, hatte mit dem Einstellungswandel besondere Probleme – und konnte ihn doch vermutlich glaubwürdiger, jedenfalls innenpolitisch breitere Kreise einbindend, durchsetzen. Die Bewertung des erfolgten Einstellungswandels und damit des erfolgten Wandels in der deutschen Außenpolitik fällt freilich, offenbar genau entlang solcher Einstellungen, unterschiedlich aus und reicht von der ‚Militarisierung der deutschen Außenpolitik‘ (was, um die analytische Kritik an diesem Vorwurf anzudeuten, diesen Begriff wohl über das sinnvolle Maß hinaus ausdehnt) bis eben hin zum Gegenvorwurf der (anhaltenden) ‚Machtvergessenheit‘.

von der Analyse
zur Bewertung:
legitimes Ringen
um künftige
deutsche
Außenpolitik

Von der Analyse zur Bewertung übergehend lässt sich dem hinzufügen, dass gerade diese zum Teil schwierigen Prozesse des Ringens um die neue deutsche Außenpolitik bei allem inhaltlichen Wandel von Einstellungen doch auch im Lichte der deutschen Vorgeschichte eher postiv zu bewertende Kontinuitäten belegt, vor allem hinsichtlich der Ablehnung eines *leichtfertigen* Einsatzes militärischer Mittel in der deutschen Außenpolitik. Was ihr darüber hinaus wohl noch fehlt, und das erstaunt gerade auch angesichts der starken weltweiten ökonomischen Einbindung Deutschlands, ist die Fähigkeit zum strategischen Denken in einem weit über das Militärische hinausgehenden Sinne. Gäbe es dieses, müsste etwa die zunehmende Abhängigkeit von der Öl- und Gaszufuhr aus dem Mittleren Osten bzw. aus Russland weit mehr auch zum Thema einer sicher nur im europäischen Verbund anzugehenden strategischen Energiepolitik werden. Gerade wenn diese nicht die – gerne aus Deutschland kritisierte – notfalls Zufuhr militärisch sichernde Form der US-Außenpolitik annehmen soll, müsste über realisierbare Möglichkeiten der Risiko-Steuerung insofern weit mehr nachgedacht (und gehandelt) werden als es derzeit erfolgt. Und während die Beteiligung Deutschlands an auch zu abwehrender Gewalt bereiten humanitären Einsätzen und in der ‚Nachsorge‘ in Bürgerkriegs-Lagen weltweit inzwischen wohl den Möglichkeiten – also auch der Verantwortung – dieses Landes entspricht, steht ihm die gerade im Kreis der westlichen Demokratien zweifellos mögliche Kritik am militärischen Vorgehen anderer dann ungut zu Gesicht, wenn es sich dabei auf das hohe Ross der vermeintlichen eigenen moralischen Überlegenheit hinsichtlich der aus der Vergangenheit gezogenen Erfahrungen setzt. Statt hierbei mit einer doch zu simplistischen ‚Moral von der Geschicht' im Sinne eines „Nie wieder Gewalteinsatz!" bzw. eines „Keine Gewalt, selbst wenn es die UNO beschließt" aufzutrumpfen stünde es uns gut an anzuerkennen, dass andere andere Lehren ziehen können – und vielleicht auch wir selbst bessere, weil differenzierte Lehren ziehen können und angesichts neuer internationaler Lagen vielleicht auch müssen. Nicht dass über die Richtung künftiger deutscher Außenpolitik, auch hart, gerungen wird ist verkehrt. Nur kommt es dabei auf die Qualität der Argumente und die Überwindung von Selbstgerechtigkeit an. Auf dieser Basis kann dann auch notwendige ‚Kritik unter Freunden' erfolgen. Womit bereits das Verhältnis zur Außenpolitik jenes Landes angesprochen ist, das uns im nächsten Kapitel beschäftigen soll.

Ausgewählte Literaturhinweise zu Kapitel 8

Zur **Außenpolitik-Analyse** allgemein den Überblick von Harnisch 2003 und als Reader Simonis 2000; Neack/Hey/Haney 1995, Beasley u.a. 2002, Charillon 2002 und Hill 2003. Zum **Nachschlagen über die Außenpolitik einzelner Staaten** Bellers/Benner/Gerke 2001. Zur **historischen Entwicklung deutscher Außenpolitik** Hildebrand 1989, Niedhart 1999, Becker 1990, Schöllgen 1989, Haftendorn 2001 und Hacke 2003. Zur sog. **deutschen Frage** Gruner 1985 und Geiss 1992. Zu **unterschiedlichen Reaktionen auf das Ende des 1. und des 2. Weltkriegs** Niedhart/Riesenberger 1992. Zur **Westbindung** Herbst 1989. Zur **Ostpolitik** Bender 1995. Zu **internationalen Aspekten der deutschen Vereinigung** Kaiser 1991 und Zelikow/Rice 1995. Zur **politikwissenschaftlichen Analyse deutscher Außenpolitik** einführend Bierling 1999; Hanrieder 1995; theorie-orientiert einführend Hellmann 2004, fortgeschritten Rittberger 2001. Zur **aktuellen Entwicklung** Maull/Harnisch/Grund 2003, Harnisch/Katsioulis/ Overhaus 2004 und Schwarz 2005; vgl. auch http://www.deutsche-aussenpolitik.de/. Zum **deutschen Außenministerium** Brandt/Buck 2003 und http:// www.auswaertiges-amt.de/www/de/index_html. Zu den **auswärtigen Beziehungen Deutschlands** mit Staaten **in Europa** die Kapitel in Verheyen/Soe 1993; außerhalb Europas **zu den USA** umfassend Junker 2001, **zu Israel** Weingardt 2002, **zu Afrika** Engel 2001. Zur **energiepolitisch-geostrategischen Herausforderung** Umbach 2003, Müller 2003, Warkotsch 2004 und Oberthür/ Pfahl/Tänzler 2004.

9 Außenpolitik II: USA – Supermacht und Hegemon

Wenn wir uns nun der Außenpolitik bzw., darüber hinaus, der internationalen Stellung eines zweiten westlich-demokratischen Landes zuwenden, so ist als Besonderheit neben dem Alter dieser (für Kritiker sei es zugegeben: ‚Real'-)Demokratie ihr mit Deutschland heute ganz unvergleichbarer Status zu betonen. Realistisch, nach der Erhöhung der Verteidigungsausgaben durch Präsident Bush jr., die die USA nahezu so viel für Rüstung ausgeben lässt wie der Rest der Welt zusammen, lässt sich diese Stellung schon unter Verweis auf diesen simplen, ‚harten' Faktor der überlegenen Militärmacht als die der einzigen Supermacht und also der Vor-Macht, der Hegemonie im realistischen Sinne, charakterisieren. Der Weg der USA in die Weltpolitik und zu dieser herausgehobenen Stellung erfolgte über die Stationen

besondere Stellung der USA – unterschiedliche Faktoren, unterschiedliche theoretische (Er-)Fassung:

das realistische Element

- des für sie siegreichen Krieges gegen Spanien 1898 (es ging um Kuba, brachte den USA jedoch auch ihre einzige formal koloniale Episode auf den Philippinen – und damit die Präsenz auch im Pazifik!);
- der Beteiligung am Ersten Weltkrieg (nach der deutschen Kriegserklärung 1917; der meist mit dem Stichwort Isolationismus verbundene Rückzug der USA aus Europa nach dem Sieg im Ersten Weltkrieg stellt quasi ein retardierendes Moment in ihrem globalen Aufstieg dar);
- des Sieges im Zweiten Weltkrieg (auf beiden Kriegsschauplätzen: dem europäischen und dem asiatischen);
- des erfolgreichen Durchstehens des Kalten Krieges (mit dem glimpflichen Ende der Selbstauflösung des ‚Ostblocks').

Oft widerwilliger, dann aber in des Wortes doppelter Bedeutung schlagender Einsatz militärischer Gewalt kennzeichnet somit diese Geschichte des Aufstiegs zur Supermacht und spricht für die Bedeutung realistischer Machtfaktoren.

Freilich ist dies nicht die ganze Geschichte. Nachdem die Mitgliedschaft der USA im von ihrem Präsidenten Wilson vorgeschlagenen Völkerbund am Veto des US-Senates gescheitert war, konnte unter Führung der USA nach dem Zweiten Weltkrieg ein ganzer Gebäude-Komplex internationaler Institutionen gegründet werden, der neben der UNO und dem Handelsabkommen GATT (seit 1995 der Welthandelsorganisation WTO) auch noch die NATO, den Weltwährungsfonds und eine Reihe anderer internationaler Organisationen umfasst. Zu diesen haben die USA offenbar ein gespaltenes Verhältnis: Was sie mit Fug und Recht als ihre (Geistes-)‚Kinder' betrachten könnten, wird doch nicht immer ‚geliebt' und von Teilen der US-Öffentlichkeit und der außenpolitischen Eliten

das institutionalistische Element

107

dann sehr kritisch betrachtet, wenn Mitgliedschaft in solchen Organisationen als „Verlust nationaler Souveränität", als ‚Fesselung' (eher denn Selbstbindung) wahrgenommen wird. Dies entspricht ganz realistischen Erwartungen: Wer mächtig ist und alleine mächtig genug zu sein glaubt, sieht leicht eine Alternative zu institutioneller Selbstbindung: den Alleingang. Freilich ließe sich politisch dagegen argumentieren (und wird auch, in den USA wie gegenüber ihnen aus dem westlichen Ausland argumentiert), dass die Alternative des Alleingangs auch für eine Supermacht sich als eine Illusion erweisen könnte, weil auch die Supermacht bestimmte Probleme besser oder gar nur im Verbund mit anderen lösen könne. Theoretisch ergibt dies zwei Punkte: Für das realistische Forschungsprogramm ist es schwierig, genau zu spezifizieren, wieviel an Einbindung sich jeweils mit seinen Verhaltensannahmen verträgt. Ein ‚objektives' Maß scheint es nicht zu geben, vielmehr, das verweist auf das kognitivistisch-konstruktive Forschungsprogramm, kommt es offenbar auf die *Wahrnehmung* sich jeweils bietender Handlungsmöglichkeiten (hier: Selbstbindung versus Alleingang) an. Aus Sicht des institutionalistischen Forschungsprogramms bestand die Klugheit der US-Außenpolitik nach dem Zweiten Weltkrieg gerade in ihrer Bereitschaft zur Selbstbindung durch Mitgliedschaft in internationalen Organisationen, in die sie dadurch jeweils bestimmte andere Staaten ebenfalls einzubinden und ihrer ‚weichen', nicht militärischen, jedenfalls nicht militärisch durchgesetzten Führung zugänglich machen konnte. Dies lag im aufgeklärten Eigeninteresse der USA, etwa wenn es um die Liberalisierung des Welthandels und damit auch die Öffnung fremder Märkte für US-Waren (und zunehmend Dienstleistungen) ging.

das konstruktivistische Element

Neben der Betonung der Wahrnehmung bei der strategischen Wahl außenpolitischer Optionen (wie Selbstbindung versus Alleingang) kommt das konstruktivistische Forschungsprogramm bei der Erklärung der US-Außenpolitik vor allem über sein theoretisches Konzept des Selbstbildes ins Spiel. Zum Selbstbild der USA, geteilt von weiten Kreisen der Bevölkerung wie der außenpolitischen Eliten, gehören mindestens folgende drei Einstellungs-Komplexe:

– der American Creed, die Überzeugung, dass eine (auch wirtschaftlich) liberale Demokratie nicht nur für die USA, sondern ‚im Prinzip' für die ganze Welt die optimale institutionelle Lösung der Fragen der politischen und ökonomischen Organisation darstellt (was sich außenpolitisch im Idealismus des Wilsonianismus artikuliert);
– die hierauf basierende Bereitschaft, *wenn es denn nötig ist* (und darum wird jeweils innerhalb der USA zum Teil heftig gerungen) weltweit-raumgreifend gestaltend einzugreifen, auch mit militärischen Mitteln (die dann am besten überlegene sein sollten und auch voll zum Einsatz kommen sollten);
– als Bremse für diese vehemente Engagementbereitschaft (Kritiker würden sagen: des expansiven [Neo-]Imperialismus) eine weit verbreitete Einstellung gegen Big Government, auch und gerade in Washington und auch wenn es außenpolitisch handelt, gekoppelt mit einem Beharren auf mittelfristig-loser Rückkopplung an die Interessen (und Stimmen) des ‚gemeinen Mannes', eine (im US-Kontext positiv konnotierte) populistisch-(basis)demokratische Einstellung (die sich im institutionellen Gefüge der USA artikulieren kann; dazu sogleich) und einem Selbstbild, das für die ‚first in-

dependent nation', die ja selbst aus der kolonialen Abhängigkeit von Großbritannien hervorgegangen ist, keine formale Kolonialisatoren-Rolle vorsieht.

Ohne diese Mischung außenpolitischer Einstellungen in den USA und ihre phasenweise Dominanz und inhaltliche wechselseitige Ergänzung und Korrektur
sind weder die großen Schritte der US-Außenpolitik der letzten etwas über 100
Jahre zu verstehen (zu erklären) – noch der (zumindest aus US-Sicht) dabei er-
rungene klare Erfolg, der wiederum gemäß dem Motto „nothing succeeds like
success" auf die „can do"-Grundhaltung des ersten Einstellungskomplexes posi-
tiv-verstärkend rückwirkt.

Dem ist, aus gesellschaftskritischer Sicht, neben der bereits in Klammern
angedeuteten eher kritischen Bewertung des gerade geschilderten außenpolitischen Programms, hinzuzufügen (und das ist analytisch wichtig für die Erfassung der US-Stellung in der Weltgesellschaft), dass die USA aufgrund ihres
American Creed seit dem 19. Jahrhundert zum Vorreiter und Propagator der
weltweiten Modernisierung geworden sind, und zwar in einer spezifischen,
nämlich kapitalistischen Form. Ihre (im gesellschaftskritischen Sinne verstandene) Hegemonie stützt sich also nicht nur (wie aus realistischer Sicht) auf ihre
militärische Überlegenheit; und auch nicht nur (bzw.: gar nicht), wie in der libe-
ral-institutionalistischen Sicht, auf die Anwendung ‚weicher' Machtfaktoren,
auf überlegene politisch-ökonomische Ideen und die durch sie ausgelöste Folgebereitschaft anderer. Aus gesellschaftskritischer Sicht ist Basis der US-Hegemo-
nie vielmehr der ‚stille Zwang der (kapitalistischen) Verhältnisse', die letztlich
globale Ausbreitung kapitalistischer Strukturen, innerhalb derer insbesondere
die Interessen der transnationalen globalen Elite gewahrt werden, die nicht nur
einen starken US-Anteil aufweist, sondern von Strategien und Ideen beherrscht
wird, welche US-Kräfte propagieren. Soweit die Interessen der weltgesellschaftlich nicht Herrschenden dabei überhaupt berücsichtig werden, dann in einem
instrumentellen Sinne: soweit sie den US-dominierten Kapitalverwertungsinter-
essen entsprechen. Diese Überlegungen verweisen auf größere Zusammenhänge, denen wir im folgenden Kapitel nachgehen werden. Im Rest des vorliegenden Kapitels soll es um die ‚Mechanik der Produktion von Außenpolitik' unter
den Bedingungen des politischen Systems der USA gehen. Dabei wird deutlich,
dass die spezifische Wirkung von Demokratie auf Außenpolitik von den institutionellen Strukturen abhängt, in denen die Demokratie jeweils ausgeprägt ist.

Ein wesentliches institutionelles Charakteristikum der US-amerikanischen
Demokratie ist ihre Ausgestaltung als präsidentielles Regierungssystem. In ihm
sind der quasi-direkt (über das Wahlmännergremium) gewählte Präsident als
Staats- und Regierungschef und die ebenfalls direkt gewählten Mitglieder des
Zwei-Kammer- Parlamentes Kongress (100 auf sechs Jahre gewählte Senatoren
im Senat, 435 für 2 Jahre gewählte Abgeordnete im Repräsentantenhaus) von-
einander zunächst ganz unabhängig – und gerade deshalb auf Zusammenspiel
angewiesen, soll das Regierungssystem nicht zu Handlungsblockade führen
(was gelegentlich vorkommt). Angelsächsisch spricht man von einem System
der „checks and balances", der Gewaltenteilung, aber auch der funktionalen Ge-
walten-Verschränkung. Dabei spielen weder eine Fraktionsdisziplin im Parlament (welche die politischen Einzelkämpfer, die die Kongressmitglieder weitge-

die gesellschafts-
kritische Sicht

präsidentielles
Regierungssystem:
zentrale politische
Mechanik

109

hend sind, ablehnen würden) noch die insbesondere programmatisch schwach ausgeprägten Parteien eine vermittelnd-steuernde Rolle. Das politische Tauschgeschäft (log-rolling genannt) im Kongress beinhaltet den Tausch von Zustimmung zu (auch außenpolitisch bedeutsamen) Gesetzen gegen unterschiedliche ‚Wohltaten': Unterstützung der Kongress-Mitglieder im eigenen Wahlkampf, bei eigenen Gesetzes-Vorhaben und Belohnung durch solche Gesetzesklauseln, die im jeweiligen Wahlkreis zur werbewirksamen Beschaffung von Aufträgen, Arbeit, Einkommen und Gewinnen für große Spender(firmen) führen. Die zentrale politische Mechanik in diesem demokratischen System (und eine häufige letztlich in allen) ist also das politische Tauschgeschäft, dem zwar gelegentlich der Ruch des Unsauberen anhaftet, insbesondere wenn zu viel an geldwerten Vorteilen zu heimlich in die Tauschprozesse einfließt. Unter der Rubrik Kompromiss ist sie jedoch, wenn auch immer noch oft ungeliebt, allgemein als funktional notwendig anerkannt. Um das Wirken dieser politischen Mechanik in der US-Außenpolitik besser zu verstehen, müssen wir jedoch noch ein paar Worte zu den beiden Hauptpolen im ‚Spiel' sagen: Exekutive (Präsident) und Kongress (speziell Senat).

Exekutive (Präsident): Persönlichkeit, Rolle, Entscheidungsroutinen und bureaucratic politics

Der Einfluss des Präsidenten auf die US-Außenpolitik ist groß, und zwar um so vieles größer als sein innenpolitischer Einfluss, dass geradezu die These von den two presidencies, den zwei Präsidentschaften – der innen- und der außenpolitischen – aufgestellt wurde. Dies liegt einerseits an den formal durch die US-Verfassung eingeräumten Kompetenzen des Präsidenten: Neben der Rolle des Staats- und Regierungschefs kommt ihm auch noch die des Oberbefehlshabers der Streitkräfte zu. Nicht formell festgelegt jedoch in der politischen Kultur der USA verankert ist seine Rolle als Orientierungspol in Krisenzeiten: Insbesondere in sicherheitspolitisch kritischen Zeiten stellt sich gerne der sog. rally-around-the- flag-Effekt ein, etwa: „Alles sammelt sich um die Flagge", und das heißt oft auch: um den Präsidenten und die von ihm vermittelte Deutung der Situation und seine eingeschlagene Handlungsweise (deutlich etwa nach den Anschlägen des 11. September 2001, die Präsident Bush jr. als Teil eines globalen terroristischen Angriffs gegen die USA darstellte und als Konsequenz daraus nicht nur das gewaltsame Vorgehen gegen das Regime der Taliban in Afghanistan, sondern auch gegen das S. Husseins im Irak als Teil des Anti-Terror-Feldzuges rechtfertigte, als „war on terror"). Dass bei solchen Situationsdefinitionen und Entscheidungen über die Wahl der außenpolitischen Handlungen auch die Persönlichkeit des Präsidenten, seine Einstellungen und seine Weltsicht, eine Rolle spielen, ist plausibel, wenn auch nur mit großem Aufwand an Quellen belegbar. Für das Gros der außenpolitischen Entscheidungen (und auch für dem Präsidenten vorgelegte Optionen in Krisenlagen) gilt jedoch, dass sie vom ‚bürokratischen Unterbau' der Exekutive erarbeitet werden. Und für diesen gilt zweierlei: Empirisch wurde er nach dem Zweiten Weltkrieg im Zeichen des Ost-West-Konfliktes ganz erheblich ausgebaut. Es entstand das, was kritisch der nationale Sicherheits-Staat genannt wurde, der neben dem Außenministerium mit dem größten diplomatischen Dienst der Welt das Verteidigungsministerium und die Vereinigten Stabschefs, die Geheimdienste (darunter prominent die 1947 gegründete CIA) und zahlreiche Stabsstellen und -gremien umfasst, darunter den Nationalen Sicherheitsberater und den Nationalen Sicherheitsrat. Ähnliche, wenn auch nicht ganz so personalreiche Strukturen haben sich im Bereich der Außenwirtschaftspolitik herausgebildet (mit dem Council of Economic Advisors und dem US-Trade Representative, um nur zwei zu nennen). Solche bürokratischen Komplexe, das ist die zweite, die Theorie der Außenpolitik betreffende Feststellung, weisen typischerweise zweierlei auf: Bürokratische Entscheidungsverfahren und -Routinen (sog. standard operating procedures, SOPs) zum einen, innerbürokratisches Ringen um Macht und Einfluss zum andern, was als außenpolitik-analytischer Ansatz unter dem Stichwort bureaucratic politics firmiert. Letzteres bedeutet, dass, wie es gerne plakativ formuliert wird, „where you stand depends on where you sit": die Stellungnahme zu außenpolitischen Fragen wird inhaltlich davon bestimmt, von wem sie vorgenommen wird. Außen- und Verteidigungsministerium haben typischerweise eine je eigene Sicht der Dinge (deutlich wiederum im Konflikt zwischen C. Powel und D. Rumsfeld um die Ausgestaltung der Irak-Politik). Zuweilen sind es auch persönliche Konflikte, die solche Rollenkonflikte (etwa zwischen Außenminister und nationalem Sicherheitsberater) verschärfen, doch verweist der bureaucratic politics-Ansatz darauf, dass oft mehr hinter diesen Konflikten steckt als persönliche Animositäten. Der Ansatz, der eher auf die Routinen, die SOPs, abhebt, betont dagegen, dass selbst in Krisenlagen (wie der Kuba-Krise) Handlungsroutinen die Entscheidungen, etwa durch die Ausgestaltung von Optionen, mitprägen. Zusammengenommen bedeutet dies für die Analyse der Außenpolitik zweierlei: Zwar ist der Präsident in der Außenpolitik handlungsmächtig, aufgrund seiner Rollenzuschreibung wie des ihm zur Verfügung stehenden ‚Apparates‘, doch ist es gerade auch dieser Apparat, der oft eigenwillig und schwer kontrollierbar ist und der schon die Exekutive als ganze weniger als einheitlichen Akteur erscheinen lässt, als es etwa die Annahme vom rational-eigennützigen *einheitlichen* Akteur der Außenpolitik voraussetzt, von der der Realismus ausgeht. Und zwar nicht, weil Eigennützigkeit keine Rolle spielte (sie spielt womöglich eher mehr eine Rolle, bezieht sich aber neben dem ‚nationalen Interesse‘ oft auch auf das organisatorische Eigeninteresse der an Entscheidungsprozessen beteiligten Institutionen). Wohl aber, weil dadurch wie durch die fast unsichtbare, aber folgenreiche Mitprägung von Entscheidungen durch SOPs die Vorstellung einer zurechenbar-einheitlichen Entscheidungsfindung durch ‚den Staat‘, der ‚wie ein Mann‘ (Akteur) entscheidet und handelt, unterminiert wird.

Dieser Eindruck der Un-Einheitlichkeit der US-Außenpolitik kann nur verstärkt werden, wenn wir den zweiten branch (Zweig) des US-Regierungssystems mit ins Spiel bringen, der zwar außenpolitisch geringere Kompetenzen hat, aber faktisch dennoch eine erhebliche Rolle spielt. Formal ist es vor allem der Senat, dem in Gestalt der Zustimmungspflicht – mit Zwei-Drittel-Mehrheit, eine erhebliche Hürde! – zu völkerrechtlichen Verträgen sowie (mit einfacher Mehrheit) zur Ernennung etwa von Ministern und Botschaftern eine außenpolitische Rolle zukommt. Zwei weitere Faktoren erweitern den Einfluss des Kongresses auch auf die Außenpolitik jedoch erheblich. Zum einen ist dies das gelinde gesagt komplexe Haushaltswesen der USA, das neben der prinzipiellen Verabschiedung eines Haushaltes für einzelne Ausgabenpakete die Zustimmung der Bewilligungsausschüsse beider Häuser erfordert. Diese bzw. deren außenpolitische Unterausschüsse, ein sehr kleines Gremium, was einzelnen Mitgliedern,

... und Kongress (speziell Senat)

insbesondere den Vorsitzenden, erheblichen Einfluss verleiht, können die faktischen Handlungsmöglichkeiten des Präsidenten durch Bewilligung oder nicht von Geldern erheblich steuern (die sog. power of the purse [Macht des Geldbeutels]). Der zweite Ast des Einflusses der Komgressmitglieder läuft über ihre Rolle als politische Einzelkämpfer und Mehrer eines lokalen Wohls – in ihrem jeweiligen Wahlkreis. Dies macht sie leicht zum Spiegel regionaler Interessen, die nicht immer außenpolitischer Natur sind und auch nicht von außenpolitischem Sachverstand geprägt sein müssen, die jedoch wegen des Einflusses auf die Wiederwahl für die Kongressmitglieder erheblich sind. So werden gerne lokale Wohltaten wie Rüstungsaufträge in den eigenen Wahlkreis geholt (und der von der Regierung gewünschten Erteilung der Aufträge, etwa für Rüstungslieferungen ins Ausland, dann auch zugestimmt). Es können aber auch sachlich gänzlich unzusammenhängende Forderungen von einzelnen Abgeordneten, auf deren Stimmen es ankommt, durchgesetzt werden, etwa wenn es um die Verabschiedung regionaler Freihandelsabkommen (wie dem über die Nordamerikanische Freihandelszone NAFTA) oder die Erteilung eines freien Verhandlungsmandates für den Präsidenten in den globalen Handelsverhandlungen geht. Schließlich ist dieser Wahlkreis-Mechanismus jedoch nicht nur der Weg für den Einfluss ‚schnöder‘ Interessenspolitik auf die Außenpolitik. Er kann auch zum Hebel für sachlich-inhaltlich motivierte außenpolitisch engagierte Bürger werden, insbesondere wenn diese aufgrund regionaler Konzentration im Wahlkreis oder auch aufgrund eines (neuerdings elektronischen) Sturmlaufes auf das Büro des jeweiligen Kongressmitgliedes deutlich machen, dass ein bestimmtes Abstimmungsverhalten in einer außenpolitischen Frage für ihn (politisch) ‚überlebenswichtig‘ wird. Empörung über exekutiven Machtmissbrauch (etwa über die ‚imperiale Präsidentschaft‘ zu Zeiten Nixons) schließlich kann das organisatorische Eigeninteresse des Parlamentes wecken und es veranlassen, durch Anhörungen, Sonderausschüsse und Resolutionen stärker auf die Außenpolitik Einfluss zu nehmen (wie etwa durch die 1973 erfolgte War Powers-Resolution, welche den Einsatz von US-Truppen im Ausland einschränkend regeln sollte).

Wechselwirkung der Zweige des Regierungssystems (interbranch-Beziehungen)
Deutlich wird, dass Art und Ausmaß der Einheitlichkeit des Auftretens der USA nach außen nicht nur von den Verhältnissen innerhalb der Exekutive, sondern auch vom Spiel zwischen den beiden Zweigen des Regierungssystems, den sog. inter-branch-Beziehungen abhängt. Dabei kommt es sowohl darauf an, wie geschickt der Präsident mit dem Kongress umzugehen versteht, ihn z.B. durch frühzeitige Beteiligung an den Aushandlungsprozessen für völkerrechtliche Abkommen einzubinden versteht (so, als Lehre aus dem Fall des am Senat gescheiterten Völkerbund-Vorhabens Präsident Wilsons in den frühen 1970er Jahren geschehen beim ersten Abkommen über Strategische Rüstungsbegrenzung, SALT I; bereits bei SALT II reichte dies nicht mehr aus, um den Stimmungswandel zu Ungusten der Entspannungspolitik im Senat zu kompensieren, so dass Präsident Carter davon absah, diesen Vertrag dem Kongress noch vorzulegen). Alternativ kann der Präsident auf Tauschgeschäfte setzen (also quasi auf Stimmenkauf, so im NAFTA-Fall), oder auf unterschiedliche Umgehungsstrategien. Der Abschluss nicht zustimmungspflichtiger Regierungsabkommen (executive agreements) statt völkerrechtlicher Verträge (treaties) ist, wo möglich, eine solche (inzwischen vielfach genutzte) Strategie. Weit prekärer sind offiziell

ohne Wissen des Präsidenten erfolgende Ausweichstrategien wie die vom Kongress ausdrücklich untersagte Finanzierung der sog. Contra-Rebellen (für den damaligen US-Präsidenten Reagan: Freiheitskämpfer) in Nicaragua mit den Erlösen aus ebenfalls illegalen Waffenlieferungen an den Iran (der sog. Iran-Contra-Skandal, in dem die Verantwortlichkeit letztlich ganz auf einen Mitarbeiter des Nationalen Sicherheitsrates begrenzt werden konnte, der zudem in konservativen Kreisen beinahe zum Volkshelden wurde). Andererseits, dies sei als Gegenbeispiel (auch zu üblicherweise gehegten US-kritischen Vermutungen) angeführt, war es ein (als Mitglied des Bewilligungsausschusses des Repräsentatenhauses einflussreicher) Abgeordneter, der zunächst fast als Ein-Mann-Unternehmen die Unterstützung der Mudschaheddin in Afghanistan gegen die sowjetischen Besatzer in den frühen 1980er Jahren organisierte, zu einer Zeit, als die CIA (und die Regierung) dies, ,gebrannte Kinder' der Iran-Contra-Krise die sie waren und unter kritischer Beobachtung durch den Kongress, wie sie wussten, dies (noch) nicht tun wollten (sie sprangen erst später auf diesen Zug auf). Diese erst lang im Nachhinein aufgeklärte Episode zeigt, dass informelle Politik und Umgehungsstrategien von beiden Zweigen des Regierungssystems ausgehen können. Auch dadurch ist tagesaktuell nie leicht zu klären, was die jeweils tatsächliche Außenpolitik der USA ist – wie Gegner und Freunde, die mit solcher ,Uneinheitlichkeit' umzugehen haben, gleichermaßen feststellen müssen.

Wie angedeutet gibt der Wahlkreismechanismus durchaus auch einen Pfad her, wie sich (im US-Kontext ist dies kein negatives Attribut) populistische, wir würden vielleicht sagen: basis-demokratische Stimmungen auf außenpolitische Entscheidungsprozesse auswirken können. Die Außenwirtschaftspolitik insbesondere ist weitgehend solchen innenpolitischen Einflüssen ausgesetzt, aber auch in der allgemeinen Außenpolitik können sie eine Rolle spielen, etwa als weit verbreitete Einstellungsdifferenz gegenüber arabischen und israelischen Anliegen in diesem Nahostkonflikt in der US-Bevölkerung. Eher wenig Verständnis für erstere steht einer zum Teil irrational protestantisch-theologisch motivierten Unterstützung letzterer in bestimmten Wählerkreisen der USA gegenüber. Dies mag auch dazu dienen, Basisdemokratie nicht vorschnell mit Aufgeklärtheit zu verwechseln, was ein Fehler wäre, nicht nur bei der Analyse von US-Außenpolitik. Gegen solche Argumentation wird von kritischer Seite – nicht ganz zu Unrecht – gerne eingewandt, dass die vorherrschende Meinung, wie sie sich etwa in Umfragedaten (selbst solchen größerer Dauer, die also nicht nur punktuelle Meinungen erheben) niederschlägt, weitgehend eine (manipulativ) gemachte veröffentlichte Meinung ist. Aus gramscianischer Perspektive wird dabei, in besseren Studien nicht in verschwörungstheoretischem Stil, der Einfluss vor allem von sog. Denkfabriken (think tanks) herausgearbeitet, die mit ihren Publikationen meinungsprägend wirken können (zumal die Parteien im US-Kontext diese Rolle kaum spielen). So kann für eine liberale Außenhandelspolitik („pro Globalisierung") Stimmung gemacht werden (durchaus mit gemischtem Erfolg), oder eben für eine unilateralistische Sicherheitspolitik, die, neokonservativem Denken folgend, auch den Einsatz von Gewalt ohne UNO-Mandat als gerechtfertigt ansieht. Konservative Medien suggerieren die allein durch die Sprache der Bilder (!), z.B. die Einblendung „War on Terror" bei allen Berichten zum Irak-Krieg, einen Zusammenhang, der nie wirklich nachgewie-

Öffentlichkeit, Medien und Demokratie

sen und doch, laut Umfragen, von 60 Prozent der befragten US-Bürger als existent angenommen wurde. Diese Phänomene sind alle tatsächlich nachweisbar, werden jedoch durch zweierlei relativiert. Um einen bekannten Ausspruch von US-Präsident Lincoln zu zitieren: You can fool some people some of the time, but not all of the people all of the time. Maximal-Thesen einer totalen Manipulation der öffentlichen Meinung sind im US-Kontext besonders unplausibel. Auch mag es zwar ein schwacher Trost sein, aber es ist einer, dass die amerikanische Demokratie wie in keiner anderen Supermacht zur zumindest nachträglichen, oft zeitnahen, Aufdeckung von Manipulationsversuchen neigt, und dass darauf auch zu reagieren versucht wird. Beides heißt natürlich nicht, dass die Rolle der Medien und der Öffentlichkeit in der US-Außenpolitik gering zu veranschlagen – oder unkritisch zu sehen – wäre. Das Ausmaß der ‚Vergesellschaftung‘ der Außenpolitik ist jedoch in den USA mit ihrem aktiven, teilweise auch sehr professionellen Sektor zivilgesellschaftlicher Nichtregierungsorganisationen vergleichsweise hoch.

Außenpolitik-Vergleich

Womit wir bereits beim Außenpolitik-Vergleich einerseits, beim Thema Demokratie und Außenpolitik andererseits angelangt sind, den beiden letzten Punkten, die zum Abschluss dieses Kapitels auch im Rückblick auf das vorangegangene kurz angesprochen werden sollen. Die Ausführungen zur deutschen und zur US-amerikanischen Außenpolitik legen einerseits einen Vergleich nahe. Beide Staaten gehören zu den hochindustrialisierten, entwickelten, kapitalistischen, liberal-demokratischen. Dies legt eine Reihe von Gemeinsamkeiten in ihrer Außenpolitik und deren ‚Produktion‘ nahe. Beide unterscheiden sich jedoch auch markant, etwa nach ihrem realistisch betrachtet unterschiedlichen Machtstatus (hie ‚mittlere Macht‘, da einzige Supermacht), aber auch in vielfacher anderer Weise (historische Erfahrung, politische Kultur, institutionelle Ausgestaltung der Demokratie, auch hinsichtlich des polit-ökonomischen Modells, in dem die kapitalistische Wirtschaft jeweils abläuft – Stichwort: angelsächsischer versus ‚rheinischer‘ Kapitalismus). Von all diesen Aspekten könnte man bei vergleichender Betrachtung vermuten, dass sie Unterschiede oder auch Gemeinsamkeiten hinsichtlich der Außenpolitik(produktion) zur Folge haben. Dies kann an dieser Stelle nicht in Gänze ausgeführt werden, doch einige Schlaglichter mögen genügen. Beide Staaten haben eine formal starke Exekutive, auch und gerade im Bereich der Außenpolitik: hie im präsidentiellen System, da in der ‚Kanzlerdemokratie‘, wie die Bundesrepublik tituliert worden ist. In beiden jedoch ergibt sich eine je spezifische Mechanik auch des außenpolitischen Prozesses dadurch, dass die formale Kompetenz des Regierungschefs durch faktische Bedingungen eingeschränkt ist. Der Präsident hat unter den politischen Einzelkämpfern im Kongress keine garantierte Mehrheit, selbst wenn seine Partei dort die Mehrheit hat; noch weniger, wenn dies nicht der Fall ist (was in den USA als „divided government" bezeichnet wird). Die daraus resultierende Mechanik politischer Tauschgeschäfte auch im Bereich der Außenpolitik wurde erläutert. Deutsche Bundeskanzler haben demgegenüber eine (Kanzler-)Mehrheit – oder sie sind eben nicht mehr Kanzler –, jedoch meist nur auf Grundlage einer Koalition. Traditionell ist der Führer des kleineren Koalitionspartners auch Außenminister. Dies eröffnet ein offenbar ganz anderes, eigenes ‚Spiel‘ der internen Koordination der politischen Kräfte. Der Wahlkreis-Mechanismus wurde im

US-Fall als bedeutsam hervorgehoben. Er greift, zumal im außenpolitischen Bereich, in Deutschland weit weniger, da Listenmandate und Fraktionsdisziplin die Abhängigkeit einzelner Abgeordneter von Partei und Fraktion (im Vergleich zu der von den Wählern im Wahlkreis) stärken. Das heißt jedoch nicht, dass regionale Interessen keinen Einfluss auf Entscheidungen deutscher Außenpolitik nähmen. Er artikuliert sich nur anders, etwa im Drängen nördlicher oder südlicher Landesregierungen auf Rüstungsexportgenehmigungen für U-Bootblaupausen bzw. Flugzeugtechnik, selbst wenn dies der offiziell rüstungsexport-restriktiven Linie der im Bund regierenden Partei widerspricht. Aber auch kollektiv, im Bereich der regionalen und globalen Wirtschaftspolitik, neigen beide Staaten gleichermaßen dazu, liberalen Außenhandel zu predigen und zu propagieren, ihn jedoch im Bedarfsfall gegenüber Importen aus Staaten des Südens (oder des europäischen Ostens) im Eigeninteresse einzuschränken. Ob der Unterschied zwischen dem vergleichsweise höheren Anteil am Bruttosozialprodukt deutscher (und EU-europäischer) Mittel für die Entwicklungszusammenarbeit im Vergleich zum geringen Anteil der USA insofern (gerechnet ohne die Rüstungslieferungen und -zuwendungen) groß genug ist, um zwischen Deutschland und den USA einen systematischen Unterschied zu machen (oder gar eine bewertende Besserbeurteilung des einen Landes gegenüber dem anderen zu rechtfertigen), ist durchaus diskussionsbedürftig. Ein Punkt, der sich verallgemeinern lässt: Bei hinreichend detaillierter Beschreibung der außenpolitischen Entscheidungsprozesse und des aus ihnen resultierenden außenpolitischen Verhaltens lassen sich immer Unterschiede zwischen diesen (jeglichen) Ländern aufzeigen. Theorie, also auch Theorie der Außenpolitik, die auf verallgemeinernde Abstraktion zielt, muss zwangsläufig von solchen Unterschieden absehen, die keinen Unterschied machen. Für welche dies aber gilt: genau darüber darf theoretisch (und praktisch) gestritten werden. Aus solchem Streit ergibt sich, welche Aspekte der Realität zu welchen Erklärungszwecken (eventuell vorläufig, zur späteren Ergänzung durch andere theoretische Perspektiven) ausgeblendet werden können. Simpel gesagt: In mancher Hinsicht verhalten sich beide Staaten gleich: als kapitalistische Zentren des Nordens. In anderer Hinsicht, trotz Gemeinsamkeit, unterschiedlich. Beide hier betrachteten Staaten etwa sind (Real-)Demokratien. Sie haben sich jedoch in Sachen Kriegsführung auch ohne UNO-Mandat (immerhin gegen ein System: den Irak S. Husseins, von dem niemand behauptet, es sei selbst demokratisch gewesen) unterschiedlich entschieden: die USA (unter Bush jr.) dafür, Deutschland (unter Schröder) dagegen. Was erklärt diesen Unterschied?

Die Frage kann (und soll) hier nicht definitiv beantwortet werden. Es geht abschließend nur noch einmal darum, Erklärungsstrategien aufzuzeigen. Die vielleicht einfachste Erklärung im konkreten Falle wäre eine realistische mittels der tatsächlichen Machtfaktoren. Die USA konnten einseitig militärisch intervenieren – und taten es. Deutschland konnte dies rein militärisch-logistisch nicht – und tat es nicht. Offensichtlich enthält dies ein Körnchen (fast banaler) Wahrheit, aber nicht die ganze Erklärung. Warum taten die USA nicht schon unter Bush-Vater, was sie auch damals militärisch gekonnt hätten? Und warum verweigerte Kanzler Schröder sich nicht nur der Teilnahme am US-Alleingang, sondern auch dem Gewalteinsatz im Rahmen der UNO? Die realistische Pole-

Hegemonie –
welche, wessen?

mik aus den USA führte dies auf den Unterschied zwischen der machtbewussten Psychologie einer Supermacht und der institutionalistischen, ja idealistischen Traumtänzerei ('Alt'-)Europas zurück. Polemik beiseite erscheint dies keine adäquate Erklärung. Richtig ist vermutlich, dass neben realistisch zu erfassenden Machtdifferenzen eher weiche Faktoren von Einstellungen eine Rolle spielten, deren historische Genese aus unterschiedlichen Kriegserfahrungen beider Länder rekonstruierbar wäre. Hinzu kommt dann eine je spezifische innenpolitische Mechanik, der wie erwähnt aus seiner Sicht gekonnt-erfolgreichen Definition der Situation durch Bush jr. nach dem 11. September, gestützt von unilateralistischen Neigungen im Kongress wie echten Bedrohungsgefühlen in der Bevölkerung hie; des laufenden Bundestagswahlkampfes da, in dem der Kanzler – wiederum aus seiner Sicht gekonnt-erfolgreich – die Position des Friedenswahrers besetzte, gestützt auf große Vorbehalte breiter Bevölkerungskreise gegen Gewalteinsatz in der Außenpolitik ganz allgemein. Beides lässt sich, mit etwas mehr an erklärerischem Aufwand, als es zumindest der vermeintlich schlanke Neorealismus zulassen will, durchaus erklären. Am konkreten Beispiel wird auch deutlich, welchen praktischen Ertrag solch theoretisch saubere Rekonstruktion der Ursachen hat: Sie vermeidet kontraproduktive Polemik und bleibt doch kritisch, insofern sie auf beiden Seiten des Atlantiks andere als die jeweils angeführten, zumindest diesen beizustellende Gründe für die jeweilige Entscheidung ausmachen kann. Wollte man dieses Ergebnis hinsichtlich der plausiblen Erklärung der Außenpolitik-Differenz zweier westlicher Demokratien unter Verwendung des realistischen wie eines eher soziologischen Hegemonie-Begriffes resümieren, könnte man wie folgt formulieren: Die realistische Hegemonie der USA erklärt ihr Verhalten im Sinne einer ermöglichenden Bedingung, ebenso wie der Mittelmachtsstatus Deutschlands sein Verhalten im Sinne einer 'verunmöglichenden' Bedingung (angesichts der Erschöpfung der Kapazitäten der Bundeswehr für Auslandseinsätze) erklärt. Warum die jeweilige Entscheidung jedoch aktuell so ausfiel, wie geschehen, bedarf der Berücksichtigung weicherer Faktoren, der Vorherrschaft (Hegemonie) bestimmter Einstellungen und Denkweisen. Zu den Einstellungen gehört die konstruktivistisch rekonstruierbare Differenz der Kriegserfahrung beider Staaten (Gesellschaften), zu den Denkweisen eine möglicherweise gramscianisch deutbare Vorherrschaft neo-konservativen Denkens in den USA unter Bush jr. und ein nicht nur gegenüber dem Militäreinsatz im Irak, sondern auch gegenüber der Form, in der die Bush-Administration ihre Hegemonie 'auslebte', kritisches Denken in Deutschland (und 'Alt'-Europa). Bei aller Berechtigung des letzteren muss sich dieses europäische Denken jedoch zweierlei (An-)Fragen gefallen lassen:

– Wie sehen Steuerungsformen in der globalen internationalen, auch Sicherheits-Politik aus, die 'nicht-hegemonial', aber effektiv sind?
– Inwieweit ist (Alt- oder gar Gesamt-)Europa, wenn es denn mit einer Stimme spricht, erstens in der Lage, solche Steuerungsformen glaubhaft zu vertreten (als Mitglied des Klubs der global Privilegierten) und zweitens willens, zu ihrer tatsächlich wirksamen Ausgestaltung beizutragen?

Fragen dieser Art werden uns im Rest des Buches implizit und abschließend auch nochmals exlizit beschäftigen, wenn wir, beginnend mit dem folgenden

Kapitel, zur systemischen Perspektive auf die internationale Politik zurückkehren und weitere ihrer Grundstrukturen, Konfliktkonstellationen und Prozessmuster ins Auge fassen.

Ausgewählte Literaturhinweise zu Kapitel 9

Zur **US-Außenpolitik allgemein** einführend Seller 2001, Cameron 2002 und der Überblick von List 2001. Zum **Nachschlagen** Hastedt 2004 und umfassend Jentleson/Paterson 1997. Zur **Geschichte** einführend Bierling 2003 und Hacke 2003; Schulzinger 2003 und, exzellent interpretierend, Mead 2001 (das beste Buch zum Thema); breiter, im Hinblick auf die gesellschaftliche Außenwirkung der USA Eckes/Zeiler 2003; speziell zur **Kriegserfahrung der USA** Snow/Drew 1994 und Meernik 2004; zur unterschiedlichen Verarbeitung der außenpolitischen Erfahrung mit Hiltler in den USA und etwa Deutschland die (auch sonst, trotz des plakativen Titels, seriöse und anregende) journalistische Arbeit von Frey 2005. Über die gegenwärtig **herausragende Stellung der USA** Matzner 2000, Bender 2003, Mann 2003, Brzezinski 2004, Rühl 2005 (seriöser, als der Titel vermuten lässt) und Münkler 2005. Zum **Uni- und Multilateralismus** der USA Malone/Khong 2003, Patrick/Forman 2002; speziell zu **internationalen Organisationen** Luck 1999 und Foot/MacFarlane/Mastanduno 2003; zum **Völkerrecht** Byers/Nolte 2003 und Murphy 2004. Zur ‚**soft power**‘ der USA Nye 2002 und, darauf sowie auf Mead 2001 aufbauend, Mead 2004. Zur **Selbstwahrnehmung der USA als ‚etwas Besonderes‘ (American exceptionalism)** Lipset 1996 und Junker 2003. Zur Rolle des **Präsidenten** Preston 2001. Zum **Kongress** Crabb/Antizzo/Sarieddine 2000. Zum **bureaucratic politics- und SOP-**Ansatz Allison/Zelikow 1999. Zum **NSC** Inderfurth/Johnson 2004 und Rothkopf 2005. Zur **innenpolitischen Seite amerikanischer Außenpolitik** im Überblick Wittkopf 1994. Zur **öffentlichen Meinung** Holsti 1996. Zu **Demokratie und Außenpolitik** am US-Beispiel Dittgen 1998. Zum Einfluss der **think tanks** Ricci 1993, am außenwirtschaftlichen Beispiel Scherrer 1999, am historischen Beispiel Parmar 2004. Zu **regionalen Differenzen** in der heimischen Seite der US-Außenpolitik Trubowitz 1998 und, am Beispiel Bush jr., Lind 2003. Über **ethnische Einflussgruppen** Ambrosio 2002. Zum **Neokonservatismus** Micklethwait/Wooldridge 2004, zu seiner Kritik an Europa Kagan 2003. Zur abenteuerlichen **(Vor-)Geschichte der Unterstützung der Mudschaheddin in Afghanistan** Crile 2003, zum **Afghanistan-Krieg** Woodward 2002; zum **Irak-Krieg** gegen S. Hussein Woodward 2004 und, die Ursachen angemessen analysierend, Münkler 2003, auch Mead 2004, 126 ff.; kritische Bewertung aus Sicht der politischen Philosophie: Dolan 2005. Kritisch zum „war on terror" Clarke 2004. Zur **Außenwirtschaftspolitik** im Überblick List 2004, umfassend zur Außenhandelspolitik Cohen/Blecker/Whitney 2003. Zur **Umwelt-Außenpolitik** DeSombre 2000, Harris 2002 und Schreurs 2004. Zu den **transatlantischen Beziehungen** anlässlich des Irak-Kriegs Gordon/Shapiro 2004, darüber hinaus Ash 2004, Peterson/Pollack 2003 und Mahncke/Rees/Thompson 2004.

10 Konfliktkonstellationen II: Nord-Süd-Konflikt

Mit dem vorliegenden Kapitel kehren wir zurück zur Betrachtung der internationalen Politik aus systemischer (,Vogel'-)Perspektive. Eines der zentralen Konfliktmuster der internationalen Politik der 2. Hälfte des 20. Jahrhunderts und vielleicht das zentrale des 21. soll uns beschäftigen: ,der' Nord-Süd-Konflikt (im Folgenden: NSK). Die Anführungszeichen signalisieren, wie in Kapitel 4 zum Ost-West-Konflikt, Vorsicht mit dem Singular. Nicht nur gilt es bei der Behandlung des NSK wie schon bei der des Ost-West-Konfliktes vor Begriffs-Essentialismus zu warnen. Stärker noch ist der Konstrukt-Charakter des Konfliktes zu betonen: Zum einen wegen der größeren Heterogenität der in der Bezeichnung anklingenden Konflikt-Parteien („Nord" und v.a. „Süd"), zum andern wegen der durchaus divergierenden Sichtweisen realer Akteure dazu, ob überhaupt ein Konflikt vorliegt und wenn ja worüber. Dies zu erläutern verlangt schließlich ein weites Ausholen in diesem Kapitel, in Bereiche der Wirtschaftsgeschichte oder, da es um die historische Wechselwirkung von Politik und Ökonomie auf internationaler Ebene geht, in die historische Internationale Politische Ökonomie. Gegenwartsbezogen werden wir uns mit letzterer auch noch in Kapitel 13 beschäftigen und dort auch die Position der vier IB-Forschungsprogramme zum Thema in einem zweiten fiktiven Wechselgespräch aufeinandertreffen lassen. Das entlastet das vorliegende Kapitel, das daher aber auch mit dem 13. im Verbund gelesen werden sollte. Neben dem historisch-polit-ökonomischen Ausgreifen ist auch ein makrosoziologisches, die Entwicklung ganzer Gesellschaften (in Wechselwirkung untereinander) betrachtendes und am Rande sogar ein philosophisches (zur Frage von Moderne und Modernität) erforderlich. Der Stoff des Kapitels hat also Tiefe und Breite – daher sogleich in ihn hinein!

Nord-Süd-Konflikt: tiefes und breites Thema, Konstrukt-Charakter des Konfliktes

Ausgehend von der alltagssprachlichen Rede vom NSK lassen sich die beiden Konflikt-Parteien als die Industrieländer (IL) einerseits, die sog. Entwicklungsländer (EL) andererseits bestimmen. Zwar sind auch diese Bezeichnungen nicht unumstritten (wie nahezu alles im vorliegenden Themenbereich), doch könnten sich wohl zumindest Vertreter des realistischen und institutionalistischen Paradigmas darauf einigen. Auch die Zugehörigkeit zur jeweiligen Gruppe ist im Prinzip bestimmbar, etwa durch übliche Maßzahlen der ökonomischen Entwicklung wie das Bruttosozialprodukt pro Kopf oder auch durch inhaltlich erweiterte Maße wie den vom Entwicklungsprogramm der Vereinten Nationen (UNDP) propagierten und verwendeten Index der Menschlichen Entwicklung (Human Development Index, HDI). Freilich sind solche Maßzahlen oder Indikatoren gerade ob ihrer Sichtbarkeit und politischen Verwendung notorisch um-

Konflikt zwischen IL und EL bzw. zwischen Z und P

stritten, was sich sowohl an der sog. Indikatordebatte in der Entwicklungsforschung der 1960er Jahre zeigte als auch an der laufenden Fortentwicklung des HDI. Letzterer verweist auch schon auf die gesellschaftlichen Aspekte des NSK, und hier setzt die alternative Perspektive der gesellschaftskritischen Ansätze an. Für sie steht nicht ein Konflikt zwischen ‚Ländern' (Staaten) im Vordergrund; einen solchen mag es gleichsam abgeleitet geben, als eine Facette des Konfliktes. Im Kern jedoch wird der NSK als ein weltgesellschaftlicher Konflikt gesehen zwischen den weltgesellschaftlich Privilegierten und Unterprivilegierten. Für erstere wird in diesem Forschungsprogramm oft der Ausdruck Zentrum (Zentren) gebraucht, für letztere Peripherie. Das ist weniger alltagssprachlich, hat aber den Vorteil, das Denken nicht gleich und nur in ‚Länderblöcken' ablaufen zu lassen, ermöglicht es also, Zentren und Peripherien transnational, Staatsgrenzen überschreitend zu definieren. So geschieht es etwa im simplen Zentrum-Peripherie-Modell Johan Galtungs, der Z und P jeweils innerhalb des ‚Nordens' und des ‚Südens' unterscheidet, also die Zentren (Peripherie) der Zentren und die der Peripherie: ZZ, ZP, PZ und PP in Kurzform. Allein damit lassen sich weiterführende Überlegungen über die ‚Mechanik' des NSK anstellen. Für Galtung etwa liegt es nahe, dass ZZ und ZP, also die Privilegierten in IL und EL, viele gemeinsame Interessen haben, die sie gegen PZ und vor allem PP durchsetzen. Dieses simple, aber bereits anregende Zwei-(bzw. 2x2-)Klassen-Modell lässt sich, so im groß angelegten Forschungsprogramm der Weltsystem-Theorie Immanuel Wallersteins, noch um eine ‚Mittelschicht' ergänzen, die von ihm so genannte Semi-(‚Halb'-)Peripherie, welche Gesellschaften umfasst, die eine mittlere Entwicklungsstufe erreicht haben und, vor allem, in der Konflikt-Mechanik eine mittlere Stellung einnehmen, wodurch diese sich ändert (nämlich: durch selektive Aufstiegsperspektiven entschärft wird, da keine generelle Verarmung der Armen erfolgt und mithin eine Ent-Solidarisierung der Peripherie zwischen denen, die es schon ‚ein bisschen geschafft' haben und denen, für die das nicht gilt).

Komponenten der Konstruktion des NSK

Vertreter aller theoretischen Positionen können vermutlich ein empirisches Faktum akzeptieren bzw. nicht leugnen: die Lebenschancen von Menschen sind weltweit verschieden, uneinheitlich. Während (z.B. kulturelle) Verschiedenheit neuerdings vielfach geschätzt und als bewahrenswert betrachtet wird, ist Uneinheitlichkeit der Lebenschancen, zumal wenn sie, wie weltgesellschaftlich, von absoluter Armut jenseits der Hungergrenze bis zu absolutem Überfluss reicht, für viele Menschen eine moralische Herausforderung, welche die Frage aufwirft: Was tun – zumindest gegen die absolute Armut? Die Antwort wird durch ein zweites Faktum mitgeprägt: die ökonomische (oder darüber hinaus politisch-ökonomische, gar gesellschaftliche) Entwicklung verläuft auch bei länderweise aggregierter Betrachtung ungleichmäßig – oder ungleich. Letzteres ist der zentrale Terminus der Debatte um den Status des NSK, aus zweierlei Gründen. Von Ungleichheit (statt Ungleichmäßigkeit) zu sprechen weckt einerseits normative Konnotationen: Zumindest in etlichen politischen Diskursen hat Ungleichheit per se einen negativen Beigeschmack, gilt als beseitigenswert. Darüber hinaus wird, spezifisch für die Debatte um den NSK, mit Ungleichheit jedoch eine kausale Annahme verbunden, nämlich die, dass der Wohlstand der einen ursächlich mit der Armut der anderen verbunden sei, dass also zum einen historisch-aggregiert betrachtet die heutigen IL-Zentren ihren Entwicklungsstand wesentlich der kolonialen Ausbeutung der heutigen EL-Peripherien verdankten; dass zum andern gegenwartsbezogen ungleichmäßige Entwicklung aus – ungleichen – Macht-Strukturen resultiere und zugleich zu deren Aufrechterhaltung beitrage. In die Konstruktion des NSK gehen mithin mindestens drei Komponenten ein:

– eine gleichsam wirtschafts-historische über den Beitrag des Kolonialismus zur Entwicklung bzw. Unter- oder Nicht-Entwicklung in Zentren bzw. Peripherie;
– als quasi abgeleiteter Konflikt davon die Frage, wieweit aus dem ursächlichen Zusammenhang eine moralische Verpflichtung, etwa zur ‚Wiedergutmachung‘, folgt;
– schließlich, zukunftsgerichtet, die Divergenz darüber, welche Entwicklungs-chancen die gegenwärtigen Strukturen bieten, wozu im Prinzip drei Sichtweisen möglich sind (und auch vertreten wurden bzw. werden): eine optimistische (die wirtschafts-liberale Sicht), eine pessimistische (die klassisch-marxistische) und eine vermittelnde.

Zweierlei wird damit deutlich: die Komplexität der berührten Fragestellungen und die Divergenz der möglichen Sichtweisen hinsichtlich der Konflikthaftigkeit des Nord-Süd- (bzw. Z-P-)Verhältnisses.

Eine erste, wirtschaftsliberale Position betont hinsichtlich der historischen Fragestellung die Ambivalenz des Kolonialismus, der, so schon frühzeitig die liberalen Kritiker des Imperialismus wie etwa J.A. Hobson, allenfalls für einzelne Firmen lukrativ, für die Zentren des Nordens jedoch insgesamt eher ein Verlustgeschäft und jedenfalls für ihre ökonomische Entwicklung keinesfalls ausschlaggebend gewesen sei (sichtbar auch daran, dass Spanien trotz kolonialen Vorreiterstatus daraus eben nicht einen Vorsprung in der industriellen Entwicklung machen konnte). Auch die Wirkung des Kolonialismus an der Peripherie wird zwar nicht verharmlost, jedoch differenziert gesehen: aus zwangsweise durchgeführten Maßnahmen wie etwa dem Eisenbahnbau ergäben sich zum Teil durchaus Nutzen (Verkehrsinfrastruktur); die ‚Herausforderung‘ des Kolonialismus wurde durchaus unterschiedlich und zum Teil fruchtbar vor Ort verarbeitet. Da der Kolonialismus auch nicht ungeschehen gemacht werden könne, lohne der geschichtsphilosophische Streit über seine Auswirkungen letztlich nicht. Gegenwartsbezogen jedenfalls stehe der (Welt-)Markt ‚dem Tüchtigen‘ doch offen, und eine Reihe von Entwicklungen begünstigten sogar eine späte, nachholende Entwicklung (Beispiel: Mobiltelephontechnik erspare heute vielen Ländern den Aufbau teurer Kabelverbindungen). Soweit es Konflikte gebe, resultierten diese aus den (auch durch falsche Sicht der Verursachung von ungleichmäßiger Entwicklung motivierten) kollektiven Egoismen etwa von Staaten des Südens, die sich an Einfuhrzöllen bereichern statt diese abbauen, oder des Nordens, die z.T. aus wahltaktischen Gründen ihre Märkte gegen Süd-Importe abschotteten bzw. heimische Produzenten (etwa in der Landwirtschaft) privilegierten. Alles in allem gebe es also zahlreiche Konflikte auch in den Wirtschaftsbeziehungen zwischen Nord und Süd; diese stellten jedoch gleichsam den polit-ökonomisch zu erwartenden Normalfall dar, keinen Systemkonflikt; mehr Handel (und Hilfe allenfalls im Katastrophenfall) wird als gangbarer

Position 1: Liberalismus – im Grunde kein Konflikt bzw. normale Konflikte

Ausweg gesehen. Eine Bestätigung findet diese Sicht im oft auf Export, also Weltmarktintegration beruhenden Erfolg der sog. NICs (Newly Industrializing Countries), auch Schwellenländer genannt.

Position 2: Marxismus – letztlich unüberwindlicher Strukturkonflikt

Die zweite Position markiert am deutlichsten der klassische Marxismus. Historisch sieht er den Kolonialismus (Imperialismus) als notwendiges Stadium der primären Akkumulation von Kapital in den heutigen Zentren. Auch gegenwärtig erkennt er, und mit ihm die gesellschaftskritischen Ansätze insgesamt, im globalisierten Kapitalismus eine transnationale Machtstruktur, die ihren Selbsterhalt fördert. Die transnational Privilegierten propagieren ein Modell der gesellschaftlichen und ökonomischen Entwicklung: das der (selektiven) Einbindung in den Weltmarkt in den Rollen von Produzent und Konsument, wobei sich die Selektivität in der Konsumentenrolle aus der Kaufkraft ergibt (nur auf sie, nicht schon den menschlichen Bedarf, reagiert der Markt), in der Produzentenrolle daraus, was der Weltmarkt jeweils gebrauchen kann: billige und willige weibliche Arbeitskräfte zur feinmechanischen Produktion in Exportzonen ja, ungelernte männliche Arbeitskraft tendenziell nein (da oft maschinell substituierbar). Zudem wird im Bereich der intellektuellen Legitimation das kapitalistische ‚Entwicklungs‘-Modell als alternativlos ausgegeben. Die transnational Privilegierten hätten davon den größten Nutzen. Konsequent lasse sich diese Struktur letztlich nur durch Wechsel des ökonomischen Systems überwinden, weltweit, auch wenn die institutionelle Ausgestaltung dieses alternativen polit-ökonomischen Systems inzwischen weniger klar ist denn je. Insofern ist aus dieser Sicht der NSK ein Struktur- und Systemkonflikt, denn es geht um die (De-) Legitimierung und letztlich um Erhalt oder Überwindung der transnationalen kapitalistischen Strukturen der Ungleichheit.

Position 3: Kapitalismus ist, was die transnationalen Akteure daraus machen – Konflikte um Ausgestaltung und Nutzung seiner Entwicklungschancen

Die dritte Position, der nicht nur hier gefolgt werden soll, sondern die in unterschiedlicher Weise auch von den meisten Akteuren der sog. Entwicklungszusammenarbeit geteilt wird, fußt gleichsam auf einem konstruktivistischen Gedanken: es kommt darauf an, was die Akteure aus ‚dem Kapitalismus‘ (den es in unterschiedlichsten Spiel-Arten gibt) machen. Ja, es gibt transnationale Verflechtungen, die ungleichmäßige Entwicklung bedingen. Aber nicht alle davon sind unmoralisch und beseitigenswert; und die, die es sind, können durch politische Aktivität thematisiert und durch institutionellen Wandel angegangen werden. Vollständiger Erfolg ist dabei, wie überall in der Politik, nicht zu erwarten, was aber den Versuch der Minderung von Ungleichheit nicht unsinnig macht, zumal der Spatz in der Hand insofern mehr ist als die Taube auf dem Dach, der Traum von der großen Systemalternative. Für die historische Frage der Rolle des Kolonialismus heißt das: seine Wirkungen sind sinnvollerweise Gegenstand empirischer wirtschaftshistorischer bzw. polit-ökonomischer Forschung. Für die politische Praxis heute durchschlagende Resultate werden davon jedoch schon allein aufgrund der Komplexität der Frage nicht erwartet. Die Tragfähigkeit und insbesondere die politische Ergiebigkeit des moralischen Schuldargumentes wird als sehr begrenzt angesehen. Schuldaufrechnung führt auch nicht zu vergangenheitspolitischen Lernprozessen in den Gesellschaften der ehemaligen Konialmächte, die sicher oft noch nicht weit genug gediehen sind. Gegenwarts- und zukunftsbezogen wird die Bedeutung von Märkten als polit-ökonomisches Steuerungsmittel anerkannt. Dass deren Dynamik unleichmäßige Entwicklung

122

bedingt (und sei es nur zwischen Vorreitern und Nachzüglern), wird erkannt, ja als notwendige Folge der kapitalistischen Dynamik akzeptiert. Jedoch wird auch die institutionelle Bedingtheit von Märkten (die nicht naturwüchsig sind) gesehen und daher die politische Gestaltbarkeit betont, dabei durchaus erkennend, dass politische Gestaltung ihre eigenen Risiken birgt, unintendierte Effekte zeitigen kann, auch Ungleichheit fördernde. Aus dieser Sicht ist die Suche nach einer Systemalternative zum Kapitalismus weniger wichtig als das Ausnutzen und Ausgestalten der (Entwicklungs-)Chancen, die er bietet. Diese liegen einerseits in seinem Potenzial als gesellschaftlicher Kreativitätsmechanismus: Auf sein Findungspotenzial für Innovationen, z.B. auch zur Steigerung von Energie-Effizienz, kann nicht verzichtet werden, wenn die Parole vom sustainable development, der auf Dauer tragfähigen Entwicklung (vgl. Kap.12), mehr sein soll als ein schaler Formelkompromiss. Und bei der Selektivität der Einbindung in seinen ‚Verwertungszusammenhang‘, den gesellschaftskritische Positionen zu Recht beklagen, bedarf es der gekonnt institutionellen Ergänzung und Abfederung dieses ökonomischen Systems, das ohne politisch gestaltete Voraussetzungen (etwa garantierte Eigentumsrechte) weder funktioniert noch automatisch erträgliche Lebensbedingungen schafft.

Aus dieser dritten Sicht resultieren drei große Fragen:

1. Wie sieht die erfolgreiche Gestaltung polit-ökonomischer Strukturen aus?
2. Was sind die gesellschaftlichen Voraussetzungen und wie bzw. wieweit lassen sich diese (in allen Ländern) ‚herstellen‘, verwirklichen?
3. Was kann von außen dazu beigetragen werden?

Leitfragen der internationalen Entwicklungspolitik

Es handelt sich dabei sowohl um akademische Forschungsfragen als auch um politisch-praktische Fragen. Beide Arten Fragen sind im Bereich der internationalen Entwicklungspolitik offenbar besonders eng verbunden, weshalb die Expertengemeinde der internationalen Entwicklungspolitik auch eine Teilgemeinde von Entwicklungs-Forschern einschließt, die z.T. in den großen Entwicklungsinstitutionen wie etwa der Weltbank angesiedelt sind. Die Entwicklungspolitik wurde, damals ein Novum, in der Mitte des 20. Jahrhunderts begründet, als die ökonomisch-gesellschaftliche Entwicklung zunehmend nicht nur als Gestaltungsaufgabe einzelner nationalstaatlicher Eliten gesehen wurde, sondern zum Gegenstand internationaler Politik, eben der Entwicklungspolitik, gemacht wurde. Dies geschah zunächst im Hinblick auf die Überwindung der Folgeschäden des Zweiten Weltkriegs, dann vor dem Hintergrund des Ost-West-Konfliktes im Hinblick auf die neuen, formale Unabhängigkeit erringenden Staaten in den vormaligen Kolonien. Einige der Grundprobleme und -strukturen der internationalen Entwicklungspolitik sollen uns im zweiten Teil des Kapitels beschäftigen. Neben den in Kap. 13 anzusprechenden Fragen der internationalen politischen Ökonomie im allgemeinen ist es gerade die internationale Entwicklungspolitik, in der sich der Umgang mit dem Nord-Süd-Konflikt und auch sein Austrag niederschlägt.

Die Formulierung der ersten Leitfrage der Entwicklungspolitik lässt bereits ihre Ambivalenz erkennen. Sie impliziert einerseits wertende Stellungnahmen (Woran bemisst sich Erfolg?), andererseits empirische Zusammenhangsvermutungen (Wie erklären sich als erfolgreich bewertete Entwicklungen?). Sowohl

entwicklungspolitische Modelle: empirische Fragen und Wertungen

die akademische Entwicklungsforschung als auch die entwicklungspolitische Praxis schlagen sich mit beiden Problemen herum. Zu Zeiten des Ost-West-Konfliktes etwa wurde die Frage nach dem Erfolg von beiden Seiten dieses Konfliktes mit dem ideologischen Ringen um die Überlegenheit der Gesellschaftssysteme verbunden. Kapitalistische Staaten propagierten ihr Entwicklungsmodell. Auch hatten sie in der Gefahr des ‚Abdriftens' von EL in Sozialismus oder gar Kommunismus eines ihrer Hauptmotive für Entwicklungspolitik. Entwicklungs-‚Erfolge' sozialistischer Bestrebungen in der sog. Dritten Welt durfte es per definitionem nicht geben, und die kapitalistischen Vormächte, die USA zumal, trugen auch oft zu deren faktischer Unterminierung bei, während kleinere Staaten wie etwa Schweden sie zuweilen durchaus unterstützten. Umgekehrt propagierte die Sowjetunion einen sozialistischen Entwicklungsweg und verband damit nicht nur die Ausbreitung des eigenen Lagers, sondern zugleich die Schwächung des Kapitalismus. Entwicklungspolitische Modelle wurden also stark politisch instrumentalisiert und mit ihnen die Entwicklungspolitik selbst.

innerkapitalistische
Modell-
Kontroversen:
Rolle des Staates ...

Doch auch innerhalb des kapitalistischen Entwicklungsmodells gab es und gibt es, wie sich gerade nach dem weitgehenden Aus des Realsozialismus und dem damit verbundenen Ende des Ost-West-Konfliktes zeigt, durchaus Kontroversen über die zu verfolgenden entwicklungspolitischen Strategien. Ein wichtiger Streitpunkt betraf und betrifft dabei die Rolle des Staates im Entwicklungsprozess. Ursprünglich hatten Wirtschaftshistoriker, darunter Alexander Gerschenkron, die nach ihm benannte These aufgestellt: je später ein Land sich auf den Pfad der wirtschaftlich-gesellschaftlichen Modernisierung begibt, desto größer ist die Rolle des Staates dabei (etwa als Kapitalsammelstelle zur Finanzierung von Infrastruktur). In den 1960er Jahren herrschte auch in den IL ein großer Optimismus hinsichtlich der wirtschaftlich-gesellschaftlichen Gestaltungsmöglichkeiten des Staates: als Sozial- oder Wohlfahrtsstaat übernahm er in diesen Ländern weitgehende Aufgaben der Daseinsvorsorge, als wirtschaftspolitisch aktiver Staat betrieb er Investitions-Förderung (wenn auch nicht -Lenkung) , erwarb z.T. selbst nennenswerten Industriebesitz und übernahm ‚gesamtwirtschaftliche Steuerungsverantwortung' („Wahrung des wirtschaftlichen Gleichgewichts" etwa, so die Zielformulierung des deutschen Stabilitätsgesetzes). Dem korrespondierte in den EL ein Optimismus hinsichtlich des entwicklungspolitisch planenden und intervenierenden Staates, der etwa mit großen Infrastrukturprojekten oft tief in die Gesellschaft eingriff, gepaart mit seiner Funktion als Ort und Versorgungsquelle für nennenswerte Teile der modernisierten, städtischen Eliten. Der Rückschlag gegen diese staats-optimistische Sicht erfolgte in den 1980er Jahren. In den IL geriet der Leistungsstaat in finanzielle Bedrängnis, ideologisch wurde seine Legitimität stark angegriffen (im Zeichen der neoliberalen Kritik des Interventions- und ‚Bevormundungs'-Staates). Über die Leit-Einrichtungen der internationalen Nord-Süd- und Entwicklungspolitik wie Weltwährungsfonds und Weltbank wie über transnationale Kanäle der Ausbildung südlicher Eliten an nördlichen Universitäten gelangte diese staatskritische Position auch in den Süden, wo zudem die entwicklungs-hemmenden Mechanismen der Herausbildung von Staatsklassen bzw. der Renten (d.h.: nicht am Markt, sondern aufgrund der politischen Stellung erzielbares Einkommen) suchenden Eliten (rent seeking) unter Kritik geriet. Darob wurde es selbst für einen bis in die 1990er Jahre so erfolgreich die heimische wirtschaftliche Entwicklung fördernden Staat wie den japanischen schwierig, dieses Modell des developmental state in den Foren der internationalen Entwicklungspolitischen Diskussion noch zu vertreten. Nachdem die ideologischen Wogen des Streits um den Staat sich etwas gelegt haben, beginnt sich zu Beginn des 21. Jahrhunderts eine etwas ausbalanciertere Sicht zu verbreiten: die entwicklungspolitische Bedeutung eines funktionierenden Staates wird unter dem Stichwort der good governance, der guten Regierungsführung, die (vor allem eigentums-)rechtlicher Selbstbindung des Staates folgt und auch Möglichkeiten gesellschaftlicher Mitsprache (Partizipation) gewährleistet, zunehmend anerkannt und gar gefordert (so wiederum etwa von der Weltbank). Die Gefahr, die ein selbstbereichernder, ausbeuterischer und diktatorischer Staat für Entwicklung bedeutet, wird jedoch ebenfalls gesehen. Was in die zentrale, aber schwierig zu beantwortende Frage mündet, was die gesellschaftlichen Bedingungen für eine sinnvolle Staats-Rolle sind und wie sie, von außen, begünstigt werden können. Das verweist bereits auf die zweite und dritte entwicklungspolitische Leitfrage. Doch sei zuvor eine zweite, mit der um die Rolle des Staates verbundene Kontroverse angesprochen.

Diese zweite innerkapitalistische entwicklungspolitische Kontroverse dreht sich um das Ausmaß und die Ausgestaltung der Weltmarktintegration. Auch hier bilden die klassisch marxistische und die klassisch liberale Position die beiden Extreme. Für erstere gibt es im kapitalistischen Weltmarkt keine Entwicklungs-chancen. Konsequenterweise wird der Ausstieg aus dem Kapialismus und, solange der noch nicht weltweit erfolgt ist, der Ausstieg aus dem kapitalistischen Weltmarkt propagiert. Der zentralverwaltungswirtschaftlich organisierte Realsozialismus konnte dies durch staatliche Kontrolle auch des gesamten Außenhandels auch faktisch durchsetzen. Dem steht die klassisch wirtschaftsliberale Position gegenüber, dass Handel für alle Beteiligten nur nützlich sei und daher völliger Freihandel auch im Nord-Süd-Verhältnis die entwicklungspolitisch gebotene Maxime sei. Allerdings fällt auf, dass nicht einmal die jeweiligen Industrialisierungs-Vorreiter, Großbritannien im 19., die USA im 20. Jahrhundert von dieser theoretisch zunächst durchaus plausibilisierbaren Idee praktisch völlig überzeugt waren. So gut wie jeder Staat hat, auch heute noch, (Einfuhr-)Beschränkungen im Außenhandel – oft, so die liberale Sicht, um den Preis des Effizienz-Verlustes. Politische Gründe des Schutzes für heimische Produzenten (= Wähler) ist ein wichtiges Motiv hierfür. In EL kommt oft ein fiskalisches Motiv hinzu: Staatseinnahmen lassen sich über Zollerhebung in wenigen Importhäfen oft rein verwaltungstechnisch leichter erzielen als durch kompliziert umzusetzende Steuer-Systeme. Schließlich aber gibt es, zurückgehend auf Gedanken Friedrich Lists, auch noch ein entwicklungspolitisches Argument für Einschränkungen des Freihandels, also Schutzzölle. Dies ist das sog. infant industry-Argument: zumindest zeitweilig ist heimische Industrie vor übermächtiger ausländischer Konkurrenz zu schützen, sonst wird leicht jegliche heimische Industrialisierung durch (zum Teil, etwa in der Agrar-Produktion, auch noch subventionierte!) IL-Konkurrenten niederkonkurriert. Auch hier haben die z.T. noch in den 1980er Jahren gehaltenen Plädoyers für Dissoziation, Weltmarktabkopplung, durch das Schicksal von Ländern, die diesem Programm radikal gefolgt sind (wie Albanien und Nord-Korea) einerseits, das der durch Export er-

... und Grad der Weltmarktintegration

125

folgreichen NICs v.a. Südost-Asiens andererseits, an Plausibilität eingebüst, freilich nicht in Gänze: es bleibt der im Prinzip richtige Gedanke des infant industry-Argumentes; allerdings wird auch deutlich gesehen, dass das richtige Timing und Ausmaß des Abbaus des Schutzes erstens wichtig und zweitens auch wegen der an der Aufrechterhaltung des Schutzes hängenden politischen Interessen schwierig ist. Was, wie gesagt, selbst Staaten in IL erleben.

Fragt man nach den Voraussetzungen entwicklungspolitischer Erfolge und nach deren Reproduzierbarkeit, so lässt sich in der mittlerweile fünfzigjährigen Praxis internationaler Entwicklungspolitik der Übergang von monokausalem Gestaltungsoptimismus zu multikausalem Bewusstsein für Pfadabhängigkeit diagnostizieren. Hinter dieser etwas wuchtigen Formulierung verbirgt sich Folgendes. Die frühe entwicklungspolitische Diskussion und Praxis war durch eine sehr eng ökonomische Sicht der Problematik gekennzeichnet. Knappheit an investierbarem Kapital in EL wurde als ein, ja der Hauptfaktor für ausbleibende Entwicklung angesehen, Kapitalzufuhr mithin als Lösung. Diese erfolgte in großen Blöcken, zum Teil im wörtlichen, zementierten Sinne: Hafenkais, Staudämme etc. Obwohl die Bedeutung von Investitionskapital und Infrastruktur bei wirtschaftlicher Entwicklung kaum zu leugnen ist, waren solche auf eine (zentrale) Ursache setzenden (monokausalen) Ansätze zum Scheitern verurteilt. Geld versickert auch in entwicklungspolitisch unsinnigen Kanälen (und Dämmen ...), mancher Flughafen wurde zum sprichwörtlichen weißen Elefanten (groß, auffällig, unbrauchbar). Offenbar ist Entwicklung, erstens, mehr als ökonomische Entwicklung, und, zweitens, hat selbst diese oft im engeren Sinne nicht-ökonomische Voraussetzungen (z.B. den oben diskutierten sinnvoll handlungsfähigen Staat). Auf ersteres wurde durch Ausweitung des entwicklungspolitischen Zielkriterien-Kataloges zu reagieren versucht: Nicht die Maximierung der Kapitalzufuhr ist entscheidend, sondern die Optimierung einer ganzen Reihe von Bedingungen (Kapital, Humankapital, handlungsfähiger Staat, Beteiligung statt ‚Verplanung‘ der Bevölkerung u.a.m.). Z.T. wurde entwicklungspolitisch hierauf durch fast zyklischen Wechsel der Hauptzielgruppen (Infrastruktur; Arme; Frauen) reagiert. Klar ist: multikausale Optimierung ist, wie immer, weit schwieriger als Maximierung, auch wegen möglicher Zielkonflikte. Das zweite Problem erwies sich als noch schwieriger: die jeweiligen gesellschaftlichen Voraussetzungen, etwa für einen sinnvoll handlungsfähigen Staat, sind erstens schon analytisch schwierig zu ermitteln und zweitens praktisch schwer gestaltbar. Schließlich ist Ausgestaltung staatlicher Handlungsfähigkeit immer auch eine Herrschafts- und Machtfrage, des Staates, aber auch der sonst gesellschaftlich mächtigen Gruppen. Solange solche von einem schwachen Staat profitieren, ist mit ihrer Zustimmung zu Reformprogrammen kaum zu rechnen. Auch in den IL ist in ihrer Geschichte über die Machtverhältnisse in und zwischen Staat und Gesellschaft meist nicht ‚verständigungsorientiert‘ verhandelt worden – sondern es wurde gerungen, oft auch gewaltsam. Dabei, dies zeigt die neuere makrosoziologisch vergleichende Forschung, hat es durchaus unterschiedliche Pfade in die Moderne gegeben. Und der jeweils bereits zurückgelegte Weg prägt oft die weiteren Entwicklungsbedingungen mit. Im Jargon spricht man von der Pfadabhängigkeit der Entwicklung. Dies alles kann dazu führen, das leichte (leichtfertige) Hantieren mit entwicklungspolitischen Modellen (von Patentre-

126

zepten ganz zu schweigen) stark zu problematisieren. Zwar ist die Botschaft, jedes Land müsse ‚seinen eigenen Weg finden‘, vielleicht etwas (zu) banal, und übersieht doch Chancen, aus der Erfahrung anderer zu lernen. Die An-Eignung dieser Erfahrung, gerade in Entwicklungsprozessen, die nicht von oben oktroyiert, sondern von den betroffenen Gesellschaften als eigene angesehen und mitgestaltet werden soll(t)en, erscheint jedoch als zentral. Was uns zur dritten Leitfrage und Grundproblematik der Entwicklungspolitik führt.

Diese dritte Grundfrage bzw. -problematik besteht in dem Anspruch der Entwicklungspolitik, durch im Prinzip konsentierte Einflussnahme von außen Entwicklung vor Ort, zum Teil in großer geographischer (und kultureller) Distanz, zu fördern. Dies wirft wiederum eine ganze Reihe von Teilproblemaspekten auf: Bei kultureller Distanz mag schon die konsensuale Zielformulierung problematisch sein. Wollen wirklich alle Beteiligten oder doch Betroffenen sich auf den Weg in die (kapitalistische) Moderne machen? Werden sie gefragt? Auch hier zeigt bereits die Entwicklung der IL, dass solche Modernisierungsprozesse offenbar immer auch mit Gefühlen der Entfremdung, Ent-Eignung, verbunden sind. Lokale Bräuche und Kulturen werden marginalisiert oder gar ausgerottet; die Kultur der Moderne erscheint als Un-Kultur, als kommerziell, billig, wert-los – nicht nur im Auge fundamentalistischer Islamisten; auch, um nur ein Beispiel zu nennen, die katholische Kirche hat sich lange schwer getan mit der Aufnahme der Moderne; was übrigens nicht nur negativ zu sehen ist: sie hat sich, in ihrer Soziallehre etwa, das Potenzial der Kritik der Moderne bewahrt an einem anderen Maßstab als dem der Effizienz. Neben dieser Kultur-Problematik gibt es die der Macht und Beteiligung. Internationale Entwicklungspolitik ist meist ein Aushandlungsprozess zwischen nördlichen und südlichen Eliten. Folgeprobleme: Wie legitim sind südliche Eliten als Sprecher ihrer Gesellschaften? Wie legitim ist es für nördliche Eliten, dies beurteilen zu wollen – und eventuell daraus entwicklungspolitische Konditionalisierung, etwa durch Pochen auf Einhaltung von Demokratie und Menschenrechten, abzuleiten? Oder gar eine gewaltsame, sog. humanitäre Intervention vorzunehmen? Schließlich haben die nördlichen Eliten und Nicht-Regierungsorganisationen der Entwicklungspolitik die Bedeutung südlicher nicht-staatlicher Akteure und lokaler zivilgesellschaftlicher Kräfte des Südens entdeckt. Kontakte auf dieser Ebene sind ein Weg, die Begrenzung einer Entwicklungspolitik als reines Elitenspiel zu durchbrechen. Wieweit es dabei jedoch wirklich gelingt, innergesellschaftlich eher ohnmächtige Gruppen des Südens an entwicklungspolitischen Maßnahmen so zu beteiligen, dass sie mehr als ‚Bauern auf dem Schachbrett‘ der neuesten entwicklungspolitischen Strategie sind, bleibt immer fraglich. Entwicklungspolitik kann diesem Dilemma nicht entrinnen: Maßnahmen zu propagieren, die tendenziell eher von Eliten geplant werden – und doch oft gerade die Unterprivilegierten des Südens betreffen, schlimmstenfalls treffen.

All diese (und weitere) Probleme haben nicht verhindert, dass in nunmehr rund fünfzig Jahren die Institutionalisierung von Entwicklungspolitik stark ausgebaut worden ist. Man kann nachgerade von einer Apparatur der Entwicklungspolitik sprechen, die mindestens drei Ebenen umfasst:

–   auf globaler Ebene die großen global-multilateralen Entwicklungsagenturen, paradigmatisch verkörpert durch die Weltbank: eine ‚Bank‘, die zwar

Marginalien:
Förderung von Entwicklung von außen?

die internationale Entwicklungs-Apparatur und ihre nördliche Basis

durch Beleihung ihres Eigenkapitals Kredite zu günstigeren als Marktkonditionen zur Verfügung stellen kann; die durchaus enormen entwicklungsanalytischen Sachverstand beherbergt; ja die sich von den großen internationalen Wirtschaftsorganisationen (neben Währungsfonds und Welthandelsorganisation) vielleicht am weitesten für Anliegen des Südens und auch Beteiligung nicht-staatlicher Akteure geöffnet hat – und dennoch nicht aus der transnationalen Machtverteilungsstruktur ausbrechen kann, die sich daran zeigt, dass Staaten des Nordens ihr Stammkapital stellen, dass das Gros des zu vergebenden Kapitals jedoch von privaten Anlegern des Nordens geliehen (und unter deren Renditeerwartung auch zurückgezahlt) werden muss und dass nördliches Denken noch immer, über zahlreiche Kanäle, die entwicklungspolitische Diskussion bestimmt (auch die einschlägige Forschung, die keinesfalls in einem simplen Sinne als ,gekauft' betrachtet werden kann, ist ganz überwiegend nördlich finanziert);

– auf regionaler Ebene die großen regionalen Entwicklungsbanken wie etwa die African und Asian Development Bank, die einerseits wegen des Regional-Bezugs auch Raum für regional besondere Herangehensweisen bieten (z.B. doch das Modell des developmental state propagieren, auch in Phasen, in denen der sog. Washington-Konsens dies ausschloss[1]), andererseits ihrerseits von den regional großen Staaten dominiert zu werden drohen;

– schließlich auf bilateraler Ebene die entwicklungspolitische Zusammenarbeit zahlreicher Staaten des Nordens mit je ausgewählten Staaten des Südens, meist institutionell fokussiert um nationale Ministerien und/oder Agenturen der Entwicklungszusammenarbeit.

multilaterale versus bilaterale Entwicklungszusammenarbeit

Aus Sicht der südlichen Beteiligten haben die multilateralen Einrichtungen der ersten beiden Ebenen oft den Vorteil, dass, selbst wenn auch sie letztlich nördlich dominiert sind, zumindest ihre Instrumentalisierung durch *einzelne* nördliche Akteure vermieden werden kann – gerade weil die Beschlussprozesse multilateral sind. Konkret kann dies heißen, dass bei der Vergabe von Aufträgen mit zur Verfügung gestellten Finanzmitteln zumindest die freie Wahl des Anbieters möglich ist, im Unterschied zu bilateral gerne erfolgenden Bindungen an Lieferanten aus dem jeweiligen nördlichen Geberstaat. Was uns, abschließend, zur motivationalen Basis für Entwicklungszusammenarbeit im Norden führt.

motivationale Basis im Norden

Auch diese Frage nach den Ursachen oder Gründen für nördliche Entwicklungspolitik pendelt zwischen zwei Extremen: dem mit unterschiedlicher inhaltlicher Akzentsetzung, jedoch im Brustton der Empörung vorgetragenen Hinweis auf die Eigeninteressen des Nordens einerseits, der stark moralisierenden Forderung nach ,Hilfe' andererseits. Beides hat analytisch sinnvolle Kerne, die, sauber herauspräpariert, einander eher ergänzen bzw. ein Korrektiv füreinander darstellen können. Zum Eigennutz: Auf abtrakt-allgemeinster Ebene und aus klassisch marxistischer Sicht gehört Entwicklungspolitik in die Rubrik der letztlich fruchtlosen lebensverlängernden Maßnahmen des Kapitalismus, zu seinem ,Reparaturbetrieb'. Bestünde nicht die ,Angst vor der Weltrevolution', gäbe es auch keine Entwicklungspolitik. Auch wenn nicht zu leugnen ist, dass zu Zeiten

---

1 Vgl. Wade 1996.

des Ost-West-Konfliktes manche, inhaltlich auch eher fragwürdige, entwick-lungspolitische Maßnahme vom kapitalistischen Norden aus Gründen der Ge-sellschaftssystem-Konkurrenz finanziert wurde – die ganze Erklärung ist das wohl nicht. Und die Frage, ob Reparatur sinnvoll ist, hängt einerseits offenbar vom Glauben an die Möglichkeit systemischer Alternativen ab, andererseits da-von, ob man unterhalb der Schwelle der Weltrevolution nur auf diese zu warten gedenkt. Ein zweites Eigeninteresse ‚des Nordens' besteht in den möglichen und realen Folgewirkungen unbearbeiteter Ungleichheits- oder zumindest Un-gleichmäßigkeits-Lagen. Nicht ausreichend funktionierende Staaten im Süden werden im Zeichen globalen Verkehrs leicht zu Problemen auch für die Gesund-heitspolitik des Nordens (Import von Viren); Staatszerfall im Süden birgt gar das Risiko, dass Herde für ungute Entwicklungen (vom Drogenanbau bis zur Beherbergung transnationaler Terroristen) entstehen; schließlich ist mangelnde Entwicklung direkt oder indirekt eine der Hauptursachen für Flucht und Migra-tion, die zwar primär innerhalb der Peripherie erfolgt, doch immer wieder auch den Norden erreicht. Ein in diesem Sinne verstandenes multidimensionales ‚Stabilitätsinteresse' des Nordens paart sich mit dem langfristigen ökonomi-schen Eigeninteresse, den sich entwickelnden Süden nicht nur als (Rohstoff-) Lieferanten, sondern als Konsument und Kunden zu gewinnen. Die Einbezie-hung der Peripherie in den kapitalistischen Verwertungszusammenhang mag in jeder konkreten Phase selektiv sein; sie ist prinzipiell jedoch offen. Die Einlö-sung dieses eigenen Versprechens des kapitalistischen Nordens ist wohl der si-cherste Weg, ‚den' Nord-Süd-Konflikt über Zeit zu entschärfen – was, das dürf-te nun klar sein, nicht heißt, dass es nicht durchaus zahlreiche Konflikte (Plural!) in den Nord-Süd-Beziehungen geben wird. Institutionen für deren Be-arbeitung müssen in der internationalen Wirtschaftspolitik zur Verfügung ge-stellt werden. Gegenüber diesen grundlegenden Eigennutz-Argumenten erschei-nen die erwähnten bilateralen Auftrags-Eigeninteressen als sekundär. Wichtiger ist, dass die Tatsache der Eigeninteressiertheit des Nordens an Entwicklungspo-litik nicht etwa per se etwas Negatives ist. Vielmehr bildet sie wahrscheinlich, empirisch gesehen, deren sicherste Grundlage, insbesondere wenn dabei ein langfristig-aufgeklärtes Eigeninteresse sich gegenüber schnöde-kurzfristigem Egoismus durchsetzen kann. Dies wiederum hat zweierlei Voraussetzungen: analytische Einsicht in solche komplexeren Zusammenhänge, wie sie gerade auch die politikwissenschaftliche Analyse des Nord-Süd-Konfliktes zu vermit-teln vermag, ist die eine. Die andere jedoch verweist auf die Bedeutung tatsäch-lich moralischer, nicht eigennütziger Impulse nördlicher Entwicklungspolitik. Deren Träger sind oft die – unter demokratischen Bedingungen! – artikulations-und zum Teil auch organisationsfähigen Interessen zivilgesellschaftlicher (in Deutschland oft, aber nicht nur: kirchlicher) Nicht-Regierungsorganisationen, die sich für Entwicklungspolitik stark machen. Sie bilden einerseits ein wichti-ges kritisches Korrektiv zur jeweils offiziellen Entwicklungspolitik und zu-gleich deren Bundesgenosse, wenn es darum geht, in Zusammenarbeit mit staat-lichen Trägern der Entwicklungspolitik diese als politisches Anliegen gegen andere, konkurrierende, öffentlich zu vertreten. Auch hierbei ist das politikwis-senschaftlich unterfütterte Wissen um interorganisatorische Kooperation und um die Mechanik politischer (Lobbying-)Arbeit zweifellos von Nutzen.

Zum **Nord-Süd-Konflikt** allgemein einführend noch immer, trotz des Alters, Elsenhans 1984; für eine realistische Lesart Krasner 1985. Zu **Zentrum-Peripherie-Modellen** Galtung 1973 und Wallerstein 1982. Zur **aktuellen Analyse von Ungleichheit** das dem Thema „International Relations and the New Inequality" gewidmete Heft 2, 2002, der International Studies Review und Thompson 2004. Zum **Erbe des Kolonialismus** Bernhard/Reenock/Nordstrom 2004. Über **Erfahrungen erfolgreicher Entwicklung aus der europäischen Geschichte** Senghaas 1982, Menzel/Senghaas 1986 und Halperin 1997. Über **entwicklungspolitische Strategien** Engels 1994, Griesgraber/Gunter 1996 und Kohsaka 2004. Zur **Entwicklungs-Ökonomik** Easterly 2001 und Rees/Smith 2004, zur **Entwicklungsfinanzierung** Betz/Brüne 2001. Zum **Staat im Entwicklungsprozess** Wade 1990, Weiss/Hobson 1995, Weiss 1998, insbes. Kap.3, und Chiu/Lui 1998. Zu **Staat und Politik in der ‚Dritten Welt'** allgemein Kößler 1994 und als Überblick Hayes 2002. Zur **politischen Ökonomie von Entwicklung** Törnquist 1999 und Hoogvelt 2001. Zur **Entwicklungspolitik** einführend Nuscheler 1995, Tisch/Wallace 1994; zum Nachschlagen: Forsyth 2004; als Projekt (der 2. Hälfte) des 20. Jahrhunderts McMichael 1996; zur Diskussion in Deutschland Deutscher/Holtz/Röscheisen 1998 und Messner/Scholz 2004. Zur **Weltbank** Tetzlaff 1996, zu ihrer jüngeren Praxis unter Präsident Wolfensohn lebensweltlich-anschaulich Mallaby 2004; ihr **Weltentwicklungsbericht** zum download unter http://econ.worldbank.org/wdr/wdr2004/. Über **altruistische Motive** Lumsdaine 1993 und, am Beispiel der EKD, Willems 1998.

11 Konfliktkonstellationen III: Regionale Konflikte – Beispiel Konfliktregion Naher Osten

Mit dem Ost-West-Konflikt (in Kapitel 4) und dem – durchaus anders gelager-ten – Nord-Süd-Konflikt (in Kapitel 10) haben wir bereits zwei Konfliktkonstel-lationen betrachtet, die als solche *des* internationalen Systems (als ganzem) be-zeichnet werden konnten in dem Sinne, dass sie jeweils die Gesamtheit der internationalen Beziehungen präg(t)en und auch die Grundstrukturen des inter-nationalen Systems betrafen. Nicht alle Konflikte der internationalen Politik sind – zum Glück – von diesem Kaliber. Gleichwohl haben auch sog. regionale (und zuweilen gar lokale) Konflikte das Potenzial, die internationale Politik im allgemeinen zu beschäftigen. Dies ist dann der Fall, wenn regionale Konflikte wegen überregionaler Auswirkungen von der globalen internationalen Politik aufgegriffen werden, sei es durch Supermachts-Intervention oder dadurch, dass die UNO den Versuch des Konflikt-Managements unternimmt. Sowohl für das Ausgreifen regionaler Konflikte über die Region hinaus wie auch für die Gren-zen der Steuerbarkeit solcher Konflikte von außen haben wir bereits Gründe an-geführt. Erstere liegen in Aspekten der materiellen oder ideellen Betroffenheit und Anteilnahme außer-regionaler Akteure: Sie können durch aus gewaltsamem Austrag regionaler Konflikte resultierende Flüchtlingsströme betroffen sein, aus der Region wichtige Rohstoffe beziehen oder in der Region strategische und/oder ideologische Verbündete haben bzw. aufgrund des medial vermittelten Lei-des oder aufgrund von allgemeiner ‚Verbundenheit‘ am Schicksal der Region als ganzer oder einiger ihrer Akteure Anteil nehmen. Als Grenze der Beeinfluss-barkeit regionaler Konfliktverläufe wurde beim Stichwort „Stellvertreterkriege" auf die Handlungsautonomie regionaler Akteure verwiesen. Andere Grenzen werden im Verlauf des vorliegenden Kapitels deutlich werden.

Regionalkonflikte im Unterschied zu Systemkonflikten

Wenn wir in diesem Kapitel die Konfliktregion Naher Osten beispielhaft be-handeln, so lässt sich über die Repräsentativität dieses Beispiels durchaus strei-ten. In vieler Hinsicht ist diese Region ein besonderer Fall, der markante Unter-schiede zu anderen Welt-Regionen aufweist. Gleichwohl lassen sich an diesem Beispiel einige analytisch belangvolle Aspekte besonders deutlich aufzeigen, die sowohl die Komplexität der regionalen Konfliktkonstellation selbst, ihre in-terne Komplexität, betreffen als auch die externe Komplexität der Verzahnung der regionalen Ebene mit überregionalen Kräften. Zuvor jedoch ein Wort zum Begriff der (Welt-)Region.

Naher Osten – ein besonderes, aber auch besonders ergiebiges Beispiel

Wie in fast allen sozialwissenschaftlichen Zusammenhängen, in denen von Regionen (subnationalen wie grenzüberschreitend internationalen) die Rede ist (etwa in der „regionalen Strukturpolitik" einzelner Länder oder beim Ausschuss

zum Begriff der (Welt-)Region

der Regionen der EU), ist auch in Bezug auf die hier thematisierten Welt-Regionen festzuhalten, dass Regionen-Bildung (analog zur Nationen-Bildung) eine Konstruktion ist, der gesellschaftlichen Akteure selbst (man könnte dann in Analogie zur Klassentheorie von einer „Region für sich" sprechen) und zuweilen auch nur der Analytiker (oder auch von Bürokraten), die damit dann nur eine kategoriale Klasse räumlich zusammengefasster Akteure meinen (Region „an sich", analog zu Klasse an sich). Anders als in diesen Kontexten, in denen es um Integration und gemeinsame Handlungsfähigkeit geht, ist solche Gemeinsamkeit in Konflikt-Regionen gerade *nicht* gegeben. Was eine Konflikt-Region ‚zusammenhält' ist ihre Verstrickung in womöglich äußerst gewaltsamen Konfliktaustrag – und die Tatsache, dass eine Exit-Option nicht leichter Hand besteht. Letzteres verweist auf eine von Albert Hirschman getroffene sehr abstrakte Unterscheidung der – aus seiner Sicht: drei – möglichen Reaktionen auf Probleme in Organisationen (hier: gewaltsame Konflikte in Regionen): exit, das heißt: Abwanderung, Konflikt-Auflösung durch Abzug einer der Konflikt-Parteien (was auch als dissoziative Konfliktlösung bezeichnet wird), voice (die Stimme erheben, metaphorisch gesprochen, was im Falle der Regionalkonflikte bis hin zu gewaltsamem Konfliktaustrag geht) und loyalty, Folgebereitschaft, was im Hinblick auf Regionalkonflikte wohl mit positiver Identitätsbildung umrissen werden könnte, im Sinne der Herausbildung einer gerade angesprochenen „Region für sich" – in vielen Fällen regionaler Konflikte ein auf absehbare Zeit wohl unerreichbares Fernziel.[1]

Bezogen auf die konkrete Region Naher Osten wollen wir darunter nicht die neuerdings als „erweiterter Naher und Mittlerer Osten" angesprochene Groß-Region „von Marokko bis Afghanistan" verstehen (von ihr ist im Hinblick auf eine strategisch angelegte Entwicklungskooperation ‚des Westens', der EU und der USA, mit den Staaten und Gesellschaften dieser Großregion die Rede), jedoch auch nicht, im engsten Sinne, nur den Problemkomplex Israel/Palästina. Vielmehr wollen wir drei Problemkomplexe bzw. Konfliktherde in ihrer Wechselwirkung und in ihrem Außenbezug (zur internationalen Politik jenseits der Region) betrachten.[2] Diese Konflikte und ihre analytisch benannten zentralen Konfliktgegenstände sind:

(Marginalie) Region Naher Osten: drei ausgewählte verknüpfte Konflikt-Herde

– der Israel/Palästina-Konflikt um die Sicherung der Ko-Existenz sowohl des jüdischen als auch des palästinensischen Volkes;
– der Irak-Konflikt um Herrschaft, Fall und Nachfolge des Regimes S. Husseins in diesem Land;
– der Konflikt um die Ausgestaltung der Herrschaft in Saudi-Arabien.

Keine dieser notgedrungen knappen Konflikt-Bezeichnungen und zumal der vorgenommenen Charakterisierungen der Konfliktgegenstände versteht sich von selbst, alle bedürfen der – wiederum notgedrungen knappen – Erläuterung.

---

1   Die US-amerikanische Unterstützung des (west-)europäischen Integrationsprozesses nach dem 2. Weltkrieg zielte jedoch genau hierauf – mit Erfolg. Die EU versucht ihn nun z.B. mit ihrem Balkan-Stabilitätspakt zu wiederholen.
2   Dies ist eine fast willkürliche Eingrenzung aus Platzgründen. Zumindest ein vierter Problemkomplex, der mit den inner- und überregionalen Beziehungen des Iran zu tun hat, wäre von gleichem Rang, nicht erst im Kontext des möglichen Nuklearwaffen-Erwerbs dieses Staates.

132

Am weitesten geläufigen Vorstellungen entsprechend ist wohl die Bezeichnung Israel/Palästina-Konflikt sowie die Bestimmung seines Gegenstandes als die Ko-Existenz zweier Völker, des israelischen und des palästinensischen. Eine Teilung des aus der ‚Erbmasse‘ des Osmanischen Reiches nach seinem Untergang am Ende des Ersten Weltkrieges entstandenen britischen Mandatsgebiets im heutigen Israel/Palästina wurde 1947, noch vor der Gründung Israels (1948), von der UNO beschlossen. Faktisch kam es jedoch nur zur Errichtung eines Staates, eben Israels, dessen Existenz von palästinensisch-arabischer Seite jedoch lange Zeit nicht anerkannt wurde. Die 1964 gegründete Palästinensische Befreiungsorganisation (PLO) erkannte erst Ende der 1980er Jahre das Existenzrecht Israels an, nicht freilich seine bis dahin aufgrund zahlreicher Kriege (1948; vor allem: 1967; 1973; 1982) zwischen Israel und den arabischen Nachbarstaaten ausgedehnten Grenzen. Umgekehrt war Israel seit dem 1991 begonnenen Friedensprozess im Prinzip auf die Formel „Land für Frieden" eingegangen, ohne freilich festzulegen, wieviel des von ihm besetzten Landes tatsächlich geräumt würde. Der Konfliktaustrag hat seit der ersten sog. Intifada (1987) der Palästinenser die Form eines bewaffneten Volksaufstandes in den besetzten Gebieten angenommen, mit militärischer Gegenwehr Israels zum einen, innenpolitischen Rückwirkungen auf beiden Seiten zum andern. Auf palästinensischer Seite geriet die PLO unter Führung Yassir Arafats trotz der erreichten Teil-Autonomie (mit der Exekutive der Autonomie-Behörde, der Arafat vorstand, und der Autonomierat genannten Legislative) unter Druck der weniger verständigungsbereiten palästinensischen Kräfte, insbesondere der 1987 gegründeten Hamas, die den politischen Kampf auch mit dem Mittel der Selbstmord-Anschläge nach Israel hinein trägt. In Israel greift derweil eine doppelte Verunsicherung um sich: über das eigene Selbstbild (Soll der jüdische Staat tatsächlich ein Besatzungsstaat sein?) wie auch ganz konkret ein verbreitetes Gefühl der nun auch vermehrt inneren Bedrohung, die der harten Linie des Premiers Sharon Auftrieb verleiht. Dieser wiederum hat nicht zuletzt durch den symbolisch-provokanten Besuch des Tempelberges im Jahre 2000 den in Camp David (USA) versuchten Friedensprozess weiter unterminiert und damit den Anlass der zweiten Intifada geliefert. Im Sommer 2004 erschien nach dem fast vollstänigen Bau des von Israel errichteten Trennungszauns zu den Palästinensergebieten (und z.T. auf ihnen verlaufend!), nach zahlreichen Anschlägen gegen israelische Zivilisten und der darauf von Israel verfolgten Politik der gezielten Tötung palästinensischer Führer (aus Sicht der israelischen Regierung: An- und Ausführer des Terrorismus) der Frieden wieder in weite Ferne gerückt. Ob der jüngst von Israel einseitig begonnene Rückzug aus einigen besetzten Gebieten und der Abbau von Siedlungen daran etwas ändert, ist noch offen, zumal hierbei bis zu bürgerkriegsartige Auseinandersetzungen zwischen Israelis (Siedlern und Ordnungskräften der Regierung) zu erwarten sind.

Angesichts der Tatsache, dass die wohl einzig realistische Konflikt-Lösungsmöglichkeit im Grunde seit geraumer Zeit auf dem Tisch liegt: wechselseitig anerkannte Zweistaatlichkeit, fragt sich, warum diese Lösung bis heute trotz horrender materieller und menschlicher Kosten des gewaltsamen Konfliktaustrags nicht zu erreichen war. Offenbar hat nicht einmal die ‚vorletzte Hoffnung‘ der Friedensvermittler, das Bauen auf die Einsicht der primären Konflikt-

der Israel/Palästina-Konflikt

Warum ist die im Prinzip klare Konflikt-Lösung so schwer erreichbar?

Akteure in diese Kosten im Sinne des Konzeptes vom hurting stalemate (Stillstand, der den – beiden! – Konfliktparteien ‚wehtut‘), bisher dauerhaft gefruchtet. Warum? Auch hier kann nicht der Anspruch erhoben werden, auf die einfache Frage eine einfache (und noch dazu knappe) Antwort zu geben. Zwei wichtige Hinweise sind jedoch von allgemeiner analytischer Bedeutung. Sie betreffen die innere und äußere Konflikt-‚Mechanik‘. Damit ist die bei allen politischen Prozessen neben der ideell-gedanklichen Seite wichtige sog. politics-Dimension angesprochen, die Wechselwirkung unterschiedlicher Interessen und Machtfaktoren. Dies gilt es kurz zu erläutern.

die innere Konflikt-
Mechanik

Mit innerer Konflikt-Mechanik sind hier politische Prozesse im Innern der beiden Konflikt-Parteien gemeint. Erste wichtige Feststellung ist, dass beide Seiten *keine* einheitlich auftretenden Akteure sind. Während Israel zumindest formal ein einheitlicher Staat ist, war auf palästinensischer Seite lange Zeit rein formal ein so institutionalisierter Akteur nicht anzutreffen. Mit Bildung der PLO erfolgte eine erste Institutionalisierung, mit der der Autonomie-Behörde ein weiterer Schritt. Freilich sind dies zwar immerhin, aber auch nur formale Schritte zu einheitlicher Handlungsfähigkeit. Anders sieht es mit der faktischen Einheitlichkeit aus. In demokratischen Staaten (als solcher versteht sich Israel) findet im Rahmen der Spielregeln ein Wettstreit um die Macht (auf Zeit) statt, in Lagen wie der Israels, wo akute Bedrohung der äußeren und inneren Sicherheit gegeben sind, auch über und mittels divergierenden Vorstellungen und Konzepten zur Überwindung dieses Zustandes, Divergenzen, die weit in die Bevölkerung hineinreichen und also nicht nur ‚aufgesetzte Wahlkampf-Polarisierungen‘ sind. Freilich ist die Verlockung groß, mit diesen Themen *auch* Wahlkampf zu machen. Vereinfacht lässt sich von – in je konkreten historischen Lagen – unterschiedlich großen ‚Lagern‘ der Verständigungsbereiten (VB) einerseits, der eher Kompromisslosen (KL) andererseits ausgehen. Diese ringen – demokratisch – um Mehrheiten, insbesondere unter den (noch) Unentschlossenen oder, eine vielleicht bessere Bezeichnung, den Umstimmbaren (U). Eine analoge Dreiteilung lässt sich auf palästinensischer Seite vornehmen, mit dem Unterschied, dass der interne Wettstreit hier noch weniger auf demokratische Mittel festgelegt ist (Verständigungsorientierte diesen Schritt womöglich also mit dem Leben bezahlen, intern bedroht sind; auch auf israelischer Seite wurde Ministerpräsident Rabin 1995 Opfer eines Fanatikers aus den eigenen Reihen). Die Verständigungsbereiten beider Seiten (VB_i und VB_p) müssten also gleichzeitig aufeinander zugehen, je intern aus dem eigenen Kreis und dem der Umstimmbaren (U_i und U_p) eine – haltbare – Mehrheit erlangen, diese gegen die erwartbare Opposition der Kompromisslosen (KL_i und KL_p) verteidigen, wozu womöglich politisch-taktisch geschickt unter letzteren die gänzlich Unbelehrbaren notfalls isoliert (kalt gestellt) werden müssten, einige vielleicht doch ins Lager der Verständigungsbereiten oder zumindest der Unentschlossenen (die dem Verständigungsversuch ‚eine Chance geben‘) hinübergezogen werden müssten. Dies ist bereits schwierig genug, verlangt es doch nicht nur eine positive Synchronisation (auf Verständigungsbereitschaft) auf beiden Seiten (der israelischen wie der palästinensischen), sondern auch ganz unterschiedliche Fähigkeiten der Friedens-Führer: Verständigungsbereitschaft nach außen, beinahe machiavellistisches Geschick nach innen. Denn, mit einem ist zu rechnen: Die

134

Hardliner unter den Kompromisslosen beider Seiten werden erstens je für sich (fast) alles tun, um die aus ihrer Sicht unerwünschte bis verwerfliche (Verrat!) Verständigung zu unterminieren. Sie werden einander dabei auch gleichsam in die Hände spielen: Die Anschläge der einen dienen den Vergeltungsaktionen der anderen als Vorwand – und umgekehrt (vgl. Abbildung 11.1).

Abbildung 11.1: Innere Konfliktmechanik in Friedensprozessen – Beispiel Israel (I) und Palästina (P)

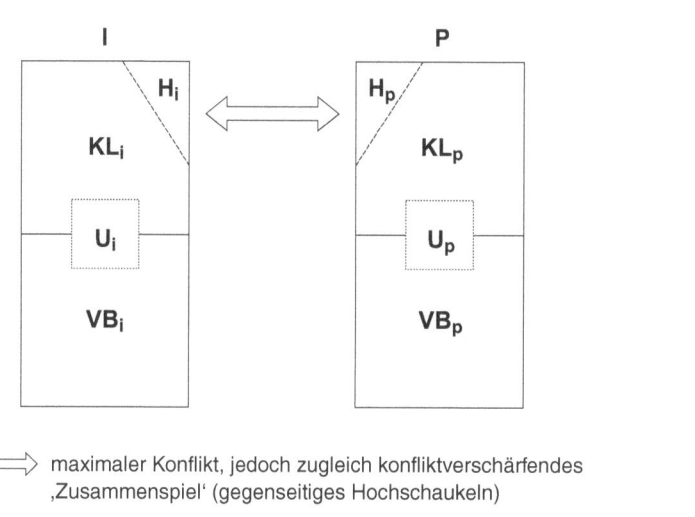

⟸⟹ maximaler Konflikt, jedoch zugleich konfliktverschärfendes ‚Zusammenspiel' (gegenseitiges Hochschaukeln)

Als letzter komplizierender Faktor sei erwähnt, dass Vertrauen (was *auf* beiden Seiten, *zwischen* beiden hergestellt werden muss) weit leichter zu unterminieren ist als aufzubauen. Zusammengenommen sorgt diese interne Konflikt-Mechanik bereits dafür, dass stabile Kompromisse schwer erreichbar und *durchhaltbar* sind. Zu ergänzen sind diese eher abstrakten Überlegungen jedoch noch kurz durch ebensolche zur externen Konflikt-Mechanik.

Externe Kräfte, die die Konflikt-Mechanik mitbestimmen, lassen sich wiederum zunächst zweiteilen. Schlimmstenfalls mag es phasenweise oder auf Dauer externe Kräfte geben, die vom Aufrechterhalt des gewaltsamen Konfliktaustrags profitieren und daher indirekt und verdeckt (zum Beispiel durch finanzielle und andere Förderung radikaler, kompromissloser interner Fraktionen) zur Verschärfung der Lage beitragen. Dies ließe sich auch am konkreten Beispiel zeigen, soll hier jedoch nicht vertieft werden. Die zweite externe Seite ist diejenige, die im Prinzip einen friedlichen Konfliktaustrag fördern oder gar eine Konfliktlösung anstreben möchte. Hier stellt sich die Frage nach ihren Handlungsmöglichkeiten – und deren Grenzen. Unterschiedliche Formen der Konflikt-Vermittlung, auch solche, die nicht nur mit positiven Anreizen (in Aussicht gestellte Unterstützung für Kompromissbereitschaft), sondern (z.B. als sog.

die externe Konflikt-Mechanik

135

forced mediation) mit negativen Sanktionen (wirtschaftlicher Art bis hin zum gezielten Gewalteinsatz) arbeitet, sind denkbar. Wiederum stellen sich drei Fragen: a) Wer, welche externen Kräfte kommen in Frage, b) wozu sind sie sachlich in der Lage und c) wozu sind sie politisch in der Lage? Im Prinzip können staatliche und nicht-staatliche externe Akteure eine Rolle spielen. Letztere haben oft den Vorteil, ihrerseits nicht-staatliche Akteure unter den Konfliktbeteiligten als Ansprechpartner zu haben. Mit ihnen kann an langfristig wichtigen friedens-relevanten Projekten wie der Stärkung der jeweiligen internen Rolle friedensgeneigter zivilgesellschaftlicher Kräfte und der Aussöhnung zwischen den Zivilgesellschaften gearbeitet werden. Voraussetzung ist jedoch ein Minimum an öffentlicher Ordnung (da sonst die Gefahr für externe Zivilisten zu groß ist) und die Ergänzung durch vor allem materielle Unterstützung, wie sie in der notwendigen Größenordnung wohl nur Staaten bzw. Staatenverbünde (wie die EU) bereitzustellen vermögen. Ähnliches gilt für eventuell von externer Seite abzugebende Sicherheitsgarantien, die helfen können, die Vetrauenslücke zwischen den Konfliktbeteiligten zu überbrücken (bis hinreichend Vertrauen wächst), was freilich notfalls militärische Sanktionsfähigkeit gegenüber Friedens-Brechern verlangt. Letzteres schränkt den Kreis der potenziell Geeigneten sogleich drastisch ein, nicht nur auf Staaten, sondern unter diesen auf militärisch hinreichend (auch in geographischer Distanz) Handlungsfähige. Per definitionem erfüllt dieses Kriterium eine Supermacht, heute in der Tat *die* eine (die USA). Für sie wie auch für übrige (meist demokratische; erfreulicherweise ist die überregional-militärische Handlungsfähigkeit von Nicht-Demokratien derzeit deutlich eingeschränkt – ein wichtiger Unterschied im Vergleich zu den Zeiten des Ost-West-Konfliktes) potenzielle externe Vermittler und Schlichter stellt sich dann die Frage, wie sie ihrerseits dafür innenpolitisch Unterstützung erlangen und (auch unter widrigen Umständen, etwa eigenen Toten) aufrechterhalten. Freilich stellt sich, und nun müssen wir konkret werden, noch mindestens ein weiteres Problem: Wie glaubhaft ist der potenziell gewichtigste externe Akteur, die einzige Supermacht, als *Vermittler*? Nicht nur das taktisch-motivierte Bestreiten der Glaubwürdigkeit durch zumindest eine der intern kompromisslosen Fraktionen ist erwartbar. Es kommt auch auf die Konsistenz des Verhaltens der Supermacht über eine Vielzahl von Fällen hinweg an. Was die Supermacht selbst meist leicht sieht und thematisiert ist die Konsistenz im Sinne von Glaubwürdigkeit bei der Androhung militärischer Sanktionen. Glaubhafte, durch vorausgegangene Umsetzung in vergleichbaren Fällen beglaubigte Drohung *kann* ein wichtiges Pfund sein, mit dem in Mediationsprozessen gewuchert werden kann (wie Realisten, naturgemäß, gerne hervorheben und zuweilen überbetonen). Mit der Glaubwürdigkeit in der Sache sieht es anders aus: Hier herrscht auf Seiten der Supermacht oft die naive Annahme, diese sei – für jedermann – offensichtlich gegeben (weil vom Selbstbild des ‚friedlichen Riesen‘ ausgegangen wird, wie man konstruktivistisch rekonstruiert formulieren würde). Dem muss aber weder die Sicht aller Konfliktbeteiligten korrespondieren, noch die anderer Beobachter. Konkret: die Nahost-Politik zumindest der Regierung des US-Präsidenten Bush jr. erscheint vielen Beobachtern als extensiv israel-freundlich, näherhin als nahezu eine ‚freie Hand‘ für die Regierung Sharon. Und ihr sonstiges Verhalten im Nahen Osten unterminiert zumindest in den Augen Vieler auf arabischer Seite ihre Glaubwürdigkeit weiter. Der Vorwurf (die Wahrnehmung) insofern ist der (die) des Messens mit zweierlei Maß (im Verhältnis Israel/Palästinenser) zum einen, des Neo-Imperialismus zum andern. Um dies zu verstehen, müssen kurz die beiden übrigen Konfliktherde erläutert werden.

Auch der Irak ist über den Umweg des britischen Mandats-Status aus der Erbmasse des Osmanischen Reiches entstanden, 1921 unter einer britisch einge- setzten Monarchie, seit 1955 als formal unabhängiger Staat, nach dem Militär- putsch von 1958 zunächst unter Führung nationalistischer Militärs, seit 1968 der der Baath-Partei, seit 1979 unter zunehmend totalitärer Herrschaft S. Husse- ins. Die bekannte Natur seines Herrschaftssystems verhinderte jedoch weder Geschäftsabschlüsse westlicher Staaten mit ihm (darunter solche über den Bau eines Atomkraftwerkes durch Frankreich), hatte er doch Öl aus dem (nach Sau- di-Arabien) zweitgrößten bekannten Vorkommen der Region anzubieten, noch verhinderte es die militärische Unterstützung durch die USA (die im Konflikt Iraks mit Iran ersteren unterstützten, der realistischen Devise folgend: der Feind meines Feindes ist mein Freund, was offiziell in die netter klingende Formel der doppelten Eindämmung [dual containment], eben des Irak und des Iran, geklei- det wurde). Die wesentliche strategische Leitlinie der westlichen Supermacht im Nahen Osten, seit sie die britische Rolle der externen Vormacht in der Region übernommen hat, wird darin deutlich: die Verhinderung einer einheitlichen Ver- fügung über alle Ölvorkommen der Region und darüber hinaus die Geneigtheit der über das Öl jeweils Verfügenden zu einer ,kooperativen' Lieferpolitik ge- genüber der – bisher! – hauptsächlich westlichen Abnehmergemeinde, vermit- telt durch überwiegend anglo-amerikanische Konzerne (diese indirekte Strategie der gewogenen Regime ist Resultat der Nationalisierung der Ölvorkommen durch die post-kolonialen bzw. post-mandatorischen Regime im Nahen Osten; zuvor lag die Verfügung über die Ölreserven faktisch in Händen großer angels- ächsischer Ölkonzerne). Diese *strategische* Bedeutung ist es, die den Faktor Öl in der gesamten Nahostpolitik (und damit auch diese Region insgesamt) zu et- was besonderem macht. Sie ist freilich weder auf die Selbstbereicherung von US-Regierungsmitgliedern im Dienst oder zumindest im Interesse von US-Kon- zernen reduzierbar noch auf die ebenso simple (jedoch als politischer Slogan wirkmächtige) Formel „Blut für Öl". Auch wenn die im Vorfeld des Sturzes S. Husseins durch den Irakkrieg von 2003 suggerierte Unterstützung von Al-Qai- da-Terroristen durch ihn nicht nachgewiesen werden konnte (und auch eher un- plausibel ist) und auch wenn nach Ende des Krieges die von der Bush-Regie- rung als Kriegsgrund angeführten Massenvernichtungswaffen im Lande nicht gefunden werden konnten, so ist doch auch richtig, dass der Irak S. Husseins zu keiner Zeit, auch nicht unter dem nahezu allein von den USA aufrechterhaltenen militärischen Druck, seiner Verpflichtung nachgekommen ist, die Nicht-Exis- tenz solcher Waffen klar und nachvollziehbar darzulegen. Vielmehr herrschte eine Praxis des Taktierens und Ausweichens, während zugleich die durchaus herben Konsequenzen des UNO-Sanktionsregimes massiv die irakische Bevöl- kerung betrafen und die Elite der Günstlinge aus dem Erlös der erlaubten Ölver- käufe eine Bereicherungswirtschaft aufrechterhalten konnte. Die Untragbarkeit dieses Zustandes ist vielleicht das einzige, worauf sich die potenziell handlungs- fähigen externen Intervenienten einigen konnten. Ansonsten herrschte UNO-in-

zweiter Konfliktherd: Irak

tern, also praktisch global, jedoch insbesondere auch innerhalb des Westens, bekanntermaßen Uneinigkeit über die daraus zu ziehende Konsequenz. Faktisch schritt die Regierung Bush einseitig zur Militärintervention, gestützt von der Koalition der Willigen, und erledigte die Destruktionsarbeit binnen Kürze erfolgreich. Wie freilich die Konstruktionsarbeit, der Aufbau tragfähiger neuer politischer Strukturen im Irak nach Ende der Hussein-Herrschaft aussieht, welche Rolle dabei die UNO spielt, welche evtl. die NATO, all dies ist wiederum umstritten. Zahlreiche innerwestliche und innerhalb der UNO auszutragende Einzel-Konfliktgegenstände machen mithin das aus, was hier als Konflikt über den Umgang mit solch grausamen, potenziell auch nach außen gefährlichen Regimen zusammengefasst wurde; die regionalen Dimensionen des Konfliktes (wie die des Konfliktes zwischen Irak und Iran, auch zwischen Irak und Saudi-Arabien um die Ölpolitik u.a.m.) kommen hinzu. Für den übergeordneten Argumentationszusammenhang wichtig ist jedoch die unilaterale Interventionsbereitschaft der USA in diesem Fall – dem US-Selbstverständnis nach für die an einer freien, gar demokratischen Entwicklung des Irak interessierten Kräfte, in der Wahrnehmung Vieler in der arabischen Welt jedoch auch (wieder einmal!) gegen einen arabischen Staat und aus durchsichtigen neo-imperialen Gründen der Ölversorgung.

der Konflikt um die
Herrschaft in
Saudi-Arabien

Dieser Eindruck verstärkt sich noch beim Blick auf den – potenziellen – dritten Konflikt: den um und über die Herrschaft in Saudi-Arabien. Zwar gilt von diesem Herrschaftssystem, was Mark Twain von sich einmal sagte, dass nämlich die Gerüchte über seinen Tod stark übertrieben sind. Das von Beginn an totgesagte saudische Regime hat sich bisher, freilich unter Einsatz alles anderer als zimperlicher Methoden, gehalten, im Kern gestützt auf fünf Säulen: Neben der Repression sind dies eine traditionelle Legitimierungspolitik durch strategische Familienbande in einer auf vorislamische Zeit zurückreichenden Stammesgesellschaft; die ideologische Legitimation durch Allianz mit der wahhabitischen Geistlichkeit, deren strikter Islamauslegung etwa die Rechtsprechung folgt, und durch die Rolle Saudi-Arabiens als ‚Hüter der heiligen Stätten‘ (Mekka und Medina); die modern-wohlfahrtsstaatliche Legitimation für die eigene Bevölkerung (finanziert aus den Öleinnahmen; sie konnte jedoch aufgrund hoher Geburtenraten ein markantes Absinken des Durchschnittseinkommens in den letzten Jahren nicht verhindern); und die externe Sicherheitsgarantie, die die USA de facto für das Land (und das Regime!) übernommen haben, im Austausch für eine ‚geneigte‘ Öl-Lieferpolitik des Landes (Rolle Saudi-Arabiens als sog. swing producer, der aufgrund seiner Kapazität Lieferausfälle anderer Staaten ausgleichen kann; auch: preis-privilegierte Belieferung der USA). Gerade diese wahrlich merkwürdige Allianz im Öl-Bereich zwischen einer neopatrimonial-monarchischen Stammesgesellschaft und der postmodern-demokratischen westlichen Supermacht ist nun einerseits Belastungen ausgesetzt und wird andererseits selbst zur Belastung. Sie ist der Belastung ausgesetzt, weil sie intern den Ruch des Ausverkaufs arabischer Interessen an die westliche Supermacht (gar den westlichen Satan) hat, der zeitweilig massive Truppen im Lande hielt – ein Argument, das auch zum ideologischen Kern der Terroristen um Osama Bin Laden gehört. Was wiederum zu vermehrter Unterstützung wahhabitischer Kräfte im In- und Ausland durch einige Kreise der saudischen Führung führt, die sich

138

dadurch ideologische Legitimation zu erkaufen hofft. Freilich sind auf diese Weise womöglich gar terroristische Kreise, zumindest indirekt, finanziert worden. Dies in Verbindung mit der Herkunft der Mehrzahl der Attentäter des 11. September 2001 aus Saudi-Arabien hat nun in den USA eine erstmals deutliche, nicht menschenrechtlich, sondern sicherheitspolitisch motivierte Kritik an Saudi-Arabien ausgelöst (mit aufwendigen public relations-Gegenaktionen der saudischen Seite). Die Unheiligkeit der saudisch-US-amerikanischen Allianz wird immer deutlicher, zu deren dunklen Seite auch die gemeinsame finanzielle Hochrüstung der Mudschaheddin in Afghanistan gehört – als diese noch gegen die ‚gottlose Sowjetunion‘ kämpften. Die Kurzsichtigkeit dieser Politik, die auf die USA wie ein Bumerang zurückkommt, ist nunmehr deutlich. Dies alles erhöht nicht ihre Glaubwürdigkeit im Nahen Osten.

Damit werden nun zwei große mögliche Verknüpfungen der behandelten Konfliktgegenstände in der Nahost-Region deutlich, die so auch tatsächlich von konkreten Akteuren jeweils vorgenommen werden:

Verknüpfung der Konflikt-Gegenstände

- Die eine mögliche Verknüpfung (ein Prozess der Konstruktion von Sichtweisen!) wird von der US-Administration unter Bush jr. und den Befürwortern ihrer Politik vorgenommen. Sie besagt, dass wenn schon kein direkter Unterstützungszusammenhang zwischen S. Hussein und den Al-Qaida-Terroristen besteht, so doch ein Zusammenhang zwischen der Blockade von Entwicklungschancen der nahöstlichen Gesellschaften und dem Rekrutierungspotenzial für Terroristen vom Schlage Al Qaida. Und die Intervention im Irak (der Krieg gegen ihn und die Besetzung, um begrifflich nicht zu beschönigen) wird als (angesichts der Möglichkeiten des Scheiterns, zumal im nicht-militärisch konstruktiven Teil) durchaus riskante Langfrist-Strategie gesehen, dem Nahen Osten zu mehr Entwicklungschancen zu verhelfen und damit den Nährboden des Terrorismus auszutrocknen.
- Dem steht eine nahezu konträre Sichtweise auf Seiten vieler arabischer Akteure gegenüber: Sie erkennen die Doppelmoral der USA, die das wahrlich nicht demokratische Regime der Saudis stützt, das S. Husseins aber stürzt – nachdem die USA zuvor (gegen Iran) mit ihm im Bunde waren. Sie sehen, dass es neo-imperialistisch den USA offenbar vor allem um den Zugang zu Öl geht. Und sie sehen, dass die – angebliche – Verletzung von UNO-Resolutionen durch das arabische Regime S. Husseins den USA als Vorwand sogar für einen Alleingang gegen ihn dient, während die Missachtung vergleichbarer Resolutionen der UNO gegen Israel durch dieses ungeahndet bleibt (bzw. solche Resolutionen bereits am Veto der USA im Sicherheitsrat scheitern).

In der Divergenz dieser Sichtweisen (die zum Teil innerwestlich ihre Entsprechungen finden) liegt bereits genug an Problematik und potenziell weiteren Konflikten (womöglich gerade auch solchen, die – auch transnationale – terroristische Aktionen herausfordern, wie von Kritikern des Irak-Krieges nicht zu Unrecht betont wird). Die impliziten Halbwahrheiten beider Positionen kommen ergänzend und erschwerend hinzu.

Zu den Halbwahrheiten beider Seiten im globalen ‚Kampf gegen den Terrorismus‘ (so die US-Sicht) bzw. ‚Kampf zur Befreiung der arabischen Welt‘ (so

Verkettungen von Halbwahrheiten

wohl die Sicht der Gegenseite), als deren Funktion zunehmend die einzelnen Konflikte der Nahost-Region gesehen werden (obwohl dies weder zwingend noch immer die sinnvollste Sicht der Dinge ist), gehört, dass beide Seiten den Ertrag ihrer Destruktions-Arbeit überschätzen und die zu erbringende Konstruktionsarbeit unterschätzen.

–   Gar zu leicht scheint sich gewaltsames Vorgehen auszuzahlen: S. Hussein ist weg, Sicherheit über die Nicht-Existenz von Massenvernichtungswaffen im Irak erlangt, eine Entwicklungschance für das Land eröffnet, erfolgreich demonstriert, dass die USA nicht alles hinzunehmen bereit sind, weder für sich noch – quasi stellvertretend – für die UNO (als deren Exekutor des Ultimatums der Resolution 1441 – Kooperation oder ernsthafte Konsequenzen – sich die US-Regierung sieht); bzw., auf der anderen Seite: die gewaltsame Natur des US-Imperialismus ist demonstriert, das Rekrutierungspotenzial (wie auch das ‚Gelände‘ dafür: Irak) ausgedehnt; und, eine Ebene tiefer: der einseitige Rückzug Ariel Sharons aus den besetzten Gebieten herbei-*gebombt* (und eben nicht von der PLO-Führung im Rahmen des Friedensprozesses herbei-*verhandelt*!), wenngleich er dies durch Härte wie die Tötung des Hammas-Führers Yassin zu überspielen versucht.

–   Unterschätzt werden dagegen die Mühen der Konstruktionsarbeit: Haben die islamistischen Gewaltherrscher (wie die Taliban in Afghanistan) und Terroristen (wie Al Qaida) der arabischen Welt tatsächlich eine *Entwicklungs*perspektive zu bieten? Wie sähe diese aus? Bezeichnenderweise geraten aufgeklärte Kritiker aus der arabischen Welt, die (wie etwa im Arabischen Entwicklungsbericht des UNDP[3]) die wirklichen Schwächen der gesellschaftlichen Entwicklung in ihren Ländern sehen, zwischen beide Fronten: die islamistischen Hardliner einerseits, die autoritären Staatsführungen andererseits. Und auf US-Seite: Werden sich die USA tatsächlich, wie von Bush verkündet, auf ein Aufbauprogramm für wirtschaftliche und politische Entwicklung im Nahen Osten einlassen, das an Dauer und Größe dem Engagement im Ost-West-Konflikt gleichkommt (etwa dem Marshallplan)? Beginnend im Irak, bei dem nun, zumindest aus Kostengründen – und motiviert durch ihr Eigeninteresse, das Scheitern insofern zu verhindern – nun doch auch die Irakkriegs-Kritiker sich engagieren? Und was heißt das für die Beziehungen zu Saudi-Arabien? Und würde dies nicht mehr US-Engagement im Friedensprozess zwischen Israel und Palästina erfordern, und sei es aus Gründen der Glaubwürdigkeit in der Region?

Freilich, um nur den letzten Punkt nochmals aufzugreifen: Die externe Steuerungsfähigkeit mag die einzige Supermacht ja in Bezug auf Israel bisher nicht voll ausgeschöpft haben – durchaus auch aus innenpolitischen Gründen, die mit einer einflussreichen jüdischen Lobby in den USA ebenso zu tun haben wie mit irrational-fundamentalistisch-*protestantischer* (also durchaus im religiösen Sinne un-, wenn nicht anti-jüdischer) Unterstützung der Linie Sharons in der Wählerschaft der US-Republikaner. Doch führt kein Weg daran vorbei, dass Frieden

3   Arab Human Development Report 2002 und 2003 (verfügbar unter: http://www.undp.org/rbas/ahdr/).

im Israel/Palästina-Konflikt, und damit auch in der Region Nahost als ganzer, nicht durch Druck auf eine Seite allein erreichbar ist. Die andere Seite würde gelassen darauf bauen. Man kann behaupten, dass dies tatsächlich, nur spiegelverkehrt, die US-Politik der letzten Jahre beschreibt: freie Hand für Sharon, Desavouierung Arafats. Ob freilich an seiner Statt ein anderer, kompromiss-bereiter und (innenpolitisch!) kompromiss*fähiger* Führer der palästinensischen Seite gefunden werden kann, der nicht genau durch diesen *Anschein* (des ‚Verzichtlertums') intern desavouiert wird, ist auch fraglich.

Angesichts der (im Grunde nur im Ansatz skizzierten) internen und externen Komplexität der Einzelkonflikte der Nahost-Region wie ihrer z.T. unguten Verknüpfung besteht mithin alles andere als Anlass zu Optimismus. Die gesamte Region ist für den Westen jedoch zu wichtig: *die wirkliche Herausforderung*

– was das Öl anbelangt (jawohl; insofern freilich künftig auch für China; und wie gesagt: den ganzen Westen, dessen Entwicklungsmodell nach 1945 mit der Verfügbarkeit von Öl in fast erschreckendem Maße steht und fällt – die langfristige Alternativ-Strategie hierzu scheint weder ausreichend angedacht noch in der Umsetzung konsequent genug verfolgt zu werden);
– aber auch, was sein Selbstverständnis anbelangt: er *kann* (aus moralischen Gründen) nicht zusehen, wie Juden und Araber einander zugrunderichten;
– und schließlich was die eigene Sicherheit anbelangt: sie wird in der Tat ohne Entwicklungsperspektive für alle Gesellschaften der Region nicht zu erlangen sein.

‚Der Westen' wird also eine gemeinsame, mehrgleisige Langfrist-Strategie finden müssen. Nicht, weil es angesichts der Komplexität der Konflikt-Region Nahost dafür eine Erfolgsgarantie gäbe (es gibt sie hier weniger denn sonstwo in der Politik – *kein* Grund zur Häme); auch nicht, weil irgendeine Seite der inner-westlichen Dispute darüber von sich behaupten könnte, die ‚höhere historische Weisheit' zu verkörpern (sei es die realistische oder die idealistische); sondern, ganz konstruktivistisch und zugleich auch realistisch: weil anderes, das Unterlassen des Versuches, weder mit dem kollektiven Selbstbild des Westens noch mit seinen kollektiv dann doch hinreichend geteilten Interesen vereinbar wäre. Dies mag ein Rest-Quantum westlicher Arroganz enthalten. Besseres hat freilich *keiner* Welt-Region *irgendjemand* in der im-perfekten Welt der internationalen Politik des 21. Jahrhunderts anzubieten.

Ausgewählte Literaturhinweise zu Kapitel 11

Einführend zur **Nahost-Region** der exzellente journalistische Überblick von Flottau 2004. Zur **internationalen Politik** der nahöstlichen Konfliktregion Perthes 2000 und Hinnebusch/Etheshami 2002. Zu den **politischen Verhältnissen im Innern** der Staaten Perthes 2002. Zur **sozio-ökonomischen Situation** Henry/Springborg 2001. Zum **Nachschlagen** Hiro 1996, Rotter/Fathi 2001 und Flores 2003. Zum **Israel-Palästina-Konflikt** als neuere Überblicke Wasserstein 2003, Steininger 2003, Krautkrämer 2003. Zur **israelischen Gesellschaft** Kimmerling 2003, Segev 2003 und Carey/Shainin 2002. Zur **palästinensischen Sei-**

te Krämer 2002 (zur historischen Vorgeschichte), Herz/Steets 2002, Kimmer-ling/Migdal 2003. Zum **Irak** Heine 2002, Fürtig 2003, Kepel 2004, Kap.6, Dodge 2004 und, anschaulich aus der Feder eines führenden Demokratisie-rungs-Forschers mit praktisch-politikberatender Erfahrung vor Ort, Diamond 2005. Zu **Saudi-Arabien** Steinberg 2004, Flottau 2004, Kap.5, Kepel 2004, Kap.5, Unger 2004, jounalistisch Bradley 2005; zum Wahhabismus Heim 2004. Zur **Rolle der USA in der Region** historisch, im **Verhältnis zu den islami-schen Staaten** Little 2002; **zu Israel** Schoenbaum 1993 und Ravev/Melman 1994; **im Friedensprozess seit Oslo** aus Sicht des Chef-Unterhändlers Ross 2004; **zu Saudi-Arabien** Posner 2005; **kritisch** und deshalb – trotz eingangs unklarer Terminologie – wichtig Gregory 2004.

12 Internationale Umweltpolitik

Im vorausgehenden Kapitel haben wir einige der *politischen* Konsequenzen dessen gesehen, was man, sozio-ökologisch, als die globale Kohlenwasserstoff-Ökonomie bezeichnen könnte (etwa in Gestalt der zentralen Rolle der Saudi-US-Verbindung, dem Dreh- und Angelpunkt dieser polit-ökonomischen Struktur). Die Kohlenwasserstoff-Ökonomie beginnt nach der sog. industriellen Revolution in der zweiten Hälfte des 18. Jahrhunderts, als zunächst Kohle, dann, insbesondere nach 1950, Öl zum zentralen Treibstoff der modernen Wirtschaftsweisen (der kapitalistischen wie der zentralverwalteten) wird. Man kann auch vom Zeitalter der fossilen Energien sprechen, womit sogleich ein Hinweis auf die ökologische Grundproblematik dieses heute globalisierten Energiesystems gegeben ist: Was durch natürliche Prozesse der Fossilierung organischen (von Tieren und Pflanzen stammenden) Materials über Millionen von Jahren aufgebaut wurde, wird in den vergangenen rund 250 Jahren in zunehmender Geschwindigkeit „verbraucht", unter Freisetzung von Energie vor allem in CO_2 umgewandelt. Zusammen mit anderen Spurengasen reichert sich dieses mittlerweile so in der Erdatmosphäre an, dass von der einfallenden Sonnenstrahlung mehr als früher statt ins All reflektiert zu werden in der irdischen Ökosphäre bleibt: der sog. Treibhauseffekt.

Dies ist nur eine der ökologischen Konsequenzen dessen, was auch als Industrie- oder Konsumgesellschaft bezeichnet wird. Zwar tragen auch natürliche Prozesse (wie Vulkanismus und Waldbrände) zur Erhöhung des Treibhausgas-Gehaltes der Atmosphäre bei. Für die Umweltpolitik relevant ist jedoch vor allem der aus menschlicher Aktivität resultierende, anthropogene, Anteil an der Belastung der Ökosysteme. Natürlich (bzw., wenn das Wortspiel erlaubt ist: gesellschaftsbedingt) trägt nicht nur die industriell-konsumerische Wirtschaftsweise zu dieser anthropogenen Belastung bei. Weder waren frühe menschliche Kulturen (ökologisch) ‚edle Wilde', noch sind die derzeit Armen der Weltgesellschaft an der (gerade oft lokalen) Umweltzerstörung unbeteiligt – aus Gründen der Energieknappheit wird oft Brennholz gesammelt, unter Zerstörung der lokalen Ökologie; viele Arme sägen sich, im wahrsten Sinne des Wortes, den Ast ab, auf dem sie sitzen. In übertragenem Sinne und in weit größerem Maßstab hat dies jedoch seit seiner Entwicklung und insbesondere nach 1945 das heute globale Industrie- und Konsumsystem getan. Zweifellos hat es auch positive Folgen: der insbesondere in den letzten 150 Jahren gestiegene Lebensstandard in den Industrieländern ist nicht zu missachten – ebensowenig wie manche Annehmlichkeiten der Konsumgesellschaft. Und bei aller berechtigten – z.B. auch

Grenzen ökologischer Tragfähigkeit – Beispiel globale Kohlenwasserstoff-Ökonomie

globale Sozial-Ökologie: anthropogene Ursachen ökologischer Belastung – auf unterschiedlichen Niveaus sozio-ökonomischer Entwicklung

143

kulturellen – Kritik an dieser ist doch auch klar, dass Askese in allen bisherigen Kulturen nur eine freiwillige Option von Minderheiten war. Jedoch ist auch klar: Die dauerhafte Tragfähigkeit dieser Wirtschaftsweise ist nicht gegeben, zumal wenn sie sich im Rahmen der Weltgesellschaft noch ausbreitet, wenn also ökonomische Entwicklung, wie sie bisher verstanden wird, stattfindet. Diese Überforderung der Tragfähigkeit erscheint heute die „Grenzen des Wachstums" (so der plakative Titel der aufrüttelnden Studie des Club of Rome von 1972) zu markieren, eher jedenfalls als die zu Beginn der globalen umweltpolitischen Diskussion Ende der 1960er und Anfangs der 1970er Jahre hervorgehobene absolute Knappheit von Ressourcen (obwohl auch hier Risiken bestehen, freilich eher z.B. hinsichtlich sauberen Trinkwassers als etwa des Öls).

Aufgabe der Umweltpolitik – auf allen Ebenen und diese verknüpfend

Aufgabe der Umweltpolitik ist, durch politische Steuerung – auf allen Ebenen: lokal, subnational-regional, grenzüberschreitend-regional (international) und global sowie diese verknüpfend – zur Bewältigung dieser Problemlage *beizutragen* . Es geht also nicht um eine Lösung des Problems durch Politik allein – die gibt es nicht. Freilich vermutlich auch keine ohne sie – selbst wenn Politik wiederum selbst teilweise Problemverursacher ist. Erwartungsgemäß ist auch Umweltpolitik nicht frei von Konflikten, so dass auch hier Mechanismen der Konflikt- und zugleich Problem-Bearbeitung institutionalisiert werden müssen. Internationale Umweltpolitik versucht dies durch – grenzüberschreitend-regionale oder globale – Steuerungsvorgaben, für deren Umsetzung sie jedoch fast immer auf nationale, subnational-regionale und lokale Aktivität angewiesen ist, und zwar seitens staatlicher Akteure ebenso wie privater. Dies wiederum trägt zur extremen Komplexität der Steuerungsaufgabe in diesem Bereich bei. Warum ist internationale Umweltpolitik dennoch mittlerweile zu einem ausdifferenzierten Politkfeld internationaler Politik geworden? Hierauf gibt es einerseits eine abstrakt-allgemeine Antwort, andererseits viele konkrete Antworten, die sich auf die politische Mechanik der Thematisierung, des Auf-die-Tagesordnung-Bringens (agenda setting) konkreter Umweltprobleme beziehen. Denn diese setzen sich nicht selbst auf die – immer schon volle – Agenda der Politik, schon gar nicht international. Freilich werden wir aus Platzgründen wiederum nur einige allgemeine analytische Ausführungen zu diesen Thematisierungsprozessen machen können, ebenso wie zur Problematik der Umsetzung (Implementation) internationaler Umweltpolitik. Vorab jedoch zur abstrakt-allgemeinen Ursache internationaler Umweltpolitik.

Warum internationale Umweltpolitik? – abstrakte Antwort

Die abtrakte Antwort auf die Frage, warum es *internationale* Umweltpolitik gibt, lautet wie im Falle aller internationalen Politik: wegen der Problematik der Grenzüberschreitung. Zwar wäre heute wohl auch ein Weltstaat zu Umweltpolitik gezwungen. Er würde diese jedoch im Wege interner Beschluss- und Umsetzungsprozesse betreiben. Internationale Umweltpolitik muss dagegen darauf reagieren, dass Problemlagen *grenzüberschreitend* sind – und dass Problembearbeitung über die primär nationale Zuständigkeit für die Regelung (als Ausfluss des Rechtsstatus der nationalen Souveränität!), unter deren gekonnter Nutzung und Einbindung, erfolgen muss.

3 Situationstypen internationaler Umweltpolitik

Ihrer ‚Natur' nach lassen sich drei Typen grenzüberschreitender umweltpolitischer Problemlagen unterscheiden:

144

– Typ 1: das ökologische Wirkungsgefüge selbst ist (staats-)grenz(en)über-schreitend. Beispiele:

1. Ein Fluß wie der Rhein fließt an mehreren Staaten vorbei bzw. durch sie durch (hier tut sich die charakteristische Oberlieger-Unterlieger-Problematik auf, eine besondere, asymmetrische Situationsstruktur, die sich durch nahezu einseitige Abhängigkeit – Dependenz – der Unter- von den Oberliegern auszeichnet, was einen Gutteil der Probleme bei der international-politischen Bearbeitung der Probleme erklärt).

2. Ein Binnenmeer wie die Ostsee weist mehrere sie verschmutzende Anrainer auf; keiner kann alleine die gesamte Schmutzfracht unterbinden; Fortschritte der einen bleiben u.U. solange prekär, wie nicht alle anderen mitziehen – d.h.: bei den Belastungsursachen ist die Lage relativ symmetrisch, beim technisch-ökonomisch realisierbaren Reduktionspotenzial aufgrund unterschiedlicher Möglichkeiten (Kapazitäten) in Nord-West und Süd-Ost aber relativ asymmetrisch (was zum Gedanken eines Finanz- und Technologie-Transfers von NW nach SO führt; aber: einerseits sind die Mittel auf Geberseite begrenzt; andererseits auch die „Absorbtionsfähigkeit" auf der Nehmerseite, das heißt die Möglichkeit, z.B. Investitionen in mittelfristig sich selbst tragende Anlagen wie z.B. Kläranlagen umzusetzen).

3. Die beiden Hauptbeispiele auf globaler Ebene sind das sog. Ozonloch und der erwähnte Treibhauseffekt.

– Typ 2: An verschiedenen Orten der Erde treten gleichartige Umweltprobleme auf, wobei dem ein aktiver, ökonomischer Export von bestimmten (gefährlichen) Gütern zugrunde liegt. Beispiele:

1. In den 60er Jahren wurde vielfach das Insektizid DDT aus den Industrieländern auch in die Entwicklungsländer geliefert, auch noch, als es in den IL als gefährlich erkannt und verboten worden war; dies führte auch in den EL oft zu lokalen Vergiftungen (Typ 3); aufgrund der schweren biologischen Abbaubarkeit von DDT und seiner Anreicherung in den marinen Nahrungsketten gelangte ein Teil des Giftes sogar in Gegenden, in denen es nie eingesetzt worden war (Typ 1-Situation!), z.B. war es in erhöhter Konzentration in der Muttermilch von Eskimos (!) nachweisbar. Die internationale, von Firmen und/oder Politik gemeinsam anzustrebende Lösung heißt hier: kein Export ohne adäquaten Wissenstransfer (im Umgang mit gefährlichen Gütern).

2. Das Verbringen sog. „sekundärer Rohstoffe" bzw. von Abfall in andere Staaten ([Gift-] Müll-Export), die z.T. damit nicht adäquat umzugehen verstehen. So findet sich deutscher Verpackungsmüll sowohl auf Halden in Südostasien (wo billige Arbeitskraft zum „Sortieren" zur Verfügung steht; dort leben also tatsächlich Menschen vom Müll der Ersten Welt) als auch in Heizkraftwerken in Schweden. Deutscher Giftmüll musste mehrfach – auf Staatskosten! – „heim"geholt werden. Deutsche Kernbrennstäbe werden in Frankreich aufbereitet (und das Nuklearmaterial kommt eines Tages zurück ... ebenso wie, um die halbe Erde transportiert, japanisches Kernmaterial nach Japan).

Typ 3: ubiquitäre
Probleme (die
gleichen Probleme
überall)

– Typ 3: Die gleichen, regional-grenzüberschreitenden oder auch rein lokalen Umweltprobleme stellen sich an verschiedenen Orten der Welt. Beispiele:

1. Saurer Regen tritt sowohl aus Mitteleuropa kommend in Skandinavien auf (Folge: Versäuerung von Boden und Seen) als auch, aus den USA kommend, in Kanada. Zur Regelung der europäischen Probleme lässt sich vielleicht vom amerikanischen Beispiel lernen (oder umgekehrt). So geschehen im Rahmen des Regional Seas Programme der UNO, in dem Erfahrungen des Ostseefalls für andere internationale Konstellationen mit ähnlicher Problematik (v.a. in der Dritten Welt) vermittelt werden sollen.

2. Sicherheit von Kernkraftwerken: Sie ist überall, wo solche betrieben werden, eine – nationale – Aufgabe. Auch hier wird versucht, Erfahrung (Aufsichtsbehörden, Regelungsmodelle) international zu vermitteln, sowohl durch international-staatliche Programme als auch auf transnational-privater Ebene (im Rahmen der WANO = World Association of Nuclear Operators = Weltvereinigung der KKW-Betreiber).

je nach Typ
unterschiedliche
Ansatzpunkte
umweltpolitischer
Intervention

Schön und gut: Es gibt also Unterschiede hinsichtlich des Situations-Types. Aber macht dieser auch einen Unterschied? Weniger flapsig formuliert ist dies die Frage nach dem analytischen Ertrag der getroffenen Unterscheidung. Dieser liegt in Folgendem: Die drei Situations-Typen weisen je unterschiedliche Punkte für die internationale umweltpolitische Intervention auf:

– zu Typ 1:
Internationale Regime, meist auf völkerrechtlichen Verträgen beruhende dauerhafte internationale Zusammenarbeit, lässt sich institutionalisieren, am leichtesten bei relativ symmetrischer Situationsstruktur und gleichverteilten Kapazitäten. Helfer-Interessen (wie im Ozonloch-Fall die für schädliche Treibgase Ersatzstoffe produzierende chemische Industrie) können dies erleichtern; bei ungleichen Kapazitäten (v.a. im Nord-Süd-, auch im West-Ost-Verhältnis) ist evtl. zusätzlich Finanz- und Technologie-Transfer zu regeln (Probleme: s.o.!).

– zu Typ 2:
Hier geht es im Prinzip um effektive Exportkontrollen, für ein hoch-verflochtenes Industrieland wie Deutschland jedoch, wie auch die Waffenexport-Problematik zeigt, keine praktisch ganz einfache Aufgabe. Für den Abfall-Export gibt es auf der Grundlage des sog. Basler Abkommens ein internationales Regime, innerhalb dessen Regelungen getroffen und umzusetzen versucht werden.

– zu Typ 3:
Hier geht es, wie gesagt, um die Organisation von internationalem Wissens- und Erfahrungsaustausch. Dies kann sowohl durch nationale Umwelt-Außenpolitik erfolgen (z.B. viele deutsch-osteuropäische Umwelträte) wie durch internationale Organisationen (v.a.: Umweltprogramm der UNO – UNEP) oder transnational-private (z.B. die erwähnte WANO, aber auch Naturschutzvereinigungen wie der WWF).

146

Die Darlegung der Situationstypen und ihrer unterschiedlichen Ansatzpunkte für umweltpolitische Intervention enthält die abstrakt-allgemeine Antwort darauf, wie es zu internationaler Umweltpolitik kommt. In jedem konkreten Einzelfall jedoch ,kommt es' nicht einfach zu ihr: Sie muss errungen, institutionalisiert und umgesetzt werden. Dieser Kurzfassung des aus der allgemeinen Policy-Forschung bekannten sog. Policy-Cycles (Phasenschema des Ablaufs politischer Steuerungsprozesse) folgend soll ergänzend auf einige politics of policy-Aspekte internationaler Umweltpolitik hingewiesen werden, also auf die Mechanik von Macht, Interessen und Ideen in diesen Politikprozessen. the politics of policy: die Mechanik internationaler Umweltpolitik-Produktion

Ein erster Schritt internationaler Umweltpolitik besteht darin, ein Problem auf die Agenda der internationalen Umweltpolitik zu bringen. Es geht, konstruktivistisch gesprochen, um die ,Konstruktion von Dringlichkeit' oder, alltagsnäher formuliert: um Aufmerksamkeit für ein Problem. Dabei spielen wiederum die ,üblichen Verdächtigen' eine Rolle: Macht, Interessen, Ideen. Mächtige Staaten (der Norden) haben in den frühen 1970ern, unterstützt von nicht-staatlichen Akteuren und im Rahmen internationaler Konferenzen, insbesondere der Stockholmer Umweltkonferenz der UNO von 1972, das Thema Umweltschutz auf die internationale Agenda gebracht. Da dies von Staaten des Südens als einseitiger, ungerechtfertigter Appell des ,Maßhaltens' an sie verstanden wurde, der ihre Entwicklungschancen einschränken würde, nachdem der Norden seine unter Belastung der globalen Umwelt ja bereits genutzt hatte, lag hier ein erster Nord-Süd-Konflikt über Umweltpolitik vor. Doch auch innerhalb des Nordens gibt es, bis heute, widerstrebende Interessen gegen zu schnelle, zu weitgehende internationale Umweltschutz-Vorgaben. Es sind vor allem Interessen (von Firmen, aber auch deren Beschäftigten und auf Arbeitsplatzerhalt erpichter Regierungen), die aus der unterschiedlichen Betroffenheit nationaler Ökonomien durch internationale Umweltregulierung resultieren, die sich im internationalen Wettbewerb behaupten müssen – eine wichtige Schnittstelle zur internationalen politischen Ökonomie, die im folgenden Kapitel behandelt wird. Dem stehen, bei einigen Umweltproblemen, mobilisierbare Helfer-Interessen gegenüber, die ihr Geschäft gerade aufgrund strenger Regulierung machen (Lieferung, auch Export, adäquater Technik, z.B.). Sie sind wichtige Bundesgenossen für public interest groups, umweltpolitische Nichtregierungsorganisationen, die sich durch nationale und transnational-verknüpfte Aufklärung und durch Lobbying bei nationalen Regierungen wie internationalen Gremien für die Thematisierung konkreter Umweltprobleme einsetzen – oft früher als staatliche Akteure, jedoch auch im Verbund mit Umweltministerien und gestützt auf die von NGOs, Helferinteressen und einschlägiger Wissenschaft getragenen Wissensgemeinschaften (epistemic communities, etwa der Klimaforschung). Im Wege der von und zwischen diesen Akteuren getragenen transnationalen Diskurse konnte schließlich auch der erwähnte Nord-Süd-Konflikt im Ansatz durch das (Er-)Finden einer geeigneten Formel überwunden werden, der von der „auf Dauer tragfähigen Entwicklung" (sustainable development). Nicht zufällig stand die große Rio-Konferenz der UNO zur Umweltpolitik 1992, der sog. ,Erd-Gipfel', unter dem Motto „Conference on Environment and Development". Die Frage, ob es sich bei dieser Formel um mehr als einen (faulen) Formel-Kompromiss handelt, mag offen sein. Wir wollen an dieser Stelle jedoch nicht erneut die Notwendig- Thematisierung (agenda setting) keit von Kompromissen in der Politik betonen, sondern anlässlich des Stichwortes „Formel" auf die Rolle des Sprachhandelns, von in Sprache gekleideten Ideen in der internationalen (Umwelt-)Politik hinweisen. In vielen Zusammenhängen ist es ein wichtiger erster Schritt politischer Kreativität, in Verhandlungen eine Formel, eine Formulierung (zuweilen auch eine Zahl, einen Richtwert, eine Berechnungs-Formel) zu finden, die zwar – in weiteren Verhandlungen – noch konkretisiert werden muss, die diesen jedoch eine Richtung weist. Solche Leit-Ideen sind ein wesentlicher Input in Politikprozesse, die deren Ergebnisse zwar nicht *allein* bestimmen (eine idealistische – und unplausible – Annahme), den *Verlauf* der Politikentwicklung jedoch prägen können. Nicht zuletzt deshalb wird um solche Ideen und ihre Ausgestaltung gerungen.

Institutiona-
lisierung Wie in anderen Sachbereichen der internationalen Politik bedeutet auch im Bereich der Umweltpolitik die Institutionalisierung einen wesentlichen Schritt nach der Thematisierung (und fördert diese weiter). Die beiden Hauptformen sind auch hier die erwähnte Bildung internationaler Regime einerseits, die von internationalen Organisationen zum andern. Tatsächlich sind beide Formen häufig verbunden: Die meisten Regime weisen minimale internationale Organisationen (Sekretariate und regelmäßige Mitgliedstaatenkonferenzen als Beschlussorgan) auf, viele werden im Rahmen bestehender globaler Organisationen, vor allem der UNO, ausgehandelt oder nutzen, etwa zur Abwicklung internationaler Finanztransfers, bestehende Organisationen (so die sog. Global Environmental Facility, welche von der Weltbank verwaltet wird). Neben den institutionellen Details sind drei Punkte von allgemeinem Belang:

–   Institutionalisierung stellt die umweltpolitische Kooperation auf Dauer. Man sieht sich immer wieder, zum selben Problem. Verhandlungen finden also – in positivem Sinne – im ‚Schatten der Zukunft' statt. Es bilden sich im Rahmen der Regime und Verhandlungsrunden Expertengemeinschaften heraus, und die Verhandlungen selbst werden auch zum Kristallisationspunkt öffentlichkeitwirksamer Aktionen (wie etwa im Falle der Nordseeschutzkonferenzen).

–   Zweitens bedeutet die Institutionalisierung des Verhandelns auch die von kollektiven Lernprozessen: Welche Möglichkeiten der Problemlösung bestehen, welche wo bereits erfolgreich umgesetzt wurden, welche weiteren Vorgaben sinnvoll sind – darüber findet ein Austausch statt und es werden evtl. konkretisierende Anlagen zu Verträgen oder Protokolle zu ihnen (wie das bekannte Kyoto-Protokoll zur Klima-Rahmenkonvention) ausgehandelt.

–   Schließlich stellt sich auch auf internationaler Ebene die Frage, ob die erfolgte globale Institutionalisierung durch Regime nicht auch der formal weitergehenden Einrichtung einer zentralen internationalen Umwelt-Organisation bedarf, neben bzw. statt dem bestehenden, am Namen als eher schwach institutionalisiert erkennbaren Umwelt*programm* der Vereinten Nationen (UNEP) und der als globaler Ideenbörse eingerichteten Kommission für nachhaltige Entwicklung (CSD, Commission on Sustainable Development). Über das Für und Wider wird, ähnlich wie seinerzeit bei der Einrichtung nationaler Umweltministerien, seit Jahren diskutiert. Dafür spricht die Bündelung einschlägiger Kompetenzen und vor allem die Tatsache, dass damit der so wichtigen Welthandelsorganisation WTO (vgl. folgendes Kapitel) ein umweltpolitisches Gegenstück zur Seite gestellt würde. Dagegen lässt sich die Gefahr der Doppelung im Verhältnis zu bestehenden Einrichtungen sowie der Überzentralisierung anführen und schließlich auch der Gedanke, dass Umweltpolitik – als Querschnittsaufgabe – eben immer in die Politikentwicklung in vielen anderen Politikbereichen mit einfließen sollte, etwa in die internationale Regelung von Handelsfragen. Ob dem durch Errichtung einer eigenen Weltumwelt-Organisation eher genutzt oder geschadet würde, ist nicht sicher.

Wie immer diese Frage entschieden werden wird, auch weiterhin wird die internationale Umweltpolitik in der Implementation auf gestufte, mehrere politische Ebenen umfassende bzw. diese einbindende Umsetzung angewiesen bleiben. Dabei ist zwischen der rein rechtlichen Umsetzung einerseits, der in Taten andererseits zu unterscheiden, und auch diese noch von der *Effektivität in der Sache* der getroffenen Regelungen und ihrer Umsetzung, die als Evaluation – Monitoring, Überwachung – sowohl der Einhaltung von Vorschriften wie auch der ökologischen Auswirkungen im Rahmen vieler Regime mit institutionalisiert ist, z.B. durch regelmäßige Tätigkeits- wie Umweltindikator-Berichte. Was die rechtliche Umsetzung anbelangt, so gibt es einen, in Kapitel 7 erwähnten, gewichtigen Unterschied zwischen im Wege der allgemeinen internationalen Umweltpolitik getroffenen Regelungen, die die Gestalt völkerrechtlicher Verträge (Abkommen, Protokolle etc.) annehmen, und den im Rahmen der Europäischen Gemeinschaft erlassenen Rechtsakten (Verordnungen und Richtlinien). Nur letztere sind auch unmittelbar geltendes Recht, selbst wenn sie, als Richtlinien, der konkretisierenden nationalen Gesetzgebung bedürfen. EG-Mitgliedstaaten, die sich mit dieser länger als vorgesehen Zeit lassen, können daher vor dem EuGH wegen Säumigkeit verklagt werden oder gar von Privaten in Haftung genomen werden, wenn aus der nicht erfolgten Umsetzung Schaden resultiert. Dergleichen findet sich im Rahmen der allgemeinen internationalen Umweltpolitik nicht. Hier gilt noch immer die klassisch-völkerrechtliche Notwendigkeit der Umsetzung in nationales Recht (durch Ratifikationsgesetz), wobei es hierfür im Prinzip keine Fristen gibt (und ergo auch keine rechtlichen Sanktionsmöglichkeiten im Falle der Säumigkeit – Ausfluss der Freiwilligkeit völkerrechtlicher Verpflichtungen wie der formal nicht-hierarchischen Struktur des internationalen Systems im allgemeinen, im Unterschied zum durchaus hierarchischen, supranationalen System der EG). Im maximalen Falle, etwa beim internationalen Klimaschutz, ergibt sich daraus rein juristisch bereits eine komplexe Struktur: Der Klima-Rahmenkonvention (einem völkerrechtlichen Vertrag) wurde als konkretisierende Ausgestaltung das Kyoto-Protokoll (ebenfalls als völkerrechtlicher Vertrag) beigestellt. Die USA haben dessen Unterzeichnung bekanntlich unter Bush jr. zurückgenommen – was rechtlich möglich, jedoch äußerst ungewöhnlich ist. Die EU hat das Kyoto-Protokoll inzwischen in eine Richtlinie umgesetzt, aufgrund derer die Mitgliedstaaten ihrerseits wieder gehalten waren, nationale Klimaschutzpläne vorzulegen sowie die (nationalen) gesetzlichen Rahmenbedingungen etwa für den vorgesehenen Handel mit Verschmutzungszertifikaten zu schaffen.

Von dieser rein rechtlichen Seite der Umsetzung ist, wie gesagt, die faktische Umsetzung analytisch getrennt zu sehen (inhaltlich sind beide verbunden:

Implementation, inklusive Effektivitätskontrolle

– die rechtliche Seite

– die faktische Seite

149

es gibt sicher für die praktische Umsetzung geeignetere und weniger geeignete rechtliche Vorgaben). Wichtig ist hierbei wiederum, dass die Umsetzung in faktisches Handeln sowohl auf staatliches Handeln aufbauen kann, wenn etwa eine Verpflichtung zur Aufsicht durch die Einrichtung von (etwa Nuklearanlagen-) Aufsichtsbehörden und regelmäßige Vor-Ort-Kontrolle eingelöst wird. Weit häufiger und wichtiger ist freilich die tatsächliche Umsetzung durch das Handeln Privater, sei es, dass sie als Firmen oder landwirtschaftliche Erzeuger ihre Produktionsprozesse umstellen, sei es, dass sie als Endverbraucher, also auch Bürgerinnen und Bürger, ihr Verhalten umstellen. Übersicht 12.1 fast den gesamten bisher skizzierten Ablauf der Institutionalisierung internationaler Umweltpolitik zusammen.

Die Vorstellung, dass so von der Makro-Ebene globaler Verhandlungen bis hin zum Mikro-Verhalten einzelner Konsumenten eine Verbindung hergestellt wird, sagt einerseits etwas aus über die Faktizität globalen ‚Regierens jenseits der Staatlichkeit‘. Freilich kann es nicht darüber hinwegtäuschen, dass diese Kopplung der Ebenen oft eher locker ist, dass es zu Reibungsverlusten und Implementations-Defiziten auf allen Ebenen kommt. Dies kann, unterhalb der Schwelle einer totalitären globalen Umweltdiktatur, kaum anders sein. Und doch liegen gerade hier die spezifischen Herausforderungen an die Kreativität internationaler (Umwelt-)Politik, die durch gekonntes Institutionendesign und im Mix der Steuerungsformen, also nicht nur der weltstaatlichen Kommando-Politik und -wirtschaft, sondern der Einbindung gesellschaftlich-ökonomischer Selbststeuerung (durch Märkte, corporate governance und transnationale Verhaltenskodizes), ein Optimum an Effektivität in der Sache erreichen muss. Dazu ist die offizielle Politik, im Umweltbereich wie in anderen (etwa dem menschenrechtlichen, vgl. Kapitel 14), auf das Steuerungs-feedback der betroffenen zivilgesellschaftlichen Akteure angewiesen, die sich national wie transnational-vernetzt organisieren und artikulieren können (müssen). Da dies wiederum sowohl Voraussetzungen ökonomischer Art (Stand der Entwicklung: Wieviel Geld, Zeit, Information steht Bürgern – und Staaten – zur Verfügung?) als auch politischer Art hat (Wie frei ist die Artikulation?), bestehen hier wichtige sachbereichsübergreifende Wechselwirkungen zur internationalen Ökonomie, insbesondere den Maßnahmen zur Förderung wirtschaftlicher Entwicklung, aber auch zur Frage der Förderung demokratischer Entwicklung durch internationale Politik.

Doch auch unterhalb dieser ‚hehren‘, großen Ebene ist, wie erwähnt, Hilfe beim Aufbau staatlicher Kapazitäten (administrativer wie finanzieller) eine der wesentlichen Maßnahmen internationaler Umweltpolitik, sowohl im Nord-Süd- als auch im neuen West-Ost-Verhältnis. Nachdem sich das formale Modell des modernen Staates weltweit verbreitet hat, gibt es heute gute Gründe, auch inhaltlich an der Verbreitung des starken im Sinne von administrativ handlungsfähigen Staates mitzuwirken, durch Institutionen- und Wissenstransfer, im Bereich der globalen Umweltpolitik ebenso wie etwa der globalen Gesundheitspolitik (im Rahmen der Weltgesundheitsorganisation, WHO, z.B.). Es zeichnet sich, aus schierer Notwendigkeit heraus, jedoch, wie betont, nicht als automatischer ‚Selbstläufer‘, sondern nur aufgrund geschickter politischer Thematisierungs- und Institutionalisierungs-Aktivität staatlicher und nicht-staatlicher Ak-

Institutionalisierung international-kooperativer öffentlicher Problembearbeitung

Übersicht 12.1: Institutionalisierung internationaler Umweltpolitik – Akteure, Strukturen, Prozesse

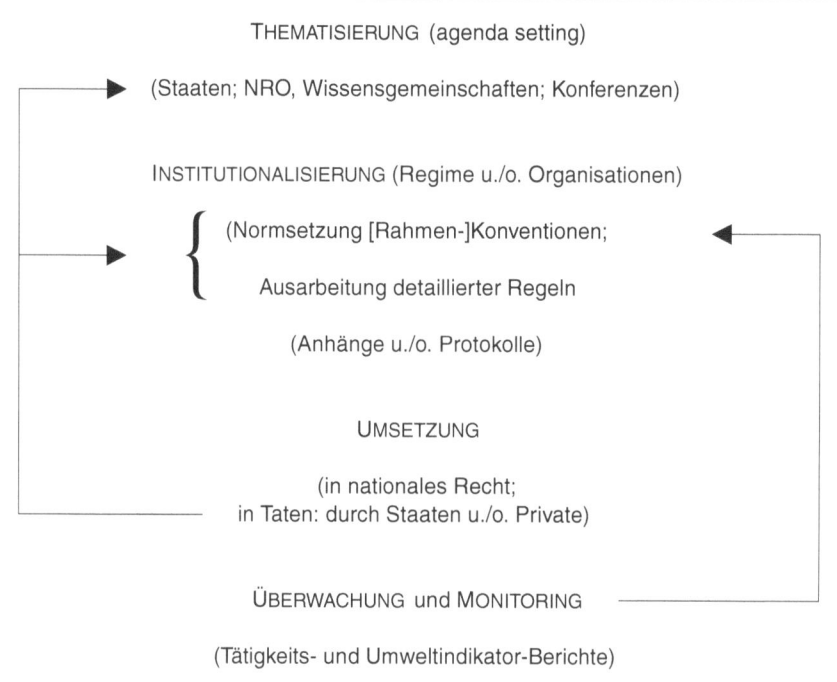

THEMATISIERUNG (agenda setting)

(Staaten; NRO, Wissensgemeinschaften; Konferenzen)

INSTITUTIONALISIERUNG (Regime u./o. Organisationen)

{ (Normsetzung [Rahmen-]Konventionen;

Ausarbeitung detaillierter Regeln

(Anhänge u./o. Protokolle)

UMSETZUNG

(in nationales Recht;
in Taten: durch Staaten u./o. Private)

ÜBERWACHUNG und MONITORING

(Tätigkeits- und Umweltindikator-Berichte)

teure, so etwas ab wie eine international (bis hin zu global) kooperative öffentliche Problembearbeitung. So, als die Regelung öffentlicher Angelegenheiten, hatten wir eingangs (Kapitel 1) Politik definiert, und es wird nun deutlich, dass und in welcher Form zu Beginn des 21. Jahrhunderts internationale Politik auch als globale Politik funktionieren muss – und kann. Im Lichte zweier anschließend behandelter weiterer Sachbereiche internationaler Politik werden wir im abschließenden Kapitel darauf zurückkommen.

Ausgewählte Literaturhinweise zu Kapitel 12:

Zur **internationalen Umweltpolitik** einführend Gehring/Oberthür 1997, Porter/Brown 1996, DeSombre 2002, kritisch Broadhead 2002; umfassend Caldwell/Weiland 1996, Choucri 1993. Zur **geschichtlichen Entwicklung** Brenton 1994. Zur **Institutionalisierung** Haas/Keohane/Levy 1993, speziell von **internationalen Finanztransfers** Keohane/Levy 1996, aus governance-Perspektive Young 1997. Zu **epistemic communities und zum Lernen** Haas 1992, Hasenclever/Mayer/Rittberger 1997, Kap.5, und, ergänzend aus der policy-analytischen Perspektive, Bandelow 1999, Kap.2. Zum (neuen) **Nord-Süd-Verhältnis** in der internationalen Umweltpolitik Biermann 1998, Kellersmann 2000, Anand 2004;

speziell zur Rolle multinationaler Konzerne (unter NRO-Beobachtung) Garcia-Johnson 2001. Zur **EU in der internationalen Umweltpolitik** Bretherton/Vogler 1999, Kap.3, und Kraack 2000. Zu **Nicht-Regierungsorganisationen** kritisch am Beispiel Artenvielfalt Brand 2000. Zum Konzept des **sustainable development** und seiner Umsetzung Revesz/Sands/Stewart 2000, zum **Nachschlagen** Mirovitskaya/Ascher 2002. Zum **Meeresumweltschutz** List 1991 und Haas 1990. Zur **Regulierung der Nuklearindustrie** List 1993 und Braihwaite/Drahos 2000, Kap.13. Zu Konflikten im grenzüberschreitenden **Wasser(haushalt)** Blatter/Ingram 2001. Zum Schutz der **Ozonschicht** Benedick 1991. Zum **Klima-Schutz** Luterbach/Sprinz 2001, Mintzer/Leonard 1994, Oberthür/Ott 2000, Victor 2001 und Michel 2004. Zur **Artenvielfalt** Brand 2000 und LePrestre 2002.

13 Internationale Politische Ökonomie – das Beispiel der Welthandels-Politik

Bereits in den beiden vorangegangenen Kapiteln wurden Fragen behandelt, die zum weiten Themenbereich des gelegentlich zusammenfassend so genannten Sachbereichs Wohlfahrt gerechnet werden, die mithin das Zusammenspiel im engeren Sinne ökonomischer Faktoren und politischer Faktoren betreffen. Dieses Zusammenspiel zu untersuchen ist Gegenstand der Politischen Ökonomie. Sie erforsch die Wechselwirkung von Politik und Ökonomie sowohl im jeweiligen nationalen Rahmen, auf nationaler Ebene, und zwar oft international vergleichend, als auch, als Internationale Politische Ökonomie (IPÖ, nach der eingeführten englischen Kurzbezeichnung IPE für International Political Economy), auf inter- (bzw. trans-)nationaler Ebene. Das ist Gegenstand des vorliegenden Kapitels. Dabei gehen wir in drei Schritten vor:

– Zunächst nehmen wir, in Fortsetzung des Wechselgesprächs der Paradigmen, diesen übergeordneten Faden mit einem zweiten Wechselgespräch speziell zu Fragen der IPÖ wieder auf. Dabei wird sich zeigen, inwiefern diese Forschungsprogramme je unterschiedliche Perspektiven auf die IPÖ einnehmen.

– Deutlich werden wird jedoch auch, dass die Unterschiede zwischen den Forschungsprogrammen auch mit einer divergierenden Sicht des Phänomens kapitalistische Marktwirtschaft zu tun haben. Im weitesten Sinne sind dies Weltanschauungs-Unterschiede. In einem fachlich durchaus einholbaren Sinne handelt es sich dabei auch um analytisch diskussions-fähige und -würdige Fragen des Funktionierens und Bewertens dieses politisch-ökonomischen Systems. Es würde allerdings den Rahmen dieser Einführung in die Analyse internationaler Politik sprengen, dies hier im Einzelnen auszuführen. Andererseits wäre es unredlich, die Leser(innen) über die Sichtweise des Autors insofern im Unklaren zu lassen, denn zweifellos prägt sie den Rest des Kapitels ebenso wie sie bereits die beiden vorangehenden Kapitel mitgeprägt hat. Daher erfolgen drei knappe selbst-verortende Feststellungen, deren argumentativer Unterbau jedoch hier nicht mitgeliefert werden wird.

– Auf dieser Grundlage wird das Kapitel schwerpunktmäßig die systemische Perspektive auf die sog. Ordnungen der Weltwirtschaft verfolgen, und zwar beispielhaft an Hand der noch relativ einfach darstellbaren Handelsordnung. Dagegen wird die Perspektive der Analyse einzelstaatlicher oder kollektiver (z.B. EU-)Außenwirtschafts-Politik aus Platzgründen hier nicht verfolgt. Leider entspricht dies dem eher stiefmütterlichen Status dieses Forschungszweiges gerade in Deutschland und in Bezug auf seine Außenwirtschaftspolitik (trotz seines Status als Haupt-Exportnation!). Es entspricht durchaus nicht dem Stand der einschlägigen Forschung in und über die US-Außenwirtschaftspolitik.[1]

Insgesamt soll damit sowohl ein Gespür dafür vermittelt werden, dass Fragen der IPÖ fachlich bedeutend und inhaltlich spannend sind, als auch dafür, wie unterschiedliche Forschungsprogramme die Herangehensweise an ihre Analyse prägen.

Und damit hinein in medias res, in unser zweites Streitgespräch:

Internationale Politische Ökonomie aus Sicht der vier Forschungsprogramme – ein zweites Streitgespräch

auf zur zweiten Runde

M: Meine Dame, meine Herren, ich freue mich, dass Sie sich in Fortsetzung unseres Gesprächs über die Groß-Theorien, Paradigmen oder Forschungsprogramme der Teildisziplin Internationale Politik[2] heute nochmals hier eingefunden haben, um über unser Thema, den Analyse-Gegenstandsbereich der Internationalen Politischen Ökonomie und die jeweilige Sicht darauf, zu sprechen. Vielleicht können wir zunächst mit einer kurzen Klärung des Begriffes „IPÖ", wie man im Deutschen abkürzen könnte, oder IPE, wie es in der englisch-sprachigen Literatur bereits standardmäßig heißt, also „international political economy", beginnen.

Politische Ökonomie und Internationale Politische Ökonomie

I: Da mache ich vielleicht mal den Anfang. Ich hatte im vorausgegangenen Gespräch gesagt, dass die von mir vertretene I-Position, also der Idealismus oder, heute, Institutionalismus, in vieler Hinsicht in der Ahnenreihe der liberalen politischen und Sozial-Philosophie steht, aber auch der liberalen Ökonomie. Bevor sich diese im Laufe des 19. Jahrhunderts im Zuge der zunehmenden fachlichen Spezialisierung als reine Ökonomie etablierte, war sie sich, in ihren Anfangsgründen, etwa bei Adam Smith, des weiteren politisch-sozialen Kontextes des Wirtschaftens im engeren Sinne durchaus bewusst, und firmierte damals eben als Politische Ökonomie. In ihr ging es um das Verhältnis von Wirtschaft und Politik, und darum geht es heute im Bereich der Internationalen Politischen Ökonomie (alles mit Großbuchstaben zu schreiben, weil jetzt von einer Teildisziplin die Rede ist) immer noch, nun eben auch auf der internationalen Ebene.

Kritik der Politischen Ökonomie und Fortführung im historisch-materialistischen bzw. gesellschaftskritischen Paradigma

G: Allerdings. Nur müssen wir hier gleich hinzufügen, dass es eben in Reaktion auf die bürgerliche Politische Ökonomie seit Marx eine *Kritik* der Politischen Ökonomie gibt, als deren Fortsetzung heute wohl die historisch-materialistischen oder gesellschaftskritischen Beiträge zur Internationalen Politischen Öko-

---

1 Vgl. zu Deutschland jedoch Falke 2005; zu den USA den Überblick, mit einschlägigen Literaturhinweisen, bei List 2004.

2 Zur Einführung in die am Gespräch beteiligten Positionen sowie zum didaktischen Sinn und Vorgehen bei seiner Abfassung vgl. das erste Streigespräch, oben Kap.2.

nomie zu verstehen sind. Und deren Herangehensweise führt uns, glaube ich, zu einer wesentlichen paradigmatischen Trennlinie.

M: Das klingt spannend. Inwiefern?

G: Nun, im Grunde müssen wir aus Sicht der gesellschaftstheoretischen Ansätze – ich spreche jetzt absichtlich von Ansät*zen*, denn es gibt mehrere, und nicht alle verstehen sich als marxistisch, und auch die, für die das gilt, unterscheiden sich oft im Detail – müssen wir aus Sicht dieser Ansätze im Vergleich vor allem zum Realismus, zum Teil auch zum Institutionalismus, die Grundstruktur dessen, was realistisch als „internationales System" bezeichnet wird, nochmal ganz neu, anders, und gewissermaßen weiter fassen. Aus realistischer Sicht ist das internationale System ja im wesentlichen das System der zwischenstaatlichen Beziehungen, die Staaten verstanden als einheitliche Akteure, die unter der aus realistischer Sicht zentralen Bedingung, nämlich der Anarchie im Sinne *formaler* Herrschaftslosigkeit, ihren jeweiligen Nutzen maximieren, zum Beispiel ihre sog. nationale Sicherheit wahren.

eine grundlegend andere Sicht des internationalen Systems

R: Ich danke für diese knappe Rekapitulierung unserer Position.

G: Ja warten Sie nur, denn jetzt kommt die Kritik. Sie betrifft im Grunde jeden einzelnen der genannten Aspekte. Wir bezweifeln, dass die Staaten als einheitliche Akteure aufgefasst werden können, und jedenfalls sind wir ganz entschieden der Meinung, dass sie nicht aus dem Gefüge des jeweiligen binnengesellschaftlichen Kontexts herausgenommen, von diesem isoliert betrachtet werden dürfen. Vor allem aber gibt es aus gesellschaftskritischer Sicht gleichsam eine *transnationale* Grundstruktur des, ja eigentlich dürfte man nicht sagen: *inter*nationalen, sondern des *trans*nationalen Systems, oder wie ein in den letzten Jahren prominenter Vertreter des Ansatzes, Immanuel Wallerstein, es genannt hat, modernen Welt-Systems.[3] Und diese Grundstruktur ist alles andere als herrschafts*frei*, wie die Rede von der An-Archie suggeriert, sondern von materialer, also substanziell-inhaltlicher Herrschaft geprägt, im Unterschied zur vielleicht tatsächlich nicht gegebenen *formellen* Herrschaftsstruktur.

als transnationales politisch-ökonomisches System, das durchaus im inhaltlichen (im Unterschied zu: formalen) Sinne herrschaftlich strukturiert ist

M: Das war jetzt gleich so viel auf einmal, können wir das der Reihe nach noch einmal durchgehen?

G: Gerne. Also nochmal zur Grundstruktur des Systems und damit zusammenhängend zur Frage, wie denn das Gesamtsystem am besten zu benennen ist. Aus realistischer Sicht ist es ein System zwischenstaatlicher Beziehungen, dessen wesentliche Strukturmerkmale die Anarchie, die formale Herrschaftslosigkeit, und die Machtverteilung, verstanden als gleichsam strategische, also militärische, vielleicht am Rande auch ökonomische Macht jeweils der Staaten sozusagen als Gesamtpakete. Diese Verteilung der Staats-Macht (im realistischen Sinne von Macht) ergibt die Macht*struktur* des internationalen Systems aus realistischer Sicht, z.B. in Gestalt von Großmächten, mittleren Mächten und kleinen Staaten. Demgegenüber würde man aus gesellschaftskritischer Sicht sagen:

unterschiedliche Sicht der Grundstrukturen: realistisch (Anarchie und Verteilung der Staats-Macht) versus gesellschaftstheoretisch (material-herrschaftlich aufgrund transnationaler Klassenmacht)

---

3 Wallerstein 1974/80/88.

Natürlich gibt es die Staatsapparate, die ihren Machtbereich territorial definieren. Diese sind aber eingebettet in eine letztlich grenzüberschreitende ökonomische Struktur, den transnationalen Kapitalismus. Und über dessen Wirkmechanismen ergibt sich eine transnationale Herrschaftsstruktur, eine Verteilung *struktureller* Macht, aber nicht einfach zwischen Staaten, sondern zwischen gesellschaftlichen Kräften oder Klassen. Jeder einzelne Staatsapparat ist in dieses doppelte Herrschaftsfeld eingespannt: er übt formal und material politische Herrschaft aus, in Demokratien auf demokratische Weise, in Diktaturen diktatorisch. Jeder Staatsapparat steht jedoch auch im Kontext des wesentlich ökonomisch bestimmten Herrschaftsgefüges des Kapitalismus, der materiell-inhaltliche Machtpositionen beinhaltet und über Zeit langfristig, wenn auch nicht unabänderlich, festschreibt. Konkret: Wer über das – private, eben *nicht* staatliche – Kapital verfügt, und zwar heute mehr denn je über Grenzen hinweg, also transnational, der hat eine ökonomisch basierte gesellschaftliche Machtstellung inne. Und das sind in vielen Staaten heute die transnationalen Fraktionen, Teile, der kapitalistischen Klasse, die zum Beispiel das politische Projekt der Globalisierung vorantreiben, indem sie die Staatsapparate zu Deregulierung, zum Abbau staatlicher Vorschriften für die Wirtschaft und zum Abbau der angeblich im internationalen Vergleich immer zu hohen Steuerlast veranlassen.

M: Aha, ja, jetzt wird mir auch der Zusammenhang zu Fragen der Wirtschaft wieder deutlich, oder genauer: zu Fragen des Wechselspiels zwischen Politik und Ökonomie, also zur – Internationalen – Politischen Ökonomie, denn zunächst fürchtete ich ein wenig, wir verlieren uns in den Weiten des Theoretisierens über gesellschaftliche Herrschaft im allgemeinen, wo wir doch über internationale Politik oder zumindest international polit-ökonomische Zusammenhänge sprechen wollten.

Ausweitung des
Gegenstandsbe-
reichs: sinnvoll und
legitim?

R: Genau. Ich habe das in unserem ersten Gespräch schon mal gesagt. Die gesellschaftstheoretischen Ansätze weiten einfach den Gegenstandsbereich so lange aus, bis die Besonderheiten der zwischen-staatlichen Beziehungen als Beziehungen zwischen territorialen Herrschafts-Einheiten, die nach innen formal herrschaftlich strukturiert sind, *zwischen* denen es aber keine solche formale Herrschaftsstruktur gibt, nicht mehr sichtbar wird. Genau darum geht es uns Realisten.

auf jeden Fall
legitim, wohl auch
sinnvoll – allemal
konstruiert

K: Nun, wenn ich dazu mal was aus konstruktivistischer Sicht sagen darf, so scheint mir, dass Realisten und Gesellschaftstheoretiker in der Tat den Gegenstandsbereich, den sie analysieren wollen, jeweils unterschiedlich *konstruieren*. Aber ich sehe eigentlich beide Konstruktionsweisen, die realistische wie die gesellschaftstheoretische, als legitim an. Es gibt doch keinen ‚Papst‘ der Disziplin der Internationalen Politik oder auch der IPÖ, der einfach festlegen könnte, wie weit oder eng der Gegenstandsbereich gefasst werden darf. Das schien mir ein bisschen so zu klingen im letzten Statement unseres verehrten Moderators und es klingt erst recht immer so bei Ihren realistischen Äußerungen. Aus meiner Sicht sind beide Arten, den Gegenstandsbereich der Disziplin zu konstruieren, gleichermaßen legitim. Ich finde sie sogar nicht einmal wirklich unvereinbar, kann mir sinnvolle Kombinationen vorstellen. Was übrigens, nebenbei bemerkt, genau immer unser konstruktivistischer Punkt ist: Nicht nur wird die soziale

156

Welt von den realen sozialen Akteuren konstruiert, sondern natürlich werden auch alle sozialwissenschaftlichen Bilder, die wir uns von diesen Prozessen machen, selbst wiederum konstruiert, von uns als nicht minder realen Akteuren z.B. der Sozialwissenschaft.

G: Und diese gleichsam *Re*-Konstruktionsprozesse der sozialen Wirklichkeit durch z.B. die Sozialwissenschaft laufen ja auch nicht außerhalb der Gesellschaft ab, von einem archimedischen Punkt außerhalb der sozialen Welt. Die Sozialwissenschaft ist Teil der sozialen Welt, die sie analysiert, und wird deshalb durch die realen Herrschaftsstrukturen der Gesellschaft auch mit-bestimmt. Forschung kostet Geld, und wohin Forschungsgelder fließen, wird durch die jeweiligen gesellschaftlichen Kräftekonstellationen bestimmt. Und so kommt es, dass auch im Bereich der Sozialwissenschaften, und z.B. gerade im Bereich der Ökonomie, das – kapitalistische – Sein das – neoliberale – Bewusstsein bestimmt.

soziale Bedingtheit und soziale Rückwirkung sozialwissenschaftlicher Erkenntnis

M: Auf die Gefahr hin, mich wieder des Abwürgens interessanter Diskussionsstränge schuldig zu machen, würde ich jetzt aber doch sagen, dass diese Fragen in den Bereich der Überlegungen zum allgemeinen Status der Sozialwissenschaften und zum Status des von ihnen produzierten Wissens führen, und damit doch weg vom Gegenstand der (Internationalen) Politischen Ökonomie.[4]

G: Ja und Nein. Gerade meine letzte Bemerkung versuchte ja zu zeigen, oder zumindest anzudeuten, dass die Vordenker der bürgerlichen Ökonomie, als, wie man mit dem in unserem ersten Gespräch bereits von mir zitierten italienischen Theoretiker der Klassenherrschaft Antonio Gramsci sagen würde, „organische Intellektuelle" eine wichtige Funktion bei der Aufrechterhaltung und Verbreitung einer bestimmten ökonomischen Sichtweise und damit eben auch eines bestimmten, nämlich kapitalistischen, Wirtschaftssystems mitsamt seinen Herrschaftskonsequenzen erfüllen.[5]

liberale Ökonomen als Vordenker des kapitalistischen Systems

I: Ja gut, ich denke wir haben jetzt alle verstanden, was Sie uns aus Ihrer Sicht sagen wollen. Trotzdem würde ich gerne der Anregung der Moderation folgend nochmal Fragen der internationalen Wirtschaftsbeziehungen und ihrer politischen Organisation aufgreifen. *So* würde ich nämlich aus institutionalistischer Sicht den Kernbereich der Disziplin der IPÖ umreißen oder, wie man mit einem Begriff des Wissenschaftstheoretikers Imre Lakatos sagen könnte: das institutionalistische IPÖ-Forschungsprogramm.

das institutionalistische Forschungsprogramm für die IPÖ

M: Gut, können Sie das kurz skizzieren?

I: Gerne. Es wird Sie nicht überraschen, dass dabei Fragen nach Institutionen im Vordergrund stehen. In liberaler Tradition sehen wir z.B. den internationalen

Ausgangspunkt liberale Außenhandelstheorie

---

4 Vgl. Sie jedoch dazu die kurzen Bemerkungen zum Theorie-Praxis-Verhältnis zum Ende von Kap. 2 oben!
5 Dies zeigt z.B. Scherrer 1999 in seinem Kapitel 4.4 zur Wissen(schaft)s-Soziologie der neoliberalen Wirtschaftswissenschaft in den USA der 1980er/90er Jahre.

Handel als letztlich für alle Beteiligten nützlich an. Gemäß der auf David Ricardo zurückgehenden Freihandelslehre sehen wir einen Effizienzgewinn durch Außenhandel. Er resultiert daraus, dass jeder sich auf die Produktion jeweils *des* Gutes konzentriert, das er absolut oder sogar bloß relativ am kostengünstigsten erzeugen kann. Dann werden die Güter durch Handel ausgetauscht, und da aufgrund der Spezialisierung mit anschließendem Handel mehr produziert und dann auch konsumiert werden kann als ohne den Handel, ist Freihandel ein Positivsummenspiel, zumindest wenn man die gesamte Volkswirtschaft aggregiert betrachtet.

G: Zu schön um wahr zu sein.

I: Na, ich würde sagen: in erster Näherung nicht verkehrt, aber ergänzungsbedürftig. Im realen Leben zeigt sich, dass trotz der höheren Effizienz eines internationalen Systems mit Freihandel dieser nicht automatisch und von selbst sich durchsetzt. Es gibt immer wieder gesellschaftliche Gruppen und Kräfte, die aufgrund Freihandels ihre Interessen negativ berührt sehen, und diese versuchen, Widerstand zu organisieren, zum Beispiel Zollschranken zu errichten oder aufrecht zu erhalten. Der Freihandel, das sehen auch seine Befürworter, fällt also sozusagen nicht vom Himmel, seine Voraussetzungen müssen international politisch organisiert werden, zum Beispiel durch Freihandelsabkommen wie etwa das Allgemeine Zoll- und Handelsabkommen, das General Agreement on Tariffs and Trade, GATT, das nach dem Zweiten Weltkrieg zur Grundlage des Welthandels wurde und heute im Rahmen der Welthandelsorganisation noch stärker institutionalisiert ist. Institutionalistische Forscher interessieren also die institutionellen Strukturen z.B. des Welthandelsregimes, wie sie zustandekommen, funktionieren, sich entwickeln. Dazu ist es auch erforderlich, die Außenwirtschafts-, z.B. Außenhandelspolitik einzelner Staaten zu untersuchen, sowohl was sie je für sich tun, z.B. eigenen Firmen Schutz oder Unterstützung gewähren selbst dann, wenn das aufgrund vereinbarter Zollsenkungen mit diesem Mittel nicht mehr geht, als auch wie ihre Verhandlungspositionen in den vielseitigen, multilateralen Verhandlungsrunden bestimmt werden. Der Einfluss

wirtschaftlicher Interessensgruppen auf diese (Außen-)Wirtschaftspolitik steht also ebenfalls im Zentrum des Interesses institutionalistisch-liberaler IPÖ-Forschung. Sehr gut untersucht ist das z.B. für die größte, wichtigste Handelsnation seit dem Zweiten Weltkrieg, die USA.

M: Soweit also der Kern des institutionalistischen Forschungsprogramms der IPÖ. Was sagen dazu Vertreter des Realismus – Sie waren heute bisher recht schweigsam. Ist IPÖ vielleicht eigentlich nicht Ihr ‚Lieblingsfeld‘?

R: Damit haben Sie nicht ganz unrecht. Ebensowenig wie ich es für die spezifische Aufgabe der Analyse internationaler Politik halte, gesamtgesellschaftliche oder gar transnationale Klassenherrschaft zu untersuchen, interessieren mich als Realist Außenhandel oder Freihandelstheorie *als solche*. Das ist doch für Staaten, die sich unter Anarchie-Bedingungen behaupten müssen, vor allem und genau so weit von Interesse, wie ihre strategische, nationale Machtposition davon berührt wird. Der Einfluss ökonomischer Entwicklungen auf die Machtposition eines Staates ist also, wenn Sie so wollen, der Kern des realistischen For-

158

schungsprogramms im Bereich der IPÖ. Solange, in der frühen Neuzeit, der Merkantilismus dominierte, das Streben der Staaten, durch Kontrolle des Handels möglichst viel Nutzen jeweils für sich daraus zu ziehen, war es nur realistisch, diese Politik zu verfolgen. Heute, im Zeitalter stärker liberalisierten – aber keineswegs völlig freien – Handels, gilt das mutatis mutandis aber immer noch. Die Staaten müssen immer noch damit rechnen, dass ihre Handels-,Partner' einseitigen Nutzen aus Austauschbeziehungen ziehen, zum Beispiel eine unausgewogene Handelsbilanz zum Erwerb von Kapital und damit, im nächsten Schritt, durch Auslandsinvestitionen, zur Übernahme der Kontrolle über Produktivkapital im Inland nutzen. Denken Sie an die Sorge in Westdeutschland, als zu Beginn der 1970er Jahre die Ölscheichs große Firmenanteile an führenden Konzernen mit den Verkaufserlösen des Erdöls kauften, oder an die Reaktion der USA auf japanische Firmenkäufe zu Beginn der 1980er. Handel ist oft auch *strategischer* Handel: Sogar sicherheitspolitisch sensitives Wissen, etwa im Bereich Informationstechnik, gerät leicht in falsche Hände, und umgekehrt muss jeder Staat darauf achten, nicht zu einseitig von bestimmten Handelspartnern abhängig zu werden, z.B. seine Rohstoffquellen im Ausland zu diversifizieren. Es gibt also eine letztlich sicherheitspolitisch motivierte Kategorie von staatlichen Aufgaben im Außenwirtschaftsbereich, die über das bloße Organisieren von Freihandel, oder auch freiem Kapitalverkehr, weit hinausgeht, wie es der Institutionalismus fast ausschließlich thematisiert. Und da dies im anarchischen System letztlich allen Staaten so geht, sieht man realistischerweise internationalen wirtschaftlichen Austausch als weniger harmonisch, im Sinne des liberalen Positivsummen-Spiels, bei dem alle nur gewinnen, sondern als immer auch konflikträchtig. Es gibt Handelskonflikte, bis hin zum Handelskrieg. Aber auch dort, wo es zunächst nicht um gewaltsamen Konfliktaustrag geht, lauern im Hintergrund immer Konflikte über die langfristige Veränderung der Machtposition von Staaten im internationalen System durch – möglicherweise unbeachtete – Konsequenzen wirtschaftlichen und/oder politischen Handelns. Ein realistischer Autor wie der Historiker Paul Kennedy z.B. hat darauf hingewiesen, dass ökonomische Fitness eine wichtige Bedingung für Vormacht, Hegemonie, im internationalen System darstellt, und durch das, was er „imperial overstretch" genannt hat, also eine Überdehnung der eigenen, auch ökonomischen Kräfte der jeweiligen Vormacht, verspielt werden kann. Dann kommt es zu einem zyklischen Verfall der Machtposition und dem Aufstieg neuer Mächte.[6]

G: Sehen Sie: Hier sind wir, Realisten und Gesellschaftskritiker, uns zunächst einmal näher, als man vermuten könnte. Während die liberal geprägte Sicht des Institutionalismus letztlich etwas Harmonistisches hat und insbesondere Machtfragen ausblendet, allenfalls im Sinne der Frage nach dem Einfluss auf außenwirtschaftspolitische Entscheidungen durch – immer als einander letztlich durch pluralistische Konkurrenz um diesen Einfluss in Schach haltende – Interessengruppen behandelt, haben Realisten wie Gesellschaftstheoretiker die Macht, auch die langfristige, immer im Blick. Nur was wir darunter verstehen, wie wir sie fassen: da unterscheiden wir uns erheblich.

Konflikte mit langfristigen Auswirkungen auf die internationale Machtposition der Staaten

realistische und gesellschaftskritische Gemeinsamkeiten und Unterschiede bei der Analyse von Macht

---

6 Kennedy 1987.

M: Nämlich worin?

G: Nun, jetzt muss ich mich fast wiederholen: für uns geht es um die Macht gesellschaftlicher Kräfte und Klassen, nicht um die abstrakte „Macht von Staaten" wie im Realismus. Und darum geht es nicht nur im Verhältnis der kapitalistischen Zentren, also der westlichen Industrieländer, wie es landläufig heißt, untereinander, auf deren Beziehungen der Institutionalismus die Analyse internationaler politischer Ökonomie fast gänzlich verengt, zumindest ausweislich seiner Forschungsthemen. Aus historisch-materialistischer Sicht liegt das eigentliche Politikum im Bereich der internationalen politischen Ökonomie nämlich in den von struktureller Herrschaft, nämlich Ausbeutung, geprägten Verhältnissen zwischen – wieder in der Alltagssprache – Nord und Süd, also zwischen Zentren und Peripherie im Weltsystem in unserer Terminologie.

[Marginalie: strukturelle Macht – v.a. im ‚Nord-Süd'-Verhältnis zwischen Zentren und Peripherie]

M: Dabei geht es also um die Stellung der ärmeren Länder im internationalen System und die Fragen nach ihren langfristigen Entwicklungschancen.

G: Im Prinzip ja. Aber, verzeihen Sie, Ihre Formulierungen sind schon wieder aus meiner Sicht in zweierlei Hinsicht präzisierungsbedürftig. Es geht nicht um „ärmere *Länder*", denn „Land" ist eigentlich ein geographischer, kein polit-ökonomischer Begriff; es geht nicht einmal um ärmere *Staaten* – da schwingen immer noch zu viele realistische Konnotationen mit. Es geht um die *Peripherie* im kapitalistischen Weltsystem – das sind diejenigen Segmente der, ja heute kann man ruhig sagen: der Weltgesellschaft, die unter den Bedingungen des kapitalistischen Systems tendenziell benachteiligt sind, die geringeren Lebens- und manchmal, sogar oft, auch Überlebens-Chancen haben. Das Gros der Menschen, für die das zutrifft, lebt (und stirbt) in dem, was landläufig „Entwicklungsländer" genannt wird. Das heißt aber nicht, dass es in den Zentren keine Peripherie gäbe. Ihre reale Lage mag besser sein als die der Peripherie der peripheren Länder. Aber die Zentren der Peripherie, die Herrschenden in Entwicklungsländern, leben oft besser als die Armen in den Industrieländern. Und im Zeitalter der Globalisierung nimmt auch diese Armut in den Industrieländern wieder zu, quantitativ, wie qualitativ.

[Marginalie: Peripherie – der spezifische Begriff]

I: Das ist jetzt aber eine düstere Prognose aus Sicht des Globalisierungs-Skeptikers. Ich sehe da doch mehr positive Entwicklungen. Der Wohlstand in den Zentren, wie Sie es nennen, ist doch, gerade bei historischer Betrachtung, die Ihnen immer so lieb ist, spektakulär angestiegen, auch in breiten Kreisen der Bevölkerung. Und in der sog. Dritten Welt haben sich etliche Schwellenländer erfolgreich auf den Pfad ökonomischer und auch gesellschaftlicher Entwicklung, jüngst sogar vermehrt hin zu Demokratie als politischem System, gemacht.

[Marginalie: Entwicklungschancen im System – die liberale Sicht]

G: Das war jetzt die liberale, aus meiner Sicht fast naive Sicht der Dinge. Aber wir sind damit beim zweiten Punkt, der mich schon an der Feststellung unseres Moderators störte, nämlich der Annahme gleichsam natürlich gegebener Entwicklungschancen. Sie verschweigen das Entstehen einer „Vierten Welt", und Sie interpretieren das Phänomen der sog. Schwellenländer etwa so, dass im Rahmen des kapitalistischen Weltsystems ‚dem Tüchtigen schon der Weg nach

[Marginalie: reale Entwicklungs-Chancen oder nur Entwicklungs-Ideologie?]

160

oben offensteht'. Ich halte das für empirisch schwach belegt und deshalb fast ideologisch.

I: Na gut, aber Sie können das Phänomen der Entwicklung der Schwellenländer nicht ignorieren, im Rahmen Ihres Ansatzes aber auch nicht wirklich erklären. Hätte es eigentlich nie geben dürfen, angesichts des strukturellen Systems von Ausbeutung. Allenfalls können Sie das ad hoc, mit Überlegungen, die nur zu diesem Zweck dienen, erklären, z.B. mit der Unterstützung der ostasiatischen „Tiger-Ökonomien" durch die USA während des Kalten Krieges. Oder Sie ‚erklären' – in Anführungszeichen – den Aufstieg der Schwellenländer funktional, etwa wie bei Wallerstein, indem Sie darauf hinweisen, dass das kapitalistische Weltsystem einfach sich selbst stabilisiert, indem es eine Staaten-Mittelschicht, die Semi-Peripherie z.B. der Schwellenländer, ‚zulässt'? Sie merken: Hier wird das ganze System wie ein Akteur behandelt: es stabilisiert sich selbst, indem es Entwicklung *zulässt*. Ist das wirklich eine *Erklärung* – oder nicht bestenfalls eine *Beschreibung* von etwas, was Sie nicht wirklich erklären können?

> Kann nicht sein was – theoretisch – nicht sein darf? Gibt es eine theoretisch-systematische Erklärung für das Phänomen der Schwellenländer oder der sog. Semi-Peripherie?

G: Sie machen es einem nicht leicht ...

M: Das ist ja in der Wissenschaft im Disput absichtlich so – wir wollen doch die Schärfe der Argumente durch den Austausch steigern. Was sagen Sie denn zum Phänomen der Schwellenländer?

G: Ich war ja gerade dabei einzuräumen, dass deren wirtschaftlicher Aufschwung zunächst tatsächlich wie ein Argument gegen eine gesellschaftskritische Sicht der international-politökonomischen Verhältnisse aussah. Zunächst, wohlgemerkt, denn in wieweit der Aufstieg von Dauer ist, ist doch nach der Asien-Krise schon wieder fraglich. Hier galt doch vielfach: wie gewonnen, so zerronnen, im Hinblick auf den wirtschaftlichen Erfolg. Und zweitens denke ich, dass gerade ein gesellschaftskritischer Ansatz noch am ehesten in der Lage ist, eventuelle Entwicklungserfolge ‚nationaler' Wirtschaften zu erklären, nämlich aus den gesellschaftlichen Bedingungen heraus, z.B. erfolgte Landumverteilungen mit der Folge von Massenkaufkraft, die einen Binnenmarkt zum Anfang eigenständiger Industrialisierung ermöglicht – statt landwirtschaftlicher Exportproduktion auf Großgrundbesitz für den Export, dessen Erlöse nur bei einer dünnen Oberschicht landen. Die binnengesellschaftliche Entwicklung der Kräfteverhältnisse spielt hierbei eine Rolle, auch die Stellung des Staatsapparates, ob er tatsächlich als Ausbeutungs- oder eben als Entwicklungsinstrument genutzt wird. Und dies in Wechselwirkung mit den externen Kräften des Weltmarktes und der transnationalen kapitalistischen Klasse.

> gesellschaftskritische Erklärung: evtl. heilsame Verknüpfung der binnen- und transnationalen gesellschaftlichen Kräfteverhältnisse

R: Na, immerhin kommen diese transnationalen Verhältnisse bei Ihnen noch vor. Ich dachte schon, dass Sie sich ganz davon verabschiedet hätten. Denn traditionell haben doch gerade historisch-materialistische Ansätze mit dem womöglich sogar notwendigen Zusammenhang zwischen Armut im Süden und Reichtum im Norden argumentiert, also mit inter- oder transnationaler Abhängigkeit oder Dependenz als exogener, von jeweils außen kommender Ursache von Entwicklung hie und Unterentwicklung da gleichermaßen.

> also doch endogene Ursachen von Entwicklung, nicht nur exogene?

161

Dependenztheorie **G:** Danke für dieses Kurzreferat der Dependenztheorie, der Theorie von der strukturellen Abhängigkeit der Peripherie vom Zentrum in der kapitalistischen Weltwirtschaft.

R: Oh, bitte. Ich wollte nur darauf hinweisen, dass das Argumentieren mit binnengesellschaftlichen, endogenen, wie man sagt, Faktoren zur Erklärung von Entwicklungserfolgen eigentlich nicht zu Ihrem theoretischen Repertoire gehört.

Modernisierungs-
theorie als
Konkurrentin der
Dependenztheorie **I:** Sondern zu dem Ihrer bürgerlichen Widersacher in diesem Bereich, der Modernisierungstheoretiker, die auf die inneren Ursachen von wirtschaftlicher Entwicklung wie Erwerbsstreben begünstigender Kultur und neuerdings rechtlich, vor allem eigentumsrechtlich geordneten Verhältnissen hingewiesen haben.

Dependenztheorie
thematisiert
Wechselwirkung
von inneren und
äußeren
gesellschaftlichen
Bedingungen **G:** Tja, nun, Sie scheinen mir beide einfach eine verkürzende Sicht der Dependenztheorie zu haben. Diese argumentierte ja eben nicht *nur* mit exogener, struktureller Abhängigkeit. Sondern auch mit deren Rückwirkung auf die innergesellschaftlichen, also in Ihrer Terminologie: endogenen Faktoren. Aber es kommen dabei nicht beliebige ‚innere Faktoren‘ ins Blickfeld, sondern vorzugsweise die, über die die Modernisierungstheoretiker beredt geschwiegen haben, nämlich innergesellschaftliche Kräfteverhältnisse, Verteilung von Einkommen und Macht, und das alles nicht isoliert, sondern eben im Wechselspiel mit den Verhältnissen auf transnationaler Ebene, also etwa der Rolle Multinationaler Konzerne oder der Vorgaben, die Einrichtungen wie Weltbank und Weltwährungsfonds den ‚armen Ländern‘, der Peripherie, machen.

Annäherung von
Dependenz- und
Modernisierungs-
Theorie? **K:** Wenn ich mich nochmal an dieser Stelle einschalten darf, so scheint mir hier aber doch ein gewisses Ausmaß an Von-einander-Lernen oder sogar Auf-einander-Zugehen zwischen dependenz- und modernisierungstheoretischen Erklärungen von Entwicklung möglich und auch stattgefunden zu haben. So wird in der Entwicklungspolitik doch jüngst die Rolle von Rechtsstaatlichkeit und „good governance" betont, also einer ordentlichen Regierungsführung. Wenn wir Rechtsstaatlichkeit nicht auf Schutz der Eigentumsrechte für die Reichen und Mächtigen beschränken, sondern auch daran denken, was Sicherheit von Kleineigentum breiter Schichten für die Entwicklungschancen der Gesellschaft bedeuten kann, worauf jüngst Hernando de Soto hingewiesen hat[7]; und wenn wir ordentliche Regierungsführung nicht zum Synonym von Law und Order, notfalls durch Militärdiktaturen hergestellt, verkommen lassen, sondern als Wahrung von menschenrechtlichen Mindeststandards und Partizipationschancen auch für breite Schichten verstehen, dann müsste das doch aus Sicht beider theoretischer Lager von Interesse sein.

internationale
Institutionen als
Transmissions-
riemen emanzipa-
tiver Forderungen **I:** Und die internationalen Institutionen kämen evtl. sogar als Transmissionsriemen emanzipatorischer Forderungen und Ideen ins Blickfeld, und nicht nur als manipulative und manipulierte Instrumente in Händen der transnationalen Klasse.

---

7 de Soto 2000.

162

G: Ja, vielleicht, aber heben Sie nicht gleich ab. Einrichtungen wie der Welt-währungsfonds sind eben auch Transmissionsriemen der dominanten Ideologie und ihrer politischen Programme, z.B. von Strukturanpassungsprogrammen, die den peripheren Ländern auferlegt werden, letztlich im Interesse des Erhalts ihrer Zahlungsfähigkeit oder Kreditwürdigkeit gegenüber den metropolitanen Kapitalgebern.

aber auch dominanter Ideologien und Wirtschaftsprogramme

R: Das ist aber nur die halbe Miete. Internationale Organisationen wurden genause von Entwicklungsländern zu instrumentalisieren versucht, z.B. diverse UNO-Foren wie etwa die Konferenz über Handel und Entwicklung UNCTAD zum Vortragen der Forderung nach einer sog. ‚Neuen Weltwirtschaftsordnung'. Das ist aus realistischer Sicht eigentlich gut verständlich, schließlich hatten nach der Dekolonialisierung die Entwicklungsländer zahlenmäßig oft die Mehrheit. Und deshalb suchten Sie in *diesen* Foren den Machtkonflikt zwischen Nord und Süd auszutragen, der letztlich, wie Stephen Krasner es realistisch analysiert hat[8], ein struktureller Machtkonflikt war.

und als Forum für Nord-Süd-Machtkonflikte

G: Ja, nur dass es nicht um Süd versus Nord ging, sondern um Zentrum versus Peripherie. Und das weitgehende Scheitern der Forderungen nach der NWWO sagt etwas aus über die transnationalen Kräfteverhältnisse im gegenwärtigen Weltsystem.

die die transnationalen Kräfteverhältnisse deutlich machen

K: Und über die Möglichkeiten künftiger internationaler Politik – im allgemeinen wie im Bereich der internationalen politischen Ökonomie im besonderen. So wie die Anarchie das ist, was die Staaten daraus machen, gilt das auch für das kapitalistische Weltsystem. Es steht dem konstruktiven Wandel durch den Einsatz der gesellschaftlichen Akteure, national wie transnational, offen. Nicht leicht, sicher nicht konfliktfrei. Vor allem seine Bedeutung für die Lebenschancen konkreter Menschen scheint mir historisch variabel. Und auch die Groß-Konstrukte, die internationale Organisationen darstellen, sind offenbar vielfach konstruktiv nutzbar.

aber auch die Spielräume künftiger internationaler Politik

M: Wiederum kein schlechtes, weil ein nicht nur konstruktivistisches, sondern auch konstruktives Schlusswort für ein langes, aber gehaltvolles Gespräch, für das ich Ihnen danken möchte. Ich denke, soviel lässt sich sagen: die Verhältnisse in der internationalen politischen Ökonomie bleiben spannend – ebenso wie ihre Analyse im Rahmen der IPÖ.

Aus diesem Gespräch sollte deutlich geworden sein, dass die Forschungsprogramme ihre je eigene Perspektive auch auf den Gegenstand IPÖ übertragen. Wir fassen das in Übersicht 13.1 nochmals auf den Punkt gebracht zusammen.

---

8 Krasner 1985.

Übersicht 13.1: Der Gegenstandsbereich der Internationalen Politischen
Ökonomie aus Sicht der vier Paradigmen

Der Gegenstandsbereich der Internationalen Politischen Ökonomie (IPÖ) wird aus
Sicht der verschiedenen Paradigmen/Forschungsprogramme unterschiedlich bestimmt, und zwar aus Sicht des ... als ...

REALISMUS
Bedingungen des staatlichen Machterhalts nicht nur in einem anarchischen Staaten-
System, sondern auch angesichts zunehmend transnationaler ökonomischer Verflechtung (die jedoch nicht um ihrer selbst willen zum Gegenstand wird, sondern soweit sie Rückwirkungen auf die Staats-Macht hat)

IDEALISMUS/INSTITUTIONALISMUS
von Staaten gesetzte, insbesondere internationale institutionelle Bedingungen des
transnationalen Wirtschaftens (z.B. das internationale Handelsregime) und innergesellschaftlich pluralistische Einflussnahme auf die insofern gestaltende Außenwirt-
schafts-Politik der Staaten

GESELLSCHAFTSKRITISCHEN ANSATZES
Bedingungen von Selbstreproduktion (und möglicherweise: Überwindung) der trans-
national-materialen polit-ökonomischen Herrschaftsstruktur der Zentren über die Peripherie, die nicht als Länder-Kategorien misszuverstehen, sondern als nationale und
transnationale gesellschaftliche Kräfte zu verstehen sind

KONSTRUKTIVISMUS
Bedingungen, unter denen jeweils von konkreten Akteuren eine der obigen Sichtweisen propagiert und in die politisch-ökonomische Praxis umgesetzt wird.

---

das Spezifikum des polit-ökonomischen Systems kapitalistische Marktwirtschaft

Es dürfte jedoch auch deutlich geworden sein, dass diese spezifischen Sichtweisen oft eine Wahlverwandtschaft mit bestimmten empirischen (und normativen)
Sichtweisen des zugrundeliegenden Phänomens: der – globalen – kapitalistischen Marktwirtschaft haben. Offensichtlich liegt hier ein Spezifikum der neuzeitlichen internationalen Situation im allgemeinen und der heutigen globalisierten Lage im besonderen: in der Existenz einer in bestimmter Weise vom
Staat getrennten, nicht planwirtschaftlich organisierten Wirtschaftsweise, die als
zentralen Koordinationsmechanismus den Markt vorsieht (deshalb Marktwirtschaft) und die wesentliches ökonomisches Eigentum, insbesondere an Kapital
(daher Kapitalismus), in privater Hand belässt (in unterschiedlich ausgestaltba-
rer Form: vom Unternehmen im Familienbesitz bis zur börsennotierten Kapital-
gesellschaft oder auch gemeinwirtschaftlich-kooperativen Organisationsformen).
Zu diesem politisch-ökonomischen System seien drei selbst-verortende Bemerkungen erlaubt.

drei selbst-verortende Standpunkte ein politisch-ökonomisches System wegen der wechselseitigen Bedingung von Politik und Ökonomie

1. Es handelt sich insofern um ein politisch-ökonomisches (und nicht nur ein
    ökonomisches) System, als die kapitalistische Marktwirtschaft an Voraus-
    setzungen gebunden ist, die im Prinzip gesellschaftlich auch anders gestal-
    tet werden könnten: Planwirtschaft statt Markt, Staatseigentum statt Privat-
    eigentum. *Werden* die Bedingungen für kapitalistische Marktwirtschaft
    gewährleistet (*nicht*: gewährt, denn es ist zwar eine gesellschaftliche Ent-

scheidung, aber kein ‚Gnadenakt‘), begibt sich ‚die Politik‘ zu einem gewissen Maße der umfassenden Steuerungskompetenz (zum Teil auch: der [Miss-]Erfolgs-Verantwortung), muss also mit den Folgen privat-autonomen Wirtschaftshandelns umgehen. Freilich gilt (gälte) dies auch für den umgekehrten Fall: für die (Miss-)Erfolge politischer Plan- und Staatswirtschaft ist die politische Verantwortung theoretisch sogar unmittelbarer. Ob allerdings in einem System, das wirtschaftliche und politische Macht in wenigen Händen konzentriert, eine Chance besteht, diese Verantwortung der politischen und ökonomischen oder polit-ökonomischen Entscheidungsträger auch einzufordern, ist in beiden Systemen nicht automatisch garantiert: elitäre Staatsverwaltungssysteme unter Parteimonopol sind hier, herrschaftssoziologisch, vielleicht etwas weniger leicht verantwortlich zu machen als politisch-pluralistische kapitalistische Systeme. Jedoch ist die Verbindung von Pluralismus und Kapitalismus zwar häufig, aber nicht zwangsläufig. Zumindest phasenweise gedeiht Kapitalismus auch in autoritären Systemen (etwa in Südkorea zu Beginn seiner Entwicklung, oder auch in Chile unter Pinochet).

2. Rein ökonomisch (oder zumindest stärker ökonomisch) betrachtet spricht viel empirische Evidenz für die Leistungsfähigkeit kapitalistischer Marktwirtschaft unter dem Aspekt Erhöhung von Effizienz (der ökonomische Aspekt per se: mehr Ertrag zu er-*wirtschaften* mit geringerem Aufwand) zum einen, dem Aspekt des Funktionierens von (funktionierenden, also nicht versagenden) Märkten als Mechanismus der dezentralen Informations-Vermittlung zum andern (am Markt gebildete Preise signalisieren durch die Zahlungsbereitschaft der Käufer Knappheit und Erwünschtheit – eine sonst nur schwer aussagekräftig erheb- und zentral verarbeitbare Information – das Grundproblem der Planwirtschaft).

ein effizienzorientiertes Sytem dezentraler Informations-Verarbeitung

3. Gerade die dem Kapitalismus immanente Kreativitätschance: bei, eine wichtige Bedingung, offenem Marktzugang auf diesem durch Innovation Gewinn erzielen zu können, bedingt aber auch systemisch ungleichmäßige Entwicklung: einige Akteure gehen voran und realisieren deshalb Profite. Ob und wieweit andere Akteure, individuell oder kollektiv (als Staaten/Gesellschaften im Weltmarkt) nachfolgen, aufholen können oder unter welchen Bedingungen sich (in der in Kapitel 10 eingeführten begrifflichen Unterscheidung) aus ungleichmäßiger Entwicklung strukturelle Ungleichheit entwickelt, ist eine wesentliche empirische Frage. Weder bietet der reine oder zumindest der reale Markt eine automatische Gewähr dafür, dass dies nicht geschieht (weshalb es z.B. staatlicher Ordnungspolitik zur Verhinderung des Missbrauchs ökonomischer Marktmacht bedarf), noch kann staatliches Eingreifen (insbesondere gegeben die realen [Lobby-]Bedingungen, unter denen es erfolgt) als *automatisch* zielführende Korrektur angesehen werden (es *kann* sein, dass der ‚politische Markt‘ Ungleichheit nur verstärkt!).

mit erheblichem Kreativitäts-Potenzial, aber auch mit Risiken der Verfestigung ungleichmäßiger zu ungleicher Entwicklung

In der Summe laufen diese stark kondensierten (Selbst-)Positionierungen zum System kapitalistischer Marktwirtschaft auf eine – vor allem hinsichtlich der Entwicklung von Ungleichheit – nicht unkritische, aber empirisch-‚offene‘ Sicht dieses Systems hinaus, dessen (nicht *automatisch* realisierten) Freiheits-

und Kreativitäts-Potenziale jedoch normativ geschätzt werden.[9] Das mag und muss als Skizze der polit-ökonomischen Hintergrundsannahmen der folgenden Ausführungen zur IPÖ genügen, die die sogenannten Ordnungen der kapitalistischen Weltwirtschaft insbesondere am Beispiel der Handelsordnung als zentralen Gegenstand der IPÖ *aus systemischer Sicht* einführen sollen (nochmals der Hinweis: die ergänzend wichtige Akteursperspektive auf die Außenwirtschaftspolitik einzelner Staaten kann hier aus Platzgründen nicht gleichermaßen präsentiert werden).

fünf Ordnungen der kapitalistischen Weltwirtschaft

Die vielleicht wichtigste Feststellung zur internationalen politischen Ökonomie zu Beginn des 21. Jahrhunderts ist, dass es inzwischen tatsächlich ein äußerst komplexes, politisch (meist, jedoch nicht mehr nur) zwischen Staaten ausgehandeltes Geflecht von Regelwerken, ein Netzwerk internationaler Regime und mit ihnen verbundener internationaler Organisationen gibt, die grenzüberschreitend Rahmenbedingungen setzen (zu setzen versuchen) für das ebenfalls grenzüberschreitende, transnationale Wirtschaftshandeln privater Akteure, insbesondere von Firmen. Wir wollen hier fünf dieser Ordnungen der kapitalistischen Weltwirtschaft ansprechen (vgl. auch Abbildung 13.2) und eine davon, die Welthandelsordnung, etwas vertieft besprechen.

Welteigentumsordnung: Grundlage des basalen ‚Spiels‘ der transnationalen Privatökonomie und Ausgangspunkt des ‚Folgespiels‘ der Regulierung des Gebrauchs privater Eigentumsrechte

Die vielleicht grundlegendste dieser Ordnungen kann man als Welteigentumsordnung bezeichnen. Wie oben dargelegt, ist für sie als kapitalistische Ordnung die Gewährleistung von Privateigentum konstitutiv. Diese erfolgte seit der frühen Neuzeit, unter Wiederaufnahme von Kategorien des römischen Privatrechts, zunächst durch die sich entwickelnden modernen Staaten je für sich. Mit der Zunahme des grenzüberschreitenden Wirtschaftsverkehrs wie auch der Entwicklung von Wirtschaft und Technik allgemein entstand jedoch (aus Sicht der am Schutz des jeweiligen Eigentums Interessierten) ein zunehmender Bedarf an Regeln auch auf internationaler Ebene.[10] So erfolgte frühzeitig, bereits 1886, durch die Berner Übereinkunft zum Schutz von Werken der Literatur und Kunst, die inzwischen mehrfach ergänzt und durch das Welturheberrechtsabkommen von 1952 ergänzt wurde, der Schutz bestimmter Arten sogenannten geistigen Eigentums. Dies Beispiel ist interessant, zeigt es doch einerseits, wie abstrakt die Kategorie Eigentum ist, bezieht sie sich doch keinesfalls allein auf Eigentum an physischen Gütern (Land, Gebäude etc.). Es ist auch interessant, weil, auch im Rahmen der unten anzusprechenden Welthandelsordnung, in den vergangenen Jahren aufgrund technischer Entwicklungen (etwa: Software-Entwicklung) vermehrt über den Schutz geistigen Eigentums verhandelt wird. Ein zweiter, auch im Nord-Süd-Verhältnis lange Zeit umstrittener Gegenstand war der Schutz von Auslandsinvestitionen, insbesondere vor (entschädigungsloser) Enteignung. Heute wird diese Frage in bi- und multilateralen Investitionsschutzabkommen geregelt. Historisch, im Prozess der Dekolonialisation, war diese Enteignungsfrage auch deshalb so virulent, weil es vielfach um Eigentum an Investitionen in den Abbau von Rohstoffen bzw. um das Eigentum an diesen selbst ging. Hier ist die wichtige Kategorie des nationalen Eigentums zu erwäh-

---

9 Stellvertretend sei auf drei Publikationen verwiesen, die die hier eingenommene politisch-ökonomische Perspektive auf die kapitalistische Marktwirtschaft vertiefen: Lindblom 1977, Zinn 1980 und Usher 2003.

10 Anschaulich dazu, am konkreten historischen Beispiel, Petersson 2004.

nen, als das heute sowohl Bodenschätze als auch andere natürliche Ressourcen (etwa: Waldbestände) angesehen werden, unabhängig davon, ob sie in Staats- oder Privatbesitz sind (jedenfalls, soweit sie überhaupt nationaler Hoheitsgewalt unterliegen, was etwa für die Ressourcen des Meeresbodens unter der Hohen See, die ja den Status eines gemeinsamen Erbes der Menschheit haben, nicht gilt). Wichtig ist, dass durch all diese Regelungen grenzüberschreitend Verfügungsrechte zugewiesen, ja zuweilen erst definiert werden (u.a. durch Entscheidungen, was als eigentumsrechtlich schützbar, z.B. patentierbar angesehen wird). Erst durch diese Gewährleistung privater Verfügungsrechte wird, das sei wiederholt, das ‚Spiel‘ der auch grenzüberschreitenden Privatökonomie möglich und das polit-ökonomische ‚Folgespiel‘ der Regulierung der Folgen des privaten Gebrauchs dieser Rechte eröffnet.

Ähnlich wie in der Welteigentumsordnung durch nationale und internationale öffentliche Regelung ein privater Handlungsraum der Verfügung über Eigentumsrechte eröffnet wird, erfolgt auch im Rahmen der Weltwährungsordnung durch Institutionalisierung die Eröffnung eines ganz neuen ‚Spiels‘ zwischen staatlichen (öffentlichen) und privaten Akteuren: es wird gleichsam das ‚Spiel-Geld‘ (als basale Institution) geschaffen, heute durch zentralbankliche Setzung. Bestimmte Münzen und Scheine werden, national und inzwischen, im Falle der Europäischen Zentralbank, auch supranational, als offizielles Zahlungsmittel ausgegeben. Die meisten Zahlungsmittelbestände haben jedoch heute nicht diese physische Gestalt, sondern die ‚virtuelle‘ von Bank- oder Giralgeld, das im Rahmen des Spiels des jeweiligen Bankenrechts nominal ein Vielfaches des tatsächlich physisch geprägten oder gedruckten Geldes ausmacht. Da also mehrere öffentliche (nationale oder supranationale) Währungsgebiete bestehen (und somit kein offizielles Weltgeld; US-Dollar und zunehmend Euro fungieren zum Teil als eine Art Weltgeld), über deren Grenzen hinweg ja wirtschaftlicher Austausch (Handel, Investitionen) erfolgt, für den die internationale Währungsordnung zunächst dienende Funktion hat, bedarf es der Regelung der Beziehungen zwischen diesen Währungsordnungen. Soll der Wert der einen Währung, gemessen in einer anderen, sich durch freien Austausch am Markt bilden (sog. Floating)? Oder soll ein offizielles Wertverhältnis (oder auch eine Schwankungsbreite für seine Entwicklung) festgelegt werden, bei dessen Nicht-Einhaltung aufgrund der Marktentwicklung dann die Zentralbanken (etwa durch Stützzugs[ver]käufe) intervenieren müssen? Und, falls ja: Aufgrund welchen Bezugspunktes soll dieser Wert festgelegt werden: in Bezug zum Wert etwa des Goldes (sog. Goldstandard), einer anderen Leitwährung, die ihrerseits an den Goldwert gebunden ist (Gold-Devisen-Standard), oder durch Bezug auf einen „Währungskorb“ (so im alten Europäischen Währungssystem die nationalen Währungen im Verhältnis zum sogenannten ECU)? Die ohnehin schon technisch komplexe Natur dieser Fragen wird durch die neuere wirtschaftlich-technische Entwicklung noch verstärkt. Hierbei spielt unter anderem den Handel mit Geld (Währungen) um seiner selbst Willen, das heißt losgelöst von der dienenden Funktion für Handel und Investitionen, zum Zweck der Gewinnerzielung durch Änderung der Wertverhältnisse der Währungen und schlimmstenfalls unter spekulativer Herbeiführung solcher Auf- oder Abwertungen, eine zunehmende Rolle, wodurch der Erhalt einer öffentlichen Währungs-Ordnung erschwert wird.

Weltfinanzordnung
– oder -Unordnung:
private Anleger,
öffentliche Kredit-
geber und -nehmer,
Verschuldungsfalle
und Sozialisierung
von Kapital-
Risiken

Ähnlich sieht es im eng verbundenen Bereich der Weltfinanz-Ordnung aus, die gelegentlich als *Un*ordnung bezeichnet wurde. Sie betrifft gleichsam die Schnittmenge der beiden vorgenannten Ordnungen. Auf der Grundlage der Existenz öffentlicher Währungsordnungen und öffentlich gewährleisteten Eigentums an (privatem) anlagefähigen Vermögen hat sich bereits frühzeitig ein grenzüberschreitender Markt hierfür aufgetan, dessen Volumen und Komplexität freilich heute ungeahnte Ausmaße erreicht hat. Nicht nur hat das Volumen der grenzüberschreitenden Direktinvestitionen in Firmen deutlich zugenommen, vor allem zwischen den entwickelten Industrienationen. Auch die transnationale Vergabe von Krediten zu rein spekulativen Zwecken einerseits (etwa für Währungsspekulationen), an öffentlich-staatliche Schuldner zum andern hat deutlich zugenommen. Vor allem letztere ist seit den 1970er Jahren durch immer wieder auftretende Zahlungsunfähigkeits-Krisen vor allem sog. Entwicklungsländer zum Problem geworden. Die Freigiebigkeit privater Investoren geht dabei einher mit der unverantwortlichen Nehme- und oft auch Ausgabefreudigkeit von Staaten und führt diese in die Verschuldungsfalle. Unternehmen dann internationale Finanz- und Entwicklungs-Institutionen wie der Weltwährungsfonds bzw. die Weltbank stützende Rettungsversuche, ergeben sich zwei Probleme: Die von diesen Einrichtungen zur Konsolidierung von Staatshaushalten gemachten Auflagen bedeuten oft harte Einschnitte z.B. in die Haushalts- und Sozialpolitik der betroffenen Staaten, was diese als Souveränitätseinschränkung sehen und was vor allem in der innergesellschaftlichen politischen Mechanik die Position der Regierung bedrohen kann. Transnational dagegen setzt diese Politik der Rettung von Staaten, genauer: ihrer Rückzahl-Fähigkeit und damit auch weiteren (privaten) Kreditwürdigkeit (die überwiegend von Privaten, sog. Rating-Agenturen eingeschätzt wird, mit drastischen Folgen für den Preis, den ein Land für seine Kredite zahlen muss), ein ungutes Signal für risiko-freudige private Kapitalgeber: ihr Verlustrisiko (im Falle der Zahlungsunfähigkeit staatlicher Schuldner) wird gleichsam international sozialisiert (letztlich durch Steuergelder der IWF und Weltbank finanzierenden Staaten) – was sie zu weiterer spekulativer Kapitalvergabe anregen kann. Zur Regelung beider Probleme wird neuerdings vermehrt über ein internationales Insolvenzrecht für Staaten diskutiert.

Schließlich sei als vierte Ordnung kurz das angesprochen, was man Weltarbeitsmarktordnung nennen könnte. Aufgrund der schon rein rechtlich (durch staatlich definiertes Aufenthalts- oder gar Einwanderungsrecht) im Vergleich zum heute global mobilen Kapital eingeschränkten Mobilität des ‚Faktors Arbeit‘ sind hier Regelungen oft weit stärker national geprägt – und oft auch der Regelungskompetenz der sog. Tarifparteien, also zwischen Arbeitgebern und Arbeitnehmern, überantwortet. Letzteres führt dazu, dass in einer der ältesten der heute noch bestehenden internationalen Organisationen, der ILO (International Labour Organization), denn auch Vertreter dieser beiden privaten Parteien neben Staatenvertretern an der Aushandlung einschlägiger internationaler Konventionen beteiligt sind. Durch sie wird versucht, grenzüberschreitend Mindeststandards z.B. für Arbeitsbedingungen festzuschreiben, zum Schutz der Arbeitenden. Andererseits tut sich hier das Problem auf, dass die mit hohem Schutzniveau oft einhergehenden Kosten von ärmeren Staaten nicht getragen werden können – oder auch wollen: sie sehen in den geringeren Lohn(neben)

kosten gerade eine ihrer Entwicklungschancen. Dem gegen sie erhobenen Vorwurf des sozialen Dumping (der unlauteren Preisunterbietung) halten sie entgegen, dass vorschnelles Pochen auf Angleichung der Standards auf hohem Niveau nur die bereits (auch in Sachen Produktivität) Entwickelteren schütze, also
eine Art versteckten Protektionismus darstelle. Dies Stichwort leitet denn auch
über zur Welthandelsordnung, auf die wir abschließend noch etwas näher eingehen wollen. Zunächst jedoch wollen wir die bildliche Umsetzung der Weltwirtschaftsordnung in Abbildung 13.2 zu einem metaphorischen Zwischenresümee
nutzen.

Abbildung 13.2: „Tempel" der kapitalistischen Weltwirtschaft

KAPITALISTISCHE WELTWIRTSCHAFT

Weltweite transnationale Wirtschaftsbeziehungen
(Handel, Direktinvestitionen, Finanztransfers, Migration)

Akteure:
Firmen (MNU), Interessengruppen, Klassen, einzelne (Gruppen von) Menschen

Welteigentums-ordnung	Welthandels-ordnung	Weltwährungs-ordnung	Weltfinanz-ordnung	Weltarbeits-marktordnung
einzel-staatliche und internationale Garantie von Eigentums-rechten	(„embedded liberalism" des GATT: Mischung von Freihandel und Protek-tionismus) WTO	(freie Wech-selkurse, Dominanz von Dollar, Euro, Yen) IWF EZB	(„Unordnung"; Zunahme von Direkt-investitionen; Staatliche Verschuldung) Kapitalfonds, Banken und Rating-Agenturen	(Immobilität, z.T. aufgrund politischer Regulation; ILO: internationaler Tripartismus)

WELTSTAATENSYSTEM

Akteure: Staaten und internationale Organisationen;
Indirekt (binnen) gesellschaftliche Interessengruppen und Klassen

Legende:
EZB: Europäische Zentralbank, GATT: General Agreement on Tariffs and Trade, ILO: International
Labour Organisation, IWF: Internationaler Währungsfonds, MNU: Multinationale Unternehmen,
WTO: World Trade Organisation

Quelle: eigene Darstellung

Für Abbildung 13.2 gibt es gleichsam zwei Lesarten: bottom up und top down (von unten nach oben bzw. umgekehrt). Beide enthalten wichtige Aussagen zur transnationalen politischen Ökonomie aus systemischer Perspektive. Von unten gelesen besagt sie: Das Weltstaatensystem mit seinen Akteuren: Staaten und internationalen Organisationen stellt das Fundament bereit für die Entwicklung internationaler Ordnungen (die fünf Säulen), auf deren Grundlage wiederum das transnational-globale Wirtschaftshandeln privater Akteure ablaufen kann. Nicht-staatliche Akteure sind sowohl auf nationaler Ebene (durch Lobbying ihrer Regierungen) wie auf internationaler Ebene (durch Lobbying, Beteiligung wie im Rahmen der ILO oder gar eigenständige Beschlussfassung wie etwa durch die Rating-Agenturen) an der Ausgestaltung der Gesamtordnung beteiligt. In umgekehrter Lesrichtung lässt sich deshalb sagen: Auch die transnational-verflochtene Wirtschaftsweise stellt einen Rahmen dar für einzelstaatliches Handeln. Ja mehr: Aus dem transnationalen Wirtschaftshandeln Privater resultiert ein Anpassungsdruck (gleichsam symbolisiert durch die Last der Dachkonstruktion des ‚Tempels') auf die einzelnen Staaten und Gesellschaften. Dabei weisen sie aufgrund ihrer unterschiedlichen Stellung in der Weltwirtschaft (die von der hegemonialen Rolle der USA bis zur gänzlichen Abhängigkeit im Falle der am wenigsten entwickelten Länder reicht) wie (und damit zusammenhängend) aufgrund interner Faktoren (etwa: Handlungsfähigkeit der Verwaltung; Stand des Bildungs- und Ausbildungssystems) unterschiedliche Fähigkeiten auf, mit diesem Anpassungsdruck umzugehen. Das ‚Spiel' der Weltwirtschaft wird also zwischen durchaus ungleichen Partnern gespielt. Das bedeutet, schon aufgrund der entfachten kapitalistischen Dynamik, nicht zwangsläufig, dass hierbei die Armen nur Ärmer werden könnten (absolut oder relativ zu den Reichen). Es bedeutet aber auch, dass es schlimmstenfalls zur Verfestigung von Strukturen der Ungleichheit kommen kann, die für einige Beteiligte kaum Entwicklungschancen lassen. Dies zeigt auch die abschließend etwas näher zu betrachtende Welthandelsordnung – die gerade deshalb auch politisch stets umstritten ist.

Gedankliche Grundlage des internationalen Handels ist die liberale Außenhandels-Theorie. Ihr zufolge resultiert aus Handelsaustausch ein Vorteil („gains from trade") für alle Beteiligten. Ungeachtet dieser theoretisch schlüssigen Position kommt es jedoch im Verhalten praktisch aller Staaten zu unterschiedlichen Formen von Handels-Restriktionen, die meist politisch-ökonomische Gründe haben. Dazu zählen etwa Schutzzölle für sich entwickelnde Industrien in Staaten, deren Industrie sich in nachholender Entwicklung befindet (sog. infant industry-Argument). Dies verweist auf die wichtige Frage, ob Handel zwischen ungleich entwickelten Staaten/Gesellschaften tatsächlich für alle Beteiligten gleichermaßen heilsam ist bzw. zu welchen Bedingungen Weltmarktintegration sinnvoll ist. Schutz vor (konkurrierenden) Importen wird jedoch auch aus zahlreichen anderen politischen Gründen gewährt (ist oft Resultat erfolgreichen Lobbyings, z.B. im Bereich der Agrar-Importe).

Vor diesem Hintergrund ist die liberale, auf Abbau von Handelsbeschränkungen (Zölle und sog. nicht-tarifäre Handelshemmnisse wie Quoten, Kontingente, Auflagen für Importprodukte u.a.m.) angelegte Nachkriegs-Welthandelsordnung zu verstehen. Unter Schirmherrschaft (Hegemonie) der USA wurde sie auf der Grundlage des Allgemeinen Zoll- und Handelsabkommens (General

170

Agreement on Tariffs and Trade, GATT) von 1947 als internationales, multilaterales Handels-Regime eingerichtet. In seinem Rahmen erfolgte die zunehmende, schrittweise und zwischen den Industriestaaten auch sozialstaatlich abgefederte Öffnung der Märkte (sog. „embedded liberalism", abgefederter Liberalismus, als politisch-philosophische Grundlage). Auf der informellen Grundlage des GATT wurde bis 1994, als ein neuer GATT-Vertrag ausgehandelt wurde (mit inhaltlich neuen Bereichen, v.a. Handel mit Dienstleistungen [GATS – General Agreement on Trade in Services] und Schutz geistigen Eigentums [TRIPs – Trade Related Intellectual Property Rights]) und auf seiner Grundlage die Welthandels-Organisation (World Trade Organisation, WTO) eingerichtet wurde (1995), in sog. GATT-(Verhandlungs-)Runden ein weitgehender Abbau von Zöllen und anderen Handelshemmnissen ausgehandelt. Mit der WTO wurde das vorgesehene Streitschlichtungsverfahren deutlich stärker, als bindende Entscheidung durch Dritte, institutionalisiert.

Versucht man, diese grob skizzierte Entwicklung der Welthandelsordnung nach 1945 zu erklären, lassen sich, z.T. einander ergänzende, Erklärungsbeiträge aus allen vier Forschungsprogrammen der Internationalen Beziehungen denken (und ggf. bewusst und sinnvoll kombinieren):

Erklärung der Welthandelsordnung: möglicher Beitrag der IB-Forschungsprogramme

– Die prägende Rolle der damals klar wirtschaftlich dominanten und (im Westen) auch militärisch führenden USA bei der Gründung des Regimes (wie auch beim Scheitern der zunächst vorgesehenen Internationalen Handelsorganisation, der der US-Senat nicht zustimmen wollte) spricht zunächst für einen realistischen Erklärungsbeitrag: zumindest dieses Regime wurde hegemonial (durch die Vormacht) begründet. Dies wurde in der sog. Theorie der hegemonialen Stabilität verallgemeinert, die Regime-Entstehung und -Erhalt allgemein an die Existenz einer Vormacht, sei es im internationalen System allgemein oder zumindest im jeweiligen Sachbereich, knüpft. Es scheint jedoch, dass Regime auch ohne Dominanz eines Beteiligten entstehen oder fortbestehen können. Dennoch ist der Hinweis auf die Machtstellung wichtig, vor allem auch die Macht im Sachbereich, die sich in Handelsfragen z.B. in der Kontrolle über den Zugang zu einem großen Binnenmarkt (der größte war lange Zeit der US-Markt) zeigt. Das kann erklären, warum die institutionelle Form (loses Regime ja, formale Organisation zunächst nein) vom Hegemon USA bestimmt werden konnte. Und die abnehmende Sachbereichs-Dominanz der USA in Handelsfragen (aufgrund der Vergrößerung des zahlenmäßig inzwischen weit größeren EU-Binnenmarktes) kann erklären, warum es insbesondere im Handelsbereich immer wieder zu US-EU-Konflikten kommt.

realistische Beiträge

– Der institutionalistische Erklärungsbeitrag läge dann u.a. darin zu zeigen, warum (Stichwort: aufgrund wahrgenommener langfristiger Interdependenz) es zu einem geregelten Austrag dieser Konflikte kommt und welche (institutionelle) Form er annimmt (Schiedsentscheidungen der WTO-Gremien, deren potenzielle Anrufung jedoch, ganz realistisch, auch zu einem neuen Machtinstrument in der Austragung von Handelskonflikten geworden ist). Die Institution WTO ist auch als neues Forum der Interessensartikulation (und sogar ihrer Durchsetzung) für bestimmte Staaten des Südens interessant. Einerseits können südliche Agrarexporteure, zuweilen im Verbund

institutionalistische Beiträge

mit nördlichen, oft gegen deren einheitliche Abwehrfront, ihre Forderungen nach Marktöffnung im Norden durchsetzen. Zum anderen gibt der entstehende Absatzmarkt des Südens, zumindest in den Schwellenländern und in Großstaaten wie China, Indien und Brasilien, diesen das Pfund der Zugangskontrolle zu ihren Märkten in die Hand, mit dem sich wuchern lässt: Fortgang von GATT-Runden nur bei Berücksichtigung auch von Forderungen des (organisiert auftretenden) Südens. Schließlich wird am zumindest von der US-Administration unter Präsident Bush jr. angedrohten neuen Bilateralismus in Handelsfragen auch deutlich, dass die WTO aufgrund ihrer Multilateralität zumindest Chancen der gemeinsamen Interessensvertretung Schwächerer bietet, die beim Abschluss bilateraler Abkommen mit ‚Mächtigen‘ durch ein divide-et-impera (teile und herrsche) unterlaufen würden.

konstruktivistische Beiträge — Konstruktivistisch würde man vor allem die gedanklichen Grundlagen dieser Ordnung zu erklären versuchen: Wie kommt es zur – gedanklichen – Konstruktion von Handel als Positivsummenspiel und wie werden diese Gedanken gesellschaftlich verbreitet und damit wirkmächtig? Die Rolle von Vor-Denkern des Freihandels kommt damit in den Blick, jedoch auch der Wandel vom sozial-liberalen Konsens des embedded liberalism der 1950er und 60er Jahre zur stärker neo-liberalen Sicht der 1990er. Auch wäre dies nicht nur im Sinne ökonomischer Ideengeschichte zu untersuchen, sondern als gesellschaftliche Prozesse der Konstruktion von Sichtweisen: Wie genau erfolgte bei der Erarbeitung von GATT-94 die Konstruktion von Dienstleistungen als GATT-relevantem Handel? Der Rolle einschlägiger Interessenverbände, die diese Sicht propagierten, wäre dabei nachzugehen, sicher auch aus Sicht des liberalen Institutionalismus, aber auch der Rolle von think tanks (Denkfabriken), welche die ökonomisch-juristische gedankliche Feinarbeit leisteten.

gesellschaftskritische Beiträge — Ein gesellschaftskritischer Ansatz würde hier anknüpfen und weiter fragen: nach der Finanzierung solch einschlägiger Lobby- und Vordenker-Arbeit. Wie setzt sich die neoliberale Sichtweise auch gegen gesellschaftliche Widerstände durch? Wer profitiert davon? Welche sozialen Auswirkungen hat die Umsetzung dieser Politik? Dies gilt für global-multilaterale Freihandelspolitik ebenso wie für regionale Handelsliberalisierung (im Rahmen der EU oder der Nordamerikanischen Freihandelszone NAFTA).

Das Kapitel über die internationale politische Ökonomie beschließend wollen wir drei übergreifende Punkte herausstellen, die am Beispiel der Welthandelsordnung deutlich geworden sein dürften:

– Zu den wesentlichen politisch (nämlich zunächst einzelstaatlich, heute auch aufgrund internationaler Abkommen) gewährleisteten Voraussetzungen der transnationalen kapitalistischen Ökonomie gehört das Privateigentum; auf dieser Grundlage funktioniert das zweite zentrale Merkmal des Kapitalismus: der Markt als Austausch-Mechanismus.

– Zwischen Lehrbuch-Ökonomie, die abstrakt-zutreffend Aussagen über das (für alle nützliche) Funktionieren des (transnationalen) Marktes macht und der Realität der (internationalen) politischen Ökonomie besteht ein Unterschied (z.B. praktiziert kein Staat völlig unbehinderten Freihandel). Hierfür gibt es bessere (an Vorstellungen des Allgemeinwohls orientierte, vom GATT auch als Ausnahme-Tatbestände anerkannte) und schlechtere (nur erfolgreich vertretene egoistische Interessen widerspiegelnde) politische Gründe.

– Jede international politisch-ökonomische Ordnung spiegelt die jeweils errungenen Kompromisse in der Auseinandersetzung der beteiligten Akteure wider. Interessanterweise ist die WTO heute nicht mehr nur Forum der Dominanz des Nordens (Westens); sie wird auch zum Forum der Interessensvertretung jener Kräfte (Staaten) des Südens, die durch Weltmarktintegration bereits ein Stück Entwicklung erreicht haben (Schwellenländer). Die insofern noch ganz ohne Erfolg gebliebenen Staaten/Gesellschaften der ‚vierten Welt‘ sind jedoch auch weiterhin auf Sonderkonditionen und Entwicklungshilfe (statt nur Handel, nur zu Standard-Bedingungen) angewiesen.

Ausgewählte Literaturhinweise zu Kapitel 13

Zur **IPÖ allgemein** elementar-einführend und auf Deutsch: Rode 2002a, Schirm 2004; gehaltvoller, aber auf Englisch: aus realistischer Perspektive Ruggie 2001 und Grieco/Ikenberry 2003; aus unabhängig europäischer Sicht Strange 1988 sowie jüngst O'Brien/Williams 2004 (eher kritisch); aus letzterer Sicht zum **Wettbewerbsstaat** auch Hirsch 1995. Zu den **Ordnungen** vgl. den guten, klaren Überblick von Sautter 2004 sowie die exzellenten Überblicks-Kapitel in Braithwaite/Drahos 2000 (im Folgenden Kapitelnummer in Klammer), insbesondere: zu **Eigentum** (7); speziell zum **geistigen Eigentum**: Drahos/Mayne 2002; zur **Finanzordnung** (8), dazu auch Germain 1977, Hausknecht 2000 und Valdez 2003, zu den **Rating-Agenturen** Hillebrand 2001 und Sinclair 2005; zu den **Arbeitsstandards** (11); zu **Währungsfragen** Herr 1992 und Hankel 2000. Zur **Welthandelsordnung** Braithwaite/Drahos 2000 (10), Moon 2000 und Cohn 2002, zum **embedded liberalism** des GATT Ruggie 1983 (der den Begriff prägte), zur **Politics-Dimension internationaler Handelspolitik** Kelly/Grant 2005, speziell zur (neuen) Rolle der Entwicklungsländer Narlikar 2003 und Kufuor 2004. Zur (Kritik der) **Theorie der hegemonialen Stabilität** Keohane 1984, Snidal 1985 und Hasenclever/Mayer/Rittberger 1997, 86-104. Zu den **Wirtschaftsorganisationen** einführend deutsch Rode 2002b, zum **IWF in Aktion** anschaulich Blustein 2001, zu IWF und **Weltbank** einführend Tetzlaff 1996, zur **WTO** deskriptiv Beise 2001 und Jackson 1998, konstruktivistisch Ford 2003; zum **Verhältnis dieser Organisationen zu NGOs** O'Brian u.a. 2000. Zur **Verbreitung des Neoliberalismus** anschaulich Yergin/Stanislaw 1998, am Beispiel der USA aus gesellschaftskritischer Perspektive und methodisch überzeugend Scherrer 1999.

14 Staatliche Herrschaft als Problem internationaler Politik: Menschenrechte, Demokratisierung und Verrechtlichung

Mit dem Sachbereich staatlicher Herrschaft hatten wir uns bereits in Kapitel 3 befasst. Dort wurde zum einen die Entwicklung moderner Staatlichkeit in Wechselwirkung mit externen militärisch-strategischen und transnational-finanziellen Faktoren geschildert, mithin die Prägung der Staatsentwicklung durch externe Faktoren betont. Zum andern wurde jedoch der Missbrauch staatlicher Macht im Innern als stets lauernde Gefahr benannt. Das 20. Jahrhundert, dass so viele Opfer innerer und äußerer staatlicher Gewaltpolitik verzeichnet wie keines zuvor, hat in Gestalt von Völkermord und Weltkrieg diese Gefahr besonders verdeutlicht. Freilich zeigte sich am Ende dieses Jahrhunderts und zu Beginn des 21. auch, dass die Auflösung staatlicherer innerer Handlungsfähigkeit ebenfalls zum Problem werden kann: sie eröffnet womöglich ein ebenso grausames und gewaltträchtiges Ringen um die Macht zwischen lokalen Machthabern. Durch beiderlei Entwicklungen: grausam-effektiv funktionierende Staatsgewalt wie mit grausamen Konsequenzen versagende Staatsgewalt können sich benachbarte Staaten und Gesellschaften, aber – und in einer globalisierten Welt zunehmend – auch geographisch entfernt gelegene betroffen sehen, real durch Flüchtlingsströme und sich ausbreitende Gewalthandlungen, ideell durch Verabscheuung der grausamen Taten und Mitgefühl mit ihren Opfern. Der daraus erwachsende Gedanke der humanitären Intervention, des – auch gewaltsamen – Eingreifens von außen zum Schutz der Angehörigen fremder Staaten, wurde ebenfalls bereits angesprochen, ebenso der weiterführende Gedanke der Umgestaltung staatlicher Herrschaftssysteme von außen, der, zuweilen über den Status internationaler Schutzgebiete (Protektorate), zu einer Demokratisierung von Herrschaft führen soll. Von dieser, so wurde in Kapitel 5 diskutiert, versprechen sich die Intervenierenden heute auch oft eine Befriedungswirkung im Außenverhalten der neuen Staaten, gemäß der These von den friedlichen Demokratien. Unter diesen schließlich entwickelt sich, so werden wir im vorliegenden Kapitel sehen, eine Politik der internationalen Rückversicherung und Kontrolle des Status der rechtsstaatlichen Demokratie, bei der unter Weiterentwicklung der normativen Grundstruktur des internationalen Systems, der internationalen Gesellschaft, wie die Vertreter der sog. Englischen Schule es nennen, und unter Einbeziehung nichtstaatlicher Akteure, die dem Schutz von Menschenrechten verpflichtet sind, eine transnationale Kultur im Umgang mit staatlicher Herrschaft entsteht. Dass diese internationale Verrechtlichung innerstaatlicher Herrschaftsausübung dabei nicht ohne Probleme ist, dürfte kaum überraschen. Zu groß sind die Möglichkeiten des Dissenses über anzustrebende Ziele und geeig-

staatliche Herrschaftsausübung als Problem internationaler Politik

175

nete Mittel, zu groß aber auch die involvierten Herrschaftsinteressen, als dass eine konfliktfrei-harmonische Entwicklung zu erwarten wäre.

menschenrechtliche Normentwicklung (Kodifikation) und Entwicklung der Umsetzungs-Systeme: global im UNO-Rahmen

Die ersten Anfänge internationalen Schutzes von Menschen, in diesem Fall: ethnischen Minderheiten vor dem Missbrauch staatlicher Gewalt – ein auch heute wieder und noch aktuelles Thema – gehen auf die Zeit nach dem Ende des Ersten Weltkriegs zurück, als die Siegermächte etlichen der in Mittel- und Ost-Europa neu entstandenen Staaten international vertraglich den Schutz dieser Minderheiten zur Auflage machten und im Rahmen des neu gegründeten Völkerbundes hierfür auch ein Verfahren zur Kontrolle der Einhaltung vorsahen. Schon wegen des oktoyierten Charakters dieser Vorgaben und der einseitigen Auferlegung nur für die besiegten und die schwachen neuen Staaten wurden diese Bestimmungen als diskriminierend empfunden, waren ungeliebt und wenig effektiv, nicht zuletzt weil der Völkerbund selbst nie die erstrebte Effektivität erlangte. Es ist deshalb eine erste nüchtern-realistische Einsicht, dass die Menschheit und insbesondere (West-)Europa erst unter dem Eindruck des Schocks, den der Zivilisationsbruch nicht nur des Zweiten Weltkrieges, sondern vor allem des Holocausts ausgelöst hatte, einen zweiten Anlauf zur Entwicklung eines Systems des internationalen Schutzes von Menschenrechten unternahm. Auf global-internationaler Ebene geschah dies durch die von der UNO-Generalversammlung 1948 verabschiedete Allgemeine Erklärung der Menschenrechte einerseits, durch die in zähen, von der Divergenz zwischen Ost und West hinsichtlich des Rangs der ökonomischen und sozialen im Vergleich zu den sog. bürgerlichen und politischen Menschenrechten gekennzeichneten Verhandlungen errungenen beiden UNO-Pakte zu diesen beiden Gruppen von Menschenrechten von 1966 andererseits. Letzterem Pakt wurde durch das sog. Fakultativprotokoll (der Name sagt es: Staaten können dieses Protokoll unterzeichnen, müssen es aber nicht) über den im Pakt vorgesehene Menschenrechtsausschuss der Vereinten Nationen eine Art schwachen Kontrollverfahrens beigegeben, innerhalb dessen die Staaten, die das Protokoll unterzeichnet haben, dem Ausschuss gegenüber rechenschaftspflichtig sind hinsichtlich ihrer internen Ausübung von staatlicher Gewalt.

und regional, vor allem in Europa

Deutlich weiter entwickelt ist das regionale, zunächst auf Westeuropa beschränkte, seit Ende des Ost-West-Konflikts auf Gesamteuropa ausgedehnte regionale menschenrechtliche Schutzsystem, das im Rahmen des Europarates entwickelt wurde. Hier ist rechtliche Grundlage die Europäische Menschenrechtskonvention (EMRK) von 1950, deren Einhaltung durch die Mitgliedstaaten inzwischen, weltweit einmalig, durch einen individuell, auch gegen den eigenen Staat klagend, anrufbaren übernationalen Gerichtshof, den Europäischen Gerichtshof für Menschenrechte in Straßburg, überwacht wird. Er wiederum hat, auf der Basis der EMRK wie zahlreicher spezieller im Rahmen des Europarates erarbeiteter Menschenrechtsschutz-Abkommen eine stehende Rechtsprechung in diesen Fragen entwickelt, an der sich nicht nur die nationalen Gerichte der Europarats-Mitglieder orientieren, sondern die auch von höchsten nationalen und international-menschenrechtlichen Gerichtshöfen in anderen Weltregionen beachtet werden. Dies gilt für den US Supreme Court ebenso wie für den Interamerikanischen Gerichtshof für Menschenrechte (der im Rahmen der Amerikanischen Konvention über Menschenrechte von 1969 tätig ist, neben der Afrikanischen – nach dem Zeichnungsort auch Banjul – Charta der Menschenrechte von 1988 der zweite große menschenrechtliche Regional-Vertrag). Schließlich hat die EU, bevor sie sich selbst eine Charta der Grundrechte gegeben hatte, beschlossen, dass sie ihre supranationalen Herrschaftskompetenzen nur im Rahmen der EMRK ausüben wird. Ähnlich wie die vor allem das Thema Minderheitenschutz wieder aufgreifenden Entwicklungen im Rahmen der Konferenz, heute Organisation für Sicherheit und Zusammenarbeit in Europa (OSZE) hatten und haben diese regionalen Menschenrechts-Regime eine doppelte Funktion.

Sie sollen zum einen potenzielle und Neu-Mitglieder an die regional etablierten menschenrechtlichen Standards heranführen. Man kann insofern von einer Sozialisationsfunktion sprechen, zum Teil ganz konkret, insofern insbesondere dem mit der notfalls auch gewaltsamen Ausübung staatlicher Gewalt betrauten Personal in Militär, Polizei, Gerichten, Gefängnissen ein Verständnis für die Bedeutung der Einhaltung von Menschenrechten, Rollenmodelle und Verhaltensweisen insofern vermittelt werden. Darüber hinaus jedoch werden die zwischenstaatlichen menschenrechtlichen Vereinbarungen Bezugspunkt von nationalen, zum Teil transnational vernetzten menschenrechtlichen Nicht-Regierungsorganisationen, die auf die jeweilige Staatenpraxis ein kritisches Augenmerk legen und damit für eine weitere gesellschaftliche Verbreitung menschenrechtlichen Bewusstseins sorgen. Sozialisation

Da auch wohl und weit entwickelte rechtsstaatlich-demokratische Herrschaftssysteme nie gänzlich vor der Missachtung von Menschenrechten, im Einzelfall, wenn schon nicht, was für Diktaturen gilt, als systematische Herrschaftspraxis, gefeit sind, erfüllen die internationalen Menschenrechts-Regime, zweitens, auch im Kreise dieser Staaten eine Art kontrollierende Rückfall-Versicherungsfunktion. Selbst in demokratischen Rechtsstaaten kann es vorkommen, dass Regierungen (und sogar höchste nationale Gerichte) etwa die Einschränkung von Menschenrechten aus bestimmten Gründen für erforderlich und vertretbar halten – und dass sie in dieser Einschätzung durch nachträglich supranational-richterliche Kontrolle nicht bestätigt werden, wie etwa geschehen im Falle der (west-)deutschen Praxis des Extremisten-Beschlusses (mit der Konsequenz ausgesprochener Berufsverbote) der 1970er Jahre, die der Straßburger Gerichtshof – nach 20 Jahren – für mit der EMRK unvereinbar erklärte. Schon die mögliche Dauer solcher internationalen Verfahren, denen die Erschöpfung des nationalen Rechtsweges ja vorausgehen muss, zeigt, dass dies nicht der Standardweg zur Einhaltung von Menschenrechten sein kann. Andererseits zeigt die Zahl der anhängigen Fälle, die in die Tausende geht, dass offenbar doch ein Bedarf für diese Art international institutionalisierter Wachsamkeit und Kontrolle besteht. Schließlich bilden die Menschenrechts-Regime und auch der Europarat allgemein ein Forum, um aus neueren Entwicklungen der Technik resultierende Aspekte des Menschenrechtsschutzes, etwa der Kontrolle personenbezogener Daten in den Netzwerken der Informationsgesellschaft oder des Umgangs mit Techniken der Bio- und Medizin-Wissenschaften, zu diskutieren und ggf. international vereinbarter Regulierung (durch Konventionen zur Sache) zuzuführen. Kontrolle und
Fortentwicklung

Insgesamt kann somit beim gegenwärtig regional, aber auch global erreichten Stand der internationalen Verrechtlichung der innerstaatlichen Herrschaftsausübung davon gesprochen werden, dass diese, anders als im klassischen Völkerrecht, dem domaine reservé, dem allein einzelstaatlicher Regelungskompetenz unterstehenden Bereich, deutlich entzogen ist. Man kann diese Errungenschaft internationaler Verrechtlichung der zweiten Hälfte des 20. Jahrhunderts kaum genug betonen, auch, es sei wiederholt, angesichts des Preises an Horror, der offenbar allein diesen Schub ermöglicht hat. Andererseits ist auch klar, dass das gegenwärtige Völkerrecht noch immer von der (äußeren) Souveränität als Grundsatz geprägt ist und mithin die autonome oder eben souveräne Gestaltung der inneren Angelegenheiten durchaus schützt. Ausdrücklich etwa in Art.2 Nr.7 der Charta der Vereinten Nationen, der diesen eine Befugnis zum Eingreifen in Angelegenheiten, „die ihrem Wesen nach zur inneren Zuständigkeit eines Staates gehören", abspricht. Dass dies nicht nur eine Abwehr-Legitimation für menschenrechtsverachtende Diktatoren gegen „Einmischung in die inneren Angelegenheiten", wie es dann gerne genannt wird, darstellt, sondern auch den – wünschenswerten – normativen Schutz für die freie, demokratische Gestaltung eben der eigenen öffentlichen Angelegenheiten, macht eine simple Entscheidung des Prinzipienkonfliktes unmöglich. Im Falle massiven Missbrauchs staatlicher Gewalt und der damit einhergehenden massiven Verletzung von Menschenrechten zum einen, zum andern aber auch der im Falle des Versagens staatlicher Gewalt in sog. failed states womöglich von nicht-staatlichen Akteuren ausgehenden Menschenrechtsverletzung, bis hin zum Völkermord, stellt sich daher die Frage, wie darauf international reagiert werden kann und soll – rechtlich und faktisch.

Rein rechtlich gibt es im Rahmen der UNO-Charta nur ein Organ, das notfalls auch gegen ein Mitglied bindende Beschlüsse fällen und sogar gewaltsam durchsetzen kann: der Sicherheitsrat. Ihm obliegt gemäß Art.39 die Feststellung, ob eine Bedrohung des Weltfriedens und der internationalen Sicherheit vorliegt und welche, ggf. auch gewaltsamen Maßnahmen dagegen zu treffen sind. Dies: die Gefährdung des Weltfriedens und der internationalen Sicherheit ist somit das völkerrechtliche interpretatorische Nadelöhr, durch das massive Menschenrechtsverletzungen, sollten friedlich-schiedliche Maßnahmen der UNO oder ihrer Mitgliedstaaten sich zur Abhilfe als unwirksam erweisen, hindurchmüssen, um den legalen Weg zur gewaltsamen Unterbindung solchen Machtmissbrauchs zu eröffnen. Die Praxis des Sicherheitsrates der 1990er Jahre lässt dabei in der Tat einen leichten Trend erkennen, vermehrt eine solche Friedensbedrohung festzustellen. Er reagiert damit einerseits auf die realen Auswirkungen, die Gewaltherrschaft und Kriegsführung auf das regionale Umfeld haben: durch Flüchtlingsströme und Ausbreitung der Gewalthandlungen über bestehende Grenzen hinweg droht tatsächlich eine internationale Destabilisierung der Situation. Jedoch steht der Sicherheitsrat auch unter dem Eindruck einer transnationalen öffentlichen Meinung, die massive Menschenrechtsverletzungen nicht tatenlos hinzunehmen bereit ist. Zweierlei lässt diese Entwicklung nicht unproblematisch erscheinen: die Natur des Sicherheitsrates als politisches Gremium und seine Zusammensetzung.

Der Sicherheitsrat ist nicht nur selbst kein richterliches Gremium; er ist auch seinerseits keiner höherrangigen richterlichen Kontrolle (etwa durch den Internationalen Gerichtshof) unterworfen. Im Rahmen der westlichen Vorstellungen zur Ausübung öffentlicher Herrschaft ist dies eine zunächst merkwürdige Konstruktion, gilt doch ansonsten das Prinzip der Gewaltenteilung und auch, dass niemand Richter in eigener Sache sein soll. Dann muss man jedoch die dezentrale Natur der – auch heutigen – Völkerrechtsordnung bedenken: sie beruht noch immer auf der Bereitschaft der Staaten, sich selbst zu binden. Und zumindest im Falle der handlungsmächtigen Staaten, was – historisch, und nicht zufällig – die fünf ständigen Mitglieder des Sicherheitsrates umfasst, ist diese Bereitschaft doch begrenzt. Dem Versuch, die Entscheidungen des Sicherheitsrates durch eine nachgelagerte gerichtliche Entscheidung zu ‚ent-politisieren‘, fehlt also schlicht die Voraussetzung. Sind schon die Vereinten Nationen von heute nur militärisch handlungsfähig, wenn einschlägig ausgestattete Mitgliedstaaten ihr Instrumentarium zur Verfügung stellen (was bisher kein Staat, wie in Art. 43 der Charta vorgesehen, dauerhaft getan hat), so sänke diese Bereitschaft bei einer durch politischen Beschluss nicht mehr zumindest durch Veto negativ kontrollierbaren Entscheidungsmöglichkeit vermutlich weiter. Dies für den Fall einer möglicherweise zu konstruierenden Verpflichtung zur Intervention. Realiter stellt sich im politischen Prozess derzeit die umgekehrte Problematik: die der politisch motivierten Erlaubnis zur Intervention – oder auch das Versagen einer solchen Erlaubnis. In einem politischen Gremium wie dem Sicherheitsrat sind die (verdeckten, zuweilen jedoch erkennbaren) Motive für eine Entscheidung für oder wider eine Ermächtigung zum gewaltsamen Eingreifen selbst oft politischer Natur. In Verbindung mit der Dominanz dreier westlicher Veto-Mächte (darunter die, der Irakkrieg 2003 zeigte es, notfalls zum unautorisierten Alleingang bereiten USA) läuft das darauf hinaus, dass das völkerrechtliche Verfahren der Feststellung einer Friedensgefährdung durch den Sicherheitsrat und des Entschlusses zur auch gewaltsamen Intervention sich nicht sehr weit von der realen, realistisch (in Kategorien der militärischen Handlungsfähigkeit) zu messenden Machtkonstellation entfernt. Der Unterschied, den ein Sicherheitsratsbeschluss machen kann, liegt im legitimatorischen Bereich. Hier kann die UNO, gerade wenn sie sich auch der Supermacht verweigert, ein Restquantum an Glaubwürdigkeit und damit Legitimität bewahren – und gerade deshalb dann auch für die Supermacht wieder interessant werden.[1] Ansonsten bleibt als weiterführender Vorschlag zur Verbesserung der Sicherheitsrats-Praxis in Fragen der humanitären Intervention nur, dass die – öffentliche – Begründungspflicht ausgebaut wird. Dies steigert die Beweislast und mindert die Möglichkeit zu willkürlichen Beschlüssen. Den Beurteilungsspielraum des Gremium ganz einzuschränken wäre jedoch angesichts der durch und durch politischen Natur dieser Entscheidungen, die Fragen der faktischen Durchführbarkeit nicht außer Acht lassen kann, wohl auch nicht sinnvoll.

Solche praktischen Fragen stärker als im engeren Sinne international-rechtlichen oder rechtspolitischen (die künftig zu bewirkende Entwicklung des Völkerrrechts betreffenden) sind denn auch im Rahmen dieses Kapitels noch anzu-

---

1 Die Dialektik ist freilich beidseitig: Sofern die UNO zur Sanktionierung von ihr ausgesprochener Drohungen nicht bereit ist, verliert sie auch an Glaubwürdigkeit.

179

sprechen. Sie betreffen die faktischen Aussichten, durch internationales Eingreifen staatliche Herrschaftssysteme in eine normativ gewünschte, demokratisch-rechtstaatliche Richtung zu verändern. Die Forschung über internationale (Demokratisierungs-)Politik trifft sich hier mit der international vergleichenden Forschung über den Wandel hin zu demokratischen Systemen, die sog. Transformation. Drei Problemkomplexe tun sich auf: Probleme der Tansition als solcher; ihrer Anregung oder gar Steuerung von außen; und der Trägerschaft für solche externen Demokratisierungs-Programme.

Probleme des Übergangs zu Demokratie

Ohne dass hier die Transformationsforschung in Gänze rekapituliert werden könnte, ist auf drei wichtige ihrer Ergebnisse hinzuweisen. Zunächst ist der Hinweis wichtig, dass die einmalige Durchführung von Wahlen, und sei es – eine der wichtigsten Funktionen der sog. internationalen Gemeinschaft, der demokratischen Staaten und der von ihnen getragenen transnationalen Zivilgesellschaft – unter internationaler Beobachtung, noch keine erfolgte Demokratisierung darstellt. Die Transformationsforschung unterscheidet zwischen den ersten Schritten von Demokratisierung, etwa der Verfassungsgebung und der Durchführung von Wahlen in ihrem Rahmen, und der sehr viel längerfristigen Konsolidierung von Demokratie, die ihr als gelebte politische Form ‚Bodenhaftung‘ verschafft. Dies ist, zweitens, nicht nur ein längerfristiger Prozess, der etwa auch die erste einen Machtwechsel demokratisch herbeiführende Wahl umfasst, sondern auch einer, der sehr viel tiefer die Einstellung der Bevölkerung betrifft, auf die Entwicklung einer demokratischen politischen Kultur zielt. Diese beinhaltet nicht nur die Überwindung von völliger Passivität breiter Kreise oder einer rein klientelistischen Einstellung zu jeweiligen Machthabern, sondern auch die Bereitschaft zur Ausübung von Macht immer nur auf Zeit und im grundrechtlich vorgegebenen Rahmen. Darin liegt schließlich, drittens, das Problem, dass Demokratisierung eben tatsächlich eine langfristige Wandelung in der Verteilung der gesellschaftlichen Macht und von Herrschaftspositionen beinhaltet, die, das ist der normative Anspruch, nicht revolutionär-gewaltsam erstritten, sondern selbst in geregelten Bahnen ausgehandelt werden soll. Dies ist zumindest nicht der Weg, auf dem historisch (etwa in England, Frankreich oder auch den USA) Demokratie überwiegend entstanden ist, und insofern ist dieser Anspruch normativ besonders hoch.

Probleme extern angeregter Demokratisierung, des state und nation building

Dies kollidiert jedoch zugleich, das zweite Problem, mit dem Anliegen der Demokratisierungs-Politik, dieser Herrschaftsform von *außen* zum Durchbruch zu verhelfen. Was von außen kommt, und zwar von ‚außen oben‘, sichtbar an der Dominanz der Repräsentaten, ja Statthalter, der ‚internationalen Gemeinschaft‘ oder von ihr eingesetzter und – zwangsläufig – mit ihr kooperierender (aus Sicht der Kritiker: kollaborierender) neuer Eliten, wird leicht als Oktroi, als fremd und auferlegt empfunden. Dass und wie gerade hierdurch demokratische politische Kultur gefördert werden kann, liegt nicht auf der Hand, es sei denn im zunehmend lokal verwurzelten Aufbegehren gerade gegen die Fremdbestimmung. Geschieht dies im Rahmen der neuen politischen, demokratischen Spielregeln, kann hierin in der Tat ein Indikator vertiefter Demokratisierung gesehen werden (da doch demokratische Rechte genutzt werden). Das Problem liegt darin, dass dieses zutreffende Argument instrumentalisiert werden kann von Kräften, die alles andere als demokratische Ziele verfolgen und statt dessen die alte, vordemokratische Herrschaft re-etablieren wollen oder die neu etablierte Macht-position für sich (und ihre Anhänger) reservieren wollen. Das gilt insbesondere dann, wenn die Aufgabe des Aufbaus eines funktionierenden Staatsapparates (state building) parallel geht mit der Entwicklung eines nationalen, gesamtstaat-lichen Zusammengehörigkeitsgefühls (nation building), das so möglicherweise nie bestand, etwa weil politische Loyalitäten traditionell auf niedrigerer politi-scher Ebene, lokal-regional, oder nach Stammeszugehörigkeit bestand. In sol-chen Lagen droht den gut gemeinten Protektoraten der internationalen Gemein-schaft entweder die vorschnelle Beendung, weil den Intervenierenden ‚die Puste ausgeht‘, was die lokale Entwicklung schlimmstenfalls erneut in chaotische Machtkämpfe abgleiten lässt, oder aber die Notwendigkeit schwer verantwort-baren Gewalteinsatzes zum Aufrechterhalt auch nur eines Minimums an öffent-licher Ordnung (was ja, ganz gemäß Hobbes, tatsächlich das Minimum zum Einfordern von Loyalität ist).

Dies führt zum dritten Problem internationaler Demokratisierungsstrate-gien, das in Wirklichkeit zwei Aspekte hat: den der faktischen Möglichkeiten und den der Legitimation. Beginnen wir mit letzterer. Wer ist eigentlich, ge-stützt worauf, legitimiert, in andere Gesellschaften so tief einzugreifen, dass da-bei die Umgestaltung des ganzen Herrschaftssystems erfolgt – selbst wenn es sich um einen Wandel hin zu Demokratie handelt? Und: Was genau ist darunter zu verstehen? Wer bestimmt das? Sollte nicht jedes Volk ‚sein Schicksal selbst bestimmen‘ dürfen? Es gilt schließlich im heutigen Völkerrecht das Selbstbe-stimmungsrecht der Völker. Dass das gegenwärtige Völkerrecht insofern einen Prinzipienkonflikt beinhaltet, wurde bereits festgestellt. Auch lassen sich leicht Fälle denken (und auch finden), in denen die Demokratisierung ja gerade das Recht des Volkes (im Unterschied zu undemokratischen Machthabern) verwirk-lichen (helfen) soll, sein Schicksal selbst zu bestimmen. Offenbar wäre es für die Legitimität internationaler Demokratisierungspolitik vorteilhaft, wenn sie von einem möglichst breiten Konsens getragen würde, inter- und transnational (letzteres schließt nennenswerte Teile der ‚Zielbevölkerung‘ ein). Die Formel, die hierfür neuerdings gefunden wurde und gerne verwendet wird, ist die der „internationalen Gemeinschaft". Sie hat den durchaus ambivalenten Vorteil, dass nicht genau klar ist, wer das eigentlich ist. Ist es die internationale *Staaten*-gemeinschaft, notfalls ‚minus eins‘ (den Staat, dessen Machthaber sich – zu Recht – be- und getroffen fühlen)? Oder der Kreis dessen, was in einem frühe-ren Stadium der Völkerrechtsentwicklung noch „die zivilisierten Nationen" hieß? Der Terminus ist durch den universellen Anspruch der UNO-Charta über-holt. Doch kann das nicht darüber hinwegtäuschen, dass einige ihrer Mitglieder noch immer undemokratische Herrschaftssysteme aufweisen. Verbirgt sich also hinter der internationalen Gemeinschaft der Kreis der bereits etablierten Demo-kratien, die sich – wechselseitig, selbst – dieses Attribut zubilligen? Eventuell erweitert um die auf der Basis deren demokratischer Herrschaftssysteme artiku-lationsfähige transnationale Zivilgesellschaft – denn die internationale Gemein-schaft soll, so auch mehrfach UNO-Generalsekretär Kofi Annan, mehr sein als nur die internationale *Staaten*-Gemeinschaft? Die Überlegungen zeigen, denke ich, dass es keine immer und von jedermann (und jeder Frau) akzeptierte Ent-scheidung in dieser Frage gibt. Sie zeigen damit auch, dass es sich genau darum

Trägerschaft
internationaler
Demokratisierungs-
Bemühungen –
2 Aspekte:

Legitimation

handelt: Um eine Entscheidung im gehaltvollen Sinne. Sie ist sorgfältig zu erwägen – und zu begründen. Hier liegt nicht zuletzt eine Aufgabe für eine politische Philosophie, die dem 21. Jahrhundert angemessen ist. Die Frage ist aber auch: Wer wird sie, unter welchen Bedingungen, fällen – die Entscheidung der grenzüberschreitenden Intervention zum Zwecke der demokratischen Umgestaltung des Herrschaftssystems? Dies hat sehr viel mit faktischen Möglichkeiten zu tun.

und faktische Möglichkeiten: international gesehen

„Die UNO", ebensowenig wie „die internationale Gemeinschaft", scheint hier wirklich den Status eines entscheidungs- und handlungsfähigen Akteurs zu haben. Der UNO droht im Sicherheitsrat die Blockade durch Vetos schon bei der Entscheidung; bei der Ausführung von Demokratisierungspolitik hat sie sicher, wenn sie denn ihr Placet gibt, neben der Legitimation auch durch die Kompetenz etlicher ihrer Mitarbeiter Positives beizusteuern. Sie wird aber immer auf die Unterstützung einschlägig williger und fähiger Mitgliedstaaten angewiesen sein. Diese Fähigkeitsbedingung, die nicht nur den Status der Demokratie für Unterstützer selbst voraussetzt, sondern auch deren politisch-adiminstrative, wirtschaftliche, logistische und – notfalls auch – militärische Handlungsfähigkeit umfasst, schränkt den Kreis der wirklich Handlungsfähigen sofort deutlich ein – erfreulicherweise auf einen Kreis von Staaten, der tatsächlich überwiegend (wenn auch nicht ausschließlich) Demokratien enthält. Diese bilden den – informellen – ‚Club der Demokratien', der dank der Erweiterung um eine Reihe östlicher und südlicher Staaten inzwischen größer ist als die westliche Allianz, insbesondere die NATO. Jedoch wird die institutionalisierte Handlungskompetenz von Organisationen wie der NATO und insbesondere (welt-)regionalen Organisationen wie EU und OSZE in Europa, Afrikanischer Union und ECOWAS (Wirtschaftsgemeinschaft der Westafrikanischen Staaten) in Afrika unverzichtbar sein, nicht nur aus logistischen Gründen der geographischen Nähe, sondern auch aufgrund der kulturellen Nähe – was wiederum die Legitimität stärkt. Am problematischsten unter diesem Aspekt, und dennoch aufgrund der schieren Handlungsmöglichkeit real (wie der Fall des Irak zeigt), ist die Möglichkeit der einseitig bzw. nur mit einer Koalition der Willigen unternommenen Intervention der einzigen Supermacht: der USA. Bei aller, vielfach auch berechtigten, Kritik, die diese sich dabei eingehandelt hat (und einhandeln wird), führt jedoch kein Weg daran vorbei, dass diese nicht nur (unter freilich ganz anderen Umständen) die längste praktische Erfahrung in solcher Demokratisierungspolitik hat. Diese beinhaltet neben Fällen spektakulären Scheiterns (in Vietnam, wo allerdings von Beginn an das unterstützte südvietnamesische Regime kaum demokratisch genannt werden konnte, bis zu Haiti, wo die erstrebte Demokratisierung nicht wirklich konsolidiert wurde) auch solche Erfolgsfälle wie Japan und (West-)Deutschland.

und national betrachtet

Im Kreise der zu Demokratisierungspolitik überhaupt fähigen Staaten (und ihrer Zivilgesellschaften!) stellt sich schließlich auf jeweils nationaler Ebene die Frage, was denn die jeweilige Regierung zum Beschreiten des offenbar mit großen Risiken des Scheiterns behafteten Wegs des „Demokratie-Exports" oder, weniger spöttisch gesagt, der externen Förderung von Demokratisierung veranlasst. Realistischerweise ist hier zu rechnen mit einer Mischung (bestenfalls aufgeklärt-langfristiger) Eigeninteressen und letztlich moralischer Impulse vor allem im Kreise einer moralisch sensiblen Öffentlichkeit, was gelegentlich Entscheidungsträger mit einschließt. Ob und wie sich aufgrund der in Demokratien gegebenen prinzipiellen Artikulationsmöglichkeiten für solch moralische Empfindungen innenpolitisch ein Handlungsdruck für Regierungen aufbaut, der sie zu (humanitärer) Intervention und/oder Unterstützung internationaler Demokratisierungspolitik führt, ist eine sehr spannende Frage der Untersuchung der heimischen Bedingungen von Außenpolitik zu Beginn des 21. Jahrhunderts.

Dies führt uns zu einem abschließenden, wieder eher groß-theoretisch-forschungsprogrammatischen Punkt und nimmt einen Faden auf, den wir in Kapitel 3 bereits ausgelegt hatten. Dort wurde für die langfristig-großen Fragen nach dem Wandel des internationalen Systems, nach der Ko-Evolution von Staaten (in staatlicher Form organisierten Gesellschaften) und Staaten-System (bzw. politisch-ökonomischem modernen Weltsystem) auf eine historisch-soziologische Perspektive zurückgegriffen. Es ist von einer Perspektive die Rede, weil sie mit durchaus unterschiedlichen forschungs-programmatischen Fragestellungen und Analysestrategien betrieben werden kann, die noch dazu, dafür haben wir plädiert, sinnvoll-bewusst (statt willkürlich-eklektisch) kombinierbar sind. Sie heißt historisch, weil die geschichtliche Entwicklung von Staaten, Staatensystem, aber auch von nationalen Gesellschaften in ihren Erfahrungen mit internationalen Beziehungen, ein Punkt, der in den außenpolitischen Kapiteln 8 und 9 betont wurde, berücksichtigt werden müssen. Die Perspektive heißt soziologisch, weil sozialwissenschaftlich die jeweiligen nationalen und transnationalen, heute z.T. globalen, (welt-)gesellschaftlichen, Bedingungen ebenfalls mit berücksichtigt werden müssen, soll internationale Politik oder einzelstaatliche Außenpolitik erfolgreich analysiert werden. Gerade für letztere, die Analyse von Außenpolitik, scheint damit ein zuvor oft vehement ausgetragener Streit um das Primat der Außen- bzw. Innenpolitik bei der Erklärung grenzüberschreitenden staatlichen Handelns aufgelöst worden zu sein, und zwar nicht in ein vages Sowohl-als-auch, sondern in die klare Erkenntnis, dass Außenpolitik tatsächlich immer aus einem Zusammenspiel äußerer und innerer Faktoren resultiert; dass aber ob des Erhebungsaufwandes der inneren Faktoren zunächst ein Anfang der Erklärung mit dem (an Informationsaufwand) sparsamen Handlungszwängen im internationalen System gemacht werden sollte; dass diese Zwänge jedoch oft, bei genauerer Betrachtung, durchaus noch (nationale) Entscheidungsspielräume lassen; und dass also, je *detaillierter* das außenpolitische Handeln analysiert werden soll (etwa: nicht nur das Zustandekommen von Beteiligung an humanitärer Intervention, sondern auch der Zeitpunkt, die gegebene Begründung, die tatsächliche innenpolitische Mechanik des Zustandekommens des Beschlusses), desto mehr auf innergesellschaftliche Faktoren zurückgegriffen werden muss. Dies, die Erklärung von Außenpolitik, ist also der zweite Punkt, wo die Sinnhaftigkeit einer historisch-soziologischen Perspektive deutlich wird (neben den makro-historischen Fragen des Kapitels 3). Der dritte Punkt, an dem deutlich wird, dass originär auf die Analyse zwischenstaatlichen Verhaltens (um es zu betonen: *zwischen*-staatlichen und zwischen-*staatlichen*) bezogene Theoriebildung eingebettet werden muss in bzw. ergänzt werden muss durch politikwissenschaftliche Theorie-Elemente, die sich auf die innergesellschaftliche politische Mechanik beziehen, sind die im vorliegenden Kapitel angesprochenen Fragen des Um-

groß-theoretisches Fazit: welt- und nationalgesellschaftliche Bedingungen grenzüberschreitender Politik aus historisch-soziologischer Perspektive analysieren

183

gangs mit scheiternden Staaten, der Demokratisierungs-Politik, des state- und nation-building.

Ergänzungen und Einbettungen der IB-Forschungsprogramme durch Theorien der ‚heimischen‘ Politik

Der Realismus, zumal in seiner (neo-)klassischen Form, kann für solche zu analysierende Problemlagen ein Bewusstsein für die Schärfe von Gruppenkonflikten um Herrschaft, also Macht, beisteuern. Er analysiert dann nicht mehr nur das Verhalten von (in formellem Sinne) Staaten, sondern verallgemeinert seine Überlegungen hin zu einer Theorie von Konfliktgruppen-Verhalten, bringt etwa den Gedanken eines inter-ethnischen Sicherheitsdilemmas ins Spiel. Aus eher idealistisch-institutionalistischer Sicht oder, wie es dann gerne, die weiteren gesellschaftsanalytische Tradition benennend, heißt: aus liberaler Sicht ist etwa Theoriebildung über die pluralistische Interessenkonkurrenz bei der Beeinflussung von Außen-, insbesondere Außenwirtschaftspolitik, eine weit entwickelte Richtung. Gesellschaftskritische Ansätze knüpfen hieran an und können, insbesondere wenn sie klassentheoretische oder ökonomistische Über-Vereinfachungen (‚Reduktionismus‘) vermeiden, den wichtigen Beitrag leisten, den Anteil struktureller, nationaler und transnationaler Ungleichheit bei der Erklärung sowohl von staatlichem als auch nicht-staatlichem (etwa: transnational-terroristischen) grenzüberschreitenden Agieren zu verdeutlichen. Schließlich kann der Konstruktivismus auf beiden Ebenen, trans-/inter-national und (sub-)national, auf Prozesse der gesellschaftlichen Wirklichkeits-Konstruktion aufmerksam machen. Dabei entsteht, richtig durchgeführt, nicht einfach ein beliebiges Potpourri von Erklärungsansätzen, sondern eine sehr bewusst, nachvollziehbar betriebene Kombination von Erklärungsstrategien, deren jeweiliger Erklärungsbeitrag ebenso sauber herausgearbeitet wird wie die jeweils jedem Erklärungsansatz immanenten Grenzen. Und nochmals: Wie weit solcher Erklärungsaufwand betrieben wird, hängt einerseits davon ab, mit wieviel (oder wenig) an Erklärung man sich zufrieden gibt. Und es hängt wohl nicht zuletzt davon ab, wieweit der jeweiligen Autorin bzw. dem jeweiligen Autor das Erarbeiten in diesem Sinne bewusst theoretisch angeleiteter Erklärungen für das grenzüberschreitende Agieren staatlicher und nicht-staatlicher Akteure unter weltgesellschaftlichen Bedingungen intellektuell Freude bereitet. Wenn dies bei Ihnen langsam der Fall ist, hätte das vorliegende Buch eines seiner wichtigsten Ziele bereits erreicht.

Ausgewählte Literaturhinweise zu Kapitel 14

Zum **Minderheitenschutz** Bartsch 1995 und Heintze 2002. Zu **internationalen Menschenrechtsschutz-Regimen** einführend dt. Hamm 2003, engl. Donelly 1997 und 2002; List 1992 und Moravcsik 2000; über **internationale Sozialisation** Schimmelfennig 2003, zur **transnationalen Zivilgesellschaft** Kößler/Melber 1993, zu beidem FGMR 1998. Zu **failed states** Milliken 2003 und Rotberg 2004. Zur **Sicherheitsrats-Praxis** in Fragen der Friedensbedrohung und der humanitären Intervention Welsh 2004, völkerrechtlich Stein 1999. Zur völkerrechtspolitischen Diskussion über ein **Recht darauf, demokratisch regiert zu werden** Fox/Roth 2000. Zur **Transformationsforschung** Merkel 1998. Zur **humanitären Intervention** Wheeler 2002 und Welsh 2003, zur NATO-Intervention im Kosovo Auerswald 2004. Über **internationale Protektorate** Chesterman 2004, kritisch für Bosnien Chandler 1999. Zu **state- und nation-building** einführend Hippler 2003, anregend Fukuyama 2004, zum Nachschlagen Watson 2004, zum Irak-Beispiel Dodge 2004. Zur **Demokratisierungspolitik:** allg. Schraeder 2002, Owen 2002, Pevehouse 2005; der USA Smith 1994, deutlich kritischer Robinson 1996, und Cox/Ikenberry/Inoguchi 2000, der EU Youngs 2002. Für anregende **historische Perspektiven** auf die vorgenannten Themen Barth/Osterhammel 2005. Zur These, dass der **Primats-Streit Innen-/Außenpolitik überholt** ist Russett 2003 (und weitere Beiträge im selben Heft). Zur **historisch-soziologischen Perspektive** Hobden/Hobson 2002. Zur **heimischen moralisch-politischen Basis von Interventionspolitik** Hasenclever 2000 und, deutlich kritischer, Chandler 2003. Zu den **innenpolitischen Ergänzungen der Forschungsprogramme** Schweller 2003 (neoklassischer Realismus), Posen 1993 (ethnisches Sicherheitsdilemma), Hardin 1995 (Logik der Gruppenkonflikte) und, diesen konstruktivistisch ergänzend, Kaufman 2001; zur liberalen Interessenspolitik-Analyse Moravcsik 1997 und Freund/Rittberger 2001; zur gesellschaftlichen Konstruktion von Wirklichkeit der konstruktivistische Klassiker Berger/Luckmann 1969 und, in Anwendung auf die GASP der EU Wagner 2002.

15 Globalisierung und Weltpolitik

In diesem abschließenden Kapitel kommen wir auf ein Thema zu sprechen, das bereits mehrfach anklang, jedoch absichtlich ‚nach hinten verschoben‘ wurde: Globalisierung. Das entspricht auch der Karriere, die dieses Konzept in den vergangenen zwanzig Jahren zurückgelegt hat. Schien es zu Beginn der 1990er Jahre, als der Vorläufer zum vorliegenden Buch konzipiert wurde[1], noch innovativ, ist es inzwischen so sehr in aller Munde, dass selbst die Feststellung, alle redeten davon, obwohl keiner wisse, was es sei, schal geworden ist. Auch scheint das unzutreffend. Es lässt sich sehr wohl, die gehaltvollere Forschung zum Thema resümierend, ein sinnvoller Globalisierungsbegriff entfalten. Das soll hier geschehen. Sodann wird angesichts des erreichten Standes an Globalisierung nach den politischen Steuerungsmöglichkeiten gefragt, und zwar unter Anwendung der nunmehr vertrauten Perspektiven der vier Forschungsprogramme. Abschließend wird auf die Bedeutung des Themas Politik und Organisation in diesem Kontext eingegangen.

Aus der nunmehr vertrauten historisch-soziologischen Makroperspektive erfordert die Analyse des Prozesses der Globalisierung ein ebenso – historisch – zeitlich tiefes, bis zum Beginn der Neuzeit zurückreichendes, wie – soziologisch – thematisch breites Ausholen, das zwar nicht einfach das (jeweilige) gesammte soziale Geschehen auf der Welt (Erde) nacherzählt, aber in der Konzentration auf die *zunehmende Wechselwirkung der gesellschaftlichen Entwicklung(en) auf heute weltweitem (im gehaltvollen Sinne globalem) Niveau* ein immer noch sehr breites Analyseobjekt hat. Man kann insofern von globaler transnationaler Vergesellschaftung sprechen oder, kurz, von einer heute realisierten Weltgesellschaft. Deren Vorgeschichte, und daher, wenn man so will, der Beginn des Prozesses der Globalisierung, führt zurück ins symbolische Jahr 1500, zur Erschließung ‚der Welt‘ durch europäische Entdecker und damit den Beginn des Prozesses der globalen Verknüpfung gesellschaftlicher Entwicklungen. Dieser Prozess verlief weder linear zunehmend, noch konfliktfrei, war also von Auf und Ab der Verknüpfungsdichte ebenso gekennzeichnet wie von unterschiedlichen Konflikt-Konstellationen. Dabei kann die nach 1945-1970 einsetzende gegenwärtige Phase der Globalisierung als dritte Phase nach der Eröffnung des Prozesses um 1500 und einer ‚atlantischen‘ Phase der v.a. ökonomischen Globa-

Marginalie: Globalisierung: historisch tiefer und soziologisch breiter Vorgang transnationaler globaler Vergesellschaftung

---

1 List u.a. 1994. In ihm war Globalisierung implizit die Leitperspektive, die Explikation des Begriffs wurde jedoch – rückblickend – noch zu wenig entfaltet.

lisierung im ausgehenden 19. Jahrhundert betrachtet werden. Zwei ‚große Erzählungen' sind über diesen Prozess im Angebot.

marxistische
Deutungen

Die eine Deutung ist die marxistische, die diesen Prozess als den der tendenziell globalen Ausdehnung ‚des Kapitalismus' begreift und dabei vor allem die Ungleichheitswirkung der entstehenden globalen Vernetzung (über Kolonialismus, Imperialismus und Neo-Imperialismus) betont – ein wichtiger Aspekt. In ihren ökonomisch-enggeführten Varianten ist diese ‚Erzählung' oder, besser gesagt, Rekonstruktion des Vorgangs jedoch zu eindimensional. Zwar liegt im Kapitalismus, und zwar als Produktionsweise (gesellschaftlich organisierte Produktionsform), also nicht nur aufgrund der Entwicklung der Produktivkräfte (ein Technik-Determinismus wird zu Recht zurückgewiesen), eine wesentliche Quelle der Dynamik des Prozesses weltweiter Vergesellschaftung. Aber bereits der Wallersteinsche Ansatz des modernen Weltsystems erkannte, und darin liegt sein theoretischer Vorzug, dass diese ökonomische Dimension nur im Verbund mit der politischen zu verstehen ist: der Aufspaltung der Sphäre der Regelung öffentlicher Angelegenheiten in einzelstaatliche, eben nicht im Sinne eines zentral verwalteten Imperiums organisierte Zuständigkeit. Was an der theoretischen (im Unterschied zur historisch-nacherzählenden) Rekonstruktion Wallersteins noch unzulänglich ist, ist der polit-ökonomische Funktionalismus (es gibt eine Semi-Peripherie, weil es dem Erhalt des modernen Weltsystems dient – keine adäquate Erklärung für den Aufstieg konkreter Staaten/Gesellschaften[2]). Auch wird der Faktor Kultur zwar in Wallersteins historischer Rekonstruktion immer wieder (Kritiker würden sagen: ad hoc, nur zu diesem Zweck, nicht theoretisch-systematisch) herangezogen, kommt in seiner Theorie jedoch zu kurz.

modernisierungs-
theoretische
Deutungen

Eine alternative Lesart ist (oder wäre, bei noch ausstehender adäquater Ausarbeitung) eine modernisierungstheoretische. Dabei wird „modern" weder als schmückendes Beiwort noch als reine Epochenbezeichnung (1500 ff.) verwendet[3], sondern sozialwissenschaftlich-theoretisch. Im Unterschied zur stark durch den Ost-West-Konflikt motivierten US-amerikanischen Modernisierungstheorie der 1950er und 60er Jahre, die sich zum Teil explizit als anti-marxistische Ideologie verstand und eine Entwicklungspolitik anzuleiten gedachte, die den jüngst unabhängig gewordenen Ex-Kolonien einen ‚(Entwicklungs-)Weg ins westliche Lager' aufzeigen wollte, wäre eine solche Modernisierungstheorie erstens nicht mit der Annahme steter, automatischer ökonomischer (oder auch weiter gefasster) Entwicklung behaftet. Sie wäre, zweitens, vielmehr ambivalenz-bewusst, würde die mit Prozessen gesellschaftlicher Entwicklung einhergehenden Verluste (an ‚Heimatgefühl' und also die Zunahme an Entfremdung) ebenso mitbedenken wie die negativen Entwicklungsmöglichkeiten der Moderne (gipfelnd im massenmordenden Totalitarismus des 20. Jahrhunderts, der die politisch-administrativ-technischen Möglichkeiten der Moderne nutzt). Der Modernisierungsprozess erschiene daher, drittens, als entwicklungs-offen (da das ‚Ergebnis der Geschichte' für Modernisierungstheoretiker ebensowenig vorhersehbar ist wie

---

2   Vgl. Kapitel 10, insbes. Übungsaufgabe 10.1 und das Streitgespräch in Kap.13.
3   Vgl. Fußnote 3 in Kap.1 zur Unterscheidung zwischen der Verwendung von „modern" als schmückendes Beiwort und als Epochenbezeichnung; die (theoretische) Entfaltung dessen, was diese Epoche ausmacht, macht den Begriff selbst zu einem theoretischen.

für Marxisten). Was von der klassischen Modernisierungstheorie dagegen über-nommen würde, ist die plurale, multi-faktorielle Sicht des Prozesses, der nicht, auch nicht ‚in letzter Instanz‘, aus nur einer Wirkursache heraus erklärt werden kann.

Ganz in diesem Sinne wollen wir hier, die Ausführungen zu Globalisierung abschließend, kurz fünf Dimensionen von Globalisierung, die untereinander wechselwirken, benennen (vgl. resümierend Abbildung 15.1). Ein Gutteil der Literatur zum Thema Globalisierung behandelt sie vor allem als ökonomisches Phänomen. Das ist angemessen, da die globale ökonomische Vernetzung ein zentraler Aspekt des Phänomens ist. Aber nicht der einzige. Vielmehr kann man (zumindest; die Zahl erscheint einerseits hoch genug, um differenzieren zu kön-nen, aber nicht zu hoch, um einen Überblick zu verhindern) fünf Dimensionen des Globalisierungs-Prozesses unterscheiden, die untereinander auch noch wechselwirken. Und erst ihr Zusammenspiel ergibt, in Verbindung mit der tat-sächlich globalen Reichweite, die Rechtfertigung, den Begriff „Globalisierung“ im gehaltvollen Sinne zu verwenden. Welches sind diese Dimensionen und wor-in besteht jeweils der markante Zäsur-Charakter, der uns den Beginn einer neu-en, globalen Phase der Modernisierung in der zweiten Hälfte des 20. Jahrhun-derts ansetzen lässt? Die fünf Dimensionen sind folgende:

Die technische: Eine Reihe von Techniken haben in der zweiten Hälfte des 20. Jahrhunderts für, wie man bildhaft sagt, eine zeitliche und räumliche ‚Schrumpfung des Erdballs‘ gesorgt. Zu denken ist an Transport-Techniken für Personen (Interkontinentalflüge) und Güter (Container-Seeverkehr), mit der Fol-ge drastisch gesunkener Frachtraten (die etwa erst australische Kohle zur heimi-schen Ruhrkohle konkurrenzfähig gemacht hat, um eine Wechselwirkung zur ökonomischen Dimension aufzuzeigen), sowie an die neuen Informationstechni-ken, die globale Gleichzeitigkeit zumindest für privilegierte Schichten der Welt-gesellschaft allenthalben auf dem Globus ermöglichen (Satelliten-TV; Compu-ternetze wie E-Mail und World Wide Web; ökonomisch ermöglicht dies um den Globus wandernden, koordinierten Drei-Schichten-Betrieb; kulturell führt es zur massenhaften Ko-Präsenz – wahrgenommenen gleichzeitigen Anwesenheit – fremder Kulturen mit Rückwirkung auf die jeweils lokalen Kulturen).

Die ökonomische: Wie angedeutet baut sie zum Teil auf den Möglichkeiten der technischen Dimension auf, fördert zugleich durch den ökonomisch domi-nanten kapitalistischen Konkurrenz-Mechanismus deren Entwicklung. Die Glo-balität heutigen kapitalistischen Wirtschaftens ist selbst anhand einzelner Aspekte zu untersuchen, wobei zweifellos Unterschiede auszumachen sind. Wie Ökonomen gerne aufzeigen, sind viele Gütermärkte trotz der Transportrevoluti-on weniger global als der sehr weitgehend globalisierte Kapitalmarkt. Dennoch kann eine Einzelbetrachtung die neue Qualität in dieser Dimension nicht in Fra-ge stellen, auch nicht durch den oft erfolgenden historisch-relativierenden Hin-weis auf eine ebenso, ja weiter ‚globalisierte Ökonomie‘ am Ende bereits des 19. Jahrhunderts.[4] Dem würden wir entgegenhalten, dass hier wieder der typi-sche ‚euro-atlantische Drall‘ in der Wahrnehmung zugrundeliegt. Während auch

---

4 So ein zentraler Einwand der Kritiker des Globalisierungs-Konzeptes Hirst und Thompson (1999); vgl. als einschlägige wirtschaftsgeschichtliche Studie O'Rourke/Williamson 2000.

heute noch die grenzüberschreitende Vernetzung in diesem Raum besonders hoch ist, erfahren zunehmend auch andere Weltregionen die Einbeziehung in diese Netze globaler Kapitalströme und Arbeitsteilung. Wir verweisen wiederum auf China (und bedenken dabei, dass andere Regionen, zu ihrem Nachteil, noch sehr gering und zu ungünstigen Konditionen an dieser ökonomischen Vernetzung beteiligt sind, so im Grunde der ganze afrikanische Kontinent).

ökologische Dimension

Die ökologische Dimension: Ohne dass dabei in eine naive ,alle-in-einem-ökologischen-Boot'-Betrachtung verfallen würde, sei nur darauf hingewiesen, dass es tatsächlich globale ökologische Wirkungsgefüge gibt, die heute aufgrund menschlicher Aktivität (anthropogen) so stark belastet sind, dass mit – wiederum nicht allenthalben identischen – Rückwirkungen auf alle Gesellschaften des Globus gerechnet werden muss (Stichwörter: Ozonloch; Treibhauseffekt). Die Menschheit als ganze wird dadurch – weltgesellschaftlich – vor selbstgemachte Probleme gestellt, deren Regelung eben internationale Politik erfordert.

politische Dimension

Die politische Dimension von Globalisierung ist damit angesprochen. Sie ist im Grunde ein zentraler Gegenstand des gesamten Buches, in dem es auch darum geht, *wie das organisierte Staatensystem als polity der Weltgesellschaft fungiert* – ohne dass damit die Entstehung eines Weltstaates behauptet wird. Wir kommen darauf zugleich nochmals zu sprechen. Der politischen Dimension im weiteren Sinne können wir auch die sicherheitspolitische zuordnen. Hier lässt sich am klarsten die Zäsur der zweiten Hälfte des 20. Jahrhunderts ausmachen. Sie liegt zum einen in der Verfügbarkeit von Atomwaffen, seit 1945, zum massenhaften Einsatz seit etwa den frühen 1960er Jahren, mit der erst Anfang der 1980er Jahre zu kollektivem Bewusstsein gekommenen Folgewirkung einer möglichen Selbstzerstörung der Menschheit im Falle eines umfassenden strategischen Nuklearkrieges (über den Mechanismus des sog. nuklearen Winters, einer Abkühlung des Weltklimas durch den in die Atmosphäre gewirbelten Staub der atomaren Vernichtung). Doch muss man nicht dieses einschneidende, glücklicherweise hypothetisch gebliebene Szenario bemühen, um sicherheitspolitische Globalisierung zu veranschaulichen. Die Terror-Anschläge des 11. September 2001 zeigen einen anderen Aspekt des Themas: dass äußere – und zum Teil auch innere – Sicherheit in einer mehrdimensional globalisierten Welt kaum mehr allein durch einseitige, unilaterale Mechanismen zu erlangen ist, sondern letztlich nur noch vor dem Horizont globaler gemeinsamer Sicherheit.

kulturelle Dimension

Schließlich ist die kulturelle Dimension von Globalisierung anzusprechen, auch sie ein äußerst komplexes Thema, das füglich eher in den Zuständigkeitsbereich welt-gesellschaftlicher Soziologie gehört. Deshalb hier nur ein Hinweis auf den bisherigen Ertrag der Diskussion dieser Dimension von Globalisierung. Er liegt darin, dass, obwohl es überall anzutreffende Elemente vor allem einer weltweiten Populär-Kultur gibt (Michael Jackson, Big Mac und Coca Cola sind die – nicht zufällig ursprünglich US-amerikanischen – Embleme dafür), kulturelle Globalisierung nicht simpel als die ,globale Ausbreitung einer kulturellen Einheitssoße' zu begreifen ist (und also auch nicht als globale Amerikanisierung oder auch Verwestlichung). Vielmehr geht es, wie oben angesprochen, um die bewusste Ko-Präsenz von Kultur*en* (im Plural!), die zunächst einmal mit dieser wahrgenommenen Pluralität umgehen müssen[5], sich dabei durchdringen (und zwar zum Teil lokal, vor Ort, etwa durch globale Migration, aber natürlich auch medial vermittelt – die Schnittstelle zur technischen und ökonomischen Dimension) und allenthalben zu Formen der kulturellen Vermischung (Hybridisierung) führen, zum Teil zur Freude, zum Teil auch zum Leid der Betroffenen.

Wir können diese hier nur im Telegrammstil ausführbare Multi-Dimensionalität des Phänomens Globalisierung in einer Abbildung resümieren, die auch zum weiteren eigenen Durchdenken anregen mag.

Abbildung 15.1: Globalisierung als multi-dimensionaler Prozess

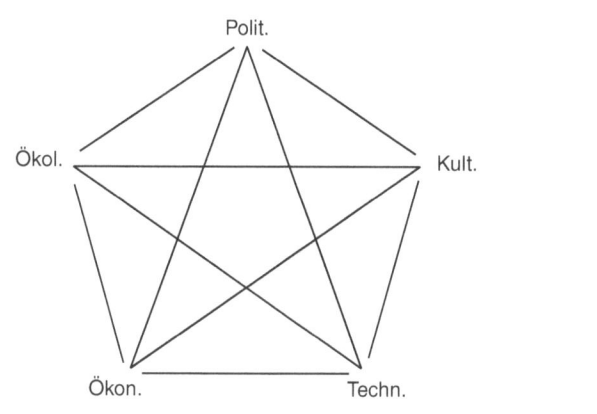

Bereits die knappen Ausführungen zu den Dimensionen der Globalisierung können verdeutlichen, dass an eine zentrale politische Steuerung all dieser Vorgänge nicht ernsthaft zu denken ist. Der Weltstaat, der hierzu nötig wäre, würde wohl an der Last der nötigen Informations-Beschaffung und –verarbeitung zugrundegehen. Darüber hinaus stellt sich die Frage, ob er Effektivität insofern mit der nötigen Toleranz für globale kulturelle Vielfalt in Einklang bringen könnte. Das verweist auf die Fortexistenz des Staatensystems als das politische System der Weltgesellschaft und auf die Möglichkeit seiner besseren Organisation als Weg, die Chancen politischer Steuerung, das heißt: weltgesellschaftlich-demokratischer Selbst-Steuerung zu erhöhen. Die Aussichten insofern werden aus Sicht der vier Paradigmen der Internationalen Beziehungen unterschiedlich beurteilt.

demokratische Selbststeuerung der Weltgesellschaft? Unterschiedliche Einschätzungen aus Sicht der Paradigmen

Eine erste realistische Sicht kann auch angesichts globaler Interdependenzen letztlich ,nichts Neues unter der Sonne' erkennen: Das – dezentrale – Staa-

realistische Perspektive

---

5 Hieraus resultiert ein zweiter Strang der Analyse kultureller Globalisierung, der für die Internationale Politik besonders wichtig ist. Er rankt sich um die von Huntington (1993) unplausibel stark vorgetragene These vom „Kampf der Kulturen" (clash of civilizations) als künftig dominantem internationalem Konflikttyp; vgl. dazu kritisch auch Meyer 1997, Senghaas 1998 und Müller 1999.

tensystem bleibt erhalten, und sei es nur, weil die mächtigsten Staaten (die USA, demnächst China) eine Selbstauflösung in einen Weltstaat nicht mitmachen; ja selbst einer Selbst-Bindung im Rahmen eines gehaltvollen Multilateralismus, also einer an gemeinsam vereinbarte Prinzipien gebundenen international-mehrseitigen Beschlussfassung, sehr skeptisch gegenüberstehen. Zu erwarten ist aus dieser Sicht vor allem ein Fortgang des Ringens großer Mächte, das entweder zu einer (immer prekären) Macht-Balance führt, eventuell auch unter mehr als zweien, als Multipolarität etwa der USA, Chinas, der EU, evtl. Russlands und Indiens (mit ihren jeweiligen Einflusssphären). Oder zur Herausbildung der Vormacht eines Staates. Was uns zur zweiten realistischen Sicht führt. Sie sieht eine solche – realistische – Vormacht derzeit bereits als gegeben an, und zwar auf seiten der USA. Zumindest militärisch, was realistisch ja immer viel zählt, kann ihnen auf Sicht niemand mehr das Wasser reichen. Zwar sind sie, der 11. September 2001 hat es gezeigt, nicht unverwundbar. Aber dies ist nur ein Grund mehr, das realistische Machtpotenzial, und sei es offensiv-präventiv (präemptiv, drohende Angriffe vorwegnehmend agierend) zu nutzen. Unter Präsident Bush jr. kam es aus einer so motivierten Politik heraus nicht nur zum Krieg gegen das Taliban-Regime in Afghanistan, sondern auch gegen das S. Husseins im Irak. Erstaunlich, aus realistischer Sicht, ist allenfalls der beinahe idealistisch anmutende, fremde Gesellschaften umkrempelnde ‚Gestaltungswille‘, der zumindest in der gedanklichen Rechtfertigung dieses Vorgehens eine prominente Rolle gespielt hat (Stichwort: Demokratisierung des – erweiterten – Nahen Ostens). Der darin zum Ausdruck kommende, notfalls auch unilaterale Gebrauch nationaler Macht jedenfalls entspricht ganz den Erwartungen des Realismus – für eine politisch-militärisch unipolare Welt, die aufgrund zahlreicher transnationaler Vernetzungen jedoch heimische Verwundbarkeiten auch für die einzige Supermacht birgt.

idealistisch-institutionalistische Perspektive

Aus idealistisch-institutionalistischer Perspektive hat man andere Hoffnungen, die sich, als härtesten Grund, auf tatsächlich vorhandene globale Interdependenzen stützen. Ohne Kooperation mit China wird auch die einzige Supermacht weder das globale Klima schützen noch die öffentliche Gesundheit in Zeiten von AIDS und SARS gewährleisten können. An seiner ökonomischen Einbindung in die Welthandelsordnung ist sie sogar ökonomisch-politisch eigeninteressiert. Und die Kooperation selbst aus realistischer Sicht weniger starker Staaten als der Milliarden-Menschen-Macht China ist für die erfolgreiche Bekämpfung transnationalen Terrorismus unentbehrlich. Als gangbarer Weg erscheint daher der Ausbau der bereits bestehenden Netzwerke des (globalen) Regierens jenseits der Staaten, also des Geflechts an internationalen Organisationen und Regimen, unter transnationaler Beteiligung nicht-staatlicher Akteure (oder gar Überantwortung von Teilbereichs-Regelungskompetenz an diese, wie etwa in vielen technischen Fragen der Harmonisierung von Standards oder auch der Rating-Agenturen). Mit unterschiedlich sozialreformerischem Impetus wird dies als Projekt der global governance vertreten, die auch dazu dienen kann, Fehlentwicklungen des globalen Kapitalismus politisch-steuernd entgegenzuwirken. Genau an der Frage, wie weit dies nötig ist und gehen sollte, trennen sich dann eher neo-liberale Globalisierungs-Vorstellungen von eher global ‚sozial-demokratischen‘ Konzepten. Beide stehen auch, allerdings mit unterschiedlicher Akzentsetzung, hinter einer zweiten idealistisch-institutionalistischen Leitvorstellung: der der (zunehmenden) Verrechtlichung internationaler Politik. Die neoliberale Variante möchte dies genau soweit mitmachen und erfolgreich sehen, wie die Verwertungsmöglichkeiten des global mobilen Kapitals auch global rechtlich geschützt werden. Dies bedeutet nicht nur den rechtlichen Schutz und das internationale Festschreiben einschlägiger Standards für den Schutz von Eigentum, vor Enteignung oder, im Falle des geistigen Eigentums, vor Raubkopie. In den aufgeklärteren Varianten gelangt diese Position, auf den Spuren des liberalen Philosophen John Locke, auch dazu, Forderungen nach einer guten Regierungsführung (good governance) zu unterstützen und damit mit dem Eigentum auch Leib und Leben von Menschen (die im Lockeschen Sinne auch ihr Eigentum sind) schützen zu wollen (und, z.B., auch gegen systematische Korruption in Herrschaftssystemen – wie internationalen Organisationen! – vorzugehen). Die, wenn man so will, sozial-liberale Idee von internationaler Verrechtlichung geht darüber hinaus. Auch sie steht durchaus hinter Forderungen nach good governance. Sie will darüber hinaus jedoch auch das ‚realistische Grundübel' internationaler Politik durch Verrechtlichung bekämpfen: den ungezügelten Gebrauch insbesondere auch militärischer Macht. Dem dient die Entwicklung eines internationalen Völkerstrafrechts, das politische Makrokriminalität individuell, gegenüber entmachteten Herrschern und ihren führenden Handlangern, strafbar machen soll. Dem dient jedoch auch die Konstitutionalisierung der UNO-Charta, eine rechtspolitische Sicht, die dieses Dokument (insbesondere hinsichtlich des Legitimierungs-Monopols der UNO, konkret des Sicherheitsrates, für internationale Gewaltanwendung) als für alle verbindlich, mit übergeordnetem – verfassungsmäßigen – Rang ausgestattet betrachtet, was ein einseitig abweichendes Verhalten auch einer Supermacht ebensowenig zulässt wie eine einseitige Änderung der erreichten Rechtsauffassung. Die Probleme dieser Vorstellungen, aus realistischer Sicht, sind offensichtlich: sie liegen, wie schon beim klassischen Idealismus, in der mangelnden Berücksichtigung von Macht, nicht nur der sich verweigernden und unilateral ausscherenden Supermacht, sondern auch zur Durchsetzung, notfalls gewaltsam, international-multinational gesetzten Rechts (konkret etwa: der Drohung hinter den Auflagen des Sicherheitsrates für das Regime S. Husseins).

Aus gesellschaftskritischer Perspektive mögen die sozial-liberalen oder gar sozial-demokratischen Hoffnungen der (neo-)institutionalistischen Befürworter von global governance und internationaler Verrechtlichung im Rahmen der transnational-kapitalistischen Herrschaftsverhältnisse überzogen, weil naiv sein. Wirklich kritisch gesehen wird vor allem der Prozess der ökonomischen Konstitutionalisierung (welcher Begriff hier ganz anders, nicht hoffend-wünschend, sondern kritisch-ablehnend gebraucht wird). Er erscheint als der Versuch der Festschreibung eines transnational-gesellschaftlichen Herrschaftsverhältnisses, der transnationalen kapitalistischen Klasse über die transnational Unterprivilegierten, im Wege der international-völkerrechtlichen Festschreibung von Strukturen. Der Kampf der sog. Globalisierungs-Kritiker gegen das geplante Multilaterale Abkommen über Investitionen (MAI) war dafür ebenso ein Beispiel wie das Ringen in jeder und um jede GATT-/WTO-Runde. Soweit der ideologie-

gesellschaftskritische Perspektive

trächtige Begriff der Globalisierung überhaupt übernommen wird, ist davon die Rede, dass es darum geht, *welche* Globalisierung es denn sein soll.

konstruktivistische
Perspektive

Das verweist, abschließend, wieder auf die konstruktivistische Perspektive, deren zentraler – offensichtlich zutreffender – Punkt ja gerade ist, dass es auf jeden Fall für die weitere Entwicklung der internationalen Politik entscheidend sein wird, ob sich eine dieser Sichtweisen durchsetzt und wenn ja, welche. Im Grunde aber ist angesichts des konstruktivistisch geschärften Bewusstseins für die gesellschaftliche, nicht nur von der ökonomischen Interessenslage, sondern auch von kulturellen Faktoren wie kollektiven Selbst-Wahrnehmungen und Selbst-Verständnissen bestimmte Bedingtheit solcher Sichtweisen das fortbestehende Ringen mehrerer, auch deutlich widersprüchlicher Vorstellungen zu erwarten. Das gilt nicht zuletzt vor dem Hintergrund der historischen Prägung solcher Einstellungskomplexe zu Fragen der internationalen, gar globalen Organisation von Politik durch divergierende national-geschichtliche Erfahrungen.[6] Es gilt auch, wenn man die noch immer erkennbar divergierenden Kollektiv-Erfahrungen in den welt-regionalen Subsystemen des globalen internationalen Systems mitbedenkt, die zwischen Europa (wie immer definiert), Ost-(und Süd-) Asien, Afrika und Latein-Amerika doch deutlich differieren, ebenso – und damit zusammenhängend – wie der jeweils regional erreichte Grad der Institutionalisierung regionaler internationaler Politik.[7] Von Belang ist das vor allem, da im Grunde alle Perspektiven von einer komplexen, regionale Sub-Systeme internationaler Politik einbindenden Architektur des ‚Welt-Regierens' ausgehen. National und welt-regional sind die Einstellungen hierzu und die Voraussetzungen hierfür offenbar markant unterschiedlich.

Dies führt uns zum letzten Aspekt dieses Schlusskapitels: der Frage der Organisation des globalen politischen Systems, der global polity (globalen politischen Gemeinschaft). Drei Faktoren sind offenbar für seine Architektur von Belang:

– es wird sich auf Sicht nicht um eine einheitliche Reichsstruktur eines Welt-Imperiums handeln, sondern um den Ausbau des organisierten Staatensystems; eine zumindest welt-regional subsidiäre Organisation, die Weltregionen politisch aktiviert, soweit dies sinnvoll und möglich ist, durch Auf- und Ausbau regionaler internationaler Kooperationsgefüge, wird ein wesentliches Element sein;

– die Beteiligung privater Akteure, wirtschaftlich-kapitalistischer wie zivilgesellschaftlicher, wird unabdingbar sein; damit sind auch Konflikte zwischen den mit diesen beiden Gruppen verbundenen Sichtweisen (Interessenslagen) vorprogrammiert;

---

6 Worauf in den der Außenpolitik-Analyse gewidmeten Kapiteln 8 und 9 bereits hingewiesen wurde.

7 Der im vorausgehenden Kapitel erwähnte unterschiedliche Stand der Entwicklung der Menschenrechtsregime etwa spiegelt diese unterschiedlichen weltregionalen Kollektiv-Geschichten: nur in Europa gab es den Holocaust, und nur hier gibt es den individuell anrufbaren supranationalen Menschenrechts-Gerichtshof. Dass dies auch Ausfluss europäischer Geistesgeschichte ist, soll nicht geleugnet werden. Sie allein hat die internationale Verrechtlichung aber offenbar nicht vorangebracht.

– schließlich wird die globale kulturelle Vielfalt, die durch Globalisierung eben nicht eingeschmolzen, allenfalls ‚glokalisiert‘, durch je spezifische Aufnahme transnational zirkulierender Kultur-Elemente überformt wird, einerseits die kooperative Bearbeitung anstehender Probleme (bereits deren konsensuale Definition!) erschweren; andererseits beinhaltet diese Vielfalt gerade auch ein mögliches Kreativitäts-Potenzial, das im Falle flächendeckender geistiger Monokultur verloren zu gehen drohte; weshalb eine der wichtigsten Aufgaben globaler Verrechtlichung lautet, diese nicht als vorschnelle Vereinheitlichung zu betreiben, sondern das Völkerrecht so zu nutzen, wie es schon klassisch gedacht war: als einen Mechanismus zur Sicherung gerade auch von – friedlicher – Verschiedenheit.

Schließlich wird bereits heute deutlich, dass sich auch Organisationen, deren Wirkungs-Reichweite und Planungshorizont traditionell eher national begrenzt war, ihrer transnationalen Einbindung nicht nur welt-regional, sondern in die globalisierte, tatsächlich globale Weltgesellschaft bewusst sein müssen. Im ökonomischen Bereich gilt das nicht mehr nur für multinationale Großunternehmen, sondern auch für kleinere und mittlere Firmen, die Weltmarkt-Einflüssen ausgesetzt sind und dennoch für die weiterhin nationale Arbeitsmarktpolitik von zunehmender Bedeutung sind. Sie können unter post-fordistischen Bedingungen, das heißt bei flexibel organisierter Produktion für nicht mehr einheitlichmassenhaft orientierte (und organisierte), möglicherweise aber transnationale Abnehmerschaften, noch immer Chancen der nationalen Gestaltung politischökonomischer Selbstbestimmung bieten. Auch der globale Kapitalismus wird noch in den Varianten nationaler politisch-ökonomischer Modelle ‚gespielt‘ – wenn auch unter verschärftem transnationalem Anpassungsdruck. Und ähnlich ergeht es den Universitäten, die klassisch ein national geprägtes Anbieter-Monopol (aufgrund Sprache und kultureller Bindung) hatten. Auch sie müssen sich zunehmend in einem globalen Bildungsmarkt behaupten und ihre ökonomischen Grundlagen aus anderen Quellen als Vollalimentierung aus öffentlichen Haushalten decken. Freilich wird an ihrem Beispiel auch die Problematik einer allein ökonomischer Logik folgenden (in diesem Falle: Bildungs-)Politik deutlich: die Kultur-Funktion von universitärer (Aus-)Bildung droht bei zu kurzfristiger Funktionalisierung durch als Verwert- und Patentierbarkeit missverstandene Praxis-Relevanz unter die Räder zu geraten. Bei aller durch die Ökonomisierung von Studienzeiten und -vorgaben gebotenen Kürze wollte das vorliegende Buch zumindest für einen Bereich: den der Analyse internationaler Politik Perspektiven eröffnen, die nicht nur zu analytischer Kompetenz führen, sondern auch zu von unmittelbaren Verwertungszwängen zurücktretender (selbst-)kritischer Reflexionskompetenz. Die Zahl der gesellschaftlichen Orte, an denen dies möglich ist, ist nicht beliebig groß. Es zu ermöglichen war und bleibt einer der wichtigsten gesellschaftlichen Beiträge der Universität, auch im Zeitalter der Globalisierung.

Organisationen im transnationalen Kontext: Steuerungs- und Reflexions-Chancen

Zur **Globalisierung** geschichtswissenschaftlich vorzüglich der knappe Überblick von Osterhammel/Petersson 2003, wesentlich ausführlicher zum 19. Jahrhundert Bayly 2004 (brilliant!); sozialwissenschaftlich einführend Waters 2001, umfassend Held u.a. 1999 und ergänzend der Reader von Held/McGrew 2000, auch Beck 1998. Zur (sonst in diesem Buch nicht behandelten) **kulturellen Dimension** Tomlinson 1999, Barber 1995 und, am Beispiel einer bekannten Burger-Kette, Watson 1998; vgl. auch die deutschen Beiträge in der Zeitschrift „Aus Politik und Zeitgeschichte", Heft B 12 (22.3.2002). Zur **Moderne/Modernisierung(stheorie)** einführend van der Loo/van Reijen 1992; die Mehrdeutigkeit wird – soziologisch fortgeschritten – erörtert bei Knöbl 2001; der ideologische Gebrauch der MT dargestellt bei Latham 2000. Zur Gegenüberstellung von **Uni- und Multilateralismus** Ruggie 1993, Malone/Khong 2003 und Patrick/Forman 2002; aktuell für EU und USA Pollack 2003. Zum ‚Nothing-new'-**Realismus** Mearsheimer 2003, zur **Multipolarität** der künftigen Weltordnung Kegley/Raymond 1994. Zur **global governance** Behrens u.a. 2002 bzw. zum **Regieren jenseits des Staates** Zürn 1998, zur **Verrechtlichung** exzellent einführend Zangl/Zürn 2004, weiterführend List/Zangl 2003, kritisch (am Beispiel der USA und GBs) Sands 2005; zu beiden Themen auch Neyer 2004. **Philosophisch** arbeitet den Gedanken einer subsidiären, föderalen **Weltrepublik** Höffe 1999 aus; ergänzend dazu Gosepath/Merle 2002 und Höffe 2004. Zur **good governance**-Idee in der internationalen Politik am Beispiel der Weltbank Theobald 2000. Zur **kritischen Sicht** von Konstitutionalisierung Gill 2002, zum MAI Kobin 1998. Zu **regionalen Subsystemen** vgl. sicherheitspolitisch Buzan/Waever 2003, Kern 2002; ökonomisch Mattli 1999 und Schirm 2001. Zu **Firmen im globalen Zeitalter** empirisch Herkenrath 2003 für multinationale Konzerne, für kleine und mittlere Unternehmen den vorzüglichen Überblick von Krämer 2003; zur zwischen-staatlichen Regulierung ihrer Tätigkeit (oft unter Beteiligung von nichtstaatlichen Organisationen) Braithwaite/Drahos 2000; zum Post-Fordismus Amin 1994, zu den nationalen Spiel-Arten des Kapitalismus Hall/Soskice 2001 und Amable 2003. Zur **Universität** im Zeitalter der Globalisierung Bok 2003, King 2003 und, für Deutschland, Hahn 2004.

Literaturverzeichnis

Adler, Emanuel/Barnett, Michael (Hrsg.) 1998: Security Communities, Cambridge.

Albin, Cecilia 2001: Justice and Fairness in International Negotiation, Cambridge.

Allison, Graham 2004: Nuclear Terrorism. The Ultimate Preventable Catastrophy, New York.

Allison, Graham/Zelikow, Philip 1999: Essence of Decision. Explaining the Cuban Missile Crisis, 2. erw. Ausg., New York.

Alter, Peter 1985: Nationalismus, Frankfurt a.M.

Altvater, Elmar u.a. 2000: Vernetzt und verstrickt: Nicht-Regierungs-Organisationen als gesellschaftliche Produktivkraft, 2. Aufl., Münster.

Amable, Bruno 2003: The Diversity of Modern Capitalism, Oxford.

Ambrosio, Thomas 2002: Ethnic Identity Groups and U.S. Foreign Policy, Westport, Ct./London.

Amin, Ash (Hrsg.) 1994: Post-Fordism. A Reader, Oxford/Cambridge, Mass.

Anand, Ruchi 2004: International Environmental Justice. A North-South Dimension, Aldershot.

Anderson, Benedict 2002: Die Erfindung der Nation. Zur Karriere eines erfolgreichen Konzepts, Berlin.

Anderson, Matthew Smith 1993: The Rise of Modern Diplomacy 1450-1919, London/New York.

Archer, Clive 2001: International Organizations, 3. Aufl., London/New York.

Archibugi, Daniele/Held, David (Hrsg.) 1995: Cosmopolitan Democracy. An Agenda for a New World Order, Cambridge.

Arend, Anthony Clark/Beck, Robert J. 1993: International Law and the Use of Force, London/New York.

Ash, Timothy Garton 2004: Free World. Why a Crisis of the West Reveals the Opportunity of Our Time, London (dt.: Freie Welt, München 2004).

Auerswald, David P. 2004: Explaining Wars of Choice: An Integrated Decision Model of NATO Policy in Kosovo, in: International Studies Quarterley 48, 3, 631-662.

Austin, Alex/Fischer, Martina/Ropers, Norbert (Hrsg.) 2004: Transforming Ethnopolitical Conflict. The Berghof Handbook, Wiesbaden.

Axelrod, Alan/Phillips, Charles (Hrsg.) 2001: Encyclopedia of Historical Treaties and Alliances, 2 Bde., New York.

Baldwin, David A. (Hrsg.) 1993: Neorealism and Neoliberalism. The Contemporary Debate, New York.

Bahr, Egon 1998: Deutsche Interessen. Streitschrift zu Macht, Sicherheit und Außenpolitik, München.

Bandelow, Nils 1999: Lernende Politik. Advocacy-Koalitionen und politischer Wandel am Beispiel der Gentechnologiepolitik, Berlin.

Barber, Barber, Benjamin R., 1995: Jihad vs. McWorld. How the planet is both falling apart and coming together and what this means for democracy. New York (dt. TB: Coca Cola und Heiliger Krieg, München 1996).

Barth, Boris/Osterhammel, Jürgen (Hrsg.) 2005: Zivilisierungsmissionen, Konstanz.

Bartsch, Sebastian 1995: Minderheitenschutz in der internationalen Politik. Völkerbund und KSZE/OSZE in neuer Perspektive, Opladen.

Bates, Robert H. 2001: Prosperity and Violence. The Political Economy of Development, New York/London.

Bauer, Friederike 2004: Berufsbild: internationaler Politdiplomat. Kofi Annan als Vorreiter, in: Vereinte Nationen 52, 4, 128-131.

Baylis, John 2002: Arms Control and Disarmament, in: ders. u.a.: Strategy in the Contempora-
ry World. An Introduction to Strategic Studies, Oxford, 183-207.
Baylis, John/Smith, Steve 2004: The Globalization of World Politics, 3. Aufl., Oxford.
Bayly, C.A. 2004: The Birth of the Modern World 1780-1914, Malden/Oxford.
Beasley, Ryan K. u.a. (Hrsg.) 2002: Foreign Policy in Comparative Perspective. Domestic and
International Influences on State Behavior, Washington, DC.
Behrens, Maria u.a. 2002: Global Governance: Probleme, Konzepte, Kritik, Fernstudienkurs
der Fernuniversität, Kursnr. 04680, Hagen (= Buchfassung: Globalisierung als politische
Herausforderung, Wiesbaden 2004).
Beise, Marc 2001: Die Welthandelsorganisation (WTO), Baden-Baden.
Bellamy, Alex J./Williams, Paul/Griffin, Stuart 2004: Understanding Peacekeeping, Cam-
bridge.
Bellers, Jürgen/Benner, Thomas/Gerke, Ines M. (Hrsg.) 2001: Handbuch der Außenpolitik von
Afghanistan bis Zypern, München/Wien.
Bender, Peter 1995: Die „Neue Ostpolitik" und ihre Folgen. Vom Mauerbau bis zur Vereini-
gung, München.
Bender, Peter 2003: Weltmacht Amerika. Das neue Rom, Stuttgart.
Benedick, Richard Elliot 1991: Ozone Diplomacy. New Directions in Safeguarding the Planet,
Cambridge, Mass./London.
Berger, Peter L./Luckmann, Thomas 1969: Die gesellschaftliche Konstruktion der Wirklich-
keit. Eine Theorie der Wissenssoziologie, Frankfurt a.M.
Bernhard, Michael/Reenock, Christopher/Nordstrom, Timothy 2004: The Legacy of Western
Overseas Colonialism on Democratic Survival, in: International Studies Quarterly 48, 1,
225-250.
Berridge, G. R. 2002: Diplomacy. Theory and Practice, 2. Aufl., London.
Betz, Joachim/Brüne, Stefan (Hrsg.) 2001: Neues Jahrbuch Dritte Welt. Entwicklungsfinan-
zierung, Opladen.
Biegi, Mandana 2004: Die humanitäre Herausforderung. Der International Criminal Court und
die USA, Baden-Baden.
Bierling, Stephan 1999: Die Außenpolitik der Bundesrepublik Deutschland. Normen, Akteure,
Entscheidungen, München/Wien.
Bierling, Stephan 2001: Geschichte der amerikanischen Außenpolitik. Von 1917 bis zur Ge-
genwart, München.
Biermann, Frank 1998: Weltumweltpolitik zwischen Nord und Süd. Die neue Verhandlungs-
macht der Entwicklungsländer, Baden-Baden.
Binder, Martin 2004: Der Einsatz von Söldnerfirmen durch gewählte Regierungen – eine „An-
tinomie des Demokratischen Friedens"? Tübinger Arbeitspapiere zur Internationalen Po-
litik und Friedensforschung Nr. 44, Tübingen (online verfügbar unter www.uni-tuebin-
gen.de/uni/spi/tapliste.htm).
Blatter, Joachim/Ingram, Helen (Hrsg.) 2001: Reflections on Water. New Approaches to
Transboundary Conflicts and Cooperation, Cambridge, Mass./London.
Blix, Hans 2004: Disarming Iraq. The Search for Weapons of Mass Destruction, London (dt.:
Mission Irak, München 2004).
Blustein, Paul 2001: The Chastening. Inside the Crisis That Rocked the Global Financial Sys-
tem and Humbled the IMF, New York.
Bok, Derek 2003: Universities in the Marketplace. The Commercialization of Higher Educati-
on, Princeton.
Bonacker, Thorsten 1996: Konflikttheorien. Eine sozialwissenschaftliche Einführung mit
Quellen, Opladen.
Bonacker, Thorsten (Hrsg.) 2002: Sozialwissenschaftliche Konflikttheorien. Eine Einführung,
Opladen.
Bradley, John R. 2005: Saudi Arabia Exposed. Inside a Kingdom in Crisis., New York/Basing-
stoke.
Braithwaite, John/Drahos, Peter 2000: Global Business Regulation, Cambridge.

Brand, Ulrich 2000: Nicht-Regierungsorganisationen, Staat und ökologische Krise. Konturen kritischer NRO-Forschung. Das Beispiel der biologischen Vielfalt, Münster.

Brandt, Enrico/Buck, Christian (Hrsg.) 2003: Auswärtiges Amt. Diplomatie als Beruf, 3. Aufl., Wiesbaden.

Braun, Gerhard 2002: Die Europäische Einigung, Stuttgart.

Bredow, Wilfried v.1992: Der KSZE-Prozess, Darmstadt.

Bretherton, Charlotte/Vogler, John 1999: The European Union as a Global Actor, London/ New York.

Brenton, Tony 1994: The Greening of Machiavelli. The Evolution of International Environmental Politics, London.

Broadhead, Lee-Anne 2002: International Environmental Politics. The Limits of Green Diplomacy, Boulder.

Brown, Michael E. (Hrsg.) 1993: Ethnic Conflict and International Security, Princeton.

Brzezinkski, Zbigniew 1999: Die einzige Weltmacht. Amerikas Strategie der Vorherrschaft, München.

Brzezinkski, Zbigniew 2004: The Coice. Global Domination or Global Leadership, New York.

Bull, Hedley 1977: The Anarchical Society. A Study of Order in World Politics, London.

Burke, Jason 2004: Al-Qaida. Wurzeln, Geschichte, Organisation, Düsseldorf/Zürich.

Buzan, Barry 1991: People, States and Fear. An Agenda for International Security Studies in the Post-Cold War Era, 2. Ausg., Boulder.

Buzan, Barry 2004: From International to World Society? English School Theory and the Social Structure of Globalization, Cambridge.

Buzan, Barry/Herring, Eric 1998: The Arms Dynamic in World Politics, Boulder.

Buzan, Barry/Waever, Ole 2003: Regions and Power. The Structure of International Security, Cambridge.

Byers, Michael/Nolte, Georg (Hrsg.) 2003: United States Hegemony and the Foundations of International Law, Cambridge.

Caldwell, Lyton Keith/Weiland, Paul Stanley 1996: International Environmental Policy. From the 20th to the 21st Century, Durham.

Cameron, Frazer 2002: US Foreign Policy After the Cold War. Global Hegemon or Reluctant Sheriff? London/New York.

Carey, Roane/Shainin, Jonathan 2002: The Other Israel. Voices of Refusal and Dissent, New York.

Carlsnaes, Walter/Risse, Thomas/Simmons, Beth A. (Hrsg.) 2002: Handbook of International Relations, London/Thousand Oaks/New Delhi.

Chandler, David 1999: Bosnia. Faking Democracy After Dayton, London/Sterling, Va.

Chandler, David 2003: Rhetoric without responsibility: the attraction of ‚ethical‘ foreign policy, in: British Journal of Politics and International Relations 5, 3, 295-316.

Charillon, Frédéric (Hrsg.) 2002: Politique Etrangère. Nouveaux Regards, Paris.

Chernoff, Fred 2005: The Power of International Theory. Reforging the link to foreign policy-making through scientific inquiry, London/New York.

Chesterman, Simon 2004: You, the People: The United Nations, Transitional Administration, and State-Building, Oxford.

Chiu, Stephen W. K./Lui, Tai-lok 1998: The Role of the State in Economic Development, in: Grahame Thompson (hrsg.): Economic Dynamis in the Asia-Pacific, London/New York, 137-161.

Choucri, Nazri (Hrsg.) 1993: Global Accord. Environmental Challenges and International Responses, Cambridge, Mass./London.

Cederman, Lars-Eric (Hrsg.) 2001: Constructing Europe's Identity, Boulder.

Clarke, Richard A. 2004: Against All Enemies. Inside America's War on Terror, New York (dt. unter demselben Titel, Hamburg 2004).

Clemens, Walter C. 2004: Dynamics of International Relations. Conflict and Mutual Gain in an Era of Global Interdependence, 2. Aufl., Lanham.

Cohen, Jean L./Arato, Andrew 1992: Civil Society and Political Theory, Cambridge, Mass./ London.

Cohen, Stephen D./Blecker, Robert A./Whitney, Peter D. 2003: Fundamentals of U.S. Foreign Trade Policy, Boulder.

Cohn, Theodore H. 2002: Governing Global Trade. International Institutions in Conflict and Change, Aldershot.

Connolly, Barbara/List, Martin 1996: Nuclear Safety in Eastern Europe and the Former Soviet Union, in: Robert O. Keohane/Marc Levy (Hrsg.): Institutions for Environmental Aid: Pitfalls and Promises, Cambridge, Mass., 233-279.

Cox, Robert W. 1987: Production, Power, and World Order. Social Forces in the Making of History, New York.

Cox, Michael/Dunne, Tim/Booth, Ken (Hrsg.) 2001: Empires, Systems and States. Great Transformations in International Politics, Cambridge.

Cox, Michael/Ikenberry, G. John/Inoguchi, Takashi (Hrsg.) 2000: American Democracy Promotion. Impulses, Strategies, and Impacts, Oxford.

Crabb, Cecil V./Antizzo, Glenn J./Sarieddine, Leila E. 2000: Congress and the Foreign Policy Process. Modes of Legislative Behavior, Baton Rouge.

Crile, George 2003: Charlie Wilson's War. The Extraordinary Story of the Largest Covert Operation in History, New York.

Croft, Stuart 1996: Strategies of Arms Control. A History and Typology, Manchester.

Cronin, Audrey Kurth/Ludes, James M. (Hrsg.) 2004: Attacking Terrorism. Elements of a Grand Strategy, Washington, DC.

Cutler, A. Claire/Haufler, Virginia/Porter, Tony (Hrsg.) 1999: Private Authority and International Affairs, Albany, NY.

Czempiel, Ernst-Otto 1999: Kluge Macht. Außenpolitik für das 21. Jahrhundert, München.

Daase, Christopher 1999: Kleine Kriege – Große Wirkung. Wie unkonventionelle Kriegführung die internationale Politik verändert, Baden-Baden.

DeSombre, Elisabeth 2000: Domestic Sources of International Environmental Policy. Industry, Environmentalists, and U.S. Power, Cambridge, Mass.

DeSombre, Elisabeth 2002: The Global Environment and World Politics, London/New York.

de Soto, Hernando 2000: The Mystery of Capital. Why Capitalism Triumphs in the West and Fails Everywhere Else, London (dt.: Freiheit für das Kapital! Berlin 2002).

Deutscher, Eckhard/Holtz, Uwe/Röscheisen, Roland (Hrsg.) 1998: Zukunftsfähige Entwicklungspolitik. Standpunkte und Strategien, Bonn.

Diamond, Larry 2005: Squandered Victory. The American Occupation and the Bangled Effort to Bring Democracy to Iraq, New York.

Dittgen, Herbert 1998: Amerikanische Demokratie und Weltpolitik. Außenpolitik in den Vereinigten Staaten, Paderborn u.a.

Dixit, Avinash K./Nalebuff, Barry J. 1991: Thinking Strategically. The Competitive Edge in Business, Politics, and Everyday Life, New York/London (dt.: Spieltheorie für Einsteiger, Stuttgart 1995).

Dodge, Todd 2004: Iraq Transformed. Violence, Poverty and War, Oxford.

Dolan, Chris J. 2005: In War We Trust. The Bush Doctrine and the Pursuit of Just War, Aldershot.

Donnelly, Jack 1997: International Human Rights, 2. Aufl., Boulder/San Francisco/Oxford.

Donnelly, Jack 2000: Realism in International Relations, Cambridge.

Donnelly, Jack 2002: Universal Human Rights in Theory and Practice, 2. Aufl., Ithaca.

Downing, Brian M. 1992: The Military Revolution and Political Change. Origins of Democracy and Autocracy in Early Modern Europe, Princeton.

Drahos, Peter/Mayne, Ruth (Hrsg.) 2002: Global Intellectual Property Rights. Knowledge, Access and Development, Basingstoke.

Easterly, William 2001: The Elusive Quest for Growth. Economists' Adventures and Misadventures in the Tropics, Cambridge, Mass./London.

Eckes, Alfred E./Zeiler, Thomas W. 2003: Globalization and the American Century, Cambridge.

Efinger, Manfred/List, Martin 1994: Stichwort „Ost-West-Beziehungen", in: Andreas Boeckh (Hrsg.), Lexikon der Politik, Bd.6: Internationale Beziehungen, München, 381-396.

Elman, Colin/Elman, Miriam Fenius (Hrsg.) 2003: Progress in International Relations Theory, Cambridge, Mass/London.

Elsenhans, Hartmut 1984: Nord-Süd-Beziehungen. Geschichte, Politik, Wirtschaft, Stuttgart u.a.

Elsig, Manfred 2003: The EU's Common Commercial Policy. Institutions, Interests and Ideas, Aldershot.

Engel, Ulf 2001: Die Afrikapolitik der Bundesrepublik Deutschland 1949-1999. Rollen und Identitäten, Münster.

Engels, Benno (Hrsg.) 1994: Die soziokulturelle Dimension wirtschaftlicher Entwicklung in der Dritten Welt, Hamburg.

Erlei, Mathias/Leschke, Martin/Sauerland, Dirk 1999: Neue Institutionenökonomik, Stuttgart.

Erne, Roland u.a. (Hrsg.) 1995: Transnationale Demokratie. Impulse für ein demokratisch verfasstes Europa, Zürich.

Evans, Graham/Newnham, Jeffrey 1998: Penguin Dictionary of International Relations, London.

Falke, Andreas 2005: German Trade Policy: An Oxymoron? in: D. Kelly/W. Grant (Hrsg.): The Politics of International Trade in the Twenty-First Century. Actors, Issues and Regional Dynamics, Basingstoke/New York, 252-272.

Ferguson, Niall 2001: The Cash-Nexus. Money and Power in the Modern World, 1700-2000, New York (dt. TB: Politik ohne Macht, München 2003).

Ferro, Marc 1997: Colonization. A Global History, London.

FGMR (Forschungsgruppe Menschenrechte) 1998: Internationale Menschenrechtsnormen, transnationale Netzwerke und politischer Wandel in den Ländern des Südens, in: Zeitschrift für Internationale Beziehungen 5, 1, 5-41.

Finer, Samuel E. 1997: The History of Government From the Earliest Times, 3 Bde., Oxford.

Fischer, Joschka 1994: Risiko Deutschland. Krise und Zukunft der deutschen Politik, Köln.

Fisher, Roger/Ury, William 1991: Getting to Yes. Negotiating Agreement With-out Giving In, 2. Ausg., London.

Flores, Alexander 2003: Die arabische Welt. Ein kleines Sachlexikon, Stuttgart.

Flottau, Heiko 2004: Vom Nil bis an den Hindukusch. Der Nahe Osten und die neue Weltordnung, München.

Foot, Rosemary/MacFarlane, S. Neil/Mastanduno, Michael (hrsg.) 2003: US Hegemony and International Organizations, Oxford.

Ford, Jane 2003: A Social Theory of the WTO. Trading Cultures, Basingstoke.

Forsyth, Tim (Hrsg.) 2004: Encyclopedia of International Development, London/New York.

Fox, Gregory H./Roth, Brad R. (Hrsg.) 2000: Democratic Governance and International Law, Cambridge.

Frank, Hans/Hirschmann, Kai (Hrsg.) 2002: Die weltweite Gefahr. Terrorismus als internationale Herausforderung, Berlin.

Freedman, Lawrence (Hrsg.) 2002: Superterrorism. Policy Responses, Oxford.

Freund, Corinna/Rittberger, Volker 2001: Utilitarian-liberal Foreign Policy Theory, in: V. Rittberger (Hrsg.): German Foreign Policy Since Unification, Manchester, 68-104.

Frey, Eric 2005: Das Hitler-Syndrom. Über den Umgang mit dem Bösen in der Weltpolitik, Frankfurt a.M.

Fröhlich, Manuel 2002: Dag Hammarskjöld und die Vereinten Nationen. Die politische Ethik des UNO-Generalsekretärs, Paderborn.

Fukuyama, Francis 1992: Risiko Deutschland. Krise und Zukunft der deutschen Politik, Köln.

Fukuyama, Francis 2004: Staaten bauen. Die neue Herausforderung internationaler Politik, Berlin.

Fulcher, James 2004: Capitalism. A Very Short Introduction, Oxford.

Fund, Sven 2001: Grammatik(en) der Macht. Die Mittelmeerpolitik der Europäischen Union und die Zentralamerika-Politik der USA, Opladen.

Furubotn, Eirik/Richter, Rudolf 1996: Neue Institutionenökonomik. Eine Einführung und kritische Würdigung, Tübingen.

Galtung, Johan 1973: Eine strukturelle Theorie des Imperialismus, in: D. Senghaas (Hrsg.): Imperialismus und strukturelle Gewalt. Analysen über abhängige Reproduktion, Frankfurt a.M., 29-104.

Galtung, Johan 1978: Conflict as a Way of Life, in: ders.: Peace and Social Structure, Kopenhagen, 484-507.

Garcia-Johnson, Ronie 2001: Exporting Environmentalism. U.S. Multinational Chemical Corporations in Brasil and Mexico, Cambridge, Mass.

Gareis, Sven Bernd/Varwick, Johannes 2002: Die Vereinten Nationen. Aufgaben, Instrumente und Reformen, Opladen.

Gehring, Thomas/Oberthür, Sebastian (Hrsg.) 1997: Internationale Umweltregime. Umweltschutz durch Verhandlungen und Verträge, Opladen.

Geiss, Imanuel 1992: Die deutsche Frage 1806-1990, Mannheim.

Gellner, Winand 1995: Ideenagenturen für Politik und Öffentlichkeit. Think Tanks in den USA und in Deutschland, Opladen.

Germain, Randall D. 1977: The International Organization of Credit. States and Global Finance in the World-Economy, Cambridge.

Gerring, John 2001: Social Science Methodology. A Critical Framework, Cambridge.

Gill Stephen 1990: American Hegemony and the Trilateral Commission, Cambridge.

Gill Stephen (Hrsg.) 1993: Gramsci, Historical Materialism and International Relations, Cambridge.

Gill, Stephen 2002: Constitutionalizing Inequality and the Clash of Globalizations, in: International Studies Review 4, 2, 47-65.

Gilpin, Robert 1981: War and Change in World Politics, Cambridge.

Gilpin, Robert 2001: Global Political Economy. Understanding the International Economic Order, Princeton.

Göller, Josef-Thomas 1995: Anwälte des Friedens. Die UNO und ihre sechs Generalsekretäre, Bonn.

Goldstein, Joshua S. 2001: War and Gender. How Gender Shapes the War System and Vice Versa, Cambridge.

Goldstein, Judith/Keohane, Robert O. (Hrsg.) 1993: Ideas and Foreign Policy. Beliefs, institutions, and political change, Ithaca/London.

Gordenker, Leon 2005: The UN Secretary-General and Secretariat, London/New York.

Gosepath, Stefan/Merle, Jean-Christophe (Hrsg.) 2002: Weltrepublik. Globalisierung und Demokratie, München.

Gregory, Derek 2004: The Colonial Present. Afghanistan, Palestine, Irak, Malden/Oxford.

Grieco, Joseph 1990: Cooperation Among Nations. Europe, America, and Non-Tariff Barriers to Trade, Ithaca/London.

Grieco, Joseph M./Ikenberry, G. John 2003: State Power and World Markets. The International Political Economy, New York/London.

Griesgraber, Jo Marie/Gunter, Bernhard G. (Hrsg.) 1996: Development. New Paradigmes and Principles for the Twenty-first Century, London/New Haven.

Griffiths, Martin 1999: Fifty Key Thinkers in International Relations, London/New York.

Griffiths, Martin (Hrsg.) 2005: Encyclopedia of International Relations ad Global Politics, London/New York.

Gruner, Wolf D. 1985: Die deutsche Frage. Ein Problem der europäischen Geschichte seit 1800, München.

Gruner, Wolf D./Woyke, Wichard 2004: Europa-Lexikon. Länder, Politik, Institutionen, München.

Gurr, Ted Robert/Harff, Barbara 1994: Ethnic Conflict in World Politics, Boulder.

Guzzini, Stefano 1998: Realism in International Relations and International Political Economy. The Continuing Study of a Death Foretold, London/New York.

Haas, Peter M. 1991: Saving the Mediterranean. The Politics of International Environmental Cooperation, New York.

Haas, Peter M. (Hrsg.) 1992: Knowledge, Power, and International Policy Coordination, Special Issue von International Organization (46,1).

Haas, Peter M./Keohane, Robert O./Levy, Marc A. (Hrsg.) 1993: Institutions for the Earth. Sources of Effective International Environmental Protection, Cambridge, Mass./London.

Hacke, Christian 2001: Zur Weltmacht verdammt. Die amerikanische Außenpolitik von J.F. Kennedy bis G. W. Bush, München.

Hacke, Christian 2003: Die Außenpolitik der Bundesrepublik Deutschland. Von Konrad Adenauer bis Gerhard Schröder, Berlin.

Haftendorn, Helga 2001: Deutsche Außenpolitik zwischen Selbstbeschränkung und Selbstbehauptung, Stuttgart.

Hahn, Karola 2004: Die Internationalisierung der deutschen Hochschulen. Kontexte, Kernprozesse, Fallstudien und Strategien, Wiesbaden.

Hall, John A. (Hrsg.) 1995: Civil Society. Theory, History, Comparison, Cambridge.

Hall, Peter A./Soskice, David (Hrsg.) 2001: Varieties of Capitalism. The Institutional Foundations of Comparative Advantage, Oxford.

Halperin, Sandra 1997: In the Mirror of the Third World. Capitalist Development in Modern Europe, Ithaca/London.

Halperin, Sandra 2004: War and Social Change in Modern Europe. The Great Transformation Revisited, Cambridge.

Hamm, Brigitte 2003: Menschenrechte – Ein Grundlagenbuch, Opladen.

Hankel, Wilhelm 2000: Währungspolitik im Zeitalter des Globalismus. „Monetäres Völkerrecht" – oder der institutionelle Rahmen einer Währungsordnung für das 21. Jahrhundert, in: Reimut Jochimsen (Hrsg.): Globaler Wettbewerb und wirtschaftliche Ordnungspolitik, Bonn, 124-153.

Hanrieder, Wolfram F. 1995: Deutschland, Europa, Amerika. Die Außenpolitik der Bundesrepublik Deutschland 1949-1994, 2. überarb. u. erw. Aufl., Paderborn u.a.

Hardin, Russell 1995: One For All. The Logic of Group Conflict, Princeton.

Harnisch, Sebastian 2003: Theorieorientierte Außenpolitikforschung in einer Ära des Wandels, in: G. Hellmann/K.D. Wolf/M. Zürn (Hrsg.): Die neuen Internationalen Beziehungen. Forschungsstand und Perspektiven in Deutschland, Baden-Baden, 313-360.

Harnisch, Sebastian/Katsioulis, Christos/Overhaus, Marco (Hrsg.) 2004: Deutsche Sicherheitspolitik. Eine Bilanz der Regierung Schröder, Baden-Baden.

Harris, Paul G. 2002: The Environment, International Relations, and U.S. Foreign Policy, Washington, DC.

Hasenclever, Andreas 2000: Die Macht der Moral in der internationalen Politik. Militärische Interventionen westlicher Staaten in Somalia, Ruanda und Bosnien-Herzegowina. Frankfurt a.M./New York.

Hasenclever, Andreas/Mayer, Peter/Rittberger, Volker 1997: Theories of International Regimes, Cambridge.

Hastedt, Glenn 2004: Encyclopedia of American Foreign Policy, New York.

Hausknecht, Andreas 2000: Anforderungen an eine Weltfinanzordnung in einer globalisierten Welt, in: Reimut Jochimsen (Hrsg.): Globaler Wettbewerb und wirtschaftliche Ordnungspolitik, Bonn, 98-123.

Hauss, Charles 2001: International Conflict Resolution, London/New York.

Hayes, Jeff 2002: Politics in the Developing World. A Concise Introduction, Oxford/Malden.

Heim, Michael 2004: Der tote Scheich im Hause Saud. Die verhängnisvolle Geschichte des Wahhabismus, in: Blätter für deutsche und internationale Politik 10, 1262-1269.

Heine, Peter 2002: Schauplatz Irak. Hintergründe eines Weltkonflikts, Freiburg i.Br.

Heinsohn, Gunnar 1998: Lexikon der Völkermorde, Reinbek.

Heintze, Hans-Joachim (Hrsg.) 2002: Moderner Minderheitenschutz. Rechtliche oder politische Absicherung? Bonn.

Hellmann, Gunter, unter Mitarbeit von R. Baumann und W. Wagner 2004: Deutsche Außenpolitik. Eine Einführung, Fernstudienkurs der FernUniversität, Kursnr. 34661, Hagen (= Buchhandelsfassung 2005).

Hellmann, Kai-Uwe/Klein, Arne (Hrsg.) 1997: „Unendliche Weiten ...". Star Trek zwischen Unterhaltung und Utopie, Frankfurt a.M.

Henry, Clement M./Springborg, Robert 2001: Globalization and the Politics of Development in the Middle East, Cambridge.

Herbst, Ludolf 1989: Option für den Westen. Vom Marshallplan bis zum deutsch-französischen Vertrag, München.

Herdegen, Matthias 2000: Völkerrecht, München.

Herkenrath, Mark 2003: Transnationale Konzerne im Weltsystem. Globale Unternehmen, nationale Wirtschaftspolitik und das Problem nachholender Entwicklung, Wiesbaden.

Herr, Hansjörg 1992: Geld, Währungswettbewerb und Währungssysteme. Theoretische und historische Analyse der internationalen Geldwirtschaft, Frankfurt a.M./New York.

Herren, Madeleine 2000: Hintertüren zur Macht. Internationalismus und modernisierungsorientierte Außenpolitik in Belgien, der Schweiz und den USA 1865-1914, München.

Herrmann, Richard K./Lebow, Richard Ned (Hrsg.) 2004: Ending the Cold War. Interpretations, Causation, and the Study of International Relations, Basingstoke.

Herz, Dietmar/Steets, Julia 2002: Palästina. Gaza und Westbank. Geschichte, Politik, Kultur, 4. Aufl., München.

Herz, John H. 1950: Idealist Internationalism and the Security Dilemma, in: World Politics 2, 2, 157-180.

Hildebrand, Klaus 1989: Deutsche Außenpolitik 1871-1918, München.

Hill, Christopher 2003: The Changing Politics of Foreign Policy, Basingstoke.

Hill, Christopher (Hrsg.) 1996: The Actors in Europe's Foreign Policy, London/New York.

Hillebrand, Ernst 2001: Schlüsselstellung im globalisierten Kapitalismus. Der Einfluss privater Rating-Agenturen auf Finanzmärkte und Politik, in: Tanja Brühl u.a. (Hrsg.): Die Privatisierung der Weltpolitik. Entstaatlichung und Kommerzialisierung im Globalisierungsprozess, Bonn, 150-171.

Hinnebusch, Raymond/Ehteshami, Anoushiravan (Hrsg.) 2002: The Foreign Policies of Middle East States, Boulder.

Hippler, Jochen (Hrsg.) 2003: Nation-Building. Ein Schlüsselkonzept für friedliche Konfliktbearbeitung, Bonn.

Hiro, Dilip 1996: Dictionary of the Middle East, Basingstoke.

Hirsch, Joachim 1995: Der nationale Wettbewerbsstaat. Staat, Demokratie und Politik im globalen Kapitalismus, Berlin/Amsterdam.

Hirst, Paul/Graham Thompson, 1999: Globalization in Question, 2. Aufl., Cambridge.

Hobden, Stephen/Hobson, John M. (Hrsg.) 2002: Historical Sociology of International Relations, Cambridge.

Hobe, Stephan/Kimminich, Otto 2004: Einführung in das Völkerrecht, 8. Aufl., Tübingen/Basel.

Hobson, John M. 1997: The Wealth of States. A Comparative Sociology of International Economic and Political Change, Cambridge.

Hobson, John M. 2000: The State and International Relations, Cambridge.

Höffe, Otfried 1999: Demokratie im Zeitalter der Globalisierung, München.

Höffe, Otfried 2004: Wirtschaftsbürger, Staatsbürger, Weltbürger. Politische Ethik im Zeitalter der Globalisierung, München.

Hoffman, Bruce 2001: Terrorismus, der unerklärte Krieg, Frankfurt a.M.

Hogan, Michael J./Paterson, Thomas G. (Hrsg.) 2004: Explaining the History of American Foreign Relations, 2. Ausg., Cambridge.

Holsti, Kalevi J. 1991: Peace and War: Armed Conflicts and International Order 1648-1989, Cambridge.

Holsti, Kalevi J. 1996: The State, War, and the State of War, Cambridge.

Holsti, Ole R. 1996: Public Opinion and American Foreign Policy, Ann Arbor.

Hoogvelt, Ankie 2001: Globalization and the Post-Colonial World. The New Political Economy of Development, 2. Ausg., Basingstoke.

Horn, Christoph 2003: Einführung in die Politische Philosophie, Darmstadt.

Hutchinson, John/Smith, Anthony D. (Hrsg.) 1994: Nationalism, Oxford.

Huntington, Samuel P., 1996: Kampf der Kulturen. Die Neugestaltung der Weltpolitik im 21. Jahrhundert. München/Wien.

Ignatieff, Michael 2004: The Lesser Evil. Political Ethics in an Age of Terror, Princeton.
Immerfall, Stefan/Sobich, Andreas 1997: Europäische Integration und europäische Identität. Die Europäische Union im Bewusstsein ihrer Bürger, in: Aus Politik und Zeitgeschichte B 10 (28.2.), 25-37.
Inderfurth, Karl F./Johnson, Loch K. 2004: Fateful Decisions. Inside the National Security Council, Oxford.
Jachtenfuchs, Markus/Kohler-Koch, Beate (Hrsg.) 2003: Europäische Integration, 2. Aufl., Opladen.
Jackson, John H. 1998: The World Trade Organization. Constitution and Jurisprudence, London.
Jackson, Robert/Soerensen, Georg 2003: Introduction to International Relations. Theories and Approaches, 2. Aufl., Oxford.
Jean, Francois/Rufin, Jean-Christophe (Hrsg.) 1999: Ökonomie der Bürgerkriege, Hamburg.
Jervis, Robert 1976: Perception and Misperception in International Politics, Princeton, N.J.
Joachim, Jutta M. 2001: NGOs, die Vereinten Nationen und Gewalt gegen Frauen. Agenda-Setting, Framing, Gelegenheits- und Mobilisierungsstrukturen, in: Zeitschrift für Internationale Beziehungen 8, 2, 209-241.
Joerissen, Britta/Stahl, Bernhard (Hrsg.) 2003: Europäische Außenpolitik und nationale Identität. Vergleichende Diskurs- und Verhaltensstudien zu Dänemark, Deutschland, Frankreich, Griechenland, Italien und den Niederlanden, Münster.
Jones, Richard 2000: Critical Theory and World Politics, Boulder.
Junker, Detlef 2003: Power and Mission. Was Amerika antreibt, Freiburg i.Br.
Junker, Detlef (Hrsg.) 2001: Die USA und Deutschland im Zeitalter des Kalten Krieges. Ein Handbuch, 2 Bde., Stuttgart.
Kaiser, Karl 1969: Transnationale Politik. Zu einer Theorie der multinationalen Politik, in: Ernst-Otto Czempiel (Hrsg.): Die anachronistische Souveränität. Zum Verhältnis von Innen- und Außenpolitik, Köln, 80-109.
Kaiser, Karl 1991: Deutschlands Vereinigung. Die internationalen Aspekte, Bergisch Gladbach.
Kagan, Robert 2003: Macht und Ohnmacht. Amerika und Europa in der neuen Weltordnung, Berlin.
Kaldor, Mary 1999: New and Old War. Organized Violence in a Global Era, Cambridge (dt. TB: Neue und alte Kriege, Frankfurt a.M. 2000).
Kaufman, Stuart J. 2001: Modern Hatreds. The Symbolic Politics of Ethnic War, Ithaca/London.
Kegley, Charles W./Raymond, Gregory (Hrsg.) 1994: A Multipolar Peace? Great Power Politics in the Twenty-first Century, New York.
Kegley, Charles W./Raymond, Gregory 1999: How Nations Make Peace, New York.
Kellersmann, Bettina 2000: Die gemeinsame, aber differenzierte Verantwortlichkeit von Industriestaaten und Entwicklungsländern für den Schutz der globalen Umwelt, Berlin u.a.
Kelly, Dominic/Grant, Wyn (Hrsg.) 2005: The Politics of International Trade in the Twenty-First Century. Actors, Issues and Regional Dynamics, Basingstoke/New York.
Kennedy, Paul 1987: The Rise and Fall of the Great Powers, New York.
Keohane, Robert O. 1984: After Hegemony. Cooperation and Discord in the World Political Economy, Princeton.
Keohane, Robert O./Levy, Marc A. (Hrsg.) 1996: Institutions for Environmental Aid. Pitfalls and Promise, Cambridge, Mass./London.
Kepel, Gilles 2004: The War for Muslim Minds. Islam and the West, Cambridge, Mass./London (dt.: Die neuen Kreuzzüge, München/Zürich 2004).
Kern, Reiner 2002: Global Governance durch UN und Regionalorganisationen. OUA und OSZE als Partner der Weltorganisation beim Konfliktmanagement, Baden-Baden.
Kimmerling, Baruch 2003: Politizid. Ariel Sharons Krieg gegen das palästinensische Volk, Kreuzlingen/München.
Kimmerling, Baruch/Migdal, Joel S. 2003: The Palestinian People. A History, Cambridge, Mass./London.

King, Roger 2003: The University in the Global Age, Basingstoke.

Kinzer, Stephen 2003: All the Shah's Men. An American Coup and the Roots of Middle East Terror, Hoboken.

Klingebiel, Ruth/Randeria, Shalini (Hrsg.) 1998: Globalisierung aus Frauensicht. Bilanzen und Visionen, Bonn.

Knipping, Franz 2004: Rom, 25. März 1957. Die Einigung Europas, München.

Knöbl, Wolfgang 2001: Spielräume der Modernisierung. Das Ende der Eindeutigkeit, Weilerswist.

Kobrin, Stephen J. 1998: The MAI and the Clash of Globalizations, in: Foreign Policy Nr.112, 97-109.

Kößler, Reinhart 1994: Postkoloniale Staaten. Elemente eines Bezugsrahmens, Hamburg.

Kößler, Reinhart/Melber, Henning 1993: Chancen internationaler Zivilgesellschaft, Frankfurt a.M.

Kohler-Koch, Beate/Conzelmann, Thomas/Knodt, Michèle 2002: Europäische Integration – Europäisches Regieren, Hagen, Fernstudienkurs der Fernuniversität, Kursnr. 03204, (= Buchhandelsfassung: Wiesbaden 2004).

Kohsaka, Akira (Hrsg.) 2004: New Development Strategies. Beyond the Washington Consensus, Basingstoke.

Kotkin, Stephen 2003: Armaggedon Averted. The Soviet Collapse 1970-2000, Oxford.

Kraack, Michael 2000: Rio, Kyoto, Cartagena: Die Europäische Union als Akteur globaler Umweltpolitik, in: K. Schubert/G. Müller-Brandeck-Bocquet (Hrsg.): Die Europäische Union als Akteur der Weltpolitik, Opladen, 219-234.

Krämer, Gudrun 2002: Geschichte Palästinas, 3. Aufl., München.

Krämer, Werner 2003: Mittelstandsökonomik, München.

Krasner, Stephen D. 1985: Structural Conflict. The Third World Against Global Liberalism, Berkeley.

Krasner, Stephen D. (Hrsg.) 1983: International Regimes, Ithaca.

Krautkrämer, Elmar 2003: Krieg ohne Ende? Israel und Palästinenser. Geschichte eines Konflikts, Darmstadt.

Krell, Gert 2004: Weltbilder und Weltordnung. Einführung in die Theorie der internationalen Beziehungen, 3. Aufl., Baden-Baden.

Kufuor, Kofi Oteng 2004: World Trade Governance and Developing Countries, Oxford.

Laqueur, Walter 2001: Die globale Bedrohung, Berlin.

Latham, Michael E. 2000: Modernization as Ideology. American Social Science and „Nation Building" in the Kennedy Era, Chapel Hill/London.

Laudan, Larry 1990: Science and Relativism. Some Key Controversies in the Philosophy of Science, Chicago/London.

LePrestre, Philippe G. (Hrsg.) 2002: Governing Global Biodiversity. The Evolution and Implementation of the Convention on Biological Diversity, Aldershot.

Lind, Michael 2003: Made in Texas. George W. Bush and the Southern Takeover of American Politics, New York.

Lindblom, Charles E. 1977: Politics and Markets. The World's Political-Economic Systems, New York.

Link, Werner 1980: Der Ost-West-Konflikt. Die Organisation der internationalen Beziehungen im 20. Jahrhundert, Stuttgart u.a.

Lipset, Seymour Martin 1996: American Exceptionalism. A Double-Edged Sword, New York/London.

List, Martin 1991: Umweltschutz in zwei Meeren. Vergleich der internationalen Zusammenarbeit zum Schutz der Meeresumwelt in Nord- und Ostsee, München.

List, Martin 1992: Rechtsstaatlichkeit in (West)Europa. Eine regimeanalytische Betrachtung, in: Politische Vierteljahresschrift 33, 4, 622-642.

List, Martin 1993: Der Westen und die Sicherheit östlicher Kernkraftwerke, in: Aussenpolitik 44, 4, 344-353.

206

List, Martin 1997: Baustelle Europa. Einführung in die Analyse europäischer Kooperation und Integration, Fernstudienkurs der Fernuniversität Hagen, Kursnr. 04660 (= Buchhandelsfassung Opladen 1998).

List, Martin 2001: Vereinigte Staaten von Amerika, in: J. Bellers/Th. Benner/ I. M. Gerke (Hrsg.): Handbuch der Außenpolitik von Afghanistan bis Zypern, München/Wien, 314-330.

List, Martin 2004: Vereinigten Staaten von Amerika, in: Michael Neu/Wolfgang Gieler/ Jürgen Bellers (Hrsg.): Handbuch der Außenwirtschaftspolitiken: Staaten und internationale Institutionen, Teilband 1, Münster/Hamburg, 359-368.

List, Martin u.a. 1994: Internationale Politik. Probleme und Grundbegriffe, Fernstudienkurs der Fernuniversität, Kursnr. 04651, Hagen (= Buchhandelsfassung Wiesbaden 1995).

List, Martin/Zangl, Bernhard 2003: Verrechtlichung internationaler Politik, in: G. Hellmann/ K.D. Wolf/M. Zürn (Hrsg.): Die neuen Internationalen Beziehungen. Forschungsstand und Perspektiven in Deutschland, Baden-Baden, 361-399.

Little, Douglas 2002: American Orientalism. The United States and the Middle East Since 1945, Chapel Hill/London.

Lock, Peter 2001: Sicherheit à la carte? Entstaatlichung, Gewaltmärkte und die Privatisierung des staatlichen Gewaltmonopols, in: Tanja Brühl u.a. (Hrsg.): Die Privatisierung der Weltpolitik, Bonn, 200-229.

Loth, Wilfried 1998: Helsinki, 1. August 1975. Entspannung und Abrüstung, München.

Lumsdaine, David H. 1993: Moral Vision in International Politics. The Foreign Aid Regime, 1949-1989, Princeton.

Lundestad, Geir 1997: „Empire" by Integration. The United States and European Integration, 1945-1997, Oxford.

Lundestad, Geir 2003: The United States and Western Europe since 1945. From ,Empire' by Invitation to Transatlantic Drift, Oxford.

Luterbacher, Urs/Sprinz, Detlef (Hrsg.) 2001: International Relations and Global Climate Change, Cambridge, Mass./London.

Luttwak, Edward 2003: Strategie. Die Logik von Krieg und Frieden, Lüneburg.

Lutz, James M./Lutz, Brenda J. 2004: Global Terrorism, London/New York.

Mahncke, Dieter/Rees, Wyn/Thompson, Wayne C. 2004: Redefining Transatlantic Security Relations. The Challenge of Change, Manchester.

Mallaby, Sebastian 2004: The World's Banker. A Story of Failed States, Financial Crises and the Wealth and Poverty of Nations, New York.

Mann, Michael 2003: Die ohnmächtige Supermacht. Warum die USA die Welt nicht regieren können, Frankfurt a.M./New York.

Maull, Hans/Harnisch, Sebastian/Grund, Constantin (Hrsg.) 2003: Deutschland im Abseits? Rot-grüne Außenpolitik 1998-2003, Baden-Baden.

May, Bernhard (Hrsg.) 2004: Globalisierung und die Rolle deutscher NGOs, Wiesbaden.

McDermott, Rose 2004: Political Psychology in International Relations, Ann Arbor.

McMichael, Philip 1996: Development and Social Change. A Global Perspective, Thousand Oaks/London/New Delhi.

Mead, Walter Russell 2001: Special Providence. American Foreign Policy and How It Changed the World, New York.

Mead, Walter Russell 2004: Power, Terror, Peace, and War. America's Grand Strategy in a World At Risk, New York.

Mearsheimer, John 2003: The Trafedy of Great Power Politics, New York.

Meernik, James David 2004: The Political Use of Military Force in US Foreign Policy, Aldershot.

Menzel, Ulrich 2001: Zwischen Idealismus und Realismus. Die Lehre von den Internationalen Beziehungen, Frankfurt a.M.

Menzel, Ulrich/Senghaas, Dieter 1986: Europas Entwicklung und die Dritte Welt, Frankfurt a.M.

Merkel, Wolfgang 1998: Systemtransformation, Fernstudienkurs der Fernuniversität Hagen (Kursnr. 04663), Hagen (erw. Buchausgabe: Stuttgart 2005).

Merom, Gil 2003: How Democracies Lose Small Wars. State, Society, and the Failures of France in Algeria, Israel in Lebanon, and the United States in Vietnam, Cambridge.

Messner, Dirk/Scholz, Imme (Hrsg.) 2004: Zukunftsfragen der Entwicklungspolitik, Baden-Baden.

Meyer, Thomas, 1997: Identitäts-Wahn. Die Politisierung des kulturellen Unterschieds. Berlin.

Meyer, Thomas 2002: Was ist Politik? 2. Aufl., Stuttgart.

Michel, David 2004: Climate Policy For the 21st Century. Meeting the Long-term Challenges of Global Warming, Washington, DC.

Micklethwait, John/Wooldridge, Adrian 2004: The Right Nation. Conservative Power in America, New York.

Milliken, Jennifer (Hrsg.) 2003: State Failure, Collapse and Reconstruction, Oxford/Malden.

Mintzel, Alf 1997: Multikulturelle Gesellschaften in Europa und Nordamerika. Konzepte, Streitfragen, Analysen, Befunde, Passau.

Mintzer, Irving M./Leonard, J.A. (Hrsg.) 1994: Negotiating Climate Change. The Inside Story of the Rio Convention, Cambridge.

Mirovitskaya, Natalia/Ascher, William (Hrsg.) 2002: Guide to Sustainable Development and Environmental Policy, Durham.

Mohrs, Thomas 1995: Vom Weltstaat. Hobbes' Sozialphilosophie, Soziobiologie, Realpolitik, Berlin.

Monar, Joerg/Neuwahl, Nanette/Noack, Paul (Hrsg.) 1993: Sachwörterbuch zur Europäischen Union, Stuttgart.

Moon, Bruce E. 2000: Dilemmas of International Trade, 2. Aufl., Boulder.

Moravcsik, Andrew 1997: Taking Preferences Seriously: A Liberal Theory of International Politics, in: International Organization 51, 4, 513-553.

Moravcsik, Andrew 2000: The Origin of Human Rights Regimes: Democratic Delegation in Postwar Europe, in: International Organization 54, 2, 217-252.

Morgenthau, Hans J. 1985: Politics Among Nations: The Struggle for Power and Peace, 6. Aufl., New York (dt.: Macht und Frieden – Grundlegung einer Theorie der internationalen Politik, Gütersloh 1963).

Müller, Friedemann 2003: Versorgungssicherheit. Die Risiken der internationalen Energieversorgung, in: Internationale Politik 58, 3, 3-10.

Müller , Harald 1993: Die Chance der Kooperation. Regime in den internationalen Beziehungen, Darmstadt.

Müller, Harald 1999: Das Zusammenleben der Kulturen. Ein Gegenentwurf zu Huntington. Frankfurt a.M.

Müller-Brandeck-Bocquet, Gisela (Hrsg.) 2002: Europäische Außenpolitik. GASP- und ESVP-Konzeptionen ausgewählter EU-Mitgliedstaaten, Baden-Baden.

Münkler, Herfried 2002: Die neuen Kriege, 2. Aufl., Reinbek.

Münkler, Herfried 2003: Der neue Golfkrieg, Reinbek.

Münkler, Herfried 2005: Imperien. Die Logik der Weltherrschaft – vom Alten Rom bis zu den Vereinigten Staaten, Berlin.

Muldoon, James P. 2004: The Architecture of Global Governance. An Introduction to the Study of International Organizations, Boulder.

Murphy, Craig N. 1994: International Organization and Industrial Change. Global Governance since 1850, Oxford/New York.

Murphy, John F. 2004: The United States and the Rule of Law in International Affairs, Cambridge.

Narizny, Kevin 2003: Both Guns and Butter, or Neither: Class Interest in the Political Economy of Rearmament, in: American Political Science Review 97, 2, 203-220.

Narlikar, Amritar 2003: International Trade and Developing Countries. Coalitions in GATT and WTO, London.

Neack, Laura/Hey, Jeanne A. K./Haney, Patrick J. 1995: Foreign Policy Analysis. Continuity and Change in Its Second Generation, Englewood Cliffs, NJ.

Neuss, Beate 2000: Geburtshelfer Europas? Die Rolle der Vereinigten Staaten im europäischen Integrationsprozeß 1945-1958, Baden-Baden.

Newman, Michael 1997: Democracy, Sovereignty and the European Union, London.

Neyer, Jürgen 2004: Postnationale politische Herrschaft. Vergesellschaftung und Verrechtlichung jenseits des Staates, Baden-Baden.

Niedhart, Gottfried 1999: Die Außenpolitik der Weimarer Republik, München.

Niedhart, Gottfried/Riesenberger, Dieter (Hrsg.) 1992: Lernen aus dem Krieg? Deutsche Nachkriegszeiten 1918/1945, München.

Niess, Frank 2001: Die europäische Idee. Aus dem Geist des Widerstands, Frankfurt a.M.

Nohlen, Dieter (Hrsg.) 2001: Kleines Lexikon der Politik, München.

Nuscheler, Franz 1995: Lern- und Arbeitsbuch Entwicklungspolitik, 4. Aufl., Bonn.

Nye, Joseph S. 2002: The Paradox of American Power. Why the World's Only Superpower Can't Do It Alone, Oxford (dt.: Das Paradox der amerikanischen Macht, 2003).

Nye, Joseph S./Keohane, Robert O. 1977: Power and Interdependence. World Politics in Transition, Boston (3., erg. Aufl. 2001).

Oberthür, Sebastian/Ott, Hermann E. 2000: Das Kyoto-Protokoll. Internationale Klimapolitik für das 21. Jahrhundert, Opladen.

Oberthür, Sebastian/Pfahl, Stefanie/Tänzler, Dennis 2004: Die internationale Zusammenarbeit zur Förderung Erneuerbarer Energien, in: Aus Politik und Zeitgeschichte B 37 (6.9.), 6-11.

O'Brien, Robert/Goetz, Anne Marie/Scholte, Jan Aart/Williams, Marc 2000: Contesting Global Governance. Multilateral Economic Institutions and Global Social Movements, Cambridge.

O'Brien, Robert/Williams, Marc 2004: Global Political Economy. Evolution and Dynamics, Basingstoke.

O'Rourke, Kevin H../Jeffrey G. Williamson, 2000: Globalization and History: The Evolution of a Nineteenth-Century Atlantic Economy, Cambridge, Mass.

Osterhammel, Jürgen 1995: Kolonialismus. Geschichte, Formen, Folgen, München.

Osterhammel, Jürgen/Petersson, Niels P. 2003: Geschichte der Globalisierung. Dimensionen, Prozesse, Epochen, München.

Owen, John 2002: The Foreign Imposition of Democratic Institutions, in: International Organizations 56, 2, 375-409.

Paepcke, Henrike 2004: Die friedens- und sicherheitspolitische Rolle des UN-Generalsekretärs im Wandel. Das kritische Verhältnis zwischen Boutros Boutros-Ghali und den USA, Baden-Baden.

Pape, Robert A. 2005: Dying to Win. The Strategic Logic of Suicide Terrorism, New York.

Parmar, Inderjeet 2004: Think Tanks and Power in Foreign Policy. A Comparative Study of the Role and Influence of the Council on Foreign Relations and the Royal Institute of International Affairs, 1939-1945, Basingstoke.

Patrick, Stewart 2002: Multilateralism and Its Discontents: The Causes and Consequences of U.S. Ambivalence, in: ders./ Forman, Shepard (Hrsg.): Multilateralism and U.S. Foreign Policy. Ambivalent Engagement, Boulder/London, 1-44.

Patrick, Stewart/Forman, Shepard (Hrsg.) 2002: Multilateralism and U.S. Foreign Policy. Ambivalent Engagement, Boulder/London.

Perthes, Volker 2000: Vom Krieg zur Konkurrenz: Regionale Politik und die Suche nach einer neuen arabisch-nahöstlichen Ordnung, Baden-Baden.

Perthes, Volker 2002: Geheime Gärten. Die neue arabische Welt, Berlin.

Peterson, John/Pollack, Mark A. (Hrsg.) 2003: Europe, America, Bush. Transatlantic Relations in the Twenty-first Century, London/New York.

Peterson, V. Spike/Runyan, Anne Sisson 1993: Global Gender Issues, Boulder, Col.

Petersson, Niels P.2004: Eine Welt des (Un-)Rechts: Globalisierung und das Problem der Verrechtlichung internationaler Wirtschaftsbeziehungen vor dem Ersten Weltkrieg, in: Eckart Conze/Ulrich Lappenküper/Guido Müller (Hrsg.): Geschichte der internationalen Beziehungen, Köln/Wien/Weimar, 93-112.

Pevehouse, Jon C. 2005: Democracy from Above. Regional Organizations and Democratization, Cambridge.

Pettman, Ralph 2000: Commonsense Constructivism, or the Making of World Affairs, Armonk/London.

Pollack, Mark A. 2003: Unilateral America, multilateral Europe? in: John Peterson/ders. (Hrsg.): Europe, America, Bush. Transatlantic Relations in the Twenty-first Century, London, 115-127.

Posen Barry R. 1993: The Security Dilemma and Ethnic Conflict, in: Michael E. Brown (Hrsg.): Ethnic Conflict and International Security, Princeton, 103-124.

Poser, Hans 2001: Wissenschaftstheorie. Eine philosophische Einführung, Stuttgart.

Posner, Gerald 2005: Secrets of the Kingdom. The Inside Story of the Saudi-US Connection, New York.

Preston, Thomas 2001: The President and His Inner Circle. Leadership Style and the Advisory Process in Foreign Affairs, New York.

Raiffa, Howard 1982: The Art and Science of Negotiation. How to Resolve Conflicts and Get the Best Out of Bargaining, Cambridge, Mass./London.

Randelzhofer, Albrecht 2002: Völkerrechtliche Verträge, 9. Aufl., München.

Raviv, Dan/Melman, Yossi 1994: Friends Indeed. Inside the U.S.-Israel Alliance, New York.

Recker, Marie-Luise 1990: Die Außenpolitik des Dritten Reiches, München.

Rees, Gareth/Smith, Charles 2004: Economic Development, 3. Ausg., Basingstoke.

Reiter, Erich (Hrsg.) 2004: Jahrbuch für internationale Sicherheitspolitik 2004, Hamburg/Berlin/Bonn (jährlich).

Revesz, Richard L./Sands, Philippe/Stewart, Richard B. (Hrsg.) 2000: Environmental Law, the Economy, and Sustainable Development. The United States, the European Union and the International Community, Cambridge.

Ricci, David M. 1993: The Transformation of American Politics. The New Washington and the rise of think tanks, New Haven/London.

Richelson, Jeffrey T. 1995: A Century of Spies. Intelligence in the Twentieth Century, New York/Oxford.

Risse-Kappen, Thomas (Hrsg) 1995: Bringing Transnational Relations Back In: Non-State Actors, Domestic Structures and International Institutions, Cambridge.

Rittberger, Volker (Hrsg.) 2001: German Foreign Policy Since Unification, Manchester.

Rittberger, Volker/Zangl, Bernhard 2002: Internationale Organisationen – Geschichte und Politik, Fernstudienkurs der FernUniversität Hagen, Kursnr. 04654, 3. überarb. Aufl., Hagen (= Buchhandelsfassung 2003).

Rittberger, Volker/Zürn, Michael 1991: Transformation der Konflikte in den Ost-West-Beziehungen, in: Politische Vierteljahresschrift 32, 3, 399-424.

Robinson, William 1996: Promoting Polyarchy: Globalization, US Intervention, and Hegemony, Cambridge.

Rode, Reinhard 2000a: Internationale Wirtschaftsbeziehungen, Münster.

Rode, Reinhard 2000b: Weltregieren durch internationale Wirtschaftsorganisationen, Münster.

Ross, Dennis 2004: The Missing Peace. The Inside Story of the Fight for Middle East Peace, New York.

Rotberg, Robert (Hrsg.) 2004: When States Fail: Causes and Consequences, Princeton.

Rothkopf, David 2005: Running the World. The Inside Story of the National Security Council and the Architects of American Power, New York.

Rotter, Gernot/Fathi, Schirin 2001: Nahostlexikon. Der israelisch-palästinensische Konflikt von A-Z, Heidelberg.

Rühl, Lothar 2005: Das Reich des Guten. Machtpolitik und globale Strategie Amerikas, Stuttgart.

Ruggie, John Gerard 1983: International regimes, transactions, and change: embedded liberalism in the postwar economic order, in: Krasner (Hrsg.), 195-232.

Ruggie, John Gerard (Hrsg.) 1993: Multilateralism Matters. The Theory and Praxis of an International Form, New York.

Ruloff, Dieter 2004: Wie Kriege beginnen. Ursachen und Formen, 3. Aufl., München.

Rummel, Rudolph J. 2003: ‚Demozid' – der befohlene Tod. Massenmorde im 20. Jahrhundert, Münster/Hamburg/London.

Russett, Bruce 2003: Reintegrating the Subdisciplines of International and Comparative Politics, in: International Studies Review 5, 4, 9-12.

Sands, Phillipe 2005: Lawless World. America and the Making and Breaking of Global Rules, London.

Sautter, Hermann 2004: Weltwirtschaftsordnung, München.

Scharpf, Fritz W. 1985: Die Verflechtungs-Falle: Europäische Integration und deutscher Föderalismus im Vergleich, in: Politische Vierteljahresschrift 26, 4, 323-356.

Schechter, Michael G. 2005: United Nations Global Conferences, London/New York.

Scherrer, Christoph 1999: Globalisierung wider Willen? Die Durchsetzung liberaler Außenwirtschaftspolitik in den USA, Berlin.

Schiedler, Siegfried/Spindler, Manuela (Hrsg.) 2003: Theorien der Internationalen Beziehungen, Opladen.

Schimmelfennig, Frank 2003: Internationale Sozialisation: Von einem „erschöpften" zu einem produktiven Forschungsprogramm? in: Gunther Hellmann/Klaus Dieter Wolf/Michael Zürn (Hrsg.): Die neuen Internationalen Beziehungen. Forschungsstand und Perspektiven in Deutschland, Baden-Baden, 401-427.

Schimmelfennig, Frank 2003a: Osterweiterung: Strategisches Handeln und kollektive Ideen, in: Markus Jachtenfuchs/Beate Kohler-Koch (Hrsg.): Europäische Integration, 541-568.

Schirm, Stefan A. 2001: Globale Märkte, nationale Politik und regionale Kooperation in Europa und den Amerikas, Baden-Baden.

Schirm, Stefan A. 2004: Internationale Politische Ökonomie. Eine Einführung, Baden-Baden.

Schlotter, Peter (Hrsg.) 2003: Europa – Macht – Frieden? Zur Politik der „Zivilmacht Europa", Baden-Baden.

Schneckener, Ulrich 2002: Auswege aus dem Bürgerkrieg. Modelle zur Regulierung ethno-nationaler Konflikte, Frankfurt a.M.

Schneider, Marius 2002: Sicherheit, Wandel und die Einheit Europas. Zur generativen Rolle von Sicherheitsdiskursen bei der Bildung zwischenstaatlicher Ordnungen vom Wiener Kongress bis zur Erweiterung der NATO, Opladen.

Schöllgen, Gregor 1999: Die Außenpolitik der Bundesrepublik Deutschland. Von den Anfängen bis zur Gegenwart, München.

Schrader, Lutz 2004: Frieden und Demokratie, Fernstudienkurs der FernUniversität, Kursnr. 04682, Hagen (= Buchhandelsfassung: Die Theorie des „demokratischen Friedens", Wiesbaden 2004).

Schraeder, Peter J. (Hrsg.) 2002: Exporting Democracy. Rhetoric and Reality, Boulder.

Schreurs, Miranda A. 2004: The Climate Change Divide: The European Union, the United States, and the Future of the Kyoto Protocol, in: Norman J. Vig/Michael G. Faure (Hrsg.): Green Giants? Environmental Policies in the United States and the European Union, Cambridge, Mass., 207-230.

Schubert, Klaus/Müller-Brandeck-Bocquet, Gisela (Hrsg.) 2000: Die Europäische Union als Akteur der Weltpolitik, Opladen.

Schulzinger, Robert (Hrsg.) 2003: A Companion to American Foreign Relations, Oxford/Malden.

Schwarz, Hans-Peter 1985: Die gezähmten Deutschen. Von der Machtbesessenheit zur Machtvergessenheit, Stuttgart.

Schwarz, Hans-Peter 2005: Republik ohne Kompaß. Anmerkungen zur deutschen Außenpolitik, Berlin.

Schwarzer, Gudrun 1994: Friedliche Konfliktregulierung: Saarland – Österreich – Berlin, in: Zeitschrift für Internationale Beziehungen, 1, 2, 243-277.

Schweller, Randall L. 1998: Deadly Imbalances. Tripolarity and Hitler's Strategy of World Conquest, New York.

Schweller, Randall L. 2003: The Progressiveness of Neoclassical Realism, in: Colin Elman/ Miriam Fenius Elman (Hrsg.): Progress in International Relations Theory, Cambridge, Mass/London, 311-347.

Segev, Tom 2003: Elvis in Jerusalem. Die moderne israelische Gesellschaft, Berlin.

Seller, Hanns-Frank 2001: Der Weg der USA in die Weltpolitik. Die amerikanische Außen- und Sicherheitspolitik in ihren Grundzügen, München.

Senghaas, Dieter 1972: Rüstung und Militarismus, Frankfurt a.M.

Senghaas, Dieter 1982: Von Europa lernen. Entwicklungsgeschichtliche Betrachtungen, Frankfurt a.M.

Senghaas, Dieter 1988: Konfliktformationen im internationalen System, Frankfurt a.M.

Senghaas, Dieter, 1998: Zivilisierung wider Willen. Frankfurt a.M.

Shaw, Martin 2003: War and Genocide, Cambridge.

Shaw, R. Paul/Wong, Yuwa 1989: Genetic Seeds of Warfare. Evolution, Nationalism, and Patriotism, Boston.

Shawcross, William 2000: Deliver Us From Evil. Warlords and Peacekeeping In a World of Endless Conflict, London.

Siegelberg, Jens/Schlichte, Klaus (Hrsg.) 2000: Strukturwandel internationaler Beziehungen. Zum Verhältnis von Staat und internationalem System seit dem Westfälischen Frieden, Wiesbaden.

Simonis, Georg (Red.) 2000: Analyse von Außenpolitik. Textreader, Fernstudienkurs der Fern-Universität, Kursnr. 04665, Hagen.

Sinclair, Timothy J. 2005: The New Masters of Capital. American Bond Rating Agencies and the Politics of Creditworthyness, Ithaca.

Singer, Peter Warren 2003: Corporate Warriors. The Rise of the Privatized Military Industry, Ithaca/London.

Slaughter, Anne-Marie 2000a: Governing the Global Economy through Government Networks, in: Michael Byers (Hrsg.): The Role of Law in International Politics, Oxford, 177-205.

Slaughter, Anne-Marie 2000b: Government networks: the heart of the liberal democratic order, in: Gregory H. Fox/Brad R. Roth (Hrsg.): Democratic Governance and International Law, Cambridge, 199-235.

Smith, Hazel 2002: European Union Foreign Policy. What it is and What it Does, London/Sterling, Va.

Smith, Michael 1986: Realist Thought from Weber to Kissinger, BatonRouge/London.

Smith, Tony 1994: America's Mission. The United States and the Worldwide Struggle for Democracy in the Twentieth Century, Princeton.

Snidal, Duncan 1985: The Limits of Hegemonic Stability Theory, in: International Organization 39, 579-614.

Snow, Donald M./Drew, Dennis M. 1994: From Lexington to Desert Storm. War and Politics in the American Experience, Armonk/London.

Sprinz, Detlef 2003: Internationale Regime und Institutionen, in: G. Hellmann/K.D. Wolf/M. Zürn (Hrsg.): Die neuen Internationalen Beziehungen. Forschungsstand und Perspektiven in Deutschland, Baden-Baden, 251-273.

Sprinz, Detlef/Wolinsky-Nahmias, Yael (Hrsg.) 2004: Models, Numbers, and Cases. Methods for Studying International Relations, Ann Arbor.

Spruyt, Hendrik 1994: The Soverein State and Its Competitors, Princeton.

Starkey, Brigid/Boyer, Marc A./Wilkenfeld, Jonathan 1999: Negotiating a Complex World. An Introduction to International Negotiation, Lanham.

Stein, Andreas 1999: Der Sicherheitsrat und die Rule of Law, Baden-Baden.

Steinberg, Guido 2004: Saudi-Arabien. Politik, Geschichte, Religion, München.

Steininger, Rolf 2003: Der Nahostkonflikt, Frankfurt a.M.

Steininger, Rolf 2004: Der Kalte Krieg, 2. Aufl., Frankfurt a.M.

Sterling-Folker, Jennifer 2002: Realism and the Constructivist Challenge: Rejecting, Reconstructing, or Rereading, in: International Studies Review 4, 1, 73-97.

Stöver, Bernd 2003: Der Kalte Krieg, München.

Strange, Susan 1988: States and Markets. An Introduction to International Political Economy, London.

Sturm, Roland/Pehle, Heinrich 2001: Das neue deutsche Regierungssystem, Opladen.

Tetzlaff, Rainer 1996: Weltbank und Weltwährungsfonds. Gestalter der Bretton- Woods-Ära, Opladen.

Theobald, Christian 2000: Zur Ökonomik des Staates. Good Governance und die Perzeption der Weltbank, Baden-Baden.

Thompson, Grahame 2004: Global Inequality, Economic Globalization and Technological Change = Kap.11, in: William Brown/Simon Bomley/Suma Athreye (Hrsg.): Ordering the International. History, Change and Transformation, Milton Keynes/London, 377-416.

Thomson, Janice E. 1994: Mercenaries, Pirates, and Sovereigns. State-Building and Extraterritorial Violence in Early Modern Europe, Princeton.

Tickner, J. Ann 1992: Gender in International Relations: Feminist Perspectives on Achieving Global Security, New York.

Tickner, J. Ann 2001: Gendering World Politics. Issues and Approaches in the Post-Cold War Era, New York.

Tickner, J. Ann 2002: Feminist Perspectives on International Relations, in: Carlsnaes/Risse/Simmons (Hrsg.), 275-291.

Tish, Sarah J./Wallace, Michael B. 1994: Dilemmas of Development Assistance. The What, Why, and Who of Foreign Aid, Boulder.

Törnquist, Olle 1999: Politics and Development. A Critical Introduction, London/Thousand Oaks/New Delhi.

Toft, Monica 2003: The Geography of Ethnic Conflict: Identity, Interests, and the Indivisibility of Territory, Princeton.

Tomlinson, John 1999: Globalization and Culture, Cambridge.

Tonra, Ben 2001: The Europeanization of National Foreign Policy. Dutch, Danish and Irish Foreign Policy in the European Union, Aldershot.

Trubowitz, Peter 1998: Defining the National Interest. Conflict and Change in American Foreign Policy, Chicago/London.

Umbach, Frank 2003: Globale Energiesicherheit. Herausforderungen für die europäische und deutsche Außenpolitik, München.

Unger, Craig 2004: House of Bush, House of Saud. The Secret Relationship Between the World's Two Most Powerful Dynasties, New York (dt.: Die Bushs und die Sauds, München 2004).

Usher, Daniel 2003: Political Economy, Oxford/Malden.

Valdez, Stephen 2003: Introduction to Global Finacial Markets, 4. Aufl., Basingstoke.

van der Loo, Hans/van Reijen, Willem 1992: Modernisierung. Projekt und Paradox, München.

van der Pijl, Kees 1993: Vordenker der Weltpolitik – Einführung in die internationale Politik aus ideengeschichtlicher Perspektive, Fernstudienkurs der Fern Universität Hagen, Kursnr. 04652, Hagen (Buchfassung: Opladen 1996).

Verheyen, Dirk/Soe, Christian (Hrsg.) 1993: The Germans and Their Neighbors, Boulder.

Vertzberger, Yacov Y. I. 1990: The World in Their Minds. Information Processing, Cognition, and Perception in Foreign Policy Decisionmaking, Stanford.

Vester, Heinz-Günter 1995: Geschichte und Gesellschaft. Ansätze historisch-komparativer Soziologie, Berlin/München.

Victor, David G. 2001: The Collapse of the Kyoto Protocol and the Struggle to Slow Global Warming, Princeton.

Volger, Helmut 1995: Geschichte der Vereinten Nationen, München/Wien.

Volger, Helmut 2000: Lexikon der Vereinten Nationen, München/Wien.

Waal, Frans de 1983: Chimpanzee Politics. Power and sex among apes, London.

Waal, Frans de 1989: Peacemaking Among Primates, Cambridge, Mass./London (dt.: Wilde Diplomaten, München 1991).

Wade, Robert 1990: Governing the Market. Economic Theory and the Role of Government in East Asian Industrialization, Princeton.

Wade, Robert 1996: Japan, the World Bank and the Art of Paradigm Maintenance: *The East Asian Miracle* in Political Perspective, in: New Left Review 217, 3-36.

Waever, Ole 1995: Securitization and Desecuritization, in: Rony Lipschutz (Hrsg.): On Security, New York, 46-86.

Wagner, Wolfgang 2002: Die Konstruktion einer europäischen Außenpolitik. Deutsche, französische und britische Ansätze im Vergleich, Frankfurt a.m./New York.

Walker, Ronald A. 2004: Multilateral Conferences. Purposeful International Negotiation, Basingstoke.

Walt, Stephen M. 1987: The Origin of Alliances, Ithaca/London.

Wallerstein, Immanuel 1974/1980/1988: The Modern World System, Bde. 1-3, New York.

Wallerstein, Immanuel 1982: (zuerst 1974): Aufstieg und künftiger Niedergang des kapitalistischen Weltsystems. Zur Grundlegung vergleichender Analyse, in: Dieter Senghaas (Hrsg.): Kapitalistische Weltökonomie. Kontroversen über ihren Ursprung und ihre Entwicklungsdynamik, 2. Aufl., Frankfurt a.M., 31-67.

Waltz, Kenneth N. 1959: Man, the State, and War. A Theoretical Analysis, New York.

Waltz, Kenneth N. 1979: Theory of International Politics, Reading, Mass.

Warkotsch, Alexander 2004: Resourcenkonflikt im Kaukasus. Europa und das kaspische Öl, in: Blätter für deutsche und internationale Politik 1, 69-75.

Wasserstein, Bernhard 2003: Israel und Palästina. Warum kämpfen sie und wie können sie aufhören? München.

Watson, Adam 1992: The Evolution of International Society, London.

Watson, Cynthia A. 2004: Nation-Building. A Reference Handbook, Santa Barbara/Boulder/Oxford.

Watson, James L,. 1998: Golden Arches East. McDonald's in East Asia. Stanford.

Weber, Ingrid 1997: Unendliche Weiten. Die Science-Fiction-Serie Star Trek als Entwurf von Kontakten mit dem Fremden, Frankfurt a.M.

Wehler, Hans Ulrich 2001: Nationalismus. Geschichte, Formen, Folgen, München.

Weingardt, Markus A. 2002: Deutsche Israel- und Nahostpolitik. Die Geschichte einer Gratwanderung, Frankfurt a.M./New York.

Weiss, Linda 1998: The Myth of the Powerless State. Governing the Economy in a Global Era, Cambridge.

Weiss, Linda/Hobson, John M. 1995: States and Economic Development. A Comparative Historical Analysis, Cambridge.

Welsh, Jennifer M. (Hrsg.) 2003: Humanitarian Intervention and International Relations, Oxford.

Welsh, Jennifer M. 2004: Authorizing Humanitarian Intervention, in: Richard M. Price/Mark W. Zacher (Hrsg.): The United Nations and Global Security, Basingstoke, 177-192.

Wendt, Alexander 1992: Anarchy is what states make of it: the social construction of power politics, in: International Organization 46, 2, 391-425.

Wendt, Alexander 1999: Social Theory of International Relations, Cambridge.

Wessels, Wolfgang 2000: Die Öffnung des Staates. Modelle und Wirklichkeit grenzüberschreitender Verwaltungspraxis 1960-1995, Opladen.

Wheeler, Nicholas 2002: Saving Strangers. Humanitarian Intervention in International Society, Oxford.

White, Brian 2001: Understanding European Foreign Policy, Basingstoke.

White, Nigel D. 2002: The United Nations System. Toward International Justice, Boulder/London.

Willems, Ulrich 1998: Entwicklung, Interesse und Moral. Die Entwicklungspolitik der Evangelischen Kirche in Deutschland, Opladen.

Williams, Michael C. 2003: Words, Images, Enemies: Securitization and International Politics, in: International Studies Quarterley 47, 4, 511-531.

Wimmer, Hannes 1996: Evolution der Politik. Von der Stammesgesellschaft zur modernen Demokratie, Wien.

Wittkopf, Eugene R. (Hrsg.) 1994: The Domestic Sources of American Foreign Policy. Insights and Evidence, New York.

Woodward, Bob 2002: Bush at War, New York (dt. unter demselben Titel, Stuttgart 2002).

Woodward, Bob 2004: Plan of Attack, New York (dt.: Der Angriff, Stuttgart 2004).

Woyke, Wichard (Hrsg.) 2000: Handwörterbuch Internationale Politik, 8. Aufl., Opladen.

Yergin, Daniel/Stanislaw, Joseph 1998: Commanding Hights. The Battle Between Government and the Marketplace That Is Remaking the Modern World, New York (dt. TB: Staat oder Markt, Berlin 2001).

Young, Oran (Hrsg.) 1997: Global Governance. Drawing Insights from the Environmental Experience, Cambridge, Mass./London.

Youngs, Richard 2002: The European Union and the Promotion of Democracy. European Mediterranean and Asian Policies, Oxford.

Zangl, Bernhard/Zürn, Michael (Hrsg.) 2004: Verrechtlichung – Baustein für Global Governance? Bonn.

Zelikow, Philip/Rice, Condoleezza 1995: Germany Unified and Europe Transformed. A Study in Statecraft, Cambridge, Mass./London.

Zinn, Karl Georg 1980: Die Selbstzerstörung der Wachstumsgesellschaft. Politisches Handeln im ökonomischen System, Reinbek.

Zürn, Michael 1996: Über den Staat und die Demokratie im europäischen Mehrebenensystem, in: Politische Vierteljahresschrift 37, 1, 27-55.

Zürn, Michael 1998: Regieren jenseits des Nationalstaates. Denationalisierung und Globalisierung als Chance, Frankfurt a.M.

Neu im Programm
Politikwissenschaft

MIX
Papier aus verantwortungsvollen Quellen
Paper from responsible sources
FSC® C105338

If you have any concerns about our products,
you can contact us on
ProductSafety@springernature.com

In case Publisher is established outside the EU,
the EU authorized representative is:
Springer Nature Customer Service Center GmbH
Europaplatz 3, 69115 Heidelberg, Germany

Printed by Libri Plureos GmbH
in Hamburg, Germany